동서 고금의 재밌는 이야기

이 생각
저 생각

이 생각 저 생각

초판 1쇄 발행 2023년 2월3일
2판 2쇄 발행 2024년 7월30일
–
발행인 이동한 | **지은이** 최명 | **진행** 김태완 | **디자인** 유미정
–
발행 (주)조선뉴스프레스
주소 서울시 마포구 상암산로 34 DMC 디지털큐브빌딩 13층
등록 제301-2001-037호 **등록일자** 2001년 1월 9일
문의 tel. (02)724-6875 / fax. (02)724-6899

동서 고금의 재밌는 이야기

이 생각 저 생각

최명

ChosunMedia
조선뉴스프레스

글의 차례

제1장
처음 〈이 생각 저 생각〉

제2장
다시 〈이 생각 저 생각〉

제3장
무애 양주동

제4장
수주 변영로

제5장
《내가 넘은 38線》

제6장
후지와라 마사히코

제7장
데일 카네기의 《友道》

제8장
천리구 김동성

머리말

여기의 글들은 산남 김동길 선생의 《석양에 홀로 서서》란 블로그의 〈새로운 이야기들〉에 쓴 〈이 생각 저 생각〉을 모은 것이다. 본문 제1화에서 말한 바와 같이 나는 2020년 4월 중순 산남 선생의 부탁을 받고, 만 2년 반 동안 월요일마다 한편을 글을 썼다. 반년 넘게 편찮으시던 선생이 지난 2022년 10월 4일 별세하셨다. 94세셨다. 〈이 생각 저 생각〉도 자연 그치게 되었는데, 글에 대한 미련은 남았다. 그래 묶어 책으로 내기로 한 것이다. 선생이 생존하셔서 책을 보시면 아무 말씀이 없이 그냥 빙그레 웃으실 것 같은 생각이 든다.

책을 내는 데는 여러 분의 도움을 받았다. 원고를 정리하고 이런 저런 수고는 인천대학교 중국학과의 구자선 박사의 몫이었다. 또 출판을 기꺼이 알선한 조선뉴스프레스의 이동한 대표와 월간조선의 김태완 차장의 노고에 고마움을 전한다.

2022년 10월 22일 최명

프롤로그:

시작의 글

존경하는 산남(山南) 김동길(金東吉) 선생이 나를 보자 하신다는 이야기를 들은 것은 지지난 금요일(2020년 4월 17일)이었다. 누굴 오라 가라 하실 분이 아닌데, 무슨 중요한 말씀이 있나보다 했다. 빨리 뵙는 것이 도리다. 사흘 뒤인 월요일 오후에 찾아뵈었다. 근자에 산남 선생은 매일 '석양에 홀로 서서'란 칼럼을 쓰시고, 또 월요일마다 〈九十而自述〉(구십이자술)이란 칼럼을 발표하신다. 이유는 잘 모르겠으나, 후자를 그만 두시기로 결정하셨다고 하시면서, 나보고 후속타자가 되었으면 한다는 말씀이었다. 당신이 쓰시는 칼럼제목을 생각해서인지, 팔십자술(八十自述)도 좋고, 또 내가 연전에 《삼국지》에 관한 책을 낸 적이 있어서인지 《삼국지》 이야기를 포함하여 무슨 이야기를 써도 좋겠다고 하셨다.

나는 나대로 하는 일이 있고, 더구나 길든 짧든 매주 한 편씩 글을 쓴다는 것은 부담이다. 달갑지 않다. 글이란 자연스럽게 마음에서 우러날 때 쓰는 것이지, 시간에 매여 마지못해 글을 쓴다면 좋은 글이 될 수 없다는 것이 나의 평소 지론이다. 그러나 어른의 모처럼의 말씀이니 무겁게 받아들일 수밖에 없다.

자술(自述)은 자서전이다. 팔십자술이란 말을 들었을 적에 문득 루소의 《참회록》과 슈바이처의 《Aus Meinem Leben und Denken》(Bei Richard Meiner in Hamburg, 1959)을 생각했다. 전자는 영어로 번역된 것을 대학 때 앞부분만 조금 읽은 기억이다. 후자는 대학 때 자주 들르던 충무로의 소피아 서점에서 원서를 겁도 없이 샀다. 지금도 갖고 있는 그 책을 펴보았다. 1960년 5월 14일에 샀다고 적혀 있다. 대학 3학년 때다. 좀 읽다 독일어가 딸려서 그만 두고, 그 후 지명관(池明觀) 씨가 번역한 것을 읽었다. 《나의 生活과 思想에서》라는 제목으로 1962년 경지사(耕智社)란 출판사에서 《슈바이처 전집》제1권으로 나온 것이다. 제2권이 나왔는지는 모른다.

루소의 《참회록》은 사후에 출간되었다. 몇 살 경에 썼는지는 알려지지 않았는데 그래도 좀 나이 들어 쓴 것이 아닌가 한다. 슈바이처는 위의 자서전을 55세에 출판하였다. 글 쓴 것은 훨씬 젊어서였다. 성 아우구스티누스의 《참회록》을 비롯하여 자서전적 성격의 책은 이루 헤아릴 수 없을 만큼 많다. 비교적 내가 나이 들어 읽은 것으로는 벤저민 프랭클린의 자서전이다. 65세부터 쓰기 시작한 것으로 알고 있다. 어쨌든 팔십자술은 늦은 감이 있다. 하기야 〈구십이자술〉도 읽었다. 기록을 남기는 것은 나이와는 상관이 없는 일이다.

자술하면 또 후스(胡適)의 《四十自述》(사십자술)을 빼놓을 수 없다. 후스는 1915년경부터 베이징대 교수로서 신문화운동의 기수였다. 전기(傳記)문학의 결핍을 느낀 그는 선배와 친구들에게 자서전을 쓰라고 권했다. 그러면서 자기는 어머니의 약혼에서 시작하여 미국 유학에서 존 듀이(John Dewey, 1859~1952)의 실용주의 철학의 체득까지를 서술한 전기를 썼다. 불혹의 나이를 막 지나면서였다. 초대 중국공산당 서기장이 된 천두슈(陳獨秀)와 같이 백화문학(白話文學)을 주창하였으나, 끝까지 자유주의를 고수했다. 이것은 나중 이야기다. 《四十自述》은 차주환 교수의 번역(을유문고, 1973)이 있다.

그러나 나의 《이 생각 저 생각》은 자술과는 거리가 멀다. 말 그대로 이런 저런 생각을 그때그때 적으려고 한다. 산남 선생에게 누(累)가 되지 않고, 다른 분들에게도 괜찮은 읽을거리가 되었으면 한다.

여기까지 썼었다. 처음 나간 글이었다. 급히 쓰느라고 그랬겠으나, 나중에 생각하니 빠진 것이 있다.

내가 대학 다닐 적인 1961년에 존 스튜어트 밀의 자서전인 《Autobiography of John Stuart Mill》(New York: Columbia University Press, 1948)을 사서 읽었다. 11월 1일에 샀다고 적혀 있다. 그 책이 지금도 내 서가에 있다. 2006년에 정년을 하면서 소장하던 책 거의 모두를 학교도서관에 기증하였는데, 기증하지 않은 몇 권 가운데 하나다. 존 스튜어트 밀(John Stuart Mill, 1806~1873)은 아버지 제임스 밀(James Mill, 1773~1836)에게서 세 살 적부터 그리스어를 배우기 시작했다. 그는 고전적 자유주의의 가장 유명한 사상가로 알려졌고, 그의 저술은 사회사상, 정치사상, 정치경제에 두루 미치지 않은 것이 없다. 그는 국가와 사회의 무제한적인 통제를 부인하고, 개인의 자유를 옹호했다. 그의 대표 저술은 《On Liberty》(자유주의론, 1859), 《Utilitarianism》(공리주의, 1863) 등으로 알려졌으나, 실은 그의 최대 저술은 《A System of Logic》(논리학 체계, 1843)이다. 그의 최대 저술이 아니라 도덕과 정치철학분야에서 19세기 최고 최대의 지술이라고 해도 과언이 아닌 작품이다.

또 나에겐 윈스턴 처칠(Winston S. Churchill, 1874~1965)의 《My Early Life》(fontana books, 1959)이란 문고판 크기의 작은 책이 있다. 첫 출판은 1930년이다. "처칠 경의 책 가운데서 가장 매혹적(the most enchanting of Sir Winston Churchill' books)"이란 칭찬을 받은 이 책은 처칠이 어려서부터, 아니 실은 네 살부터 스물여섯의 청년으로 하원의원이 되기까지의 파란만장한 모험담이다. 내가 종로 범문사에서 이 책을 산 것은 1960년 9월 23일이었다. 책의 앞머리에 "To A New Generation"이라고 적혀 있는 것을 보면, 책을 산 나도 당시엔 '신세대'에 속했는지 모른다.

또 나는 《The Autobiography of Benjamin Franklin》(벤저민 프랭클린 자서전: Collier Books, 1962)을 갖고 있다. 컬럼비아대학교의 루이스 리어리(Lewis Leary)가 서문을 쓴 문고판이다. 왠지 끝까지 읽지 못했다.

내 서가에는 또 강용흘(姜鏞訖, 1898~1972)의 《초당》(범우사, 1993)이 있다. 《The Grass Roof》(Chicago and New York: Follett, 1966)를 대본으로 장문평 씨가 번역한 것이다. 영문 책을 사고 싶었으나 못 구했다. 그래 도서관 책을 복사해서 갖고 있다. 장문평 씨가 번역한 책 말미에 강용흘의 연보가 있다. 중요한 몇 가지를 옮긴다.

1898년 함남 홍원에서 출생, 함흥 영생중학졸업.

1921년 도미(渡美). 보스턴 대학에서 의학, 하버드 대학에서 영·미 문학 전공.

1929년 《동양시집(Oriental Poetry)》을 냄.

1931년 첫 번째 소설 《초당》을 냄. 이 작품으로 구겐하임(Gugenheim)상, 더 북 오브 더 센추리 상을 받음.

1934년 두 번째 소설 《행복한 숲(The Happy Grove)》출간.

1945년 환국, 미 군정청 출판부장. 서울대학교 문리과대학 출강. 《세계단편걸작선(A World of Great Stories)》, 《중요문장보감(Thesaurus of Book Digests)》 등을 편집 출판. 6·25사변 직전 다시 미국으로 감.

1965년 세 번째 소설 《동양인 서양으로 가다(East Goes West)》 출간.

1972년 헌팅턴(Huntington, Long Island)에서 별세.

내가 강용흘의 이야기를 하는 것은 그의 《초당》이 소설로 알려졌지만 자서전적인 내용을 담고 있기 때문이다.

제1장

처음 〈이 생각 저 생각〉

제1화

장비 이야기 1: 참는 것도 한도가 있다

시작의 글 다음 이야기가 왜 하필 장비(張飛)인지는 나도 모른다. 이 생각 저 생각을 하다보면, 부족한 생각도 있고 미련한 생각도 있다. 장비가 미련했기 때문일까? 장비하면 장팔사모를 휘두르며 싸움을 잘하는 장수다. 오(吳)의 주유(周瑜)는 그를 웅호지장(熊虎之將)이라 했고, 위(魏)의 정욱(程昱)은 만인지적(萬人之敵)이라 했다. 또 《삼국지》 정사(正史)를 쓴 진수(陳壽)는 그를 관우(關羽)와 더불어 호신(虎臣)이라 했다. 용맹한 신하라는 것이다. 싸움은 잘 했다. 그러나 그에게는 꾀가 없었다.

그런 그에게도 인간적인 면모가 있다. 그 이야기다. 유비(劉備)가 서주목(徐州牧)이었을 때다. 조조(曹操)의 계략 때문에 유비가 원술(袁術)과 싸운 적이 있다. 둘이 싸우면 둘 다 망하기 쉽다. 게다가 서주 근처 소패라는 고을에 주둔하고 있는 여포(呂布)가 딴 마음을 품을 수도 있다. 구호탄랑계(驅虎呑狼計)이다. 호랑이를 몰아 이리를 삼키게 하자는 계책이다. 누가 호랑이고 이리인지는 모르겠으나, 싸움을 붙여놓고 어부지리(漁父之利)를 보자는 것이 조조의 심산이었다. 조조는 천자의 조칙(詔勅)을 내려 보냈다. 천자를 끼고 제후를 호령[挾天子以令諸侯]하는 조조였다. 유비는 기병(起兵)을 해야 했다. 그러나 서주는 지켜야 한다. 어렵사리 얻은 근거지다. 그래 유비는 관우와 장비를 돌아보며 물었다.

"너희 둘 중에 누가 남아서 성을 지키겠느냐?"

관우와 장비는 서로 남아서 지키겠다고 한다. 관우는 유비가 믿는 동생이다. 의논의 상대다. 같이 가는 편이 유리하다. 그러면 장비에게 성을 맡겨야 한다. 그러나 믿음직하지 못하다. 유비가 장비에게 말한다.

"내가 너에게 맡기고 갈 수가 없다. 너는 술만 취하면 성미를 부려 공연히 군사들을 매질하는 버릇이 있고, 사람이 진중치 못하여 일을 경솔하게 처리하는 버릇이 있는데다, 남이 간하는 말을 잘 듣지 아니하니 마음을 놓을 수 없다."

그러자 장비는 주먹으로 가슴을 치며 외친다.

"형님! 그건 염려 마십시오. 오늘부터 맹세코 술도 안 마시고, 군사도 안 때리고, 매사를 주위와 상의하여 처리하겠소."

이런저런 다른 사연도 있었으나, 떠나지 않을 수 없다. 그래 서주의 원로구신(元老舊臣)인 진등(陳登)에게 장비를 잘 도우라는 부탁을 하고 유비는 원술과 싸우러 나갔다. 유비가 떠나고 며칠이 지났다. 장비는 약속대로 여러 가지 일을 진등에게 관리하라 하고, 술을 한 모금도 마시지 않았다. 그 다음이 걸작이다.

"그러나 참는 것도 한도가 있다"라는 대목이 소설에 나온다. 술을 마시고 싶다. 더는 참지 못하겠다. 술 마시고 싶은 심정을 직접 표현하지 않고, "참을 수 없는 존재의 가벼움"을 간접으로 표출한 것이다. 간접적인 그 심정의 토로(吐露)에서 나는 장비의 인간적인 면모를 발견한 것이다. "참는 것도 한도가 있다." 나는 이 말을 좋아한다. 나관중(羅貫中)의《삼국연의》에는 이 말이 없다. 다른 삼국지는 잘 읽지 않아 모르나, 정음사《삼국지》엔 그 말이 나온다. 내가 소싯적부터 애독한 책이다.

[추기: 위의 글을 쓰고, 무심히 달력을 보았다. 바로 오늘이 5월 4일이다. 5월 4일은 중국에서 소위 '5·4운동'이 일어난 날이다. 1919년이다. 우리의 '3·1운동'의 영향을 받았는지도 모르나, 제1차 세계대전의 마무리를 짓기 위한 파리평화회의의 결정이 운동의 직접적인 기폭제였다. 파리평화회의의 강대국들이 특히 산둥성에 있어서 독일의 권익을 탈취한 일본의 행위를 옹호하자, 베이징 대학생을 중심으로 대규모의 배일(排日)운동이 전개되었던 것이다. '5·4운동'에 관한 해석은 복잡하다. 그러나 이 운동으로 마르크스주의에 대한 중국 지성인의 관심이 고조되었다는 것이 주류의 해석이 아닌가 한다. 중국 공산당이 대륙을 석권한 1949년의 길을 열었다는 주장이다. 그렇다면 불행한 길을 연 것이다. 수 천 년 지속되던 '왕조(王朝)'를 대신한 '망조(亡兆)'가 들어선 것이다.]

제2화

장비 이야기 2: 정음사《삼국지》

내가 중학 2학년 때인가 한다. 《학원(學園)》이란 잡지에 연재되던 김용환 화백의 〈코주부 삼국지〉를 더러 읽었다. 1954년부터 정음사(正音社)에서 《삼국지》를 출판하기 시작했다. 몇 해 걸쳐서 열권이 나왔다. 모두 사서 열심히 읽었다. 대학 다닐 적엔 요시카와 에이지(吉川英治)의 《삼국지》가 번역되어, 그것을 읽은 기억도 있다. 내가 마흔이 넘어 서울 반포아파트에 살 때다. 집의 아이들이 읽는 《고우영 삼국지》를 옆에서 같이 보기도 했다. 고우영 화백과는 아파트 같은 동에 살아서 여러 가지 인연이 많다. 술도 같이 여러 번 마셨다. 장비처럼 마셨는지 늘 대취했다. 내가 《소설이 아닌 삼국지》(1993)를 낼 적에 그는 스무 장이나 되는 컷을 그려 주기도 했다.

나는 1977년 여름에 처음 대만에 갈 기회가 있었다. 중국대륙에 처음 간 것은 1990년이다. 그 후 대만도 중국 본토도 여러 차례 갔다. 그때마다 시간이 나면 책방에 들러 여러 판본의 삼국지를 구입했다. 내가 삼국지를 좋아한다는 소식이 퍼져서인지, 삼국지와 관련된 각종 책을 보낸 동료와 제자들도 있다. 일어책도 있고, 한어(漢語) 혹은 중국어책도 있었다. 그 덕분에 진수의 《삼국지》도 읽었고, 사마광(司馬光)의 《資治通鑑》(자치통감)의 삼국시대 부분도 읽을 수 있었다. 나는 2006년 2월에 정년을 하면서, 책들 거의 모두를 서울대학중앙 도서관 등에 기증했다. 《삼국지》에 관한 책들도 내 손을 떠나기는 마찬가지 운명이었다. 《삼국지》는 졸업했다는 심정도 있었다. 그런데 또 《삼국지》 이야기를 하고 있으니, 사람의 일이란 알 수 없다.

어려서 읽은 톨스토이의 〈사람은 무엇으로 사는가?〉라는 단편이 떠오른다. 거기서 톨스토이는 사람에게 있는 것이 무엇인가? 사람에게 없는 것이 무엇인가? 사람은 무엇으로 사는가? 세 질문을 던졌다. 해답은 각각이다. 사람에게 있는 것은 사랑이고, 사람은 하나님의 보살핌으로 산다. 그러면서 사람에게 없는 것은 '아는 힘'이라고 하였다. 사람에게는 앞일을 아는 힘이 없다. 한치 앞을 모른다.

《순자(荀子)》를 보면, 더 옛날에 고포자경(姑布子卿)이란 유명한 관상쟁이가 상을 보고 길흉과 수요(壽夭)의 장단을 기막히게 잘 맞췄다는 이야기가 있다. 또 《삼국지》에도 관로(管輅)란 점술가가 앞일을 잘 알았다는 일화가 나온다. 그랬을 수도 있다. 그러나 다시 말하거니와 사람에게는 앞일을 아는 힘이 없다. 톨스토이도 노벨문학상을 기대했을지 모른다. 그러나 자신에게 상복(賞福)이 없다는 것은 몰랐다.

1983년에 정음사에서는 《중국고전문학선집》을 출판했다. 그 첫 세 권이 《삼국지》다. 그것은 전에 열권으로 출판된 것을 세 권에 몰아 수록한 것이다. 열권으로 된 《삼국지》의 번역 및 발행인은 최영해(崔暎海)이다. 국어학자 최현배(崔鉉培) 선생의 장남이다. 그때 정음사 대표다. 《중국고전문학선

집》의 삼국지의 번역 및 발행자는 최동식(崔東植)이다. 번역은 물론 아니다. 선고장의 뒤를 이어 정음사 대표직을 맡고 있었기 때문에 그냥 번역자가 된 것이다. 그는 당시 고려대학교 교수였다. 전공이 화학이었지만 '사회역학(社會力學)'이라고 스스로 명명한 좀 기이한 사회이론을 개발하였고, 사회과학도들과 잘 어울렸다. 시작은 불확실하나, 나는 그를 여러 번 만났다. 늘 의기투합했다. 술도 많이 마셨다. 《삼국지》에 관한 이야기도 들었다.

앞에서 나는 "참는 것도 한도가 있다"는 장비의 말이 《삼국연의》에는 없으나, 정음사 《삼국지》에 나온다는 이야기를 했다. 그렇다면 장비의 그 말은 번역한 사람이 원문에 없는 것을 창작하여 집어넣은 것이란 생각이 든다. 창작치고는 최상급의 창작이다. 그렇다면 그것을 창작한 번역자는 누구인가?

제3화

장비 이야기 3: 최영해와 박태원

앞에서 나는 “참는 것도 한도가 있다”는 장비의 말이 나관중의 《삼국연의》에는 없기 때문에 창작이라고 했다. 번역자의 창작이라고 하면, 번역자가 누군가 궁금하다 했다. 알아본 바에 의하며, 소설가 박태원(朴泰遠, 1909~1986)이 번역한 《삼국지》가 1950년에 정음사에서 발행되었다고 한다. 내가 그 책을 보지 못했으니, 어떻게 얼마만큼의 번역인지 알 수 없다. 또 내가 《소설이 아닌 삼국지》를 집필할 무렵 안 사실은 박태원은 《新譯 三國志》를 신시대란 출판사에서 1941년에 냈다는 것이다. 그래 어느 날 최동식 교수에게 정음사 《삼국지》의 진짜 번역자가 누구냐고 물은 적이 있었다. 대답인즉, 처음 얼마는 6 · 25 전에 박태원 씨가 번역하였고, 박 씨가 월북한 후 나머지 부분은 자기 선친이 번역하였다는 얘기였다. 그러면서 “관우가 충절을 지키다가 살해되는 대목을 번역하면서 눈물을 흘리시던 선친의 모습을 생생히 기억한다”고 했다.

최동식 교수의 말대로라면 정음사《삼국지》의 처음 얼마는 박태원, 뒷부분은 최영해가 번역한 것이 분명하다. 그러면 "참는 것도 한도가 있다"는 말의 창작은 이 두 사람 중 하나일 것이다. 정음사《삼국지》는 모두 100회로 되어 있고, 장비의 말은 11회에 나오기 때문에 아주 앞부분에 해당한다. 그렇다면 박태원의 창작일 가능성이 높다. 그는 모더니즘 작가로 알려졌고, 자신의 체험을 토대로 한 신변소설을 주로 썼다. 1946년 그는 중학생을 위한《중등문범(中等文範)》이란 한글교재를 편집하여 정음사에서 출판한 것으로 보아,《삼국지》와 관계없이 최영해와는 가까운 사이였다는 생각이 든다.

그러나 다시 생각하면, 누구의 창작인지는 중요하지 않다. 중요한 것은 장비의 심리다. 장비는 참지 못하고, 유비가 떠난 지 며칠 후 크게 연석을 베풀었다. 대소 관원들에게 말했다.

"형님이 떠나실 때, 날더러 술을 삼가라 하셨는데, 그것은 혹시 무슨 실수가 있을까 해서 그런 것이오. 우리 오늘 하루만 한번 취토록 마시고, 내일부터는 다시 경계하여 단 한 방울도 술을 입에 대지 말도록 합시다."

한번 술을 입에 대면 크게 취해야 직성이 풀리는 것이 장비의 버릇이다. 장비나 누구나 대취하면 이런저런 실수를 하게 마련이다. 이 날도 장비는 대취하여 사고를 내고 말았다. 자세한 이야기는 생략하나, 서주를 여포에게 빼앗겼다.

"코로나19"인지 뭔지 하는 괴질(怪疾) 때문에 자가격리(自家隔離)된 사람도 많고, 그렇지 않은 사람도 되도록 나다니지를 말라고 한다. 많은 사람들이 "참는 것도 한도가 있다"는 장비의 말에 공감하리라 믿는다. 그래도 참을 것은 참아야 한다. 장비도 좀 더 참았더라면, 사고를 치지 않았을 것이다. 그러나 참는 것에도 여러 가지 종류가 있을 수 있다. 무엇을 어떻게 참느냐? 또 참는 정도도 사람마다 다르다. 참는 것의 득(得)도 다양하다. 일률적인 규제나 강요로 될 일은 아니다. 자유의 억압이기 때문이다.

이것은 다른 이야기지만, 대약진운동이 실패로 끝난 후, 중국공산당 중앙위원회 모임이 여산(廬山)에서 열린 적이 있었다. 1959년 여름이다. 마오쩌둥(毛澤東)은 당시 국방부장이던 펑더화이(彭德懷)의 비판을 받았다. 펑더화이는 대약진 · 인민공사라는 마오(毛)의 급진정책이 야기한 혼란과 폐해를 지적하는 7월 4일 자의 의견서에서 “자신은 단순한 인간으로 장비와 같은 소박한 성격의 소유자”라고 했다. 참을성이 없고 우직한 장비에게 자신을 비유한 것이다. 그러나 마오는 자신의 과오를 인정하지 않았다. 펑(彭)을 팽(烹)시켰다. 누가 더 장비 같은 인물인지 알 수 없는 상황이다.

나는 전에 〈산상수훈〉(마태복음, 5~7장)을 읽으면서, “심령이 가난한 자” 등이 복이 있다고 예수가 가르쳤는데, “참는 자에게 복이 있나니, 천국이 저의들 것이요”란 말을 포함시켜 가르쳤어도 좋았을 것이란 생각을 한 적이 있다. 참는 자에게 복이 있다. 그러나 참는 것도 한도가 있다.

제4화

오빠 생각 1:
최순애

나는 명색이 사내라 형과 누나는 있으나 오빠는 없다. 게다가 막내라 동생이 없다. 언니(내가 어려서는 형을 언니라고 부름)나 오빠 소리도 못 들었다. 그러나 〈오빠 생각〉은 안다. 어려서 부르던 동요이기 때문이다. 좀 건방진 이야기지만, 나이가 들어서인지 어려서 부르던 노래들이 그립다. 어려서 부르던 노래가 한 둘이 아닐 터인데, 하필 〈오빠 생각〉인지는 나도 모른다.

뜸북뜸북 뜸북새 논에서 울고
뻐꾹뻐꾹 뻐꾹새 숲에서 울 제
우리 오빠 말 타고 서울 가시며
비단 구두 사가지고 오신다더니

기럭기럭 기러기 북에서 울고

귀뚤귀뚤 귀뚜라미 슬피 울건만
서울 가신 오빠는 소식도 없고
나뭇잎만 우수수 떨어집니다

노래의 작사자는 최순애(崔順愛, 1914~1998)이다. 소파 방정환이 운영하던 《어린이》란 잡지에 발표하여 동요작가로 등단하였다. 1925년 그녀가 열한 살 때였다. 박태준이 곡을 붙인 것이 1930년이라고 한다. 오래되었다면 오래 되었으나, 아직도 사랑을 받고 있는 동요다.

최순애의 남편이 된 이원수(李元壽, 1911~1981)는 1926년 최 씨보다 6개월 늦게 같은 잡지에 〈고향의 봄〉이 뽑혀 작가의 길을 걸었다. 초등학교 5학년 15세였다. 어려서부터 동요 등의 글을 많이 썼던 보람이 나타난 것이다. 이원수는 경남 양산에서 태어났다. 두 살 적에 마산(지금 창원)으로 이사하였다. 어린 시절을 여기서 보냈다. 최순애가 오빠를 생각한 곳은 경기도 수원이다. 멀다면 멀다. 그러나 거리에 상관없이 가까워질 수 있는 것이 마음이다. 누가 더 조숙했는지는 알 수 없어도, 이 씨는 〈오빠 생각〉에 반해 최 씨와 편지를 교환하게 되었다. 1936년 결혼하여 슬하에 아들 셋, 딸 셋을 두었다.

둘째 아들이 창화(昌樺)다. 나와 중 · 고등학교를 같이 다녔다. 1954년 중학 3학년 때다. 6월 초였던 것 같다. 하복(夏服)을 입었다. 그때 창화네 집이 뚝섬이었다. 창화가 자기 집에 가자하여 친구 넷이서 간 적이 있다. 을지로 6가에서 왕십리 가는 전차를 탔다. 종점에서 내려 강을 향해 한참 걸었다. 부모님도 뵈었다. 잠시 놀다가 우리가 간다고 하니, 창화 어머니가 종이에 꼬깃꼬깃 무엇을 싸주셨다. 누가 받았는지는 기억이 나지 않으나, 나와서 펴

보았다. 전차 값에 해당하는 돈이었다. 그 당시는 다 어렵게 살았다.

창화는 서울공대 화공과를 졸업하고, 나중에 응용전자란 회사의 대표를 지내기도 했다. 2008년 3월 말에 작고했다. 나는 친구가 죽으면, 보통 혼자 문상을 간다. 그런데 이때는 어쩐 일인지 이대목동병원엘 아내와 같이 갔다. 가서 보니 창화의 부인 조화자 씨가 아내와 숙명여고 동기동창이었다. 모르고 간 것이다. 내 동기는 죽고, 아내의 동기는 조문을 받고 있었다. 나는 고등학교 졸업 후 창화를 만난 적이 별로 없고, 아내도 화자를 만난 적이 거의 없다고 했다. 죽지 않으면 만난다는 말이 있다. 그래 산 사람끼리 만난 것이다.

제5화

오빠 생각 2: 이원수

다시 〈오빠 생각〉이다. 순애가 그리던 오빠는 몇 살이나 위인지는 모르겠으나, 이름이 영주다. 최영주는 배재중학을 졸업하고, 일본 유학을 가기도 했다. 방정환 등과 어린이 계몽운동을 하였고, 일본경찰의 요시찰 인물이었다고 하는데, 불행히 요절했다. 인터넷에서 안 사실이다. 서울 갔을 적에도 슬펐는데, 그 오빠가 죽었을 적엔 오죽했겠는가! 이젠 비단구두의 꿈도 영영 사라졌다. 서울 가신 오빠는 언젠가 소식이 있겠으나, 하늘로 가신 오빠는 소식을 보낼까?

최순애와 이원수의 혼인이 무르익을 무렵, 이원수는 무슨 항일독서회사건에 연루되어 1년 남짓 옥살이를 하였다. 그래 최 씨네 집에서는 결혼반대의 말이 오가기도 하였다는데, 순애의 오빠가 적극 밀어붙였다는 것이다. 그런 오빠다.

내가 또 어려서 부르던 노래에 이런 것이 있다. 누구의 글인지, 누가 곡을 달았는지 모른다.

산딸기 있는 곳에 배암(뱀) 있다고
오빠는 그러지만 나는 안 속아
내가 따라 갈까봐 그러는 게지

동생이 미워서 떼어놓고 간 것은 아니다. 그냥 짓궂은 오빠다. 그러나 순애의 오빠 영주는 산딸기가 없어도 동생을 데리고 다녔을 것이다. 나는 어렸을 적에 산딸기를 먹은 기억이 없다. 여름이면 논가에 멍석딸기란 것이 있었다. 할머니가 논에 가시면 호박잎에 멍석딸기를 한 줌씩 따다주시기도 했다. 내가 따라가 따 먹은 적도 있다. 또 뱀딸기란 것도 기억한다. 독이 있어서 못 먹는 것이라고 하였다. 요새는 수입과일이 흔해서인지, 온실에서 많이 기르기 때문인지, 무슨 베리란 과일이 장에 가면 지천이다. 전에는 여름에만 나오던 과일을 요즘은 사철 먹을 수 있다. 세상이 달라진 것이다.

세상이 달라졌다고 했지만, 이원수와 최순애의 사랑은 달라지지 않았다. 내가 뚝섬 집에 갔을 적에 어렵게 보이던 살림도 차차 나아졌다. 이원수는 금융조합직원 · 출판사편집장 · 교사 등으로 이런 저런 월급쟁이 생활도 했다. 그러면서도 그는 아동문학에 전념했다. 수 십 편에 달하는 주옥같은 작품을 남겼다. 《종달새》(1947)를 시작으로 십 수 권의 동요 · 동시집 · 수필집을 출간했다. 한국문학상(1973), 대한민국 문화예술상(1978), 대한민국 문학상 아동부분 본상(1980) 등, 상도 많이 받았다. 아래는 그의 대표작 〈고향의 봄〉이다. 홍난파 작곡으로 유명해졌다. 아이들만의 노래를 뛰어넘었다.

나의 살던 고향은 꽃피는 산골
복숭아꽃 살구꽃 아기 진달래
울긋불긋 꽃 대궐 차린 동네
그 속에서 놀던 때가 그립습니다

꽃 동네 새 동네 나의 옛 고향
파란들 남쪽에서 바람이 불면
냇가에 수양버들 춤추는 동네
그 속에서 놀던 때가 그립습니다

〈고향의 봄〉이 〈오빠 생각〉을 사모하여 이루어진 가정은 가히 모범적이었다. 자식들도 잘 키웠다. 함께 산 것이 45년이다. 반백년에 가까운 해로(偕老)다. 특히 만년(晩年)을 보낸 서울 동작구 남현동 예술인마을 시절이 제일 행복했다고 한다. 주변에 논이 없으니 뜸북새는 울지 않았을 것이나, 그래도 이웃에 살던 시인 서정주는 그들 집을 "뜸부기 집," 최순애를 "뜸부기 할머니"라고 불렀다고 한다. 이원수는 고희(古稀)의 해인 1981년에 하늘고향으로 돌아갔고, 최순애는 84세인 1998년에 무슨 새가 되어 날아갔다. 자식들도 그 새가 돌아오는 것을 보지 못했다.

경남 창원시의 시립 '고향의 봄 도서관' 지하1층에 '이원수 문학관'이 2003년에 만들어졌다고 한다. 방문이 숙제로 남아 있다.

제6화

중화론(中禍論): 중국을 경계하자

19세기 말이니까 오래되었다면 오래 전이다. '황화론(黃禍論)'이란 말이 생겼다. 독일황제 빌헬름 2세(재위 1888~1918)가 주창(主唱)하기 시작한 황색인종억압이론이다. 황인종(黃人種)이 유럽문명에 대한 위협이기 때문에 황인종을 세계무대에서 몰아내야 한다는 정치론이다. 인종차별의 편견은 있으나, 러일전쟁(1904~1905)에서 승리한 일본의 국력과 이에 따른 국제적 발언권의 강화가 아시아, 특히 중국에 대한 유럽열강의 제국주의정책에 방해가 된다는 판단이 배경으로 작용했다. 그러나 근본을 살피면 동아시아의 인구가 수적으로 서방세계를 압도하기 때문에 나온 이론이 아닌가 한다. 거기에는 또 문화심리적 또는 국가주의적인 요소가 크게 작용했다. 황화란 말은 러시아의 사회학자 자크 노비코프(Jacques Novikow)가 만들었다고 한다. 영어로는 yellow peril이다.

중화론은 황화론을 빗대어 내가 만든 말이다. 'The Chinese Peril'이다.

중국이 퍼뜨리는 재앙(災殃)이란 뜻이다. 중국 우한(武漢)이 근거지인 코로나19란 고약한 전염병 때문에 전 세계가 난리다. 제3차 세계대전이 일어나더라도 이보다는 덜 난리일 것이다. 처음엔 우한의 한 전통시장에서 파는 무슨 동물에서 바이러스가 생겼다고 하더니, 정부가 운영하는 전염병연구소에서 유출되었다는 설이 유력하게 나돌았다. 그러나 중국 당국은 정확한 유출경로를 호도(糊塗)하면서 책임을 회피하고 있다. 대국의 금도(襟度)를 기대하는 것은 아니나, 중국공산당 지도부와 그들 언론의 행태를 보면, 이게 제대로 된 나라인가 하는 의문이 생긴다. 그러면서 곳곳에서 되지 않는 힘만 과시하려 한다. 힘만 내세우는 나라는 오래가지 못한다.

코로나19의 발생과 전파와 관련하여 떠오르는 생각이 있다. 오래 전에 고려대학교 김준엽(金俊燁, 1920~2011) 교수에게서 들은 이야기다. 김 교수는 태평양전쟁 말기에 학도병으로 일본군에 끌려갔다가 탈출하여 광복군에 합류한 경력의 소유자다. 그래 그가 대한민국임시정부가 있던 충칭(重慶)으로 갔고, 거시서 목도(目睹)한 이야기다. 하루는 시내를 걷는데, 사람들이 길게 늘어섰더란 것이다. 무슨 일인가 하고 가까이 가서보니, 줄의 맨 앞에 어떤 사람이 치분(齒粉)과 칫솔 하나를 들고 서서 줄 선 사람들에게 차례로 빌려주더란 것이다. 물로 입속은 헹구었을까? 공짜는 물론 아니었을 것이다. 어이가 없어서 한참 보았다고 했다. 칫솔도 신기하고, 치분도 새롭고 해서 그렇게 길에서 줄을 섰다가 이를 닦았던 모양이다. 치분은 치마분(齒磨粉)의 준말이고, 이를 닦는 데 쓰는 가루치약이다. 나도 어려서 치분으로 이를 닦던 기억이 있다. 납작한 구두약통 같이 생긴 용기에 담겨 있다. 이를 닦는 것은 좋은 현상이겠나, 당시 중국인의 위생관념은 그랬다. 칫솔도 공유였으니, 할 말이 없다.

중국은 그런 나라였다. 아니 아직 그런 나라다. 평등을 내세우면서도 빈부의 격차는 더 심하다. 자유도 없다. 위생관념도 그때보다 별로 나아진 것이 없어 보인다. 코로나19의 진원지가 중국인 것은 우연이 아니라고 생각한다. 중국은 대한민국에 도움이 되는 나라가 아니다. 우리가 못나서 당한 것이니, 병자호란은 그만두자. 1884년 갑신정변을 무산시켜 조선의 독립과 근대화를 짓누른 것은 위안스카이(袁世凱)가 이끄는 청나라 군대였다. 아니 그것도 옛 이야기라고 하자. 1950년 6·25사변 당시 한반도의 통일을 저지한 것도 중국이었다. 국제관계에 있어서 영원한 적(敵)도 없고, 영원한 우방(友邦)도 없다고 한다. 그러나 중국은 북한의 동맹국이고, 북한은 우리의 주적(主敵)이다. 따라서 군사적으로 중국은 우리의 적일 수밖에 없다. 그런 적에게 벌벌 기어서는 안 된다. 당당하게 맞서야 한다. 평화는 굴욕적인 저자세로는 얻어지지 않는다. 강력한 군사력이 뒷받침이 되어야 얻어진다.

김준엽 교수는 고려대학교 총장도 지낸 선비학자다. 총리 물망에도 오른 적이 있었는데 고사했다고 들었다. 교수는 대학을 지켜야 한다는 신념의 소산이었을 것이다. 나는 1970년대 초에 김 교수를 처음 만났다. 그때 그는 고려대 아세아문제연구소 소장이었다. 나는 객원연구원으로 연구소 프로젝트에 참여한 적도 있고, 〈中共에 있어서 정치적 肅淸〉이란 비교적 긴 논문을 연구소잡지《亞細亞硏究》(1973)에 실리기도 했다. 이런저런 연고로 김 교수와 자주 만났었다.

[추기: 사람은 누구나 죽는다. 그러나 코로나19 때문에 얼토당토않게 죽은 사람도 많다. 이런 일화가 생각난다. 옛날 어느 시골에 장모를 모시고 사는 사람이 있었다. 장모가 돌아갔다. 글을 모르기 때문에 동네 서당 훈장에게 부탁하여 지방(紙榜: 종이로 만든 神主)을 만들어 왔다. 친

구가 문상 와서 그 지방을 보고는, "여보게! 이건 자네 장모의 지방이 아니라, 자네 부인의 것이네." 했다.

그래 그 사람이 다시 훈장에게 가서 고쳐 써 달라고 했다. 그랬더니 화를 버럭 내면서, "내가 써 주기는 바로 했는데, 사람이 바뀌어 죽었어!"라고 했다.

그 사람은 정말 바뀌어 죽었는지 알려고, 부지런히 집으로 돌아갔다고 한다.]

제7화

생각고(考): 생각에 대한 생각

처음에 이야기 제목을 《이 생각 저 생각》이라고 했었다. 왜 그런 제목을 붙였는지 나도 모른다. 도대체 생각이 무엇이기에 그랬나? 사전에서 '생각'을 찾아본다. 우리가 자주 쓰는 단어나 관용어(慣用語) 가운데 그 뜻을 말하라고 하면, 답이 궁한 경우가 많다. 나는 여러 가지 국어사전을 갖고 있다. 이희승(李熙昇) 감수의 《民衆 엣센스 國語辭典》을 잘 본다. 작아서 다루기가 쉽다. 내용도 비교적 충실하다. 사전의 내용을 거의 그냥 옮긴다. 읽는 분 가운데, "그냥 사전을 보라고 하면 되지. 무얼 장황하게 옮겼냐?"고 나무라실지 모른다. 할 수 없다. 내 생각이 그렇기 때문이다.

(1) 마음에 느끼는 의견. [내 생각은 네 말이 옳다.]

(2) 바라는 마음. [술 생각이 간절하다.]

(3) 관념. [케케묵은 생각.]

(4) 연구하는 마음. [생각을 짜내다.]

(5) 깨달음. [겨우 생각이 났다.]

(6) 추억. [옛 생각.]

(7) 고려(考慮). [잘 생각해 주기 바란다.]

(8) 의도 · 목적. [죽일 생각으로 때린 것은 아니다.]

(9) 사모(思慕). [임 생각.]

(10) 그렇다고 침. 간주(看做). [오지 않으면 단념한 것으로 생각하겠다.]

(11) 각오(覺悟). [이번에도 안 되면 그만 둘 생각이다.]

여러 뜻이 있다. 모두가 사고(思考) · 판단(判斷) · 추리(推理) 등, 뇌에서 일어나는 정신작용이다. 그렇기 때문에 뇌사(腦死)인 경우에는 '생각'이 없다고 해야 옳을 것 같다. 아니 그 나름의 '생각'은 있는지도 모른다. '생각'은 순수한 우리말이다. '生覺' 따위 한자를 써서는 안 된다. '생각'이 들어가는 관용어를 찾아 적는다.

생각(이) 나다: "생각이 떠오르다." "지난 일이 기억되거나 추억되다." "앞으로의 일이 상상되다." "무엇을 하고 싶은 생각이 들거나 관심을 가지게 되다."

무엇이 "생각나는가?" 〈꽃반지 끼고〉란 노래가 생각난다.

생각난다 그 오솔길
그대가 만들어준 꽃반지 끼고
다정히 손잡고 거닐던 오솔길이

이제는 가버린 아름다운 추억

생각난다 그 바닷가
그대와 둘이서 쌓던 모래성
파도가 밀리던 그 바닷가도
이제는 가버린 아름다운 추억

그대가 만들어준 이 꽃반지
외로운 밤이면 품에 안고서
그대를 그리네 옛일이 생각나
그대는 머나먼 밤하늘의 저 별
저 별~

은희(김은희, 1951~)가 불러서 히트했다. 인터넷을 보았다. 작사와 작곡도 그녀가 했다. 1971년 유니버샬 레코드에서 솔로 음반이 나왔다고 한다. 생각 안 나도 그만인데, 은희의 노래가 생각난 것이다.

〈생각이 꿀떡 같다〉: "생각이 매우 간절하다."
〈생각건대〉: "생각하건대 · 생각해 볼 때에"의 뜻의 접속부사.
〈생각다〉: "생각하다."
〈생각다 못 하여〉: "아무리 생각하여도 별로 신통한 수가 없어서."
〈생각다 못 해〉: "생각다 못 하여."
〈생각하는 갈대〉: "사람은 자연 가운데 가장 약하여 마치 갈대와 같으나, 사고(思考)하는 점이 존귀하고 위대하다는 뜻." 프랑스의 사상가 파스칼(Blaise Pascal, 1623~1662)의 명상록 《팡세(Pensèes)》(1670)의 서문에 나오는 말이라고 한다. 그러나 생각을 올바르게 하지 못하면, 갈대만도 못하다.

제8화

지자막여부 1: 관중과 포숙

사전에서 '지자'를 찾으면, 여러 가지가 있다. 몇 가지 적는다.

〈지자(支子)〉: 맏아들 이외의 아들.

〈지자(至慈)〉: 더없이 자비로움.

〈지자(知者)〉: 지식이 많고 사리에 밝은 사람.

〈지자(智者)〉: 슬기로운 사람. 지혜가 많은 사람.

〈지자막여부(知子莫如父)〉도 있다. "아들을 아는 데 그 아비만 한 이가 없다"는 뜻으로, 아버지가 그 아들의 마음을 가장 잘 안다는 것이다.

고전에는 '지자막약부(知子莫若父)'라고 나온다. 예컨대, 춘추시대 제(齊)나라의 희공(僖公)은 셋째 아들 소백(小白)의 후견인으로 포숙(鮑叔)을 임명했다. 그러나 포숙은 사양하고 나아가지 않았다. 친구인 관중(管仲)과

소홀(召忽)이 그 까닭을 묻자,

"옛 사람의 말에, '자식에 관해서는 아비만큼 아는 사람이 없고, 신하에 관하여는 임금만큼 아는 사람이 없다(知子莫若父 知臣莫若君)'고 했다. 이제 임금께서 내가 무능함을 잘 아신 까닭에 나를 소백의 후견인으로 지명하신 것이다. 이것은 버려진 것이나 다름없는 것이 아닌가?"

기분 나쁘다는 것이다. 그의 기분은 그만두자. '지자막약부'란 말이 옛날부터 있었다는 이야기이다.[《管子》〈大匡(대광)〉]

그로부터 30여 년이 지났다. 관중이 제나라의 재상이었다. 늙어 정사를 돌볼 수 없었을 때, 환공(桓公)이 찾아와 정무를 누구에게 맡기는 것이 좋겠느냐고 물었다.

"신이 듣기로는, '신하를 아는 데는 임금을 따를 사람이 없고, 자식을 아는 데는 아비를 따를 사람이 없다'(知臣莫若君 知子莫若父)고 했습니다. 임금께서 먼저 마음속으로 결정하고 있는 사람을 말씀해 주십시오."

환공이 여러 사람을 말하자, 관중은 다 아니라고 하면서 습붕(隰朋)을 추천했다. 나중 이야기지만, 관중이 죽은 후 환공은 습붕을 중용 하지 않았다. 그리고 망했다. (《韓非子》 제36편 〈十過〉).

제나라의 역사 이야기가 아니다. 고사에 나오는 '지자막약부(知子莫若父)'를 찾아 적은 것이다. 어머니도 그렇지만, 아들은 아버지와 제일 가까운 사이이다. 부계(父系)의 가족제도에서는 지위와 재산이 주로 아들에게 상속된다. 아들이 여럿인 경우에 주로 장자가 대를 잇는다. 예외도 많다. 조선조 초기에 태종은 셋째 아들 충녕군(忠寧君)으로 대통을 잇게 했다. 세종이다. 아들들의 인물됨을 잘 알았기 때문이었을까? 여러 일화가 있으나, 성공한 케이스다.

아들도 남이다. 자기도 알기 어려운데 남인 아들을 알기가 쉽지 않다. 아비라고 자식을 다 잘 안다고 할 수는 없다. 그러나 아비가 자식을 잘 아는 예도 많다. 《삼국연의》에서다. 관우(關羽)가 조조(曹操)에게 항복하고 있다가, 유비(劉備)가 하북의 원소(袁紹)에게 있다는 소식을 듣고 떠난다. 두 형수를 모시고, 단기(單騎)로 천리 길이다. 다섯 관(關)을 지나면서 조조의 부하 장수 여섯 명을 죽이기도 했다. 그리고는 다시 가기 여러 날, 곽상(郭常)이란 사람의 장원에서 머문 적이 있었다. 주인은 평소에 관우를 존경하던 터라, 대접이 은근하다. 이날 황혼 무렵 밖에 나갔던 아들이 들어오자, 주인은 관우에게 인사를 시킨다. 사냥 갔다 오는 길이라고 했다. 아들이 나가자, 주인은 눈물을 흘리면서 말한다.

"노부(老夫)의 집은 대대로 청경우독(晴耕雨讀)하여 오던 터인데, 저 자식은 본업에 힘쓰지 않고 오직 유렵(遊獵)만을 일삼으니 가문의 불행이외다."

"이 난세에 만약 무예가 정숙(精熟)하고 보면 또한 공명(功名)을 취할 수 있을 것인데, 어찌 불행이라 하신단 말씀이오."

관우가 좋은 말로 위로한다.

"제가 만일 무예나 제대로 익히려들면 뜻있는 사람이라고 하겠으나, 놀며 방탕만을 일삼으며 아니하는 짓이 없으니, 노부는 매양 근심으로 지내는 터이외다."

말을 듣고 보니 그는 그렇다. 이젠 위로할 말도 없다. 관우 역시 탄식하여 마지않는다.

제9화

지자막여부 2: 자식에게 이기는 부모는 없다

밤이 깊었다. 운장(雲長: 관우의 字)이 막 자리에 들려 하는데, 후원에서 말 우는 소리와 사람들 떠드는 소리가 시끄럽다. 운장은 자리에서 일어나 종인(從人)을 불렀다. 대답이 없다. 칼을 들고 후원으로 나간다. 주인 곽상의 아들은 땅에 쓰러져 울부짖고, 종인은 장객(莊客)들과 치고받고 법석이다. 운장이 종인을 불러 묻는다. 종인은 곽상의 아들을 가리키며 말한다.

"저 사람이 적토마를 훔치려다 말에 채여 쓰러졌습니다. 울부짖는 소리를 듣고 나오니, 장객들이 달려와 오히려 저희들을 치려 듭니다."

"쥐새끼 같은 놈들이 어딜 감히 내 말을 훔친단 말이냐!"

운장이 화가 치솟아 꾸짖을 때, 곽상이 뛰어나와 그 앞에 무릎을 꿇고 고한다.

"불초한 자식이 이런 일을 저질렀으니, 그 죄가 만 번 죽어 마땅하오나, 이것의 늙은 처(妻)가 끔찍이 사랑하는 자식이오니 장군은 부디 너그럽게 용서하여주십시오." 아내를 핑계 삼아 빈다.

"이 놈이 과연 불초하오. 저녁에 노인의 말씀이 있더니, 참으로 '지자(知子)는 막약부(莫若父)'요. 내 주인의 낯을 보아 용서하리다."

아들이 그런 위인(爲人)임을 알고 있는 곽상은 속이 어떠했을까? 그래도 자식은 어쩔 수 없다. 관우에게 용서를 빈 것이다. 아비 된 죄다.

자식을 잘 알았는지 몰랐는지 하는 이야기를 하나 더 한다. 범려(范蠡)는 춘추시대 말, 월(越)나라의 명상(名相)이다. 월왕 구천(句踐)을 도와 오(吳)나라를 무찌르고, 그를 패자(覇者)로 만들었다. 상장군이 되었다. 그러나 범려는 너무 커진 자신의 명성을 유지하기 어렵다고 판단했다. 월을 떠나 제(齊)나라로 갔다. 도(陶)란 땅에 머물며, 범려라는 이름을 감추고 스스로를 도주공(陶朱公)이라 불렀다. 아들과 함께 농사도 짓고, 가축을 기르면서, 교역도 하였다. 엄청난 재산을 모았다. [억만장자를 도주공이라고 부르기도 한다. 여기서 생긴 말이다.] 막내아들도 여기서 낳았다. 셋째인 막내가 청년이 될 무렵, 둘째 아들이 살인을 하여 초나라 감옥에 갇혔다. 도주공이 말했다.

"살인을 했으면 죽어 마땅하다. 그러나 내가 듣기로는 천금을 가진 자의 아들은 처형을 당하지 않는다고 했다."

그리고는 막내아들에게 황금 한 자루를 주고 초나라로 가서 형을 구하라고 했다. 그러자 큰아들이 자기가 가겠다고 나섰다. 아버지는 승낙하지 않았다. 큰아들이 말했다.

"장남은 집안일을 살피므로 가독(家督)입니다. 동생이 죄를 지었는데, 저를 보내지 않고 막내를 보내는 것은 말이 안 됩니다. 아버지는 제가 현명하지 않기 때문에 그러시는 겁니까?"

아버지에게 반기를 들었다. 그러면서 자기를 보내지 않으면 죽겠다고 협박했다. 그러자 어머니도 큰아들을 거들었다.

"막내를 보낸다고 해도 둘째를 구할 수 있을지 불확실한데, 큰애를 먼저 잃게 생겼으니, 이를 어쩌나? 큰애를 보냅시다."

아내에게 약한 것은 도주공도 어쩔 수 없다. 그래 큰 아들이 가게 되었다. 황금 한 자루와 편지를 초나라의 오랜 친구인 장(莊) 선생에 전하라고 하였다. 장은 초나라의 유력자였다.

큰아들은 장에게 편지와 황금을 전했다. 장은 입궐하여 왕을 만났다. 효력이 발생했다. 대사령(大赦令)이 발표된 것이다. 큰아들이 생각했다. 대사령이 발표되었으니 어차피 동생은 석방된다. 그러면 황금은 안 줘도 되는데 준 것이 아닌가? 그래서 그는 다시 장 선생을 찾아갔다. 황금을 돌려받았다. 장 선생은 청렴한 선비였다. 일이 성사되면 황금을 돌려줄 생각을 하고 있었다. 그러나 도주공의 아들의 행동은 괘씸하다. 그는 다시 왕을 만났다. 대사령은 취소되고, 도주공의 둘째 아들은 결국 사형을 면치 못했다. (《史記》권41,〈越王句踐世家〉)

범려는 현명한 사람이다. 자식들을 잘 알았을 것이다. 큰아들은 가난할 때 자랐다. 재물욕심이 많다. 셋째는 그 반대다. 그래 처음엔 셋째를 보내려 한 것이다. 그러다 큰아들을 보내 결국 일을 망쳤다. 왜 그랬을까? 자식들을 잘 몰랐던 것일까? 나는 헷갈린다. 범려도 헷갈렸던 것일까?

이 글의 제목을 나는 '지자막여부(知子莫如父)'라 했다. '知子'는 한자(漢字)이나, 우리말에도 '지자'가 있다. '지자'는 '이기자'의 반대말이다. "부모는 모름지기 자식에게 져야한다"는 뜻이 나의 "지자莫如父"인 것이다. 아버지가 아들에게 가장 잘 진다는 뜻이다. 자식에게 이기는 부모가 없다는 말도 있다. 간단하다면 간단한 말을 설명하느라 관우와 범려를 끌어들였다. 아들을 잘 알던 곽상도, 잘 알았는지 몰랐는지 분명치 않은 범려도, 자식은 어쩔 수 없었다. 그러니 애써 이기려 하지 말자. 자식에게는 "지자!" 하기야 "무자식이 상팔자"란 말도 있다. 지고 자시고 할 것이 없기 때문일 것이다.

제10화

6·25사변: 잊어서는 안 된다

오는 목요일이 6월 25일이다. 1950년 6월 25일 새벽 북한 공산군이 불법 남침한 날이다. 달력을 보면 '6 · 25전쟁일'이라고 작은 글씨로 적혀있다. 처음에는 6 · 25사변이라 했다. 한동안 6 · 25동란(動亂)이라더니, 언제부터인가 한국전쟁이라고 부른다. 명칭이야 어떻든 그것은 한반도 5천년 역사에서 일어난 전쟁 중에서 최대 최악의 전쟁이다. 죽고, 다치고, 행방불명이 된 사람의 수로 보아 가장 큰 규모의 전쟁이다. 이산가족의 비극은 더하다. 대한민국을 돕기 위해 미국을 비롯하여 유엔 가맹국 16개국이 참전했다. 또 소련과 중공이 북한을 적극 지원하고 참전한 국제전이다. 제2차 세계대전이 끝난 지 5년 만의 큰 전쟁이다. 민주주의와 공산주의 진영의 냉전을 한층 더 심화시킨 전쟁이다. 전장(戰場)은 한반도였으나, 전쟁은 가히 세계적이었다.

그런 전쟁이다. 3년여 지속된 전쟁이 휴전협정으로 총성은 멎었으나, 전쟁이 끝나지는 않았다. 대한민국에 대한 북한의 각종 도발도 끊임이 없다.

청와대 습격의 1 · 21사태, 땅굴 굴착, 아웅산 테러, KAL기 폭파, 천안함 폭침, 연평도 포격, 수차례의 핵폭탄 실험, 끊임없는 미사일 발사 등 이루 다 열거할 수 없다. 그리고 아주 최근에는 북한은 철원 부근에서 고사총으로 우리 GP를 명중시켰다. 그래도 정부는 '우발적'이라고 덮었다. 우리 국군의 인명피해가 없었으니, '우발'이 아닌 '우연'인지 모른다. 백년전쟁도 있었다지만, 인류역사상 이런 전쟁은 없었다. 끝나지 않은 전쟁이다. 휴전일 뿐이다. 대한민국 국민이면 모두 경각심을 갖고 북한의 도발에 대비하여야 한다. 그럼에도 불구하고 6 · 25사변은 신라와 백제의 싸움과 같이 오래 전의 일인데, 떠들 것 없다는 좌파세력이 대한민국 도처에 큰 둥지를 틀고 태평스레 앉아있다. 북한의 침략을 은폐하고, 북한의 야욕을 호도(糊塗)한다. 온갖 권익과 자유를 누리면서 북한에 동조하고 있다. 대한민국 국민 되기를 거부하는 종자들의 기승이다. 북한이 좋으면 북한으로 가면 된다. 가지 않고, 대한민국의 분열을 획책하고 있다.

6 · 25사변에 관하여 몇 가지 생각을 적는다.

첫째, 전쟁의 원인에 관하여 여러 가지 설이 있다. 1990년 러시아가 6 · 25사변을 전후한 시기의 비밀문서를 공개하였기 때문에 확실해진 사실도 있다. 거두절미하고 말하면, 김일성이 주도했고 스탈린이 지원하여 일어난 전쟁이다. 김일성은 두 차례에 걸쳐 모스크바에서 스탈린을 직접 만나 지원을 요청했다. 요청은 거듭됐다. 1950년 2월 9일 스탈린은 남침을 승인했다. 전쟁 발발 전에 소련은 최신형 전차 T-34를 242대나 북한에 보냈다. 전쟁이 시작된 후 2개 항공사단과 트럭 6,000대를 제공했다.

둘째, 북한은 7개 사단의 병력으로 남침했다. 북한의 주력군은 조선족 의 용군이 주축이 되어 창설된 군대다. 그들은 국공내전 참전경험의 정예부대였다. 이에 비하면 우리 국군은 실전경험이 전무했다. 장비도 미비했다. 약 5대 1의 열세였다. 흔히 3일 만에 서울이 함락되었다고 국군의 무력함이 지적되기도 한다. 그러나 우리 군의 활약은 빛났다. 특히 춘천에서의 우리 군의 분투가 아니었다면, 서울은 하루 만에 적의 수중에 떨어졌을지 모른다. 목숨을 던져 싸운 국군용사들 덕분에 대한민국이 살아남은 것이다.

셋째, 잘못된 정보로 초기의 오판도 있었다. 그러나 사태의 심각성을 파악한 이승만 대통령의 행동은 기민했다. 도쿄(東京)의 맥아더(Douglas MacArthur) 극동군사령관의 즉각적인 무기와 병력지원의 약속을 받아냈다. 이어 트루먼(Harry Truman) 대통령의 신속한 참전결정을 이끌어냈다. 트루먼의 결정에는 "미국의 권유로 민주주의의 길을 택한 신생국가에 대한 의리"도 작용했다고 하나, 이승만의 요청이 주효했다. 한국은 애치슨(Dean Acheson) 국무장관이 전쟁발발 6개월 전 미국의 극동방위선 밖으로 내 몬 나라다.

넷째, 대한민국의 운명을 결정지은 또 하나의 사건은 유엔안전보장이사회의 결의다. 당시 소련은 안보리의 상임이사국으로 거부권을 행사할 수 있었다. 그러나 소련은 장제스(蔣介石)의 국민당 정부가 중국을 대표하고 있다는 이유로 모든 유엔회의에 참석하지 않고 있었다. 만일 소련이 안보리에 참가하여 거부권을 행사했다면, 유엔군의 참전은 이루어지지 않았을 것이다.

다섯째, 사변 직전 김일성은 베이징을 찾았다. 중국의 지원을 약속받았다. 그래 중공군이 참전했을 수도 있다. 그러나 공산국가의 정책에는 약속이나 의리는 고려의 대상이 아니다. 이익이 없으면 행동하지 않는다. 겉으로 내

세운 구호는 항미원조(抗美援朝)였으나, 중국은 완충지역이 필요했다. 속국이 필요했다. 그리고 이것은 순전히 내 생각인데, 중국대륙을 통일한 마오쩌둥에게는 남아도는 군대를 줄여야 하는 작업이 숙제였다. 제일 쉬운 방법은 싸움터로 보내 죽게 하는 것이다. 이것은 일본을 통일한 도요도미 히데요시(豊臣秀吉)가 고니시 유키나가(小西行長)와 가토 기요마사(加藤淸正)를 조선으로 내보낸 것과 같은 맥락이다.

여섯째, 다부동(多富洞) 전투와 낙동강방어선전투는 임전무퇴정신의 승리다. 맥아더의 인천상륙작전이 신의 한 수(手)라면, 흥남철수작전은 천우신조다.

일곱째, 아무리 훌륭한 인물이라도 천려일실(千慮一失)은 있다. 나는 이승만 초대 대통령을 다시 생각한다. 그는 1941년 6월《Japan Inside Out: The Challenge of Today (일본의 가면을 벗기다)》라는 책을 썼다. 일본제국주의의 내막을 밝히고, 미국과의 전쟁을 예견했다. 예견대로, 그해 12월 일본은 진주만을 공격했다. 국제관계에 대한 이승만의 통찰력은 높았다. 그런 그다. 그렇기 때문에 여순반란사건을 계기로 숙군을 단행했다. 좌익분자들을 숙청하였다. 숙군이 없었더라면 6·25사변의 발발과 더불어 우리 국군은 지레 지리멸렬하였을 것이다. 그런 이승만이 1949년 6월의 미군철수를 왜 막지 못했을까? 그러나 그는 1953년 10월 한미상호방위조약을 체결했다. 북한의 도발을 억제하는 조치였다. 대한민국안보의 기둥이 된 조약이다.

여덟째, 모든 인간사가 그렇지만, 전쟁에도 승착(勝着)만 있는 것은 아니다. 우리 국군과 유엔군에도 실패한 작전이 많았다. 그러나 국군은 조국을 지키기 위하여 피를 흘렸고, 유엔군은 민주주의를 지키기 위하여 싸웠다. 우리는 호국영령(護國英靈)과 유엔군 전몰장병(戰歿將兵)의 넋을 기려야 한다. 생존한 참전용사에게도 고마움을 전해야 한다.

마지막으로 6 · 25사변으로 인한 인명피해를 살핀다. 대한민국국방부와 군사편찬연구소의 자료이다. 우리 국군은 전사자만 14만 명에 가깝고, 부상 · 실종 · 포로를 합하면 62만 명이 넘는다. 유엔군의 경우, 사망 5만8천여 명, 부상 48만여 명, 실종자를 포함하면 54만6천여 명이다. 그 가운데 미군의 전사자가 3만6천9백여 명으로 가장 많다. 북한군은 사망 · 부상자가 52만여 명, 실종자를 합하면 80만 명이다. 또 중공군의 경우, 사망이 13만6천여 명, 부상이 20만8천여 명, 기타 실종 · 포로 · 비전투사상자를 포함하면 모두 97만3천여 명이라고 한다.

민간인 피해는 이보다 훨씬 더하다. 남북한 합쳐서 사망 · 부상 · 납치와 행방불명된 숫자가 250만 명에 가깝다. 여기에 피란민 320여만 명, 전쟁미망인 30여만 명, 전쟁고아 10여만 명이 더 있다. 생각하고 싶지도 않은 숫자들이다. 재산피해는 말할 것도 없다. 초토(焦土)란 말이 연상된다. 또 6 · 25사변은 근대국가들이 등장하기 시작한 1500년 이후에 일어난 전쟁 가운데, 일곱 번째로 많은 전사자를 낸 전쟁으로 알려졌다. 우리는 그 전쟁을 잊어서는 안 된다. 게다가 끝나지 않았다. 우리는 북한의 도발에 철저히 대비하여야 한다.

나의 세대는 6 · 25사변을 직접 겪었다. 나는 〈6 · 25의 노래〉를 부르며 자랐다. 박두진이 작사하고, 김동진이 작곡했다. 1951년 가을부터 불렀다.

1. 아아 잊으랴 어찌 우리 이 날을
   조국을 원수들이 짓밟아오던 날을
   맨주먹 붉은 피로 원수를 막아내며

발을 굴러 땅을 치며 의분에 떤 날을

2. 아아 잊으랴 어찌 우리 이 날을
불의의 역도들을 멧도적 오랑캐를
하늘의 힘을 빌어 모조리 쳐부수어
흘려온 값진 피의 원한을 풀으리

3. 아아 잊으랴 어찌 우리 이 날을
정의는 이기는 것 이기고야 마는 것
자유를 위하여서 싸우고 또 싸워
다시는 이런 날이 오지 않게 하리

후렴: 이제야 갚으리 그날의 원수를
쫓기는 적의 무리 쫓고 또 쫓아
원수의 하나까지 쳐서 물리쳐
이제야 빛내리 이 나라 이 겨레

이 노래는 김대중·노무현이 대통령이던 1998년부터 2007년의 10년 동안 금지곡이었다는 설이 있다. 보훈처와 재향군인회 측에서는 아니라고 한다. 그런데 언제부터인지 〈신(新) 6·25의 노래〉란 것이 등장했다. 종북좌파 분자의 개사(改辭)다. 거기에는 1절에서 원수들의 남침을 민족 간의 싸움이라 했고, 2절에서는 전쟁의 책임이 외세에 있다고 했으며, 3절은 민족의 공적과 싸운다고 했다. 남침의 주역인 김일성에게 면죄부를 주려는 의도가 분명한 작태다. 김정일을 자극하지 않기 위해서란 말도 있다. 천인공노할 일이다. 대한민국에 자유가 많기 때문이다.

북한은 지난 6월 16일(2020년) 개성공단 남북공동연락사무소를 폭발시켰다. 계속된 도발이다. 사흘 후면 6 · 25기념일이 다가온다. 정부주최의 어떤 행사가 있을까? 보나마나 가관(可觀)일 것이다..

[추기: (1) 근자에 나는 남도현, 《끝나지 않은 전쟁 6·25》 (프래닛미디어, 2010)와 존 톨랜드 지음, 김익희 옮김, 《6·25전쟁(In Mortal Combat: Korea, 1950~1953)》1·2권 (바움, 2010)을 다시 읽었다. 전자는 책의 부제가 말하듯 "대한민국 국민이 반드시 알아야 할 6·25의 숨은 이야기"이며, 후자는 저자의 말대로 "미국 유타(Utah) 주 크기의 한반도 도처에서 400만 명[절반이 민간인]이 사망"한 비극의 기록이다. 톨랜드는 일제(日帝)의 흥망과 태평양전쟁을 다룬 《The Rising Sun: The Decline and Fall of the Japanese Empire, 1936~1945》(1970)로 퓰리처상을 받았다. David Halberstam의 《The Coldest Winter: America and the Korean War》 (New York: Hyperion, 2007)도 내 책상머리에 있다.

(2) 6·25전쟁의 영웅인 백선엽(白善燁, 1920~2020) 장군이 서울 동작동 국립현충원에 묻혀서는 안 된다고 떠드는 종북좌파분자들이 있다. 또 여순반란사건 진압, 옹진반도전투, 흥남철수작전 등에서 수훈의 공을 세운 김백일(金白一, 1917~1951) 장군의 파묘(破墓)까지 운운한다. 친일행적이 있다는 이유다. 아니, 그보다는 김일성이 미워한 인물이기 때문이다. 종북좌파의 이러한 작태를 알았다면, 톨랜드는 "아! 한국전쟁에 관한 책을 쓰지 말 것을!"하고 후회할 것이 분명하다. "영웅을 영웅이라 하지 않는 나라에 관하여 책을 쓴 것"을 뉘우칠 것이 분명하다.

(3) 10년 전 6·25전쟁 발발 60주년을 맞아 나와 나의 대학동기 38명이 《6·25와 나》(도서출판까치, 2010)라는 책을 냈다. 이하우 · 최명 공편의 회고담 모음집이다. 나의 대학동기들은 전쟁이 발발하였을 적에 초등학교(당시 국민학교) 고학년이었다. 기억이 또렷했다. 기록도 기록이지만, 6·25사변을 잊지 말자는 취지로 펴낸 것이다.]

제11화

8월 15일:
8·15는 대한민국 건국일이다

지난 토요일이 8월 15일(2020년)이다. 흔히 8 · 15하면 광복절로 아는 사람이 많다. 1945년 8월 15일, 일제의 질곡으로부터 우리 민족이 해방되었다. 외세에 의한 것이다. 그래도 광복이라 부른다. 기쁨은 잠시였다. 한반도는 남북으로 분단되었다. 분단도 외세에 의해서였다. 북은 소련의 지배 아래 들어갔다. 남에서는 미군정이 실시되었다. 3년이 지났다. 통일을 이루지는 못했으나 미소냉전의 와중에서 대한민국이라는 자유민주주의공화국이 탄생했다. 그날이 1948년 8월 15일이다. 건국일이다. 금년으로 72주년을 맞았다.

건국은 우리 민족의 염원이었다. 여러 사람의 노력으로 이루어졌다. 그러나 이승만(李承晩)이 없었다면, 1948년의 대한민국 건국은 없다. 젊었을 적부터 이승만의 꿈은 독립이다. 그것은 그가 24세부터 5년 7개월 동안 영어(囹圄)생활을 하면서 집필한 《독립정신》에 나타나있다. 그는 배재학당에서,

또 서재필(徐載弼)을 만나서 자유·평등·인권 등의 서양민주주의 사상을 배웠다. 미국에서 더 배웠다. 이승만의 일생은 그 꿈인 독립을 이루기 위한 삶이다. 건국은 당연히 독립에 이어지는 과제다.

1945년 10월 16일 이승만은 귀국했다. 망명 33년 만이다. 그의 가슴속에는 민족의 대동단결과 새로운 나라를 세우는 문제만 있었다. 그러나 건국의 길은 험난했다. 첫째, 복잡한 국제관계를 극복해야 했다. 미국은 한국문제에 미온적이었다. 이승만은 워싱턴연락사무소를 통하여 미 국무부에 대한 로비를 강화했다. 미국 내의 여론이 건국에 유리하게 유도했다. 또 1945년 12월 모스크바 3상회의가 신탁통치를 결정하자, 이승만은 바로 대한독립촉성국민회의를 조직했다. 한국의 독립·38선철폐·신탁통치반대를 제일 먼저 주장했다. 이승만은 1946년 12월 초 미국으로 다시 갔다. 한국의 독립을 위해 미국정부를 설득하기 위해서였다. 동분서주다. 이러한 노력의 결과로 한국문제는 유엔에 상정됐다. 1947년 11월 유엔총회는 유엔이 감시하는 선거를 통한 한국의 독립정부수립을 결의했다.

둘째, 해방정국의 난맥을 타개해야 했다. 해방정국은 분열의 극치다. 좌우의 분열은 말할 것도 없다. 우익진영에서도 이승만의 단독정부론과 김구·김규식의 남북협상론이 대립되었다. 앞날을 점칠 수 없었다. 그 와중에서 이승만은 어렵사리 한민당의 지지를 이끌어냈다. 건국의 길을 열었다.

셋째, 북한의 동향을 예의주시했다. 1946년 초부터 소련이 앞세운 김일성일당은 조만식을 비롯한 우익인사들을 제거하기 시작했다. 2월, 북조선임시 인민위원회를 설립했다. 3월, 토지개혁을 실시하여 분단 고착화의 길을 다졌다. 김일성집단의 속셈을 누구보다 정확히 간파한 이승만은 좌우합작이나 통일정부의 수립이 불가능하다고 판단했다. 단정론을 밀고나가지 않을 수 없었다. 더구나 소련군은 유엔한국임시위원단의 북한지역에서의 활동을 저지했다. 총선거는 남한에서만 가능했다. 1948년 5월 10일 인구비례에 따른 제헌국회의원선거가 실시되었다. 이 나라 최초의 자유 · 평등 · 직접 · 비밀선거다. 건국의 초석이 마련된 것이다. 그 초석 위에 구성된 국회가 7월 17일 대한민국헌법을 제정했다. 그 헌법에 따라 8월 15일 자유민주공화국 대한민국이 탄생한 것이다. 8월 15일은 건국절로 우리가 마땅히 기념해야 할 날이다. 건국의 주역은 이승만이고, 우리는 그를 국부(國父)로 추앙해야 한다.

금년 달력을 보면, 8월 15일 밑에는 '광복절 · 말복'이라 적혀 있다. 건국절은 고사하고 건국일이란 말도 없다. 모든 나라가 그 나라의 건국일, 독립일 혹은 그에 비견되는 국경일을 성대히 기념한다. 미국은 7월 4일을 독립기념일로, 프랑스는 7월 14일을 혁명기념일로, 심지어 중국도 소위 중화인민공화국을 선포한 10월 1일을 크게 기념한다. 그런데 우리는 우리의 힘으로 대한민국을 출범시킨 1948년 8월 15일을 왜 건국절이라 부르지 않고, 건국절로 기념하지 않는가?

1987년에 개정된 헌법전문은 "대한국민은 3 · 1운동으로 건립된 대한민국 임시정부의 법통……을 계승" 운운한다. 이것을 빌미로, 아니 그 전부터 좌파들은 1919년이 대한민국이 건국된 해라고 주장했다. 1948년의 건국을 부정했다. 초등학교 학생들도 아는 국가의 3대 요소는 영토 · 국민 · 주권이다. 그러나 임시정부는 어느 하나도 갖지 못했다. 충칭(重慶)에서 광복을 맞은 임정요원들은 그해 가을 개인자격으로 귀국했다. 내게 임정의 활동을 비하하려는 의도는 조금도 없다. 상황이 그랬다는 것을 설명한 것이다.

1948년의 건국일을 기념하지 않는 이유는 간단하다. 대한민국을 건국한 이승만의 노력과 성취를 폄훼하자는 것이다. 좌파들의 입장에서는 대한민국은 태어나지 말았어야 했다. 따라서 그 탄생의 주역인 이승만은 역적이다. 더구나 그는 1950년 6월 25일 불법 남침한 김일성세력을 저지하였다. 반공의 기치를 높이 들었다. 1953년 미국과 동맹을 맺음으로써 대한민국의 방위를 굳건히 했다. 제2의 6 · 25사변을 어렵게 만든 것이다.

1948년 8월 15일! 대한민국의 건국이 선포된 날이다. 이 날을 건국절로 정하자. 어느 국경일보다 성대히 기념하자.

[추기: 1919년에 대한민국이 건국되었다는 주장에 대하여, 어떤 논자의 짧은 코멘트를 근자에 어디선가 읽었다. "1919년에 건국이 되었으면, 독립운동은 왜 했나?"]

제12화

사계절:
사라 콜리지

내가 어렸을 적에는 사계(四季)가 분명했다. 그런 기억이다. 봄 · 여름 · 가을 · 겨울의 구별이 뚜렷했다. 겨울에는 삼한사온(三寒四溫)이 있었다. 봄도 겨울만큼 길었다. 무더운 여름이 지나면, 서늘한 가을이 온다. 가을도 길었다. 계절에 따라 입는 옷도 달랐다. 봄과 가을에는 춘추복을 입는다. 겨울에는 동복(冬服), 여름에는 하복(夏服)이다.

언제부터인지 추위가 가는가 하면 금방 여름이 온다. 봄이 짧아졌다. 짧기는 가을도 같다. 절기(節氣)로는 봄인데 별안간 더워져서 봄옷을 입을 겨를이 없이 더워진다. "늦은 봄이다. 봄옷이 다 되어서 어른 오륙 명과 아이들 육칠 명이 기수에서 몸을 씻고 무우에서 바람을 쏘이고서 읊조리며 돌아온다."는 증자(曾子)의 말도 있다. (莫春者 春服既成 冠者五六人 童子六七人 浴乎沂 風乎舞雩 詠而歸, 《論語》〈先進〉) 공자가 마음에 든다고 했다. 봄옷을 입었다.

지루한 장마와 여러 차례의 태풍으로 게다가 코로나19인지 무언지 하는 역병(疫病)으로, 여름이 어떻게 지났는지 모르는 사이에 가을이 왔다. 조석으로 서늘하다. 계절은 어쩔 수 없는가보다. 그러다 사계가 새삼 생각났다. 사계절이 분명치 않은 나라도 있지만, 사계절에 해당하는 말은 어느 언어에나 다 있을 것이다. 비발디(Antonio Vivaldi, 1678~1741)가 〈사계〉란 바이올린협주곡을 쓴 것을 보면, 이탈리아에도 사계가 있다. 차이코프스키(Peter Ilich Tchaikovsky, 1840~1893)에게도 〈사계〉란 피아노곡이 있다. 제목은 그렇지만, 1년 열두 달의 열 두곡이다. 러시아는 겨울이 길고 여름이 짧은 까닭에 1년을 넷으로 나누는 것이 자연스럽지 못하다고 생각하여 달을 기준으로 작곡했는지도 모른다. 그러나 사계는 사계다. 러시아에도 사계가 있고, 봄과 가을엔 춘추복도 입었을 것이다.

열두 달이라면 생각나는 시가 있다. 사라 콜리지(Sara Coleridge, 1802~1852)의 'The Months'이다. 중학 2학년 혹은 3학년 영어교과서에 있었다.

January brings the snow, 정월에는 눈이 많이 내려서인지,
Makes our feet and fingers glow. 손과 발이 몹시 시리다.
February brings the rain, 2월엔 비가 와서,
Thaws the frozen lake again. 꽁꽁 언 호수 물을 다시 녹인다.
March brings breezes sharp and shrill, 3월엔 미풍이 드높이 소리 내며 불어,
Shakes the dancing daffodil. 수선화를 춤추듯 흔들어댄다.
April brings the primrose sweet, 4월은 감미로운 앵초꽃 향기를 가져오고,
Scatters daisies at our feet. 데이지 꽃은 우리들 발아래서 흩날린다.

May brings flocks of pretty lambs, 5월은 예쁜 어린 양들의 세상,
Skipping by their fleecy dams. 털투성이 어미 곁에서 귀엽게 뛰어논다.
June brings tulips, lilies, roses, 6월엔 튤립, 백합, 장미가 만발하고,
Fills the children's hands with posies. 아이들 손마다 들려있는 꽃다발.
Hot July brings cooling showers, 무더운 7월에는 서늘한 소나기,
Apricots and gillyflowers. 살구꽃 패랭이꽃 향기가 진동한다.
August brings the sheaves of corn, 8월에는 여기저기 옥수수 묶음 단,
Then the harvest home is borne. 추수하는 집들이 바쁘다.
Warm September brings the fruits, 후텁지근한 9월엔 과일이 지천,
Sportsmen then begin to shoot. 사냥꾼들이 나서서 총을 쏘아댄다.
Brown October brings the pheasant, 단풍 드는 10월은 꿩의 잔치,
Then to gather nuts is pleasant. 열매 줍는 즐거움이 최고다.
Dull November brings the blast, 덤덤한 동짓달엔 돌풍이 세게 불기도 하여,
Then the leaves go whirling past. 나뭇잎들은 흩날려 시름없이 떨어진다.
Chill December brings the sleet, 매섭게 추운 섣달에는 진눈개비가 잦고,
Blazing fire and Christmas treat. 활활 타는 난로 불과 성탄절 큰 잔치.

우리말은 나의 번역이다. 거의 외우고 있으나, 번역은 처음이다. 시에는 리듬(rhythm)이 있다. 운율(韻律; rhyme)도 있다. 한시(漢詩)가 더 심한지 모르나, 영시도 그렇다. 다른 언어의 시도 대강 그렇지 않나 싶다. 그래서만은 아니나, 시의 번역은 산문보다 어렵다. 사라는 유명한 새뮤얼 테일러 코울리지(Samuel Taylor Coleridge, 1772~1834)의 딸이다. 아버지를 닮아서인지, 어머니가 훌륭해서인지 재주가 많았다.

[추기: 위의 시는 나의 책, 《몸과 마음》(2021), 101~103쪽에도 있다.]

제13화

설거지론 1:
이순신 전법

무슨 논(論)이라고 하면, 보통 거창한 이론이나 주장을 말한다. 스미스의 국부론, 맬서스의 인구론, 케인즈의 화폐론, 클라우제비츠의 전쟁론 등 셀 수 없이 많다. 창조론도 있고 종말론도 있다. 그 가운데 인생론도 있다. 설거지론은 나에게는 중요한 이론이나, 대부분의 사람들에게는 생소한 말일 것이다. 이론이라고 했으나, 이론이라기보다는 실천이다. 설거지에 관한 나의 방법론이다.

설거지는 "먹고 난 후 그릇을 씻어 치우는 일"이다. 설거지란 말을 모르는 사람은 없을 것이고, 한 번이라도 안 해본 사람도 없을 것이다. 나는 어려서 설거지를 한 기억은 없으나, 군대에서는 많이 했다. 졸병들은 으레 돌아가며 식사당번을 했다. 배식도 하고, 식사가 끝나면 설거지다. 식사당번을 일주일이고 하고 나면 옷에서는 물론 몸에서도 음식냄새가 밴다. 짠빵 냄새라고 했다. 짠빵(짬밥)은 "남은 밥"을 가리키는 "殘飯(잔반)"의 일본식 발음의 변형이 아닌가 한다. 목욕도 빨래도 자주 할 수 없었으니, 짠빵 냄새를 맡고 지내야 했다. 다행인 것은 같은 냄새를 자꾸 맡으면 코가 마비되어 냄새를 잘 모르게 된다. 살게 마련인 것이다.

그러다가 또 설거지를 하게 된 것은 유학 가서다. 처음엔 기숙사에서 주는 밥을 먹었다. 그런데 기숙사에서는 일요일 저녁은 주지 않았다. 마침 고등학교 때부터 잘 알던 가형(家兄)의 친구가 있었다. 일요일 저녁은 그 집 신세를 많이 졌다. 어린아이를 봐주기도 하고, 설거지를 했다. 밥값으로 한 것은 아니나, 무언지 돕고 싶어서였다. 또 방학이면 가형에게 가기도 했는데, 설거지는 나의 독차지였다. 혼자 자취를 할 때, 설거지를 해야 했던 것은 말할 것도 없다.

이것은 옛날이야기다. 결혼 후에도 한동안 설거지는 하지 않았다. 지금은 다르다. 가사도우미인지 파출부인지가 오지 않은 지 10년이 넘는다. 아내와 둘이다. 이런저런 일이 많다. 다른 일도 해야 하나, 설거지는 거의 도맡아 한다. 나는 나의 설거지 방법을 "이순신 전법"이라고 부른다. 내가 흠모하는 충무공 이순신 장군의 함자를 설거지와 연관시킨 것은 황송한 일이나, 어려서 부르던 노래 때문이다. 먼저 그 노래를 적는다.

먼 남쪽 바다로 침노하는 왜군을
오는 대로 물리치신 우리 장군 이순신
그 손으로 만드신 신비로운 거북배
이 세상에 발명된 철갑선의 왕일세

몇 살 적인지 어려서부터 알던 노래다. 2절도 있음직하나 기억에 없다. 혹시 인터넷에 검색이 되나하여 찾아보았다. 성공하지 못했다. 인터넷검색은 이 글을 쓰다가 시도한 것이고, 나의 이순신 전법은 위의 가사만으로 충분하다. "오는 대로 물리친다"는 대목이 나의 방법의 중심이기 때문이다. 내 방법에 따르면, 설거지 거리가 나오면 나오는 대로 씻어 물리치는 것이 요점이다.

제14화

설거지론 2: 구체적 방법

나의 설거지 방법론인 이순신 전법을 좀 구체적으로 기술한다.

첫째, 설거지는 "먹고 난 후" 그릇을 씻어 치우는 일이다. 그러나 음식을 준비하는 과정에서도 씻을 그릇이 나온다. 아내가 오이소박이를 담그든지 요리를 할 적에, 내가 옆에서 시중을 들다보면 양푼 · 양념그릇 · 도마 · 칼 따위를 씻어야 된다. 하나든 둘이든, 나오는 대로 주방세제(비누)로, 경우에 따라서는 소다(soda)로도 씻어 건조대에 일단 얹어놓는다. 식기세척기(dish washer)가 있으나, 단 한 번 쓴 일이 없다. 17년 전 반포에서 방배동으로 이사 올 적에 누군가가 준 캐스케이드(Cascade)란 상표의 커다란 가루비누통이 뜯지도 않은 채 어느 구석에 있다. 버리기도 무엇하고, 오래되어 이젠 누구에게 주기도 무엇해서 그냥 내버려두고 있다.

둘째, 남은 음식을 보관하여야 하는 경우에는 반드시 작은 그릇에 옮기고 큰 그릇은 씻는다. 다른 집에서도 보통 그럴 것이다. 그런데 그런 식의 보관법을 우리 집에서는 “지수식(式)”이라고 한다. 내가 사랑하는 명지대학교 이지수 교수가 그런 방식으로 남은 음식을 처리 보관한다는 말을 들은 후 생긴 말이다. 사기그릇, 글래스록(Glasslock), 코렐(Corelle) 같은 유리그릇에 보관할 것도 있지만, 만만한 것이 락앤락(Lock & Lock)이다. 집록(Ziploc)도 있다. 또 우리나라 제품으로 록스타(Rock Star)도 훌륭하고, 그보다 자주(JAJU)란 상표의 그릇이 일품이다. 그릇은 금속이나 뚜껑은 플라스틱이다. 지수식을 위한 작은 그릇 걱정은 없다.

셋째, 씻은 그릇이 마르기를 기다리지 않는다. 마른 수건으로 바로 닦아 원래 있던 자리에 갖다 둔다. 젖은 그릇은 건조대에 잠시 머물 뿐이다. 건조대가 비어 있어야 내 속이 편하다.

넷째, 냄비 · 밥솥 · 프라이팬 등은 안팎으로 말끔히 닦는다. 경우에 따라서는 쇠솔도 쓴다. 밥솥에 따라 다르겠으나, 우리 집에서 쓰는 쿠쿠(Cuckoo) 전기밥솥에는 뚜껑 아래 동그란 금속판이 달려 있다. 그것을 분리하여 앞뒤를 씻는다. 또 솥의 뒷면에는 작은 물받이가 있다. 그것도 매번 씻는다.

다섯째, 씻고 닦는 것은 식기만이 아니다. 냉장고 문에 묻은 손자국 같은 것도 닦는다. 전자레인지 혹은 가스레인지에 흘리거나 튀긴 음식물 자국도 젖은 행주로 깨끗이 닦고, 식탁도 깨끗한 행주로 훔친다. 마른 행주가 뒤따른다.

여섯째, 행주를 빤다. 행주에는 세균이 잘 번식하기 때문에, 가끔 전자레인지에 넣어 약 1분간 돌리고 나서 말린다. 그러면 웬만한 세균은 죽는다. 전에는 행주를 삶아 빨았다. 그 대신이다.

일곱째, 싱크대를 비누로 싹싹 닦는다. 전에는 설거지를 하고 난 물을 개숫물이라고 하였다. 요즘은 그 말이 쓰이지 않으나, 개숫물의 물때가 싱크대에 끼기 때문에 내번 닦아야 한다. 또 매번은 아니라도 음식찌꺼기를 거르는 금속으로 된 망과 그 아래 물내려가는 구멍을 헌 칫솔로 닦는다. 하수구다. [수도꼭지를 상수구(上水口)라고 하지 않는다. 왜 그런지?] 전에는 수챗구멍이라 했다. 금속 거름망은 일주일에 두어 번 저녁 설거지 후 유한락스를 푼 물에 밤새 담가 두었다가 아침에 헹군다. 반짝반짝해진다. 금속거름망 아래에 넣는 싱크대세정제도 있다. 곰팡이 · 악취 · 물때를 제거한다고 한다. 부지런히 두 개씩 넣으나, 신통치 않다. 그래도 넣는다.

여덟째, 저녁 설거지 후에는 음식물 쓰레기를 내다 버린다. 2리터짜리 봉투가 거의 매일 하나씩 나온다.

마지막이다. 쓰레기봉투를 버리고 들어와서는 부엌바닥을 훔친다. 부엌바닥용 걸레가 따로 있다. 그리고는 비누로 손을 씻는다. 그래야 직성이 풀린다. 그러면서 혹시 잘못된 것 또는 빠뜨린 것이 없나 하고 뒤를 돌아본다. 일찍이 증자(曾子)가 말했다.

"나는 매일 자신에 대하여 세 가지를 반성한다. 남을 위해 일을 함에 있어서 불충실하지는 않았는지? 친구들과 사귐에 있어서 신의를 잃은 일은 없었는지? 스승에게서 배운 것을 익히지 않은 것은 없었는지?"(吾日三省吾身 爲人謀而不忠乎 與朋友交而不信乎 傳不習乎. 《論語》〈學而〉4) 자신을 반성한다는 것은 뒤를 돌아본다는 의미다. 코로나 사태 이후 삼시세끼를 집에서 먹는 날이 많다. 그러면 설거지가 세 번이고, 따라서 세 번 뒤를 돌아보게 된다. 돌아보는 것의 차원은 증자와 다르나, 하루에 세 번 돌아보는 것은 같다.

제15화

설거지론 3: 물을 절약해야 한다

지금 생각하면 예전에는 사는 데에 불편이 많았다. 자동차가 없어서 걸어 다녀야 했다. 그래도 그 불편을 느끼지 않고, 그런가 하고 지냈을 것이다. 설거지도 마찬가지다. 나는 어려서 마당에 수도는 말할 것 없고, 펌프도 없는 집에서 산 적이 있다. 시골서는 동네우물에서 먹는 물을 길어 와야 했고, 서울서도 물장수신세를 진 적이 있다. 내가 설거지를 하지는 않았지만, 어른들은 설거지를 우물가에 가서 했다. 어쩌다 기름기가 있는 그릇을 씻으려면, 아궁이에서 나온 재를 수세미에 묻혀서 닦았다. 수세미도 귀해서 볏짚을 주먹만 하게 뭉쳐서 쓰기도 했다. 요즘은 산간오지나 낙도에서도 그렇게 하지 않을 것이다.

대체로 생활이 편해졌다. 수도에선 더운물, 찬물이 트는 대로 나온다. 주방용세제인지 비누인지도 꾹 누르면 나온다. 다 그렇지는 않겠으나 많은 집에는 식당과 주방이 붙어 있다. 그러니 주부가 반찬 담은 그릇이 그득한 소반을 부엌에서 마루를 거쳐 안방으로 나르는 일도 없다. 예전에는 그렇게 살았다. 생활이 편해졌는데 그걸 느끼고 감사히 여기는 사람들이 있을까?

몇 가지 생각이다. 첫째, 1960년대의 미국대학에서의 경험이다. 큰 건물의 화장실에 가면, 〈Save Water, Gas, Electricity!〉라고 쓰인 팻말이 으레 걸려 있었다. "물, 가스, 전기를 아껴 쓰라!"는 말이다. 당시도 미국은 초일류 강대국이었다. 자원도 어느 나라보다 풍부했다. 그래도 자원을 절약해야 한다고 가르쳤다. 우리는 어떤가? 예를 들어 대중목욕탕엘 가보면 안다. 물을 너무 헤프게 쓴다. 자기 집에서도 그럴까? 물 값이 싸서일까? 우리나라도 수자원이 풍부한 나라가 아니다. 아직 크게 느끼지 못하나, 언제 부족하게 될지 모른다. 물뿐이 아니다. 모든 자원은 유한(有限)하다. 아껴야 한다. 정부가 나서서 근검절약캠페인을 벌여야 한다. 그런데 정부는 그런 것에는 관심이 없다. 세금 걷는 데만 혈안이다.

둘째, 1970년 귀국해서의 일이다. 더러 만나는 고등학교 친구가 있었다. 한 번은 어쩌다 물 이야기가 나왔다. 그러면서 더운물이 나오는 집에서 살았으면 좋겠다고 했다. 당시는 서울의 한 일간지의 기자였다. 나중에 국회의원이 되었고 아파트로 이사를 갔다. 더운물 걱정은 안 해도 됐을 것이다. 연전에 작고했다. 어딘지 간 곳에도 수도에서 더운물이 나오는지 궁금하다. 거기도 물을 아껴야 한다는 캠페인이 있을 것 같은 생각이 든다.

셋째, 이순신 전법과 물 절약과의 관계다. 설거지거리를 오는 대로 물리치지 않고 싱크대에 되도록 많이 모았다가 씻으면 물을 좀 절약할 수 있다. 내가 그것을 모르는 바 아니다. 그래서 나는 이순신 전법을 구사하더라도 되도록 수돗물을 약하고 가늘게 나오게 한다. 어쩌다 물이 세게 나오는 경우도 있다. 깜짝 놀라 수도꼭지를 잠근다. 그러나 이미 쏟아졌다. 엎질러진 물과 같다. 아깝다.

엎질러진 물이라고 쓰다가 태공망(太公望)의 일화가 생각나서 적는다. 그의 본래 이름은 강상(姜尙)이다. 여(呂)땅을 봉지로 받아서 여상(呂尙)으로 불리기도 한다. 위수(渭水)에서 늘 낚시를 하였다. 어느 날 주(周)의 문왕(文王)이 지나다가 둘이 만났다. 문왕은 일찍이 조부인 고공단부(古公亶父)가 '언젠가 성인(聖人)을 얻어 나라가 번창해진다'고 한 예언을 믿고, 성인을 기다리고 있었던 참이었다. 태공(太公: 조부)이 대망(大望)했던 인물이라 해서 강상에게 태공망이란 호가 붙은 것이다. 태공망은 문왕의 아들 무왕(武王)을 도와 은(殷)의 폭군인 주(紂)을 무찌르고 새 왕조를 여는 큰 공을 세웠다. 그런데 이야기는 그게 아니다.

여상이 낚시로 세월을 보내는 동안 가난했다. 그래 마누라가 도망을 갔다. 그가 문왕을 만나 재상이 되었다는 소식을 듣고, 도망갔던 마누라가 그의 수레 앞에 와서 용서를 빌었다. 그러자 태공망은 물을 한 바가지를 떠오라고 했다. 물을 가져오자 쏟으라고 했다. 다시 담으라고 했다. 엎질러진 물이다. 여상은 옛 마누라를 용서하지 않고 그냥 떠났다고 한다. 도망간 것도 잘한 일은 아니다. 그러나 용서하지 않은 것도 잘한 일은 아니라고 생각한다. 오죽했으면 참지 못하고 도망을 갔을까? '수신제가치국평천하(修身齊家治國平天下)'라는 말은 그로부터 몇 백 년 후에 생겼지만, 여상은 제가(齊家)에 실패한 인물이다. 자기 잘못은 생각지 않은 인물이란 것이 나의 생각이다.

후세에 이르러 태공망은 낚시꾼의 뜻으로도 쓰인다. 여상은 곧은 낚시로 낚시질을 했다고 한다. 고기 잡을 생각은 애당초 없었다. 시간을 낚고 있었다. 이런 사람도 있고, 저런 사람도 있다.

[추기: '설거지'를 '설겆이'라 쓰기도 했던 모양이다. 나는 여러 가지 국어사전을 옆에 두고 본다. 큰 사전도 더러 보지만, 작은 사전이 만만하여 이희승 감수, 《민중엣센스 국어사전》(민중서림)을 많이 본다. 이것도 두 종류다. 1974년 판이 있고, 1994년 수정판(5쇄)가 있다. 전자에는 '설겆이'만 나오고, '설거지'는 보이지 않는다. 후자는 반대다. '설거지'는 있으나, '설겆이'는 없다. 또 어쩌다 보는 이희승 편저,《국어대사전》(민중서림: 1982, 수정증보판; 초판은 1961)에도 '설겆이'만 보인다. 4천5백 페이지에 가까운 아주 큰 사전인데 그렇다. 또 그 중간 크기의 이희승 편, 《국어대사전》(민중서림, 1976년 25판)에도 '설겆이'만 보인다. 자주 보는 신기철 · 신용철 편저,《새 우리말 큰 사전》에서 '설거지'를 찾으면, '설겆이'를 보라고 한다. 설명도 '설겆이'에 나온다. 또 내가 어쩌다 보는 이응백 감수, 《국어대사전》(교육도서, 1988)도 같다. 그러니 '설겆이'가 주(主)인 모양이다.

그런데 이희승 감수의 작은 사전에는 감수자의 '머리말'이 있고, "언어는 끊임없이 유동하고 변천한다"는 말로 시작한다. 유동하고 변천하는 것에 따라, 초판의 '설겆이'가 수정판에서는 '설거지'로 둔갑한 것이 아닌가 한다. 일석(一石)도 한 돌[一石]에만 집착하지 않은 것이다. 나는 언어의 그 유동과 변천 사이에서 갈피를 잡지 못하나, '설거지'라고 썼다. 앞으로는 '설겆이'는 하지 않고, '설거지'만 할 것이다.]

제16화

이순신:
문무를 겸전하다

앞에서 나는 나의 설거지 방법을 이순신 전법이라고 했다. 그리고 설거지에 이순신장군의 함자를 사용한 것을 황송스럽게 생각한다고 했다. 그것은 순전히 노래 때문이었다. 용서를 비는 의미에서 이순신 장군에 대한 몇 가지 이야기를 하려고 한다.

(1) 이순신은 단순히 무장(武將)만은 아니다. 문무를 겸비했다. 그가 과거를 볼 적이다. 과장(科場)에서 어쩌다 낙마(落馬)하여 다리를 크게 다쳤다. 옆에 있는 버드나무의 가지를 잘라 그 껍질을 벗겨서 다친 곳을 잡아매고 다시 말에 올랐다고 한다. 이것은 널리 알려진 일화이나, 여기서 그의 불굴의 정신을 엿볼 수 있다. 그것이 나중에 "사즉생생즉사(死卽生生卽死)"의 정신으로 발전했다. 이순신은 그 정신으로 노량해전에 임했다. 몸은 비록 이승을 떠났으나, 그 정신은 길이 살아남았다.

(2) 이순신은 매사를 면밀하게 연구하는 마음을 지녔다. 함경도 북방 변

경에서 오랑캐를 무찌른 전공은 그만두자. 임진왜란이 일어나기 전해에 류성룡(柳成龍)의 추천으로 전라좌수사(全羅左水使)가 되자, 왜란을 예측하고 거북선을 비롯하여 각종 전선(戰船)과 군기를 제조하고, 병졸들을 훈련시킨 것은 역사와 병서를 연구한 배경이 있었기에 가능했다. 말할 것도 없이 거북선의 창조도 한 예다. 또 학익진(鶴翼陣) 등의 진법을 위시한 각종 전략전술도 마찬가지다.

(3) 역시 과장에서의 일이다. 시관(試官)이 물었다.

"장량(張良)이가 신선이 됐다지?"

장량은 유방(劉邦)을 도운 한(漢)나라의 창업공신이다.

"《史記》에 '강청이식후팔년졸(彊聽而食後八年卒)'이라했고, 또 '유후사(留候死)'라고 했지, 신선이 되었다는 말은 없소"라고 대답했다는 것이다. 이것은 이순신이 《사기》에 통달했다는 얘기다. 장량이 한동안 곡식을 먹지 않는 벽곡술(辟穀術)을 배우자, 평소 장량의 은덕에 감격하던 여후(呂后)가 억지로 음식을 먹게 했다. 그래 장량은 부득불 여후의 말을 듣고 음식을 먹었고, 8년 뒤에 세상을 떠났던 것이다. 또 한고조는 장량을 유(留)라는 땅에 봉했기 때문에 장량은 유후가 되었다.

(4) 〈水國〉이란 충무공의 시를 보자.

水國秋光暮(수국추광모)
驚寒雁陣高(경한안진고)
憂心輾轉夜(우심전전야)
殘月照弓刀(잔월조궁도)

두 번째 구의 “경한안진(驚寒雁陣)”이다. 초당사걸(初唐四傑)의 한 사람으로 꼽히는 문장가인 왕발(王勃)의 〈등왕각서(滕王閣序)〉’에는 “안진경한(雁陣驚寒)”이란 말이 나온다. 왕발은 부친이 있는 교지(交趾)로 가는 길에 등왕각의 중수(重修) 연회에 참석하게 되어, 위의 글을 지었다. 전후의 문장이 아름다워 한 줄 적는다.

‘虹銷雨霽(홍소우제) 彩徹雲衢(채철운구) 落霞與孤鶩齊飛(낙하여고목제비) 秋水共長天一色(추수공장천일색) 漁舟唱晩(어주창만) 響窮彭蠡之濱(향궁팽려지빈) 雁陣驚寒(안진경한) 聲斷衡陽之浦(성단형양지포)’

번역하면, “무지개는 사라지고 비가 개어 광채[햇빛]가 허공에서 비치고 있다. 저녁놀은 짝 잃은 따오기와 나란히 떠있고, 가을 강물은 넓은 하늘과 한 빛이다. 고기잡이배에서 저물녘에 노래 부르니, 그 울림이 팽려[鄱陽湖]의 물가까지 들리고, 기러기 떼는 추위에 놀라 그 소리가 형양[호남성의 현(縣)]의 포구(浦口)까지 들린다.”

물가의 가을 저녁 경치다. 추위에 놀란 기러기 떼가 소리를 내며 지나는 풍경이다. 그런데 이야기는 그것이 아니다. 충무공의 “경한안진(驚寒雁陣)”이 왕발의 “안진경한(雁陣驚寒)”에서 따왔다는 것이 나의 생각이다. 따온 것이 잘못이 아니라, 충무공이 폭 넓게 글을 많이 읽었다는 증거인 것이다. 그냥 무인이 아니라는 이야기다.

(5) 명나라 수군도독 진린(陳璘)이 처음에는 이순신과 조선 수군을 우습게 여겼으나, 점차 이순신의 인품과 용병술에 감복하곤 했다. 노량대첩에서 충무공의 별세 소식을 듣고 통곡했다. 그가 충무공을 기려 “경천위지지재(經天緯地之才) 보천욕일지공(補天浴日之功)”이라 칭한 것은 널리 알려진 이야기다.

(6) 일본에서도 이순신에 대한 경외(敬畏)가 대단하다. 도고 헤이하치로(東鄕平八郎)는 러일전쟁에서 러시아의 발트함대를 격파하여 전쟁을 승리로 이끈 일본의 연합함대사령장관이다. 승전을 축하하는 연회장에서 누가 그에게 "각하는 영국의 넬슨(Horatio Nelson) 제독과 같은 공을 세웠다"고 말하자, "나는 조선의 이순신에게는 훨씬 못 미치지만, 어딜 감히 넬슨에게 비교하느냐!"고 핀잔을 주었다는 이야기를 들은 적이 있다.

[추기: 위에 나온 충무공의 〈水國〉에 관하여 몇 가지 이야기를 덧붙인다.

(1) 내가 어려서 들은 이 시의 번역이다.

물나라 가을빛이 저물었는데
추위 놀란 기러기 떼 높이 떴도다
근심 속에 둥싯둥싯 잠 못 드는 밤
지는 달이 활과 살에 으스레 비치네.

누가 한 번역인지는 모르나, 매우 뛰어난 번역이다. 전전반측(輾轉反側)! 누워서 이리저리 뒤척거리며 잠을 이루지 못하는 상황을 "둥싯둥싯"이란 부사로 표현한 것은 훌륭한 솜씨다. 또 지는 달이 활과 살에 "으스레" 비친다는 표현도 일품이다. "으스레"란 말이 내가 갖고 있는 국어사전에는 나오지 않는다. "으슴푸레하다"는 말은 있다. 달빛이 으슴프레한 것은 "달빛이 침침하고 흐릿하게 비치는 것"을 말한다. 그런데 "으스레"는 으슴푸레하게 비치되, 똑바로 비치지 않고 사양(斜陽)으로 비치는 것이 아닌가 한다. 지는 달은 아마 그럴지 모른다. 내 나름의 말 풀이다.

(2) 무인들이 대개 활과 칼을 머리맡 벽에 걸어놓는다. 그렇게 걸어놓는 것이 벽사(辟邪: 나쁜 귀신을 물리침)한다는 믿음 때문이라고 한다. 이순신도 그랬을 것이다. 지는 달은 해가 뜨기 전

의 달이다. 침침하고 흐릿한 달빛이 창틈으로 비스듬히 들어와 비친 것이다. 으스레 비친 것이다. 새벽녘까지 이런 저런 근심 때문에 잠을 못 이룬다. 교교(皎皎)한 달빛은 더욱 잠을 못 들게 한다. '저 칼과 활로 적을 무찔러야 하는데, 어떻게 하면 좋을까?' 이순신에게는 그런 밤이 하루 이틀이 아니었다.

(3) 지는 달이 "으스레" 비친 칼은 어떤 것인가? 이순신에게는 두 개의 칼이 있었다고 전해진다. 하나는 〈誓海魚龍動 盟山草木知〉(서해어룡동 맹산초목지), 다른 하나는 〈一揮掃蕩 血染山河〉(일휘소탕 혈염산하)라는 이름의 칼이다. 앞의 것은 "바다에 맹서하니 어룡이 떨고 산에 맹서하니 초목이 안다"는 것이고, 뒤의 것은 "한 번 휘둘러 휩쓸면 피가 산하를 물들인다"는 뜻의 칼이다. 이 두 칼의 이름[劍名]에서 충무공의 기개(氣槪)를 엿볼 수 있다. 나는 근 30년 전에 충남 아산 현충사에서 충무공의 칼이 전시된 것을 본 기억이 있다. 검명이 적혀 있었는지는 기억이 없다. 그러나 위의 두 칼 중의 하나가 한산섬 수루의 머리맡에 걸려있었고, 거기에 달빛이 으스레 비쳤을 것이라고 나는 생각한다. 아니, 두 칼이 모두 걸려 있었는지 모른다. [충무공의 〈水國〉에 관한 이야기는 나의 책 《몸과 마음》, 453~457쪽에도 있다.]

제2장

다시 〈이 생각 저 생각〉

제1화

글쓰기:
쉬운 것은 없다

"쉽다"는 말은 있으나, 세상에 쉬운 것은 없다. 흔히 쉬운 것을 말할 때, "누워서 떡먹기" 혹은 "땅 짚고 헤엄치기"를 예로 든다. 말이 그렇지 누워서 떡 먹는 것을 생각해 보라. 아무 일도 안 하고 누워서 빈둥대도 누가 떡을 갖다 준다면 좋을지 모른다. 그러나 누워서 떡을 먹으려면 씹기도 불편하고 제대로 삼키기도 어렵다. 땅 짚고 헤엄치는 것도 마찬가지다. 물속에서 엎드려 땅을 짚으면 숨도 못 쉰다. 잠시 긴다고 해도 팔만 아플 것이다. 또 "식은 죽 먹기"란 말도 있다. 펄펄 끓는 죽을 먹기보다는 식은 죽 먹기가 쉬울지 모르나, 죽도 죽 나름이다. 맛없는 죽을 먹으라든지 혹은 배가 잔뜩 부른데 자꾸 먹으라고 하면 쉽지 않을 것이다.

글쓰기도 마찬가지가 아닌가 한다. 글쓰기로 밥벌이를 하는 사람도 많으나, 취미 삼아 글 쓰는 사람도 있다. 글쓰기가 본업인 사람은 말할 것도 없겠으나, 취미로 글을 쓰는 사람도 글쓰기는 쉬운 작업이 아니다. 이런 이야기를 들은 적이 있다. "글을 쓰면 몇 번이나 고치느냐?"고 어떤 방문객이 소동파(蘇東坡)에게 물었다고 한다. 그랬더니 "나는 한 번 쓴 글을 고친 적이 없다"는 대답이었다. 그러다가 무슨 일로 동파가 잠시 자리를 비웠다. 그때 방문객이 동파가 앉았던 방석 밑을 보게 되었다. 쓰다가 고치고, 다시 쓰다가 버린 종이가 수북하더란 것이다. 동파 같은 천하의 문장도 글을 고치고 고쳤던 모양이다. 그러니 재주가 없는 사람이 글을 쓰자면, 그 고역은 말할 것도 없다. 나도 그 고역의 주인공 가운데 하나다.

그렇지 않은 예도 있다. 소설가 박계주(朴啓周)는 젊어서 어느 잡지사의 기자였다. 춘원 이광수에게 부탁한 원고를 받으러 약속한 날에 갔더란다. 못 썼다면서 다음날인가 다시 오라하여 갔더니, 그때도 못 썼다고 미안해하면서, 잠시 기다리라 하고는 책상으로 가서 원고를 쓰기 시작했다. 그랬더니 반 시간이 채 못 되어 거의 30매가 되는 원고를 들고 나오더란 것이다. 그 분량의 원고를, 그것도 철학적 내용을 글을, 순식간에 쓰는 재주에 놀랐다는 박 씨의 회고를 읽은 기억이 있다. 이몽룡이 과거를 볼 적에 "일필휘지(一筆揮之) 선장(先場)"한 것처럼 썼던 모양이다. 그러나 많은 사람들은 글을 쓰고서 고친다. 그래 퇴고(推敲)란 말이 생겼다. 그 말이 생기기 전에도 사람들은 글을 고쳤을 것이다. 널리 알려진 고사이나, 퇴고란 말이 생긴 내력을 적는다.

가도(賈嶋)는 당의 시인이다. 젊어서 불우했다. 과거에도 여러 차례 실패했다. 돈이 떨어져 그만 중이 됐다. 절밥을 먹으면서 마음을 달랬다. 시작(詩作)에 전념했다. 한번은 나귀인지 말인지를 타고 시내를 지나다가 시상이 떠올랐다.

鳥宿池邊宿(조숙지변숙) 새는 연못가 나무에 깃들어 자고
僧推月下門(승퇴월하문) 중은 달빛 아래서 사립문을 미네

그러다가 승퇴(僧推)의 퇴(推)를 두드릴 고(鼓)로 바꿔 승고(僧鼓)라고 하면 좋을 것 같은 생각이 났다. 무의식중에 손을 들어 밀고 두드리는 시늉을 하다가 마침 경조윤(京兆尹: 長安시장) 한퇴지(韓退之)의 수레와 마주치게 되었다고 한다. 한퇴지는 자초지종을 듣고, "고(鼓)가 더 낫다"고 하였다고 한다. 퇴고란 말은 그래서 생겼다.

가도는 그 후 진사에 급제하고, 작은 벼슬도 했다. 한퇴지는 가도의 시를 높이 평가하여 이런 시를 써주었다.

孟郊死葬北邙山(맹교사장북망산) 맹교가 죽어 북망산에 묻히니
從此風雲得暫間(종차풍운득잠간) 이로써 풍운이 잠시 쉴 틈을 얻었네
天恐文章渾斷絕(천공문장혼단절) 하늘은 문장이 아주 끊어질까 두려워
更生賈嶋在人間(갱생가도재인간) 가도를 다시 내어 인간 세상에 보냈네

맹교는 어머니를 생각하고 지은 시 〈遊子吟(유자음)〉으로 유명한 중당(中唐)의 시인이다. 가도가 그 뒤를 바로 이었다는 이야기다. 가도에겐 또 이런 이야기가 전한다. 그는 두 구의 시를 3년 만에 짓고 너무 감격하여 울었다.

二句三年得(이구삼년득) 두 구절 짓는데 3년이 걸렸소
一吟雙淚流(일음쌍누류) 한번 읊으니 두 눈에서 눈물이 쏟아졌다오

춘원처럼 쉽게 글을 쓰는 사람도 있겠으나, 옛 사람들은 이렇게 글짓기에 고심하였다. 그러니 세상에 쉬운 것은 없다.

제2화

스승 1: 가르치려 하지 마라

사람에게는 여러 가지 폐단(弊端)이 있다. 그 가운데 하나가 “남의 스승 노릇 하기를 좋아하는 것”이다. 이것은 내 말이 아니고 맹자의 말이다. “인지환(人之患)은 재호위인사(在好爲人師)라”했다. [《孟子》〈離婁章句〉上, 23] 사람의 폐단은 남의 스승 되기를 좋아하는 데 있다는 것이다. 성현의 말씀이라고 다 옳은 것은 아니겠으나, 나는 이 말을 좋아한다. 그러면서도 그 말의 가르침을 실천하지 못 하고 지낸다.

맹자가 위에서 말한 스승이란 진리나 학문을 전수하는 사람이 아니다. 아는 체하며 되지 않게 남에게 무엇을 가르치는 사람을 지칭한다. 사람들은 흔히 다른 사람에게 선의로 충고를 하기도 한다. 친구들이 모인 자리에서다. 한 친구가 무어라고 하자, “너나 잘해!”라고 응수하는 것을 옆에서 들은 적이 있다. 듣기 싫다는 것이다. 남의 말을 듣기 싫어하는 것은 인간의 본능인지 모른다.

그래서 맹자는 남의 스승이 되기를 좋아하는 것, 남 가르치기를 좋아하지 말라고 가르쳤다. 하기야 맹자도 그 말로 스승 노릇을 했다. 그도 자신에게는 관대했다.

코비드19인지 뭔지 하는 역질 때문에 되도록 나다니지 말라고 한다. 재택근무도 많다. 가족이 같이 있는 시간이 늘어서 좋다는 집도 있겠으나, 잔소리가 늘어 평화롭지 않은 집도 많다고 한다. 잔소리는 쓸 데 없이 늘어놓는 사설(辭說)이다. 잔말이다. 꾸중의 성격이 포함되기 일쑤다. 그래 비위에 거슬린다. 공연히 참견한다고 느껴진다. 기분이 상한다. 갈등도 생긴다. 갈등이 생겨 좋을 리 없다. 충언도 세 번 들으면 역겹다고 한다. 충언도 아닌 잔소리는 더 할 것이다.

잔소리에 머리가 셀 지경이란 말도 있다. 이태백은 백발(白髮)이 삼천장(三千丈)이라고 엄살을 떨었다. 이런 저런 근심 때문에 그렇게 되었다고 했다. 정치에 뜻을 두었으나, 마음대로 되지 않았다. 나라도 어지럽다. 그래 그랬을 것이다. 그러나 한편 그는 젊어서 허어사(許圉師)란 재상을 지낸 사람의 손녀와 결혼한 적이 있다. "내 할아버지는 재상이었는데, 당신은 뭘 한다고 술만 그렇게 마시냐?" 그런 잔소리를 매일 들었을지 모른다. 그래 머리가 더 센 것은 아닌지? 나의 상상이다.

다시 생각이다. 그러면 맹자는 스승 노릇하기가 지겨워 그런 말을 가르친 것일까? 그럴지도 모른다. 양혜왕(梁惠王)을 만나 인의(仁義)가 있다고 가르친 것을 시작으로, 여러 나라를 돌아다니면서 만나는 사람마다 그때그때 무언지 가르쳤다. "사람치고 선(善)하지 아니한 이가 없고, 물[水]치고 아래로 내려가지 않는 물은 없다"면서, 선한 본성을 발휘할 것을 가르쳤다. 사람은 누구나 "자기의 성정(性情)에 따라서 행동한다면 선해질 수 있다"고 주장했다.

측은해하는 마음[仁], 부끄러워하는 마음[義], 공경하는 마음[禮], 시비를 가리는 마음[智]은 누구나 가지고 있다. 이들은 "밖에서부터 나를 녹여 오는 것은 아니고, 내가 본래부터 지니고 있는 것인데, 생각하지 않는 것일 따름이다. 그래서 구(求)하면 얻고, 버려두면 잃어버리는 것"이라고 했다. [〈告子章句 上〉 6] 사람은 선한 성정에 따라 행동을 해야 한다. 혹시 생각이 미치지 못하면, 노력하여 본래의 성정을 찾으라고 했다. 성선설(性善說)이다.

삼천지교(三遷之教)란 말이 있듯이 어머니의 영향도 컸다. 자라서는 자사(子思)계통의 유학을 배웠다. 공자는 사람의 본성에 관하여는 얘기한 적이 없다. (《論語》〈公冶長〉13.) 그렇다면 맹자의 성선설은 공문(孔門)에서 배운 것은 아니다. 독창이라고 해도 좋다. 맹자보다 시대는 좀 떨어지나, 성악설(性惡說)도 나왔다. 어떤 것이 옳은지는 알 수 없다. 다만 자신이 꿈꾸던 정치이념의 실현이 불가능하자, 공손추(公孫丑) · 만장(萬章) 등의 제자를 데리고 《孟子》라는 어록(語錄) 비슷한 저술을 남기고 생을 마감했다. 스승 노릇을 많이 하였으나, 딱히 마음에 들지 않는다. 그것을 반성하는 뜻에서 사람의 병폐는 스승 노릇하기를 좋아하는 데 있다고 일갈(一喝)한 것이라는 생각도 든다.

또 맹자는 전(田) 씨와 결혼하여 역(睪)이란 아들도 낳았다고 하고, 아내를 쫓아낸 일도 있다는 이야기도 있다. 사실이라면 아내의 잔소리에 진절머리가 나서 쫓아냈을 수도 있다. 내 생각이다.

제3화

스승 2: 그래도 배워야 한다

스승은 "자기를 가르치는 사람"이다. 또 내가 누구에게 무엇이든 배울 수 있고 배우면 그는 스승이다. 그래 공자는 "三人行 必有我師焉(삼인행 필유아사언)"이라 했다. "셋이 가면 반드시 내 스승이 있다"는 것이다. 무엇이든 배울 수 있기 때문이다. 이어서 "擇其善者而從之(택기선자이종지) 其不善者而改之(기불선자이개지)"라고 말했다. "그들의 좋은 점을 가리어 따르고, 그들의 좋지 않은 점으로는 나 자신을 바로 잡기" 때문이다. (《論語》〈述而〉21.)

당(唐)의 한유(韓愈, 768~824)도 〈師說(사설)〉이란 글에서 비슷한 이야기를 했다. 앞부분을 요약한다.

"스승이란 도(道)를 전하고, 학업을 가르쳐주고, 의혹을 풀어준다. 사람은 나면서부터 아는 게 아니다. 따라서 의혹이 많다. 의혹이 있으면서도 스승에게 배우지 아니하면 끝내 풀리지 않는다. 나이가 나보다 많거나 적거나,

사회적 지위가 나보다 높거나 낮거나, 그가 도를 들음이 나보다 앞섰다면 나는 그를 스승으로 삼는다."

"스승의 도는 오래 전에 끊어졌다. 옛날의 성인은 보통 사람보다 훨씬 뛰어났다. 그래도 의문이 있으면 스승을 따라 배웠다. 요즘은 다르다. 많은 이들이 성인보다 훨씬 못하지만, 스승에게 배우기를 부끄러워한다. 그래 사람들은 점점 어리석게 된다."

스승은 나를 가르치고, 나는 스승에게서 배운다. 얼마나 좋은 일인가! 공자도 누구에게서 배웠다는 말은 하지 않았어도 예(禮)는 노담(老聃), 음악은 갈홍(葛弘), 벼슬하는 도리는 담자(郯子)에게서 배웠다고 한다. 옛날의 사도(師道)는 그랬다. 그런데 언제부터인지 그러한 사도는 없어졌다. 안타깝게 생각하여 〈사설〉이란 글을 쓴 것이다. 1천2백여 년 전의 한탄이다. 지금은 어떤가? 말할 것도 없다. 다들 저만 잘났다고 떠든다. 배우려 하지 않는다.

마음으로 스승을 기리는 사람이 요즘도 더러 있겠으나, 스승을 기리는 형식은 있다. 그 형식은 세계가 비슷하다. 우리에게 '스승의 날'이 있는 것처럼, 세계적으로는 '국제 교사의 날(International Teachers' Day)'이 있다. 10월 5일이다. 1994년에 제정되었다고 한다. 우리의 '스승의 날'은 이보다 훨씬 앞섰다. 1964년에 5월 26일로 지정된 '스승의 날'이 다음해 세종대왕 탄신일인 5월 15일로 변경되었다. 1982년 법정기념일이 되었다. 스승을 기리는 〈스승의 은혜〉란 노래도 있다. 강소천(姜小泉, 1915~1963) 작사, 권길상(權吉相, 1927~2015) 작곡이다.

1. 스승의 은혜는 하늘같아서
우러러 볼수록 높아만 지네
참되거라 바르거라 가르쳐주신
스승은 마음의 어버이시다

2. 태산같이 무거운 스승의 사랑
떠나면은 잊기 쉬운 스승의 은혜
어디 간들 언제인들 잊사오리까
마음을 길러주신 스승의 은혜

3. 바다보다 더 깊은 스승의 사랑
갚을 길은 오직 하나 살아생전에
가르치신 그 교훈 마음에 새겨
나라 위해 겨레 위해 일하오리다

(후렴) 아 아, 고마워라 스승의 사랑
아 아, 보답하리 스승의 은혜

마음은 사라지고 형식만 남았다고 했다. 그러나 노래에는 스승의 사랑을 고마워하고, 스승의 은혜에 보답한다고 하였다. 그때는 전교조가 없었다. 훌륭한 스승이 많았다.

제4화

기망(旣望): 〈전적벽부〉

추석이 지났다. 코로나19란 바이러스의 확산으로 나라가 어수선해서 추석도 예년 같지 않았다. 성묘도 그렇고, 고향방문을 자제한 사람도 많았다. 우울하다. 경제가 엉망이다. 게다가 정치는 더 엉망이다. 정부는 경기침체를 코로나 때문이라고 핑계 삼고 있으나, 3년 전 좌파정권이 들어서면서부터 경제는 망가지기 시작했다.

가을의 한창 때인 음력 8월 보름이 추석이다. 일 년 동안 땀 흘려 지은 곡식을 거둬들인다. 풍성하게 느껴진다. 그래 그런지 명절로 꼽는다. 중추절이라고도 하고, 한가위라고도 한다. 보름 다음날은 기망(旣望)이다. 추석도 지났고, 기망도 벌써 며칠 지났다. 기망하면 소동파(蘇東坡: 蘇軾)의 〈前赤壁賦(전적벽부)〉가 생각난다. "임술지추(壬戌之秋) 칠월기망(七月旣望) 소자여객(蘇子與客) 범주유어적벽지하(泛舟遊於赤壁之下)"로 시작한다. "임술년 가을 칠월 열엿새 나는 객과 더불어 배를 띄우고 적벽 아래에서 놀았다"는 것이다. 왜 하필 보름 다음날에 놀았는지는 알 수 없어도, 보름달보다 기망의 달이 더 크게(?) 보여서인지도 모른다. 하기야 석 달 후인 시월에도 같은 곳에서 놀았다. 〈후적벽부〉를 지었다. 그 날은 보름이었다.

동파가 적벽 아래서 두 차례 뱃놀이를 한 것은 송(宋) 신종(神宗) 원풍(元豊) 5년, 서력으로는 1082년이다. 45세 때였다. 동파는 중국 최고의 시인이다. 아버지 소순(蘇洵)과 동생 철(轍)과 더불어 당송팔대가에 드는 문장이다. 그는 22세에 진사에 급제하였다. 과거시험의 위원장이던 구양수(歐陽脩)의 후원을 받았다. 자연히 정치적 입장도 구양수의 구법당(舊法黨)에 가까웠다. 그리하여 급진적 개혁을 추진하던 왕안석(王安石)의 신법파와 대립하였다. 벼슬생활도 우여곡절이 많았다. 필화사건으로 44세에 호북성(湖北省) 황주(黃州)로 유배를 갔다. 적벽에서 가까운 곳이다. 유배라고 하지만 문학적 재능을 발휘하기 좋은 시기였다.

장강(長江)이 유유히 흐르는 호북에는 적벽이라 불리는 곳이 넷이다. 첫째는 가어(嘉魚)현 동북의 장강 연안이다. 삼국시대 적벽대전이 있었던 곳이다. 여기서 오나라 주유(周瑜)는 조조(曹操)의 대군을 크게 물리쳤다. 둘째는 무창(武昌)현에, 셋째는 한양(漢陽)현에 있다. 마지막은 황강(黃岡)현 성 밖에 있다. 동파가 뱃놀이 한 곳이다. 동파는 "월명성희(月明星稀) 오작남비(烏鵲南飛)"란 조조의 시구(詩句)를 인용하며 그의 영웅임을 칭송하면서 인생의 무상함을 차탄(嗟歎)하였다. 아니 유랑인의 처지인 자신의 신세를 한탄하였다. 동파가 적벽대전의 고사를 회상한 것을 보면, 그곳이 주유와 조조가 싸우던 적벽으로 생각했는지도 모른다. 나는 2016년 11월 장강크루즈를 하면서 낮은 언덕 바위 위에 큰 글씨로 〈赤壁〉이라 새기고 붉은색으로 칠한 곳을 지난 적이 있다. 적벽대전이 있었던 곳일 것이다. 강물처럼 영웅들도 흘러

갔다. 적벽만 남았다.

동파가 49세 되던 해(1086년)에 철종(哲宗)이 즉위했다. 구법당이 득세하자 동파는 중앙으로 불려왔다. 예부상서(禮部尙書)란 요직을 역임하기도 했다. 그러나 그것도 잠시였다. 철종을 옹호하던 황태후가 죽자, 다시 신법당의 세상이 되었다. 동파는 다시 해남도(海南島)로 유배되어 7년 동안 귀양생활을 하였다. 철종이 죽고 휘종(徽宗)이 등극하자, 유배에서 풀려났으나 돌아오던 도중 강소성(江蘇省) 상주(常州)에서 세상을 떴다. 고해(苦海)에서 풀린 것이다. 64세였다.

그의 〈적벽부〉를 보면, 술 먹는 이야기가 나오기 때문에 나는 그가 술을 좋아하고 매우 많이 마시는 줄 알았다. 그러다가 소식의 문하에서 나왔다 하여 소황(蘇黃)으로 불리는 북송 황정견(黃庭堅, 1045~1105)의 〈東坡墨跡跋(동파묵적발)〉을 연전에 읽게 되었다. "性好酒(성호주) 然不能(연불능) 四五龠已爛醉(사오약이란취) 不辭而就臥(불사이취와) 鼻鼾如雷(비한여뢰)"라고 스승의 술버릇을 기술한 대목이 나온다. "성품은 술을 좋아하나 많이 마시지는 못한다. 반 홉 정도 마셔도 몹시 취해서 마다하지 않고 눕는데, 코 고는 소리가 우레 같다"는 것이다. 하기야 〈전적벽부〉에서도 얼마를 마셨는지 취해 "배 안에 누웠는데 동녘이 이미 밝아오는 것도 몰랐다"고 했다. 우레는 모르지만 뱃전에 부딪치는 물결 소리보다 코고는 소리가 컸으리라 짐작된다.

제5화

패션 1: 발

겨울이다. 추워지면 난방도 해야 하지만, 두꺼운 옷을 입는다. 패션이 달라진다. 패션에 대한 감각은 사람에 따라 다르겠으나, 추워서 좋은 것은 반바지와 맨발이 사라진 것이다. 언제부터인지 모르나, 날씨가 더워지면 남녀 불구하고 반바지를 많이 입는다. 그런 사람들 가운데 상당수는 맨발이다. 원시인처럼 신을 신지 않은 것이 아니라, 양말 따위를 신지 않은 것이다. 다섯 발가락이 다 보이는 슬리퍼나 지카다비 같은 것을 끌고 다닌다. 발의 노출이다. 젊은 층은 그렇다고 해도 중년 이상으로 보이는 남자들의 그런 모습은 꼴불견이다. 남 생각은 아니하고, 나 편하면 된다는 사고방식 때문일까? 발이 시원하면 마음도 편할까?

발은 "사람과 동물의 다리 끝에 달려서 땅을 디디게 된 부분"이라고 사전에 나와 있다. 물건의 다리도 발이라고 한다. 또 "땅을 디디게 된 부분"이라지만, 땅만 디디지는 않는다. 사람 몸의 어느 부분이든 중요하지 않은 것은 없다. 우선 발이 없으면 이동이 불편하다. 발은 그렇게 중요하지만, 손에 비해 천대를 받는다. "손발이 맞아야 한다"에서처럼 손이 먼저다. 게다가 발은 손에 비해 좀 더러운(?) 것으로 생각되기도 한다. 옛날에 굴원(屈原)이 지었다고 하는 〈漁父辭(어부사)〉에는 이런 구절이 있다.

滄浪之水淸兮(창랑지수청혜) 可以濯吾纓(가이탁오영)
滄浪之水濁兮(창랑지수탁혜) 可以濯吾足(가이탁오족)

"창랑의 물이 맑으면 내 갓끈을 씻으면 되고, 그 물이 흐리면 내 발을 씻으면 된다"고 한 것이다. 굴원은 기원전 3세기경 초(楚)나라의 어진 신하다. 참소(讒訴)를 당하여 조정에서 쫓겨났다. 못 가에서 시를 읊조리며 거닐다가 어부를 만난다. 그가 '혼탁한 세상과 타협하지 않겠다'는 신념을 말하자, 어부는 '현실은 현실대로 받아들이라'고 충고하는 것이 위의 글이다. 물이 깨끗하면 깨끗한 때로, 물이 더러우면 더러운 대로 쓰면 된다고 한 것이다. 어부는 현인이다. 그렇다고 하더라도 탁한 물에 왜 하필이면 발을 씻는가? 발은 땅을 딛고 다니니 흙이나 먼지가 많이 묻어서인가? 그래 더럽다는 관념이 생긴 것일까?

사람이 신을 신기 시작한 것은 발을 보호하고 따뜻하게 하기 위해서였을 것이다. 양말이나 버선도 마찬가지다. 또 더럽다고 생각되는 부분을 남에게 보이지 않게 하기 위해서였는지도 모른다. 그래서인지 예전 사람들은 발을 남에게 보이는 것을 몹시 꺼렸다. 맨발은 더했다. 내 생각이지만, 발은 보이지 않게 하는 것이 미덕(美德)이다. 집안에서도 버선이나 양말을 신었다. 발을 가렸다.

조지훈(趙芝薰, 1920~1968)의 시 〈僧舞〉(승무)의 주인공도 버선을 신었다. "소매는 길어서 하늘은 넓고, 돌아설 듯 날아가며 사뿐히 접어 올린 외씨버선이여!"라는 구절을 보면 안다. 맨발로 추는 승무를 상상해 보라! 예쁠까? 외씨버선은 그 자체가 물론 아름답다. 그러나 맨발이 아니라 예쁜 것이다. 구두를 신은 것도 예쁠 것이다. 1960년대 초에 남일해(1938~)가 불러서 유행한 〈빨간 구두 아가씨〉가 생각난다.

솔솔솔 오솔길에 빨간 구두 아가씨
똑똑똑 구두 소리 어딜 가시나
한 번쯤 뒤돌아 볼 만도 한데
발걸음만 하나 둘 세며 가는지
빨간 구두 아가씨 혼자서 가네.

밤밤밤 밤길에 빨간 구두 아가씨
똑똑똑 구두 소리 어딜 가시나
한 번쯤 사랑을 알 만도 한데
종소리만 하나 둘 세며 가는지
빨간 구두 아가씨 멀어져 가네.

졸졸졸 시냇가에 빨간 구두 아가씨
똑똑똑 구두 소리 어딜 가시나
오늘쯤 약속을 할 만도 한데
발걸음만 하나 둘 세며 가는지

빨간 구두 아가씨 사라져 가네.

똑똑똑 구두 소리가 아름답게 들리는지 몰라도, 맨발이 아닌 아가씨가 그리운 것이다. 하중희(1935~2004) 작사, 김인배(1932~2018) 작곡이다.

제6화

패션 2:
맨발

[《석양에 홀로 서서》가족 여러분께 인사드립니다. 〈이 생각 저 생각〉이란 제목으로 어쩌다 변변치 못한 글을 몇 번 쓰다 보니 해가 바뀌었습니다. 다사다난한 한 해라고 흔히 말하지만, 경자년은 온 세계가 그랬습니다. 대한민국은 더 그랬다는 생각도 듭니다. 신축년은 좀 다른 해가 되기를 바라고 있습니다. 새해 복 많이 받으십시오.]

맨발이라고 하니, 러시아 상트페테르부르크의 에르미타주 미술관에 있는 렘브란트(Rembrandt, 1606~1669)의 유명한 〈돌아온 탕자〉가 생각난다. 무릎을 꿇고 아버지에게 용서를 비는 탕자의 왼발은 맨발이다. 벗겨진 신발도 보인다. 그런데 그 탕자인 아들을 측은히 여긴 아버지는 종들에게, "제일 좋은 옷을 내어다 입히고 손에 가락지를 끼우고 발에 신을 신기라"고 했다. (〈누가복음〉15장 22.)

"신을 신기라"고 한 것을 보면, 당시 신은 신고 다닌 모양이다. 그러나 발을 감싸는 양말 따위는 없다. 고대 인물이 등장하는 그림에는 신은 신되 발은 맨발이 보통이다. 그러나 근세로 오면서 나체화 말고는 유명한 그림에서 맨발은 드물다. 근자에는 맨발로 춤추는 댄서들도 있으나, 댄서들은 예쁜 신을 신는다. 드가(Degas, 1834~1917)의 〈무대 위의 무희〉도 발레화를 신었다.

발레화라고 하니 왕년의 명화 〈분홍신(The Red Shoes)〉(1948)이 생각난다. 안데르센(Hans Christian Andersen, 1805~1875)의 동화 〈빨간 구두〉가 모티프인 영화다. 구두는 예뻤는지 모르나, 동화에서와 같이 영화의 주인공도 비극적인 최후를 맞는다. 빨간 구두가 비극과 연관이 있는지 모른다. 그렇다면 지난 회의 노래 〈빨간 구두 아가씨〉의 주인공도 비극을 맞는가? 그렇지 않을 것이다. 한편 발이 보이는 투명한 유리구두는 행운을 가져온다는 이야기도 있다. 유리구두의 주인공인 신데렐라(Cinderella)는 왕자와 결혼하여 행복한 일생을 보낸다.

갑자기 이백(李白)의 〈越女詞(월려사)〉란 시의 첫 수가 떠오른다.

長干吳兒女(장간오아녀) 장간의 강남 여인들
眉目艶星月(미목염성월) 얼굴이 달 같고 별 같네
屐上足如霜(극상족여상) 나막신 신은 발은 서리 같이 희고
不著鴉頭襪(불착아두말) 까마귀 머리 같은 버선은 안 신어도 예쁘네

버선을 신지 않은 여인의 흰 발이 이백에게는 매혹적이었던 모양이다. 또

그 제4수에서 이렇게 읊었다.

東陽素足女(동양소족녀) 강남 동양의 맨 발의 여인
會稽小舸郎(회계소가랑) 회계의 뱃사공과 사랑을 한다네

시인은 시인이다. 나막신 속의 발이나 맨발이나 가리지 않았다. 다 예쁘다.

또 맨발이라고 하니 〈맨발의 백작부인(The Barefoot Contessa)〉(1954)이란 오래 전 영화가 떠오른다. 영화감독인 해리 도즈[험프리 보가트(Humphrey Bogart)]가 한때 여배우였다가 백작부인이 된 마리아[에바 가드너(Eva Gardener)]의 장례식에서 지난날을 회상한다. 그는 스페인의 마드리드에서 젊고 아름다운 댄서인 마리아를 할리우드로 데려와 그녀를 세계적인 스타로 만드는 데 성공한다. 그러나 그녀와의 사랑은 실패한다. 그녀는 빈센초 백작[로사노 브라치(Rossano Brazzi)]과 결혼하게 되나, 우여곡절 끝에 남편에 의하여 살해된다.

어떤 영화를 보고 온 친구에게, "무슨 얘기냐?"고 물었다. "연애하다가 결혼한 얘기"라고 답했다는 우스갯소리가 있다. 〈맨발의 백작부인〉은 "겉으로는 화려한 삶이나, 내면은 그렇지 않고, 끝은 비극"이라고 답하면 되는 영화다. 콘텟사는 이탈리아어로 백작부인이다. 영어의 countess다.

또 〈Barefoot in the Park〉(1967)란 영화도 있다. 뉴욕 그린위치 빌리지의 5층 아파트에 사는 신혼부부를 중심으로 펼쳐지는 이야기다. 제인 폰다(Jane Fonda)와 로버트 레드포드(Robert Redford) 주연의 로맨틱 코미디다. 지금 보면 재미없을 것 같다. 명화라도 오래된 것은 대체로 그렇다. 한국영화에도 맨발이 제목에 나오는 것이 있다. 김기덕 감독의 〈맨발의 청춘〉(1964)이다. 깡패와 부잣집 딸의 비극적인 사랑 이야기이다. 신성일과 엄앵란이 주연이다. 맨발이 제목에 나온 위의 두 영화는 모두 비극이다. 그래 내가 맨발을 싫어하는 것은 아니다. 어쨌든 날씨가 추워지니, 맨발은 사라졌다. 겨울의 장점이다.

[추기 (1): 사전을 보면, 맨발은 "아무것도 신지 않은 발"이다. 양말이고 신이고 안 신은 상태다. 그런데 신은 신었어도, 양말이나 버선을 신지 않은 경우도 맨발이라고 한다. "넌 맨발에 구두를 신었니?"라고 하는 경우다.

(2) 발과 맨발에 관한 이야기의 상당부분은 나의 《몸과 마음》(100~132쪽)의 〈발〉항목에 나온다.]

제7화

마당 1:
정원과 공원

내가 어렸을 적엔 서울에도 눈이 많이 왔다. 어렸을 적 이야기를 하면, 누군 어렸을 적이 없나? 혹은 얼마나 나이를 먹었기에 옛날이야기를 하나? 그런 말을 더러 듣는다. 그러나 어렸을 적은 어렸을 적이다. 눈이 오면 마당에 쌓인 눈을 치워야 했다. 마당뿐 아니라 대문 밖 길의 눈도 쓸어야 했다. 요즘처럼 고층 아파트에 사는 사람들은 눈이 와도 그것을 치우는 일과는 거리가 멀다. 그러나 마당이 있는 집에서 살면 대문 밖의 눈을 쓸기도 해야 할 것이다. 큰길의 눈을 치우는 사람도 있다. 눈이 안 와도 마당을 깨끗이 쓸면 좋다. 화단이라도 있으면 가꾸어야 예쁘다. 그게 사람의 마음이다.

사전을 보면, 마당은 "집의 앞뒤나 어떤 곳에 닦아놓은 탄탄하고 평평한 땅"이라고 나와 있다. 또 마당이란 말이 들어가는 어휘도 몇 있다. 마당맥질은 "우툴두툴한 마당에 흙을 이겨 고르게 하는 일"이고, 마당질은 "곡식의 이삭을 털어 거두는 일"이다. 땅과 직접 관계가 없는 말로 마당발이 있다.

"볼이 넓은 발"을 뜻하는데, 사귀는 사람이 많다든가 혹은 교제의 폭이 넓은 사람을 지칭하기도 한다.

마당과 같은 말에 뜰이란 것도 있다. 또 마당이나 뜰은 우리말이지만, 한자로 된 정원(庭園)이란 말도 있다. 정원이라고 하면 서양식의 큰 공원도 연상된다. 내가 오래 전에 가 본 미국 필라델피아 근교의 큰 식물원인 롱우드 가든(Longwood Gardens)은 아주 크다. 초원인지도 모른다. 정원과 공원의 구분이 애매하다. 또 LA 근교 게티 빌라(Getty Villa)의 허브 가든(Herb Garden)도 인상에 남은 곳이다. 아니 빌라 전체가 큰 정원이다. 정원은 도처에 있다. 고대 로마인의 집에는 대부분 정원이 있었다고 한다. 들어가 보지는 않았어도 백악관에는 로즈 가든(Rose Garden)이 있고, 유럽의 궁전들에도 아름다운 정원이 많다. 이루 다 열거할 수 없다.

또 정원하면 일본정원이 떠오른다. 대개 인공 연못이 있고, 자연풍경을 축소한 듯 보이게 만들었다. 다도(茶道)와 연관이 있다. 차를 마시기 전에 정원을 보면서 마음을 정화한다고 한다. 한가한 사람들의 이야기다. 근년에 가 본 곳으로는 요코하마의 산케이엔(三溪園)이다. 메이지(明治) 말부터 다이쇼(大正)시대까지 제사(製絲)와 생사(生絲)로 거부가 된 하라 산케이(原三溪)가 조성하였다. 명승으로 지정된 문화재이다. 여기서는 차도 마셨다. 또 교토의 킨카쿠지(金閣寺)도 정원으로 둘러싸였다고 해도 좋을 것이다. 이곳은 미시마 유키오(三島由紀夫)의 동명의 소설로 더 유명한지도 모른다.

중국에도 정원은 지천이다. 베이징의 이화원(頤和園)도 매우 큰 정원이다. 정원이라기보다는 공원이고 궁전이다. 역사도 오래고 명칭도 처음엔 청의원(清漪園)이었다. 청 말 서태후(西太后)가 해군경비를 유용하여 증축하는 통에 자금부족으로 북양함대(北洋艦隊)는 포탄과 화약이 딸린 상황에서 일본과 싸웠다. 결과는 우리가 다 안다. 청일전쟁에서 졌다. 그런 선입감 때문인지 이화원은 두어 번 가보았으나 별로 아름답다고 느끼지 못했다. 나라의 돈을 제대로 사용하지 않고 딴 데 허투루 쓰면 결과가 어떻다는 것은 동서고금이 같다. 나라가 망한다.

이화원보다는 차라리 쑤저우(蘇州)의 졸정원(拙庭園)이 낫다. 또 사자림(獅子林)도 있다. 그곳에서 멀지 않은 곳에 호구검지(虎丘劍池)가 있다. 운암사(雲巖寺)란 절이 있고, 그 한쪽에 기울어진 높은 탑이 특이하다. 이 탑을 보자면 피사(Pisa)의 사탑이 연상된다. 호구라는 언덕은 전체가 공원이다. 본래는 인부 10만 명이 흙을 쌓아 만들었고, 코끼리도 동원되었다고 하니 힘든 공사였을 것이다. 춘추시대 말 오나라의 합려(闔閭)라는 왕의 무덤이라고 한다. 그 왕이 칼을 좋아하여 명검 3천개를 묻었다는 고사도 있다. 전해오는 이야기에 의하면, 진시황과 삼국시대의 손권이 그 칼을 찾기 위해 무덤인지 언덕인지를 파헤쳤기 때문에 이곳이 연못이 되어 검지[칼의 못]란 이름이 붙었다는 것이다. 오래 전에 갔었다. 규모는 크나 정돈된 분위기가 아니었다.

우리나라는 어떤가? 국립공원도 많다. 22개나 된다고 한다. 서울에는 남산공원, 삼청공원, 효창공원, 탑골공원 등이 있다. 또 요절한 가수 배호(裵湖, 1942~1971)의 〈안개 낀 장춘단공원〉도 있다. 한강공원도 몇 있다. 또 도(道)마다 도립공원이 많이 있다. 용인의 에버랜드나 도처에 산재한 수목원도 공원 축에 들 것이다. 그러나 위에서 말한 정원과는 거리가 멀다. 전통시대에 만들어진 정원 혹은 공원은? 얼핏 생각나는 것이 창덕궁의 후원(後苑: 흔히 秘苑이라 함)이다. 왕실의 정원이다. 덕수궁이나 경복궁과 같은 다른 궁에는 마당이야 있겠으나 정원이 있다는 이야기는 듣지 못했다. 사직공원(社稷

公園)도 있다. 조선 태조가 한양으로 천도하면서 종묘와 함께 조성한 사직단(社稷壇)에서 비롯되었다. 기곡제(祈穀祭)와 기우제(祈雨祭)를 여기서 지냈다. 곡물신(穀物神)에 제사를 드려 풍년을 기원했다. 일제가 공원으로 이름을 바꿨다. 조선의 풍년을 시기했던 모양이다.

마당으로 시작한 글이 이상하게 다른 이야기들로 흘렀다. 정작 마당은 사라진 것일까?

제8화

마당 2:
〈바우고개〉

정원하면 캐서린 맨스필드(Katherine Mansfield)의 소설 《The Garden Party》(1922)도 생각난다. 큰 파티가 열린 것이다. 크거나 작거나 정원을 맡아 보살피는 사람을 정원사(庭園師) 혹은 원정(園丁)이라 한다. 마당을 쓰는 하인을 우리는 마당쇠라고 불렀다. 정원사와 같은 개념이란 생각도 든다.

마당일을 하는 사람으로는 머슴도 있었다. "농가에서 고용살이를 하는 남자"다. 고용주의 집에서 거주하며 새경[사경(私耕): 머슴에게 주는 연봉(年俸)]을 받는다. 농사도 돕고 주인집의 가사도 도왔다. 《지식백과》의 얘기다. 고려시대에는 용작(傭作)이라했고, 조선시대엔 고공(雇工), 고용(雇傭), 용인(傭人) 등으로 불렀다. 머슴의 어원은 오래라는데, 시작은 모른다. 1527년(중종 22년)에 나온 최세진(崔世珍)의 《訓蒙字會(훈몽자회)》에는 고공(雇工)을 머슴이라고 표기하였다고 한다. 경제적으로는 노예와 다름이 없었으나, 신분상으로는 양인(良人)으로 자유민이었다. 그 전에도 물론 있었지만,

머슴이 많이 늘어난 것은 갑오경장(甲午更張, 1894년) 후라고 한다. 임금(賃金)을 받는 노동자이기 때문이다. 요새는 나라가 노동자들의 천국이 된 양상이나, 농촌에 가도 머슴은 없다. 허나 누군지 마당일은 한다. 눈이 오면 마당을 쓰는 가장(家長)이나 주부도 많다.

머슴은 자유민이라고 해도 고달픈 직업이다. 〈바우고개〉란 노래가 떠오른다. 널리 알려졌지만, 가사를 먼저 적는다.

바우고개 언덕을 혼자 넘자니
옛님이 그리워 눈물납니다
고개 위에 숨어서 기다리던 님
그리워 그리워 눈물납니다

바우고개 피인 꽃 진달래꽃은
우리 님이 즐겨 즐겨 꺾어 주던 꽃
님을 가고 없어도 잘도 피었네
님은 가고 없어도 잘도 피었네

바우고개 언덕을 혼자 넘자니
옛님이 그리워 하도 그리워
십여 년간 머슴살이 하도 서러워
진달래꽃 안고서 눈물집니다

나는 이 노래를 어려서부터 안다. 그때는 별생각 없이 그냥 불렀다. 그런데 지금은 생각이 다르다. “십여 년간 머슴살이 하도 서러워 진달래꽃 안고서 눈물집니다”라는 제3절의 끝 구절이 마음에 걸린다. 머슴살이가 몹시 서러웠던 사람이 작사했나? 작사자는 이서향(李曙鄕)이다. 그와 관련된 여러 가지 이야기다.

이서향은 1914년 인천[함남 원산이란 설도 있음]에서 출생하여 서울에서 성장했다. 중학(지금의 고등학교)을 마치고, 일본 유학을 했다. 연극수업을 받았고, 연극운동도 했다. 《동아일보》 신춘문예에 당선되어 문단에도 등단했다. 희곡도 쓰고, 소설도 썼다. 그 바탕은 노동자와 농민에 대한 연민이다. 전근대적 사회현실의 타파라는 이상을 가졌던 것이 아닌가 한다. 그래서 “십여 년간 머슴살이”가 나왔는지 모른다. 이에 걸맞지 않게 그는 1940대에 들어와서 친일연극활동에 적극적이었다. 광복 후에는 좌익연극운동에 가담했다. 친일활동에 대한 자격지심이 좌경을 부추겼을 것이다. 조선문학가동맹의 간부로 활약했다. 1948년 남북연석회의 참석차 월북했다가 주저 눌러앉았다. 국립예술대학 총장을 지냈고, 연출가로서 활동도 했다. 그러다가 1959년에 복고주의 종파주의자로 몰려 숙청을 당했다고 한다. 1969년에 사망했다는 설이 있는 것을 보면, 1959년 숙청 때 목숨은 부지한 모양이다.

다시 〈바우고개〉다. “십여 년간 머슴살이 하도 서러워”란 대목을 아무래도 이해할 수 없다. 작사자 이서향은 서울서 중학을 다니고 일본유학을 하였으니 부르주아는 아닌지 모르나 생활의 여유가 있는 집의 아들임이 분명하다. 그런데 왜 머슴타령인가? 조상에 머슴이라도 있었나? 아니면 진달래꽃을 보면서 옛님을 생각하다 계급타파란 그의 잠재의식이 표출되었나?

〈바우고개〉는 이흥렬(李興烈, 1909~1980)이 작곡했다. 이서향보다 다섯 살 위다. 둘은 자랄 때부터 친구였다고 한다. 그런데 이서향이 월북한 후

한동안 작사도 이흥렬이 한 것으로 음악책 등에 실렸다. 이흥렬도 작사자에 대한 언급을 피했다. 월북자가 작사를 했다고 하면 금지곡이 될까 두려워서 그랬을 것이라는 이야기다.

이서향은 백병원의 설립자이고 6·25사변 중 납북된 백인제(白仁濟, 1899~?)의 사위다. 백난영(白蘭英, 1917~2015)이 그의 아내다. 아들이 하나 있었다. 백난영은 경기여고와 이화여전 영문과를 졸업했다. 군정시절에 통역실력을 인정받은 재원이었다. 남편이 월북한 후 생활이 어려웠다. 시댁은 물론 친정의 도움도 받지 못했다. 다행히 숙명여고 문남식 교장의 눈에 들어 교사로 취직하였고, 그때부터 생활이 다소 피기 시작했다. 내가 잘 아는 그녀의 숙명 제자에게서 직접 들은 이야기다. 영어는 말할 것도 없고 인품이 훌륭하여 제자들이 많이 따랐다고 한다. 아내로서도 훌륭했을 것이다. 뭐가 좋아서였는지는 모르나 이서향은 그런 아내와 아들을 버리고 월북한 것이다.

제9화

마의태자: 비극의 왕자

흥망성쇠란 말이 있다. 개인에게도 있고, 집단에도 있다. 집단 가운데 가장 큰 것인 국가에도 있다. 강대국도 제국도 다 한때 성했다가 망하곤 했다. 그래 《강대국의 흥망》이란 책도 있고, 좀 오래된 《로마제국의 쇠망》이란 책도 있다. 흥할 때는 좋겠으나, 망할 때는 어땠을까하는 생각이 요즘 자주 든다. 나라가 어수선하기 때문이다. 어수선한 정도가 아니다. 나라가 망할 때, 그것을 감수해야 할 백성들은 어떠했을까? 그러다가 마의태자(麻衣太子)를 생각하게 되었다. 하기야 마의태자는 그냥 백성은 아니었다. 그러나 어쩔 수 없는 처지였던 것은 같다. 그 심정이 어땠을까?

마의태자는 신라의 마지막 임금인 경순왕(敬順王, 제56대)의 아들이다. 후백제 견훤(甄萱)과 고려 왕건(王建)에게 눌려 나라가 기울었다. 신라가 망하기로는 진성여왕(眞聖女王, 제51대)이 위에 오른 때(887년)부터다. 외세보다는 내치를 잘 못한 탓이다. 경순왕은 군신과 회의했다. 신하들 사이에도 논의가 분분했다. 왕은 왕건에게 항복하겠다고 했다. 마의태자가 나서서 단호하게 말했다.

"나라의 존망에는 천명이 있으니, 오직 마땅히 충신과 의사로 더불어 민심을 수습하여 나라를 굳게 하다가 힘이 다한 후에 말 것이니, 어찌 일천년 사직(社稷)을 하루아침에 남에게 내줄 것이랴."

그러나 왕은 "외롭고 위태함이 이와 같아 형세는 능히 온전히 할 수 없으니, 이왕 강하지도 못하고 약하지도 못하여 무죄한 백성들로 간뇌(肝腦)를 땅에다 바르게 하는[참혹히 죽게 하는] 것은 내가 차마 하지 못하는바"라고 말하면서, "시랑(侍郎) 김봉휴(金封休)로 하여금 국서(國書)를 가지고 가서 고려 태조에게 귀부(歸附:스스로 와서 복종함)를 청하게 하였다"는 것이다. 이에 "왕자는 통곡하며 왕을 사별(辭別)하고, 개골산(皆骨山)으로 들어가 바위에 의지하여 집을 짓고, 마의(麻衣)와 초식(草食)으로 일생을 마치었다"고 한다.

《삼국사기》의 이야기다. 《삼국유사》에도 같은 이야기가 쓰여 있다. 마의태자가 들어갔다는 개골산은 금강산이다. 금강산 서쪽에 천마산(天摩山)이 있다. 그 산의 높은 재가 단발령(斷髮嶺)이다. 높이 1,241m라고 한다. 나는 물론 가보지 못했다. 《삼국사기》에는 없으나, 마의태자가 이 재에서 동쪽의 금강산을 바라보며 머리털을 깎고 중이 되었다는 전설이 있다. 그래서인지 누군가가 이 재의 이름을 단발령이라고 지은 모양이다. "머리털을 짧게 자른 고개"란 뜻이다. 나라가 망하는 것을 뻔히 보면서 산으로 발길이 떨어졌을까? 나라를 바로잡을 생각은 하지 않았나? 중이 되면 속세의 번뇌를 잊을 수 있나? 나라에도 망할 팔자가 있는 것인가?

여기서 나는 어려서부터 알던 노산(鷺山) 이은상(李殷相, 1903~1982)의

〈마의태자〉란 시조를 생각한다. 노래로도 불렸다.

그 나라 망하니 베옷을 감으시고
그 영화(榮華) 버리니 풀뿌리 맛보셨네
애닲다 우리 태자 그 마음 뉘 알꼬
풍악산(楓嶽山) 험한 곳에 한 품은 그 자취
지나는 길손마다 눈물 지우네

태자성(太子城) 옛터엔 새들이 지저귀고
거(居)하신 궁들은 터조차 모르도다
슬퍼라 우리 태자 어디로 가신고
황천강(黃天江) 깊은 물에 뿌리신 눈물만
곱곱이 여울되어 만고(萬古)에 흐르네

구글(Google)에 들어가 보았다. 작곡은 안기영(安基永, 1900~1980)이다. 안기영은 이화여자전문학교 음악과 교수를 지내다가 1950년에 월북했다. 임신 중인 본처와 두 딸을 버리고, 이화여전 교수로 재직 중 눈이 맞은 제자 김 모와 월북한 것으로 나와 있다. 이북서도 조선음악가동맹의 부위원장 등을 지내면서 음악가로서 활동을 계속했다. 마의태자는 몇 살까지 살았는지 모르나, 안기영은 80까지 살았다고 한다. 하늘이 무심한 것인지, 무심치 않은 것인지 알다가도 모를 일이다.

[추기: 마의태자에 관하여는 아래 책들은 참고하고 인용했다. 김부식(金富軾) 찬(撰), 이병도

(李丙燾) 역주(譯註), 《三國史記》(을유문화사, 1994), 卷 12, 〈新羅本紀〉, 242～243쪽. 또 일연 지음, 이민수 옮김, 《삼국유사》(을유문화사, 1994), 182쪽. 또 李殷相, 《朝鮮史話集 三國時代 篇》[3판: 漢城圖書株式會社, 昭和 8년 (1942)], 277～283쪽.

마의태자가 설악산으로 갔다느니, 왕건에게 항거하였다느니, 심지어 그의 후손이 중국 금나라를 세웠다는 등의 여러 가지 이야기도 있다.]

제10화

등왕각:
중국의 누각

앞에서 이순신 이야기를 하면서 나는 그의 시 〈水國(수국)〉의 "驚寒雁陣(경한안진)"을 왕발(王勃)의 〈滕王閣序(등왕각서)〉라는 글과 연관시켰었다. 충무공이 무인이면서도 폭 넓게 글을 많이 읽었다는 예를 들기 위해서였다. 무슨 전거(典據)가 있어서가 아니라 나의 짐작으로 한 말이었다. 추운 겨울이다. 저녁 무렵이다. 높이 떠서 날아가는 기러기 떼를 보면, 왕발을 읽지 않았어도 그런 글귀가 나올 수 있다. 비슷한 현상을 보면 땅의 동서와 시(時)의 고금을 떠나서, 전혀 관계가 없는 두 사람에게서 비슷한 시상(詩想)이 떠오를 수 있다.

나는 위에서 나의 설거지 방법을 이순신 전법이라고 명명(命名)한 것에 대하여 황송스럽게 생각한다는 말을 했다. 전거가 없는데도 충무공의 시구를 왕발의 글과 연관시킨 것도 황송한 일이었다. 나의 짐작이 도를 지나친 것이 아닌가하는 생각도 든다. 사과의 글을 써야겠으나, 딱히 마땅한 생각이 떠오르지 않는다. 그러다가 그냥 등왕각에 관한 이야기로 얼버무리자는 생각을 하게 되었다.

중국에는 누(樓)도 많고, 각(閣)도 많다. 누는 다락이다. 망루(望樓)를 지칭하기도 한다. 멀리 내다보는 곳이기도 한데, 경치를 보기 위한 것도 있고, 적이 쳐들어오는 것을 감시하기 위한 것도 있다. 누각(樓閣)을 줄여 그냥 누(樓)라고도 한다. 각(閣)은 문설주이기도 하나, 보통 다락집을 뜻한다. 그러니 누나 각이나 그게 그거다. 그래 합쳐서 누각이라고 흔히 쓴다. 누와 각은 우리나라에도 많다. 높지는 않으나 경복궁의 경회루, 춘향이가 놀던 광한루, 평양의 부벽루 등이 얼핏 생각난다. 서울 종로구 삼청로 입구엔 동십자각이 있다. 경복궁 모서리에 있던 것이 잘려 나와 있다.

중국에는 네 개의 유명한 누각이 있다. 호북(湖北) 무한(武漢)의 황학루(黃鶴樓), 호남(湖南) 악양의 악양루(岳陽樓), 강서(江西) 남창(南昌)의 등왕각, 절강(浙江) 항주(杭州)의 성황각(城隍閣)이다. 나는 황학루와 등왕각엔 올라보았다. 2017년 11월 하순 〈김동길 박사와 함께하는 인문학 크루즈〉에서 장강(長江)여행을 하면서였다.

왕발의 〈등왕각서〉에 관하여는 이런 일화가 있다. 등왕각은 당 고조(高祖)의 아들 이원영(李元嬰)이 홍주자사(洪州刺史)였을 때 지은 누각이다. 그는 등왕(滕王)으로 봉해져 있어서 누각의 이름을 등왕각이라 한 것이다. 그 후 당 고종(高宗) 때 염백서(閻伯嶼)가 홍주태수가 되면서 누각을 중수했다. 그 기념으로 큰 잔치를 벌이고, 시회(詩會)를 열었다. 염백서는 그의 사위 오자장(吳子章)의 문필을 자랑하려고, 미리 누각의 중수를 기념하는 서문을 지어 놓게 하였다. 그리고는 참석한 손님들에게는 즉석에서 글을 짓게 하였다. 모두들 염백서의 의도를 알아차리고 사양했다.

왕발은 아버지가 있는 교지(交趾)로 가던 길에 우연히 그 시회에 참석하여, 사양하는 기색이 없이 단숨에 글을 써내려갔다. 염백서는 어린 왕발의 태도를 처음에는 괘씸하게 생각하였으나, "낙하여고목제비(落霞與孤鶩齊飛) 추수공장천일색(秋水共長天一色)이란 구절에 이르자, 무릎을 치고 경탄하였다는 것이다. 이 구절은 이순신 이야기에서도 나왔으나, 다시 번역한다.

"저녁놀은 짝 잃은 따오기와 나란히 떠있고, 가을 강물은 넓은 하늘과 한 빛이다."

그러한 문재(文才)의 왕발은 29세에 남해에서 익사했다. 그가 교지로 떠날 적에 누군가가 어디에서 소지(燒紙)를 하라고 하였는데, 왕발은 그만 잊고 지나쳐서 요절했다는 말이 있다. 소지는 얇은 종이를 불살라 하늘로 날리면서 신령에게 소원을 비는 의식이다. 요즘도 그렇지만 예전에는 미신이 더 많았다.

등왕각이 있는 남창(南昌)은 1927년 중국공산당이 최초로 무장폭동을 일으킨 곳이다. 폭동이 시작되었다는 8월 1일은 중국의 건군절(建軍節)이다. 남창의 관문은 1997년에 개통된 팔일대교(八一大橋)다. 건군을 기념하기 위한 이름의 다리다. 내가 그 다리를 지날 적에는 다리 위에 〈黑猫白猫〉(흑묘백묘)란 플래카드가 크게 붙어 있었다. 덩 샤오핑(鄧小平, 1904~1997)의 구호였다. 쥐만 잡으면 되지, 고양이가 검은지 흰지는 문제가 아니라는 말이다. 국가발전과 경제성장을 위해서는 사상보다 정책과 방법이 중요하다는 것을 강조한 것이다. 문화혁명의 곤욕을 치른 덩 샤오핑은 1978년부터 서서히 복권되어 오늘날 중국의 기반을 닦은 인물이다. 그러나 그는 민주화를 위한 1989년 천안문시위를 무력으로 무자비하게 진압한 장본인이다. 전체주의 독재국가의 지도자는 여러 얼굴을 갖고 있다.

등왕각은 전란 등에 의해 여러 차례 파괴되고 불탔다. 현재의 것은 1989년에 재건된 것이다. 그것이 29번째의 재건축이라고 한다. 얼마나 많은 수난을 당했는지 짐작이 간다. 그래도 아름답다. 9층탑이다. 앞마당에는 당의 한유(韓愈)가 쓴 대형의 〈新修滕王閣記〉(신수등왕각기)가 있고, 5층에는 〈滕王閣詩序〉(등왕각시서)가 송의 동파거사(東坡居士: 蘇軾)의 글씨로 한 벽을 가리고 있다.

제11화

새치:
이호민과 이덕형

앞에서 마의태자 이야기를 할 적에 그가 단발령에서 머리털을 깎고 중이 되었다는 전설이 있다고 했다. 그랬다면 긴 머리털을 잘랐을 것이다. 그가 태자였으니 머리스타일이 보통 사람들과는 달랐겠지만, 그것이 어떠했는지는 전혀 상상이 안 된다. 젊은 나이였다. 머리털의 색깔은 검었을 것이란 생각은 든다. 비교적 젊은 나이의 검은 머리라 해도, 새치는 있을 수 있다. 새치는 "젊은 사람의 머리털에 섞긴 흰 머리카락"이다. 아래의 일화를 읽은 기억이 있어서 적는다.

선조(宣祖) 때다. 연릉군(延陵君) 이호민(李好閔)이 새치를 뽑고 있었다. 한음(漢陰) 이덕형(李德馨)이 우연히 보고 농담을 건넸다.

"공은 벼슬이 종일품에 이르렀는데, 다시 무엇을 바라고 흰 털을 뽑소?"

그러자 이호민이 답했다.

"무슨 다른 뜻이 있겠소? 옛날 한(漢)나라의 법이 지극히 관대하였으나,

거기에도 살인한 자는 죽인다 하였소. 백발은 사람 죽이기를 좋아하므로 제거하지 않을 수 없소.”

한음이 크게 웃었다고 한다.

이호민은 자가 효언(孝彦), 호는 오봉(五峰)이다. 1584년(선조 17년)에 문과에 급제하였다. 응교(應敎), 전한(典翰)을 지냈고, 집의(執義: 사헌부의 종삼품)로 왕을 의주(義州)까지 모셨고, 요양(遼陽)으로 가서 이여송(李如松)에게 구원을 청해오기도 했다. 나중에 벼슬이 대제학(大提學), 좌찬성(左贊成)에 이르렀다. 호성공신[扈聖功臣: 임진왜란 때 선조를 모시고 의주까지 호종(扈從)한 공 있는 사람에게 내린 훈명(勳名)]에 책록되고, 연릉군에 피봉되었다.

두 사람 사이에는 또 이런 일화도 전해진다. 이호민이 언젠가 한음을 찾아갔다. 한음이 또 농담으로 말했다.

“공은 어디에 갔다가 정승벼슬 한 자리 못하였소?”

연릉군이 말대꾸하기를 “공은 어디 갔다가 공신이 되지 못하였소?” 했다.

한음은 공신이 아니었기 때문이다. 이 말을 전해들은 사람들이 다 웃었다는 것이다. 김시양(金時讓, 1580~1643)의 〈涪溪記聞(부계기문)〉에 나오는 이야기다.

한음은 백사(白沙) 이항복(李恒福, 1556~1618)과 더불어 일화가 많은 인물이다. 20세에 문과에 급제하였다. 같은 해에 급제한 이항복과 같이 호당(湖堂: 독서당)에 뽑혀 이율곡(李栗谷) 밑에서 독서했다. 벼슬이 올라 31세에 대제학이 되었다. 임진왜란 당시 그의 활약은 눈부셨다. 적이 패수(浿水: 대동강)까지 쳐 올라와 화의를 청할 때, 그는 일본의 겐소(玄蘇)와 단독으로 회담하여 대의로써 적을 공박했다. 겐소의 존경을 받았다. 구원병을 청하러 명나라에 가기도 했고, 정유재란 때는 명나라 제독 유정(劉綎)과 같이 순천에 이르러 통제사 이순신과 함께 고니시(小西行長)의 군사를 대파하기도 했다. 그의 공은 이루 말할 수 없다. 나중에 벼슬이 영의정에 이르고, 이호민과 같은 호성과 선무(宣武)공신의 칭호를 받았다.

그렇다면 한음이 공신이 아니라는 김시양의 이야기는 잘못된 것이다. 아니면 이호민이 먼저 공신이 되고 난 직후의 이야기인지도 모른다. 〈부계기문〉은 김시양이 광해군 4년(1612년)에 함경도 종성(鍾城)으로 귀양 가서 쓴 글이다. 인물평이 많다. 부계는 종성의 다른 이름이다. 향시(鄕試)의 시험관이 되어 광해군의 실정을 풍자하는 시험문제를 낸 사건으로 귀양을 갔다고 한다. 인조 때 이조판서와 병조판서 등을 지냈다.

[추기: 김시양의 〈부계기문〉은 김종오 엮음, 《대동야승(1)》(민족문화추진회, 1980)에서 읽었다. 이호민과 한음의 일화는 위의 책, 112쪽. 또 이홍직(李弘稙) 박사(博士) 편(編), 《完璧 國史大事典》(신개정판; 백만사, 1973)을 많이 참조했다.
영어로 새치가 무엇인가 궁금하여 《Minjung's Essence Korean-English Dictionary》(1999)을 찾아보았다. "prematurely gray(ing) hair; white hair in youth"라고 되어 있다. 콩글리시의 수준이다.]

제12화

군밤 1: 땍때굴 굴러 나왔다

군밤을 파는 곳이 많을 줄 안다. 요즘은 그리로 잘 다니지 않으나, 지하철 3호선 압구정역 3번 출구로 나오면 밤을 구워 파는 곳이 두어 군데 있다. 보관을 잘하면 밤은 일 년 내내 먹지만, 군밤은 대개 늦가을부터다. 숯불에 잘 구워서 흠집 하나 없이 깐 밤을 작은 봉지에 담아 판다. 열 개 남짓 들은 것을 3천원인가 주고 한두 번 사기도 했다. 어떻게 굽고 또 흠집을 내지 않고 까느냐고 물은 적도 있다. 나도 집에서 밤을 더러 굽는다. 군밤 장수는 철사로 엮어 만든 바구니를 쓴다. 나는 프라이팬을 이용하여 가스 불에 굽는다. 불 조절이 어렵다. 그래 그런지 까면 부스러지는 경우가 많다. 그래도 생률(生栗: 날밤)보다는 맛이 좋다. 어려서 부르던 군밤노래가 생각난다.

땍때굴 굴러 나왔지
무엇이 굴러 나왔나

밤 한 톨 굴러 나왔지
어디서 굴러 나왔나
낮잠 주무시는 할아버지 주머니 속에서 굴러 나왔지
무엇 할까
구워 먹지
어디다 굴까
숯불에 굽지
호호 불어서
너하고 나하고 달궁달궁
아무도 모르게 달궁달궁
호호 참말 밤 한 톨
쉬쉬 떠들지 마라
할아버지 낮잠 깨실라

할아버지 주머니 속에서 어쩌다 굴러 나온 밤 한 톨을 쌍둥인지 의좋은 형제가 나눠 먹는 장면이다. 귀엽다. 갑자기 《世說新語(세설신어)》에서 오래전에 읽은 이야기가 떠오른다. 《세설신어》는 중국 남북조시대 송나라의 유의경(劉義慶, 403~444)이 후한(後漢) 말에서 동진(東晋)까지 문인 · 학자 등의 일화를 모아 편찬한 책이다. 진의 사마소가 촉을 정벌할 때 종회(鍾會)라는 장수가 있었다. 그 형이 종륙(鍾毓)이다. 둘이 어렸을 적 일이다. 아버지가 마침 낮잠 든 사이에 형제가 술을 훔쳐 마셨다. 실은 아버지가 자는 체하며 보고 있었다. 형은 술 단지에 배례(拜禮)를 하고 마셨고, 동생은 그냥 마셨다. 아버지가 일어나 큰아들에게 어찌하여 배례를 했느냐고 물었다.

"술은 반드시 예를 갖추어야 하는 것이기에 감히 배례를 하지 않을 수 없었습니다."

다시 작은아들에게 어찌 절을 하지 않고 마셨느냐고 물었다. "술을 훔치는 것이 이미 예에 어긋난 일인고로 배례하지 않았습니다"라고 대답했다는 것이다.

그건 그렇고, 밤을 구워 할아버지 몰래 먹은 우리의 두 아이는 배례를 하고 먹었을까? 군밤을 호호 불어 먹을 욕심에 절은 생각도 안했을 것이다.

이왕 이야기가 난 김에 종회 형제의 이야기를 하나 더 적는다. 한번은 그 아버지가 두 아들을 데리고 위문제(魏文帝: 曹丕)를 만난 적이 있었다. 그때 형은 여덟 살, 동생은 일곱 살이었다. 형은 황제를 뵈옵자 두려움이 넘치어 얼굴이 온통 땀범벅이 되었다. 황제가 물었다.

"어인 땀이 그렇게 많이 나나?"

그러자 형은 더욱 땀을 흘리며, "두려운 마음이 앞서와 그러하옵니다."하였다. 그런데 동생은 땀을 한 방울도 흘리지 않고 늠름히 앉아 있는 것이 아닌가? 문제는 동생을 보고 물었다.

"너는 어이 땀이 안 나는가?" 종회는 서슴지 않고,

"폐하의 용안을 뵈오니 전전긍긍(戰戰兢兢)하와 땀이 미쳐 나오지 않나이다"하고 대답하였다고 한다. 자라면서 병서를 많이 읽었고, 도략(韜略)에 깊이 밝았다. 진(晉)의 사마염(司馬炎)이 촉을 정벌할 때 진서대장군(鎮西大長軍)으로 큰 공을 세웠으나 말로(末路)가 좋지 않았다. 예에 어긋난 일을 하고도 대수롭게 여기지 않아 배례를 하지 않았던 태도가 자라면서도 바뀌지 않았기 때문일 수도 있다. 나의 생각이다. 군밤 이야기가 "떽때굴" 굴러서 다른 곳으로 갔다. 다음 이야기에서 굴러간 군밤을 다시 찾을까 한다.

제13화

군밤 2:
하늘이 알고 땅이 알고 네가 알고 내가 안다

할아버지 주머니 속에서 굴러 나온 밤이 왜 한 톨이었을까? 한 톨만 있었기 때문이다. 할아버지는 그 밤 한 톨을 왜 주머니 속에 넣고 있었을까? 귀여운 손자에게 주려고 넣어 둔 것이다. 손자는 그 밤을 아무도 모르게 "달궁달궁" 먹었다지만 할아버지가 잠에서 깨어 밤을 찾는다면 어떻게 할 것인가? 모른다고 시치미를 뗄 것인가? 할아버지가 찾기 전에 먹었다고 먼저 말씀을 드릴 수도 있다. 누군가가 밤 한 톨을 주제 삼아 재미로 지은 동요를 가지고 나는 왜 이러쿵저러쿵하고 있나? 한가한 때문인가?

아무도 모르게 먹는다고 하였으나, 정말 아무도 모르나? 세상에 비밀이란 없다. 군밤 이야기와는 차원이 다른 것이나 이런 일화가 전한다. 후한의 안제(安帝: 6대 황제) 때 일이다. 양진(楊震)이란 청렴결백한 인물이 있었다. 동래군(東萊郡, 山東省)의 태수(太守)로 부임하는데, 어느 날 밤에 현지사(縣知事)가 찾아왔다.

"늦은 밤이라 아무도 모르니 부디 받으십시오"하면서, 황금 10근을 내어 놓았다. 그러자 양진이 말했다.

"하늘이 알고 신이 알고 그대가 알고 내가 안다. 어찌 모른다고 하는가(天知 神知 子知 我知 何謂無知)"라고 꾸짖으면서 내쫓았다. 받지 않은 것은 물론이다. 《後漢書(후한서)》의 이야기다. 《十八史略(십팔사략)》에는 "천지(天知) 지지(地知)……"로 나온다. "하늘이 알고 땅이 알고……"인 것이다. 땅이 아나 신이 아나 모두 아는 것은 같다. 심지어 우리까지 안다. 청렴은 물론이지만 정사도 바르게 잘 다루었다. 순조롭게 승진하여 태위(太尉)까지 올랐다. 승상에 해당하는 벼슬이다. 그러나 그 후 안제의 황후 염(閻)씨 일족이 나라의 실권을 쥐자, 잘못된 정치를 바른 말로 간하다가 태위에서 면직되었다. 양진은 자살했다.

다시 군밤으로 돌아간다. 전에는 겨울밤이면 먹을 것을 파는 장수들이 돌아다녔다. 밤이 깊어 가면 배가 출출해지기 때문이다. "찹살떡 사려!" "메밀묵 사려!"라고 외치고 다니는 장수들이 대표적이었다. 그런데 "군밤 사려!"라고 외치는 장수도 있었음 직하나 기억에 없다. 그러나 〈군밤타령〉은 들은 기억은 있다. 혹시 하여 인터넷을 검색하였다. 놀랍게도 초등학교 4학년 교재에 있다고 한다. 〈국립국악원 편보, 경기도 민요〉라고 나와 있다. 그건 그렇다 하고, 여기서는 《한국민속대백과사전》에 있는 것을 소개한다. 가장 유명한 경기민요 〈군밤타령〉이다.

바람이 분다/ 바람이 분다/
연평바다에/ 어허얼싸 돈 바람이 분다
(후렴) 얼싸 좋네 아하 좋네/ 군밤이어 에라/ 생률밤이로구나

그렇다니 그런가 한다. 연평도 근처에서 조기잡이로 돈을 많이 벌어 파시(波市)의 장관을 노래한 것이라고 한다. 유성기음반(Victor 49167A)의 〈군밤타령〉의 뒷부분은 아래와 같다.

임 어디 갔나 (응아)/ 임 어디 갔나 (옳다)/ 시나 강변에/
어허 헐싸 마전질 갔구나
(후렴) 얼싸 좋네 좋다/ 군밤이요 어헐/ 삶은 밤이로구나 (온냐)

앞의 타령의 후렴에는 "생률밤이로구나"로 되어 있으나 유성기음반에는 "삶은 밤이로구나"로 되어 있다. 생률은 날 밤이고 삶은 밤은 말 그대로 삶은 것인데, 군밤타령에 왜 그것들이 나오는지 이해가 안 된다. 유성기음반의 〈군밤타령〉에는 "응아", "옳다", "온냐" 등의 추임새가 있다. 둘이 부르게 되어 있다.

또 《위키백과》에는 구한말 군밤상인이 엄동설한에 군밤을 팔며 부른 노래가 이어져 오늘날 〈군밤타령〉으로 불린다고 나와 있다. 노랫말의 〈메기는 소리〉와 〈받는 소리〉를 차례로 옮긴다.(https://ko.wikipedia.org/wiki/군밤타령)

〈메기는 소리〉

1. 바람이 분다 바람이 불어 연평 바다에 어허어얼싸 바람이 분다
2. 달도 밝다 달도 밝아 우주강산에 어허어얼싸 저 달이 밝아
3. 눈이 온다 눈이 온다 이 산 저 산에 어허어얼싸 흰 눈이 온다
4. 개가 짖네 개가 짖네 눈치 없이도 어허어얼싸 함부로 짖네

5. 봄이 왔네 봄이 왔네 금수강산에 어허어얼싸 새봄이 왔네

6. 중아 중아 상좌 중아 네 절 인심이 어허어얼싸 얼마나 좋냐

7. 산도 설고 물도 선데 누굴 바라고 어허어얼싸 나 여기 왔나

8. 나는 총각 너는 처녀 처녀와 총각이 잘 놀아난다 잘 놀아나요

9. 나는 올빼미 너는 뻐꾸기 올빼미와 뻐꾸기가 잘 놀아난다 잘 놀아나요

〈받는 소리〉

얼싸 좋네, 아 좋네 군밤이요, 에헤라 생률 밤이로구나

여기서도 군밤과 생률이 혼재한다. 이야기가 길어져서 한 번 더 군밤타령을 불러야 할 것 같다. 군밤타령이 아니라 내 타령이다.

제14화

군밤 3: 군밤과 속담

앞에서는 경기민요의 〈군밤타령〉이 주제였으나, 〈횡성 군밤타령〉도 있고 〈황해북도 군밤타령〉도 있다. 여러 가지 이야기가 있다. 여기서는 〈군밤타령의 신해석〉이란 논문을 잠시 본다. [《한국민요학》(제47집, 2016년 8월)] 초록(抄錄)을 대충 읽었다. 요지는 〈군밤타령〉이 장사행위라기보다는 군밤을 까먹으면서 여인과의 은밀한 행위를 연상하며 부르는 노래라는 것이다. 군밤을 "여성의 대체물"로 보고, 〈군밤타령〉을 '바람'을 주제로 해석하였다. 그리하여 "연평 앞바다의 돈바람"을 바람기와 리비도(libido)와 연관시켰다. 비약이 심하다는 생각이 든다. 〈군밤타령〉은 남자의 전유물이 아니고 여자도 부른다. 더구나 만에 하나로 그런 해석이 가능하다면, 〈군밤타령〉이 초등학교 교재에 수록된 것은 잘못돼도 한참 잘못된 것이다. 군밤이 알면 '나를 모독하는 논문이구나!'할 것이다.

군밤이란 어휘가 들어가는지 나오는지 하는 속어도 있다.

〈군밤(을) 맞다〉: 주먹을 쥐고 가운뎃손가락을 뾰족하게 내밀어 다른 사람의 머리통을 쥐어박는 행위를 말한다. 세게 맞으면 맞은 부위가 볼록하게 튀어나올 수 있다. 그것을 군밤에 비유하여 생긴 속어가 아닌가 한다. 때리니까 맞을 수밖에 없어 생긴 말이다. 같은 맥락에서 '군밤(을) 때리다' 또는 '군밤(을) 먹이다'는 말도 있음직하다. 내가 갖고 있는 사전엔 나오지 않는다. 그나저나 군밤을 때려서도 안 되겠고, 맞아서도 좋을 리 없다.

또 속담도 있다.

〈꼴에 군밤 사 먹겠다〉: "분수에 맞지 않게 엉뚱한 생각이나 행동을 한다."

〈군밤 둥우리 같다〉: "옷 입은 맵시가 아주 없다."

〈군밤에서 싹 나거든〉: "아무리 바라도 소용이 없다." 전혀 가능하지 않은 일이 이루어진다면 어떤 일이든 하겠다는 말이다.

이기문(李基文) 교수의 〈韓國俗談槪觀〉이란 논문에는 '군밤에서 싹 나거든'이란 속담에 기초를 둔 고려가요(高麗歌謠)를 소개하고 있다. 〈정석가(鄭石歌)〉의 1절이다. (《歸鄕》(1996), 277~278쪽 참조).

삭삭기 세모래 별에 나는
삭삭기 세모래 별에 나는
구운 밤 닷되를 심고이다
그 밤이 움이 돋아 싹 나거시아
그 밤이 움이 돋아 싹 나거시아
유덕(有德)하신 님 여희아와지이다

민요로 불렸을 것이란 추정이다. 또 〈방아타령〉에도 나오는데, 이것도 〈정석가〉의 표현법과 동일하다.

이제 가면 언제 오려오
오만 한이나 일러주오
북악이 평지 되건 오시려나
대천 바다 육지 되어
행인이 댕기거든 오시려나
뒷동산에 군밤을 묻어
싹이 나거든 오시려나
병풍에 그린 황계
두 나래를 둥둥 치며
사오경 일점에 날 새라고
꼬끼오 울거든 오시려나

오지 않을 임을 기다리면서 '군밤에서 싹 나거든'이란 속담을 끌어대고 있다. 무얼 찧는다는 말은 없고 애꿎은 군밤만 탓하고 있다. 그러면서 그것이 〈방아타령〉이라고 하고 있다. 무얼 찧으면서 불렀을까? 하기야 노래를 부르면서 일을 하면 힘이 들어도 피곤한 줄 모르고, 또 피로를 잊기도 한다. 일찍이 제환공(齊桓公)을 춘추시대 제1의 패자로 만든 관중(管仲)이 귀국길에 빨리 국경을 넘어야 했다. 적병(敵兵)에게 추격을 당하고 있었기 때문이다. 관중은 수레를 끄는 병사들에게 노래를 부르게 했다. 병사들은 피곤을 잊고 수레를 빨리 몰아서 무사할 수 있었다는 고사가 있다. 행진곡도 같은 작용을 한다. 노래를 부르면서 글을 쓰면 빨리 잘 써질까? 이 생각 저 생각을 하다 보면 별별 생각이 다 난다. 노래를 부르면서 글을 쓰는 사람은 없을 것이다. 곡(曲)을 흥얼대면서 작사를 하면 모를까? 되지도 않는 이야기다. 빨리 그만 두는 것이 상책이란 생각이 든다.

[추기: 속담은 고전소설에 많이 나온다. 《九雲夢》과 같이 작가가 뚜렷한 작품보다는 《春香傳》처럼 작가가 불명한 작품일수록 속담이 많다. 이기문 교수의 주장이다. 그러면서 《古本 春香傳》의 한 대목을 예로 인용하였다. 춘향이 이몽룡과 이별해야 한다는 말을 듣고 제 머리를 쥐어뜯으며 하는 넋두리다.

"아니 두말 말고 나도 가옵시다. 꺽꺽 푸드덕 장끼 갈 제 아로롱 까토리 따라가듯, 녹수 갈 제 원앙 가고, 청수리 갈 제 씨암탉 따라가고, 청개구리 소년 갈 제 실배암 따라가고, 범 가는 데 바람 가고, 용 가는 데 구름 가고, 구름 갈 제 비가 가고, 바늘 갈 제 실이 가고, 봉 가는 데 황이 가고, 송별 낭군 도련님 갈 제 청춘 소첩 나도 가옵시다."

속담과 관용구들이 뒤범벅이 되어 녹아 있다. (《귀향(歸鄕)》, 279쪽.)]

제3장

무애 양주동

제1화

국학의 기재(奇才)

앞에서 기망(旣望)하면 소동파의 〈전적벽부〉가 생각난다고 했다. 그런데 기망하면 또 무애(无涯) 양주동(梁柱東, 1903~1977) 선생이 생각난다. 그는 소싯적에 〈적벽부〉를 읽으면서, "내 딴에는 '기망(旣望)'을 '진작부터 (船遊)를 희망하였더니'의 뜻으로 해석"하였다고 했다. 그러다 그것이 16일이란 것은 매부 되는 이에게서 배운 파천황(破天荒)의 지식이었다고 〈多樂樓夜話(다락루야화)〉란 글에서 고백했다. 다소 무애다운 과장으로 생각되나 독학의 어려움을 말한 것이다.

같은 글에는 〈적벽부〉에 관한 다른 이야기도 있다. 어떤 시골 선비가 〈적벽부〉를 읽는데, '부(賦)'를 '적(賊, 도둑 적)'으로 잘못 알아 '전적벽적'이라고 읽었다. 그때 마침 도둑이 들어와 앞 벽에 숨어있었다. 그 소리를 듣고 깜짝 놀라 뒷벽으로 몸을 숨겼다. 그러자 조금 있다가 그 선비가 '후적벽적'하고 소리를 내더란 것이다. 도둑은 재차 기겁을 하고 도망가면서, "이 집에는 개를 기르지 않아도 되겠다[此家不用畜狗]"고 감탄했다는 것이다. 무애는 이것을 중국 청대의 소화집(笑話集)인 《笑林廣記(소림광기)》란 책에서 읽었다고 했다. [梁柱東 著, 《國學硏究論攷》(을유문화사, 1962), 294쪽.] 그 무렵 그는 이것저것 잡다한 책을 섭렵하고 있었던 모양이다.

무애는 개성에서 태어났다. 두 살 적에 황해도 장연으로 이사하여 여기서 성장했다. 여섯 살에 아버지를 여의고, 열 살에 보통학교 3학년에 입학했다. 그 해에 어머니와 《大學》을 같이 읽었다고 한다. 보통 어머니가 아니다. 열두 살(1914년)에 어머니가 돌아갔다. 보통학교를 졸업하고, 평양고보에 입학한 해다. 이유는 분명치 않으나 평양고보를 중퇴했다. 열여덟(1920년)에 상경하여 중동학교 고등속성과에 입학했다. 일 년 동안에 중학 전과(全課)를 마쳤다. 아무리 '속성과'라지만 속성이다. 그것도 최우등이어서, 장학금을 받아 일본유학의 특혜를 받았다. 다음해(1921), 도쿄(東京) 와세다대학 예과 불문학과에 입학, 23세인 1925년에 와세다대학 문학부 영문학과에 진학했다. 1928년 〈하아디(Thomas Hardy) 小說의 技巧論〉이란 논문을 쓰고 졸업했다. 그러나 그는 학교만 다니지 않았다. 영문학부에 진학하기 2년 전인 1923년에 유엽(柳葉, 1902~1975) · 백기만(白基萬, 1902~1967) · 이장희(李章熙, 1900~1929)와 동인이 되어 시지(詩誌) 《金星》(금성)을 발간했다. 뿐만 아니라 문예비평과 시작(詩作)에도 왕성한 모습을 보였다. 그의 시집 《朝鮮의 脈博》이 출간된 것은 1930년이다.

1928년 귀국한 무애는 26세의 약관으로 평양 숭실전문학교 영문학교수로 부임하여 10년간 재직하였다. 이 시기에 그는 우리 고가(古歌)연구에 착수하여 국문학의 금자탑을 이룬다. 그 경위는 이러하다. 그는 도서관에서 당시 경성제국대학 교수인 오구라 신페이(小倉進平)의 《吏讀及鄕歌硏究》(이

두급향가연구)를 보고, 민족적 자존심에서 신라가요의 연구에 착수한 것이다. '일본인이 우리 향가를 감히 연구하다니! 총과 칼에 의해서만 나라가 망하는 것이 아니다. 그러나 남을 탓할 것이 아니다. 우리가 분발하여야 한다.' 내심 그렇게 생각하고 연구를 시작했던 것이다. 연구의 첫 성과는 《靑丘學叢》(청구학총, 1937)이란 학술지에 게재된 〈향가(鄕歌)의 해독(解讀) – 특히 '원왕생가(願往生歌)'에 就하여〉란 논문이다. 여기서 무애는 오구라의 연구를 "거침없이 통박하여 내외의 학계를 두루 진감케"하였다는 것이다. [李丙疇,〈无涯 梁柱東의 國文學〉, 金長好 外,《양주동 연구》(민음사, 1991), 201쪽 참조.]

무애의 향가연구는 여기서 그치지 않았다. 1938년 신사참배 거부로 숭실전문이 폐교되자, 무애는 1940년에 상경하여 경신(儆新)학교 교원으로 부임하였고, 다시 고가연구에 심혈을 기울였다. 《朝鮮古歌硏究》란 단행본을 탄생시킨 것이다. 태평양전쟁의 어려운 시기의 출판이었다. 나는 국문학과는 거리가 멀고 무식하기 때문에 무애의 연구에 대하여 무슨 말을 할 수 없다. 그 대신 무애 자신의 글을 소개한다. 그가 조선어학회사건으로 함흥 감옥에서 오랫동안 고생한 한글학자 최현배 교수를 광복 직후에 만난 이야기다.

"해방 직후 안국동(安國洞) 네거리에서 내가 그를 만났을 때 내가 고생도 별로 않고 '밖'에 있다가 선생을 되 만나게 된 감격을 말하고 그의 저간 '고생'을 위로하였더니, 뜻밖에 그의 말이 이러하였다.

'선생도 그동안 고생하지 않았소? — 《고가연구》, 나는 감옥 안에서 그 책을 일곱 번 읽었소. '대저'였소. 수고했소.'" [〈學位記〉, 《國學硏究論攷》, 361쪽]

무애는 《朝鮮古歌硏究》의 속편으로 광복 다음해인 1946년에 고려시대의

가요(歌謠)를 수집하여 해석한 《麗謠箋注》(여요전주)를 상재했다. 여러 말이 필요치 않다. 후학인 김장호 교수는 이렇게 말했다.

"양주동 선생은 동악의 스승이시자 현대한국의 국학의 길잡이시다.…… 넘치는 정력과 남다른 조예, 연찬으로써 국어국문학은 물론 동서양의 고전과 현대를 두루 섭렵하되……그 황무지를 그야말로 종횡무진으로 터나가셨다." ['책 머리에', 《양주동 연구》, 5쪽]

못 다한 이야기가 많다. 다음을 기약한다.

제2화

〈가시리〉

가시리 가시리잇고
ᄇᆞ리고 가시리잇고

날러는 엇디 살라ᄒᆞ고
ᄇᆞ리고 가시리잇고

잡ᄉᆞ와 두어리 마ᄂᆞᄂᆞᆫ
선ᄒᆞ면 아니 올셰라

셜은 님 보내ᄋᆞᆸ노니
가시ᄂᆞᆫᄃᆞᆺ 도셔 오쇼셔

〈가시리〉는 고려가요(高麗歌謠)다. 떠나는 임의 돌아옴을 기원하는 애절한 노래다. 내가 무애 양주동 선생을 처음 알게 된 것은 이 〈가시리〉에 대한 선생의 현대적 평설(評說)이 고등학교 2학년(?) 국어책에 있었기 때문이다. 고려가요를 연구하시다가 쓴 평설이다. 시작은 이렇다.

"別離를 題材로 한 詩歌가 古今 東西에 무릇 그 얼마리오 마는, 이 '가시리' 一篇 通篇 六十七字 二十數語의 素朴美와 含蓄美, 그 切切한 哀怨, 그 綿綿한 情恨, 아울러 그 句法, 그 章法을 따를 만한 노래가 어디 있느뇨. 後人은 부질없이 多辯과 技巧와 贅辭와 綺語로써 혹은 數千語 혹은 幾百行을 늘어놓아 각기 자갸의 一片의 情恨을 叙하려 하되, 하나도 이 一篇의 意趣에서 더함이 없고 오히려 이 數行의 衷曲을 못 미침이 많으니, 本歌야 말로 東西文學의 別章의 壓卷이 아니랴."

요즘도 그렇겠으나, 60여 년 전 국어책에 있던 글들은 대개가 명문이었다. 그러나 무애의 〈가시리〉는 특히 명문이라 나는 어떻게 하면 그런 글을 쓰나 하는 생각을 했고, 무애의 박학과 글 솜씨는 동경(憧憬)의 대상이었다. 그러다가 대학 2학년 때인가 선생이 내가 다니던 학교에 특강 오셔서 얼굴을 한 번 직접 뵌 적이 있다. 강의 내용은 기억이 나지 않는다. 그러나 그 후 무애는 동아방송의 토크쇼인 〈유쾌한 응접실〉을 시작으로 KBS의 〈재치문답〉 등의 고정출연자로 출연하신 것은 기억한다.

무애는 어느 강연에서 아래와 같은 이야기를 한 것으로 알려졌다. "조선의 머리를 열이라고 할 때, 춘원이 아홉을 가졌고, 내가 0.5를 가졌다. 그 나머지를 삼천만이 나눠가졌으니, 그게 오죽하겠는가?"했다고 한다. 자신이 아홉을 가졌고, 나머지를 삼천만이 나눠 가졌다고 말한 것보다는 나은 이야기인지는 모르나, 그는 천재로 자처했다. 아니 자칭 국보(國寶)였다. 그는 평소에 "나는 국보다. 국보는 죽지 않는다"고 장담하고 다녔다. [李炳疇, 위의 글, 202쪽]

이런 일화도 들은 적이 있다. 언젠가 길을 가다 자동차도 아닌 자전거에 부딪칠 번한 적이 있었는데, 그 순간 그는 "어! 국보 죽는다!"고 소리쳤다는 것이다. 무애 스스로가 지어낸 말인 듯싶지만, "국보는 죽지 않는다"는 주장과는 상반된다. 인간 무애는 죽어도 '나의 국보급 연구는 죽지 않는다'는 의미일 것이다.

나는 무애의 국보급 연구에 대하여 무슨 말을 할 수 없다. 그러나 그의 시는 좋아한다. 그의 많은 시 가운데 〈산 넘고 물 건너〉를 다시 읽는다.

산 넘고 물 건너
내 그대를 보려 길 떠났노라.
그대 있는 곳 산 밑이라기
내 산길을 돌아 멀리 오노라.
그대 있는 곳 바닷가라기
내 물결을 헤치고 멀리 오노라.
아아 오늘도 잃어진 그대를 찾으려
이름 모를 이 마을에 헤매이노라.

[異河潤 編, 《詩集》(現代文學 全集 4: 漢城圖書株式會社, 단기 4288[1955]년), 68~69쪽. 여기에는 무애의 시 일곱 수가 실렸다. 〈산 넘고 물 건너〉가 제일 앞에 있다.]

제3화

술의 DNA

무애는 대학에서 영문과를 나와 평양숭실전문대학교에서 교단생활을 하면서 시와 평론과 수필 등의 문필에 종사했다. 국문학 고전연구에 집착한 것은 일제 말엽의 일이었다. 국(國) · 한(韓) · 영(英) 세 방면에 모두 뛰어났다. 끝내는 국문학과 사학에 귀의했다. 직업은 30여 년간 일관하여 교수였다. 문필과 국학연구와 교수가 그의 일생이다. 그러나 이것이 다가 아니다. 여기에 음주를 하나 더 보태야 된다고 나는 생각한다. 술 마시는 것이 무슨 학문영역도 아니고 직업도 아니나, 무애에 관하여 무슨 말을 하자면 술 이야기를 빼놓을 수 없다.

술을 잘 먹는 것도 재주인지 모른다. 다른 재주와 마찬가지로 그것도 타고나야 한다. 무애가 어렸을 적에는 어른들도 DNA라는 말을 몰랐을 것이다. 그러나 그는 술 잘 먹는 DNA를 갖고 태어났다. 아버지를 닮은 것이다. 아버지는 문재(文才)와 산재(算才)에 뛰어났다. 여기에 평생 술을 좋아하여 하루에 삼백배(三百杯)를 마시는 대주호였다. “술로 말미암아 아버지는 내가 다섯 살 때 뜻밖의 횡액으로 세상을 떠났거니와, 그 문(文)과 산(算)과 주(酒) 삼장(三長)을 고스란히 내개 물려준 것은 슬프고도 고마운 일”이라고 무애는 아버지를 기렸다. [삼장의 사전적 뜻은 “역사가가 되는 데 필요한 재지(才智)와 학문(學問)과 식견(識見)의 세 가지 장점”인데, 여기서는 그냥 세 가지 재주란 의미이다.]

부전자전(父傳子傳)이다. 그 아버지에 그 아들이다. “나의 아버지는 날마다 촌마을의 주막을 찾을새, 나를 반드시 동반하고 갔다. 내가 겨우 다섯 살 때였다.”

아들에게 술의 바통을 일찌감치 물려주려는 의도는 없었겠으나, 조숙한 아들은 “간간이 아버지가 마시는 잔술의 일부를 혹은 그보다 먼저, 또는 뒤에, 빨아 마시기를 시험한 것은 용혹무괴(容或無怪)한 일이었다”고 무애는 회고했다. 타고난 DNA에 후천적인 학습이 뒤따랐고, 명석한 무애는 일찍부터 술집 풍경에도 익숙해졌음이 분명하다. 4~5년의 세월이 지나 무애의 음주는 본격화된다. 처음 술에 대취한 것은 열 살 때라 했다.

“집에서 술을 빚어 그 독을 광에 두었는데, 그 방순(芳醇)한 내음과 향기가 그야말로 부엌을 지나, 마루를 건너, 사랑에까지 미쳐 소년 ‘장부’의 비위를 건드림이 자못 심하였다. 마침 어머니 없는 틈을 타서 내가 큰 사발을 들고 광에 침입하여 술독의 뚜껑을 젖히고 우선 한바탕 내음을 쾌히 맡아본 뒤 몇 사발 연거푸 마음껏 퍼먹었다……. 그 때의 그 가양(家釀)청주와 같은 아름다운 빛, 흐뭇한 향기, 쨍하고 쩌릿한 맛있는 술을 다시는 먹어본 적이 없다. 그래 나는 순식간에 여러 사발을 — 지금 환산하면, 아마 몇 되를 정신없이 들이켰던 모양이다.”

소년 무애는 그래도 깡술만 마시지는 않았다. 광에 북어쾌가 걸려 있어서 마른 북어를 안주 삼았다. 마른 북어를 먹으려면 다듬이돌 같은데 놓고 방망이로 두들기고 껍질을 벗기고 가시를 빼야하는데 그에 대한 설명은 없다. 아무튼 술 마시는 품은 어른이었다. 이것도 필경 아버지에게서 배운 것이리라. 그러나저러나 그렇게 마시고 깬 것은 다음다음날이라고 하니, 어머니를 위시한 집안사람들의 걱정이 어떠했는지는 말을 아니 해도 짐작이 간다. 시작은 그랬다. 그래도 무애는 후회하지 않고, 능청을 떤다.

"내가 맨 처음 통음(痛飮)한 가양주(家釀酒)가 확실히 '삼일주(三日酒)'는 되었음이 자랑스러운 일이다. 어머니는 그녀의 '삼일주' 솜씨 덕분에 까딱하면 모처럼 애지중지 열 살까지 길러오던 장래 일대 '문호(文豪)'가 될 그 영식(令息)을 진작 술독에 생매장하거나 심장마비로 요절시킬 뻔하였다." [삼일주는 담근 지 사흘이 지나면 숙성이 되는 맑은 술.]

그런 무애다. 삼일주 덕분인지, 열한 살이 되자 술맛이 상당히 완미(翫味)하였다. 완미는 '맛을 가지고 논다'는 뜻이니, 술맛을 마스터한 것이다. 이제는 끊기가 어렵다. 계속 마셔야 한다. 집의 술은 집의 술이고, 술을 더 벌어야 한다.

그래서만은 아니겠으나, 무애는 그때 자기 집 사랑에 무명숙(無名塾: 이름 없는 글방)을 열고, 동네 소학교 동급생 또는 상급생, 혹은 미취학의 커다란 머슴과 목동을 모아 가르쳤다. 수업과목도 다양했다. 국어 · 영어 · 산술 · 지리 · 역사의 다섯 과목이었다니 딴에는 대단한 훈장이었다. 서당에서는 훈장이 속수(束脩)를 받는다. 속수는 스승을 처음 뵐 때 드리는 예물이다. 요새로 치면 입학금이나 월사금에 해당한다. 그런데 무애의 무명숙에는 속수가 없었다. 학비일체를 숙장이 부담했다. 말하자면 무료서비스였다. 그 대신 한 달에 술 한 병 지참이 필수였다. 학생이 열이면, 한 달에 술이 열 병이다. 병도 병 나름이고 혹은 학생이 몇 명이었는지는 알 수 없어도, 심심치 않게 술이 생겼을 것이다. 그러나 생각해 보라. 열한 살짜리 숙장이 거의 매일 술이거나했을 터이니, 숙장도 딱하고, 학생들도 딱했다.

다섯 살엔 아버지 잔의 술을 빨아마시던 철음(啜飮)이 열 살에는 광에서 훔쳐 마신 도음(盜飮)으로 발전했고, 열한 살에는 모음(募飮)으로 진보했다. 일찍이 플라톤(427~347 B.C.)은 "시작이 있는 것은 끝도 있다(Every thing that has a beginning has also an end.)고 말했다. 그러나 중간도 있다. 중간과 끝(?) 이야기는 다음으로 미룬다.

제4화

술의 묘미

술은 묘한 음식이라 마실수록 는다. 양(量)도 늘고, 빈도(頻度)도 는다. 이것이 술의 묘미이자 장점이다. 아니 단점이다. 마실 적에는 좋을지 모르나 술로 패가망신하는 사람도 많다. 건강에도 물론 좋지 않다. 사람들은 술이 몸에 해롭다는 것을 알면서도 마신다. 나쁜 줄 알면서도 마신다. 본능의 작용인지 모른다. 홉스(Thomas Hobbes, 1588~1679)가 이런 말을 한 것을 기억한다.

"인간이란 감성(感性: emotion)이란 마차를 이성(理性: reason)이란 마부가 모는 것이다."

이성이 감성을 제어하는 존재라는 말이다. 술에 관한 한, 마부가 대부분 시원치 않다. 많은 경우에 이성이 감성을 제어하지 못하기 때문이다.

철음(啜飮)에서 시작하여 도음(盜飮)을 거쳐 모음(募飮)으로 이전한 무애의 술은 발전을 거듭했다. 모음의 시절이 지나자 그는 평양고등보통학교에 입학했다. 무슨 연유인지 재미를 못 보고, 13세에 고원(故園)으로 돌아왔다. 다락루에서 동네의 다사(多士)들과 교유가 시작됐다. 교유는 주로 시회(詩會)를 통해서였다. 그러나 시회는 그것으로 그치지 않았다. "시회가 발전하면 주회(酒會)가 되고, 시회는 번번이 시루(詩樓)로부터 주막으로 옮겨짐이 항례였다. 덕분에 14, 15세의 소년은 어느덧 스스로 주막의 미희와도 제법 친숙하게 되었다"는 것이다.

불행인지 다행인지 주막의 꽃봉이란 그 미희는 나이가 무애보다 근 갑절인 17~18세였던 모양이다. 시회가 없는 날에도 '춘흥(春興)'을 못 이기면, "개울가 버드나무가 서 있는 그녀의 주막을 종종 찾아" 다녔다. 그래 "그녀의 아리따운 노래를 취중에 들었고, 마을에 다듬이 소리가 잦은 가을 달밤에도 글을 읽다가는 문득 호흥(豪興)을 발하여…… 촌길 몇 리를 걸어 그녀의 주막을 방문하여 통음 쾌음, 밤 가는 줄을 몰랐다"는 것이다. 조숙했다면 조숙했고, 사춘기의 낭만이라면 낭만인 시절이었다. 다만 주흥(酒興) 외에 무슨 다른 흥이 곁들지는 않았다고 한다. 누가 묻지도 않았는데, 나이가 나이인지라 단연코 "노우, 낫 앳 올(no, not at all)"이었다고 썼다. 순결파(純潔派)였다고나 할까? 이것을 증명이라도 하듯, 무애는 아래의 삽화(揷話)를 자랑스럽게 적었다. 다소 길지만, 인용한다.

"대취한 끝에 밤 깊어 집으로 돌아가는데, 그녀가 어린 나를 어여삐 여겨 일부러 몇 리를 함께 걸어 나를 배웅하여 주었다. 시냇구비를 돌아 외나무다리를 건너는 도중 내가 갑자기 무슨 흥에 겨웠던지 돌아서 '꽃봉 여사'를 얼싸안고 깡충 뛰어올라 그녀의 단순(丹脣)을 더듬었다. 그런데 여사는 나의 장부로서의 대담한 도전을 완전히 무시해 버리고, 마치 자기의 귀여운 아들

이나 동생을 달래듯이, 머리를 쓰다듬으며 타이르지 않는가---'도련님, 어서 가 주무셔요! 제발…….'

다리를 건너 풀밭에 펄썩 주저앉아 예서 자고 안 가겠노라 앙탈하는 소년을 그녀가 난짝 안아 일으켜 간난애 업듯이 등에 업고 집에까지 데려다주었다."

무애의 술을 생각하다가 홉스의 말이 떠오른 것이다. 마부가 시원치 않았다. 이성이 감성을 제어하지 못했던 것이다. 세 살 버릇이 여든까지 간다는 말도 있으나, 무애의 마차는 같은 마부가 평생 몰았다. 그래도 범인이 꿈도 꾸지 못한 국보급 업적을 쌓았으니, 마부가 어쩌다 술을 덜 마신 것일까? 마차를 갈아 탄 것일까?

[추기: 무애의 술 이야기와 위의 여러 인용은 주로 그의 《文酒半生記》에 의한 것이다. 무애의 이 책은 수주(樹州) 변영로(卞榮魯)의 《酩酊四十年》(1953)과 더불어 왕년 주당들의 애독서였다. 《문주반생기》는 초판이 1960년에 나왔고, 그 후 초록본(抄錄本)이 1978년부터 〈범우문고〉로 나왔다. 문고판이라 그렇겠지만, 값도 싸다. 최근 것이 4,900원이다. 대중음식점의 진로소주 한 병보다 싸다.]

제5화

연애

《문주반생기》에 실린 연보에 의하면, 무애는 1914년에 평양고등보통학교를 입학했으나 중퇴했다. 고향으로 돌아와 5~6년간 한학과 한시를 숙독한 것으로 되어 있다. 다락루 시절이다. 또 그 시절, 결혼했다가 곧 이혼했다는 기록이 있다. 이건 전혀 내 추측인데, 무애의 결혼은 자당 생전의 일이 아닌가 한다. 당시는 조혼의 풍습이 있었다. 자당이 무슨 연고로 작고하셨는지는 모르나, 필경 생전에 며느리를 보고 싶으셨을 수도 있다. 자당의 작고가 1914년이다. 그 해 무애는 열한 살이었다. 조숙했겠으나 어린 신랑이다. 결혼은 그렇다 치자. 그 나이에 이혼까지 했으니 마음이 편할 리 없었을 것이다. 불편한 마음을 다스리는 약은 술이다. 마셨다. 취했다. 더 마셨다. 그러다가 이래서는 안 되겠다는 생각이 들었다. 마부의 질책을 받았던 모양이다. 그래 상경하여 중동학교 고등속성과에 입학한 것이 아닌가 한다. 1년 만에 모든 과정을 마쳤다. 최우등졸업이라 장학금을 받아 일본 유학을 가게 되었다는 것은 위에서 말했다.

도쿄에서다. 영문학과 불문학을 두고 어느 것을 전공할까 결정하지 못했다. 그때 같은 하숙, 같은 방에서 자별하게 지내던 J군이 "전공의 선택은 '취미와 이상'을 따라야 한다"고 충고(?)했다고 한다. 어려서부터 마시던 술이다. 함께 마시다가 들은 충고였다. 당시 무애는 프랑스문학의 상징주의와 퇴폐파를 좋아하기도 했지만, J군의 충고를 따라 와세다대학교 예과 불문학과에 입학한 것이다. J군과는 왜소주(倭燒酒)를 주로 마셨다. 안주는 고구마였다. "고구마를 엇베어 소금을 쳐 구운 것인데, 궁진한 판이요 처음 먹는 것이라, 아주 맛이 있었다"고 했다. 열 살 적에 어머니 몰래 광에서 술을 훔쳐 마실 때의 안주는 북어였는데, 이젠 고구마로 전락(?)했다. 고구마가 맛있다고 했지만, 싼 맛이기도 했다. 하기야 왜소주도 싸구려였을 것이다. 불문학과 입학은 J군 때문이라지만, 실은 고구마 안주의 왜소주 덕분이 아닌가 한다. 취한 김의 선택이었을 가능성이 높다. 나의 생각이다.

4년 후 무애는 영문학과로 진학했다. 초월주의 사상가 에머슨(Ralph Waldo Emerson, 1803~1882)의 〈Compensation(보상론)〉의 영향이기도 한데, "취미와 이상"을 접은 결정이었다. 졸업 후의 취직을 염두에 두었던 것이다. "취미와 이상"의 4년 동안에도 무애는 불문학에 정진한 것은 물론 아니다. 시작(詩作)과 평론 등으로 문학운동에 몰두했고, 귀국하여 유엽, 백기만, 이장희와 더불어 《금성》을 발간한 이야기도 위에서 했다. 그 전후가 무애의 《금성》시대다. 그것도 통음의 시대였다. 여기에는 몇 가지 사연이 있다.

첫째, 그 무렵 무애는 S라는 여인을 만났다. 《금성》시대에 만났으니, 아마 〈밀로의 비너스(Venus de Milo)〉를 닮았을지 모른다. 남모를 사랑을 바쳤다. 뜨거운 불길이 가슴에 솟았다. 그러나 사랑을 이룰 수 없었다. S가 누군지 무애는 밝히지 않았다. 필경 사랑해서는 안 될 사람이었는지 모른다. 그나저나 이제 믿을 수 있는 것은 오로지 술이다. 애매한 술로 날마다 뜨거운 가슴의 불길을 하염없이 꺼야 했다. 그래 "주량이 일로 다량화(多量化), 심화(深化)"되었다고 무애는 고백했다.

둘째, S를 여의고, K를 만났다. K는 후에 소설가로 이름이 알려진 강경애(姜敬愛, 1907~1943)다. 그녀는 1921년 평양 숭의여학교에 입학했다. 동맹휴학에 가담했다하여 1923년에 퇴학을 당했다. 그해 평양의 한 문학강연회에서 무애를 만났다. '참으로 재주 있는 소박한 소녀'였다. 그녀를 대동하고 서울로 왔다.

1년 남짓 청진동에서 동거했다. 소박한 소녀를 꾄 것이다. 좋게 얘기해서 자유분방이다. 그러나 좋기만 하지는 않았을 것이다. 마음의 부담이 컸다고 생각한다.

"K를 만난 뒤에도 나의 주량은 자꾸 늘어만 갔다. 왜냐하면 그즈음 청춘은 한창 서럽고, 인생은 그저 외롭고, '사랑'도 점차 권태로웠기 때문이다."

술 마시는 핑계도 다양하다. 술은 계속 늘었다. 술은 마실수록 느는 묘약이다.

셋째, 《금성》은 문단의 주목을 받았다. 인기가 좋았다. 그래 무애는 어깨를 자못 으쓱거리고 도쿄와 서울의 카페 · 바 · 목로 · 선술집 등을 횡행활보하기 시작했다. 술집에서 무엇을 하였는지는 불문가지다. 유엽과 "통음하면서 문학적 종횡담론(縱橫談論)에 날이 새는 줄도" 모르곤 했다는 것이다.

여기까지 쓰다 보니 장야지음(長夜之飮)이란 성어가 생각난다. 밤새도록 술을 마시는 것이다. 소동파는 잘 마시지도 못하는 술을 조금 마시고는 배에서 잠이 들어 날이 밝는 것을 몰랐다지만, 술꾼들은 새벽이 오는 것을 싫어한다. 그래서 방장(房帳)을 쳐서 아침 햇살이 들어오는 것을 차단하고, 촛불을 켜고 날이 밝는 것과 관계없이 마신다. 방장을 치고 마시지는 않았겠으나, 무애도 장야지음을 즐겼던 것이다. 날이 새는 줄 모른 것이 아니라, 밤이 가는 줄 모르고 마신 것은 다락루 시절에 꽃봉 여사의 주막에서도 그랬다. '세 살 적 버릇이 여든까지 간다'는 속담을 실천하고 다녔다. 아니 그 때 무애는 스물이 막 넘었다. 여든이 되려면 멀었다.

[추기: 위의 J군은 민속학과 한국사를 전공한 손진태(孫晋泰, 1900~?)다. 그는 1950년 6·25 사변 발발 당시 서울대학교 문리과대학 학장이었다. 불행히도 9·28 서울 수복 직전에 납북되었다. 그 후는 알려진 것이 없다. 납북 도중 사망했을 가능성이 크다.]

제6화

무애와 유엽과 백기만

위에서 무애는 유엽과 더불어 장야지음을 즐겼다고 했다. 무애는 술에 취했고, 유엽은 문학담론에 취한 것이다. 유엽은 어떤 사람인가? "나와 동갑, 술과 한문은 비록 나만 못하나 미남자, 멋쟁이요, 동서의 성악, 기악, 아울러 신시(新詩), 외극(外劇) 등 여러 방면에 … 영롱한 '재주'를 가진 친구였다. … 불문학에, 연애에, 나보다 일일지장(一日之長)이 있다."고 추켜올렸다. 한문은 그렇다 치고 술만은 당신이 훨씬 더 천혜(天惠)를 입은 것이다. 그러니 장야는 장야라도 무애의 그것은 음(飮)의 장야였고, 유엽의 그것은 담(談)의 장야였다.

그렇기 때문에 이런 일도 있었다. 한 번은 "나의 거나한 호흥(豪興)에 군이 자못 벽역(辟易)하였다"는 것이다. 사전에 나오는 벽역의 의미는 '두려워하여 물러남' 또는 '물러나 피함'이다. 유엽이 벽역하였다는 것은 술 취해 떠드는 무애를 피해 어디론지 혼자 사라짐을 말한 것이다. 술 취한 친구를 두고 떠났다면, 다소 의리가 없다고 할 수도 있다. 그러나 오죽하면 그랬으랴 싶기도 하다. 무애는 또 "엽군은 '문학'을 한다, '연애'—'실연'을 한다, 하는 통에 예과를 중퇴하고 귀국하여 한때 해인사, 유점사 어디로 입산수도, 뒤에 가사 장삼에 송낙 바랑으로 서울의 거리를" 헤매기도 했고, 《금성》 창간호에 "'낙엽'이란 센치한 단장(斷章)을 실었다"고 하였다. 단장은 "시문(詩文) 중의 한 토막"을 말하는데, 아마 긴 시의 일부를 게재한 것이다. [유엽은 1931년 《님께서 부르시니》란 시집을 냈고, 소설집과 수필집도 발간하였다. 한때 《서울신문》 논설위원을 지내기도 했으나, 6·25 후 불교에 귀의하여 경기도 고양군 쌍수암의 주지가 되었다. 무애의 말대로 그가 《금성》시대에 입산수도를 하고 다녔다고 하면, 그때 이미 불교에 대한 그의 뜻이 굳어진 것이 아닌가 한다. 그런 그였기에 무애의 호흥에 벽역한 일도 있었던 것이 아닌가 한다.]

그러면 백기만은 어떤가?

"백군은 대구 산. 그때 '백웅(白熊)'이라 호(號)하였는데, 고수머리, 가무잡잡한 얼굴을 가진 단구(短軀)의 청년 — 야성적인 품이 '곰'을 연상케 하나, 극지(極地)의 백웅은 아닌 '소흑웅(小黑熊)', 그도 역시 시작을 제법 한다 하며, '데카당' 취미에도 나와 동조라 한다."

무애의 말이다. 이 세 문학청년이 같은 예과 불문학과에 다녔으니, 그 친밀의 정도는 짐작이 간다. 그런 그가 "가정 사정인지 그의 방랑벽의 소치였는지, 예과 2년 때에 진작 학업을 중단하고 말았다"는 것이다. 무애는 《금성》시대를 지내고, 1925년 다시 도일(渡日)하여 영문과로 전학하여 공부를 계속한 것을 다행으로 생각하는 눈치였다. 그러면서 무애는 유엽과 백기만보다는 "덜 천재벽을 가진 '속'된 나의 다행한 결과"라고 겸손을 떨었다.

"백웅 백기만은 《금성》창간호에 "'북극의 곰' '은행나물 그늘' 등 혹은 야성적인, 혹은 아늑한 감성을 노래한 작품들을 실었다"고 무애는 회고했다. 야성적인지 혹은 아늑한 감성을 표현한 것인지는 알 수 없어도, 아래에 그의 〈은행나무 그늘〉을 적는다.

훌륭한 그이가 우리 집을 찾아왔을 때
이상하게도 두 뺨이 타오르고 가슴은 두근거렸어요
하지만, 나는 아무 말도 없이 바느질만 하였어요.

훌륭한 그이가 우리 집을 떠날 때에도
여전히 그저 바느질만 하였어요
하지만, 어머니, 제가 무엇을 그이에게 선물하였는지 알으십니까?

나는 그이가 돌아간 뒤에 뜰 앞 은행나무 그늘에서
달콤하고도 부드러운 노래를 불렀어요
우리 집 작은 고양이는 봄볕을 흠빡 안고 나무가리 옆에 앉아
눈을 반만 감고 내 노래 소리를 듣고 있었어요
하지만, 어머니, 내 노래가 무엇을 말하였는지 누가 알으시리까?

저녁이 되어 그리운 붉은 등불이 많은 꿈을 가지고 왔을 때
어머니는 젖먹이를 잠 재려 자장가를 부르며 아버지를 기다리시는데
나는 어머니 방에 있는 조고만 내 책상에 고달픈 몸을 실리고
뜻도 없는 책을 보고 있었어요

하지만, 어머니, 제가 무엇을 그 책에서 보고 있었는지 모르시리다.

어머니, 나는 꿈에 그이를, 그이를 보았어요
흰 옷 입고 초록 띠 드리운 성자(聖者) 같은 그이를 보았어요
그 흰 옷과 초록 띠가 어떻게 내 마음을 흔들었는지 누가 알으시리까?
오늘도 은행나무 그늘에는 가는 노래가 떠돕니다
고양이는 나무가리 옆에서 어제 같이 조을고요
하지만, 그 노래는 늦은 봄바람처럼 괴롭습니다. [異河潤 編,《詩集》, 119~121쪽]

어휘는 어렵지 않으나, 의미가 어렵다. 백기만은 3 · 1운동 당시 대구에서 학생시위를 주도했다 하여 투옥된 적도 있고, 광복 전까지 항일정신이 투철했다고 한다. 위의 시는 조국의 광복을 기원한 노래였다는 생각이 든다.

제7화

무애와 고월 이장희

위에서 《금성》시대의 유엽과 백기만에 대한 이야기를 했다. 그러면 고월 이장희는? 무애는 고월에 관하여 이렇게 말한다.

"요절한 시인 이장희 군은 《금성》동인 중 출색(出色)의 시인이었고, 나의 젊은 시절의 단 하나의 지심(知心)의 벗이었다."

'출색'은 출중(出衆)하여 눈에 띔을 말하고, '지심'은 뜻이 서로 통해 잘 안다는 말이다. 시재(詩才)는 뛰어나고, 서로 마음을 잘 아는 친구였다. 그것도 단 하나의 지기(知己)였다니 얼마나 자별(自別)했는지는 짐작이 간다. 그런 고월이 28세의 젊은 나이에 스스로 목숨을 끊었다. 무애의 마음이 어떠했을까? 독자들의 상상에 맡긴다. 무애는 고월과의 교분에 관하여 몇 가지 추억을 이야기했다.

첫째, 고월은 술을 마실 줄 몰랐다고 한다. 그래도 주당들을 따라 다녔다. 가만히 있으려니 심심해서였겠고, 견물생심이라 그랬는지 모르나 안주만 집어먹었다고 한다. 그래 백웅(백기만)에게 핀잔을 받기도 했다. 그래도 천연했다. '너희들은 술을 마시는데, 안주나마 못 먹을 법이 있냐'는 심리였을 것이다. 술꾼들에게 같이 마시지 않는 친구는 대개 밉상이다. 그래도 고월은 밉지 않았다. 얼굴에 늘 고운 미소를 띠웠다.

둘째, 1925년 무애가 와세다대학 문학부 영문학과에 진학하기 위하여 서울을 떠날 때다. 역에 전송 나와 "홀로 플랫폼 구내를 왔다갔다 거닐다가 급기야 발차 벨이 울리자 문득 내가 앉은 자리 창밖에 와서 그 뒤포켓 속에서 1원짜리 얇은 위스키 한 병을 들이밀고 말 없이 돌아서" 역으로 나갔다고 한다. 그 모습이 퍽이나 쓸쓸히 보였던 모양인데, 그 위스키를 언제 마셨다는 이야기는 없다. 경부선 기차 속에서, 관부연락선 속에서, 아니면 도쿄까지 갖고 갔는지도 모르나, 고월을 생각하며 마셨을 것이다. 얇은 병의 위스키다. 한 번에 다 마셔도 크게 취하지 않았겠으나, 취해도 생각나고 취하지 않아도 생각나는 친구였다.

셋째, 무애가 마지막으로 고월의 장사동 집을 찾은 것은 그가 죽기 얼마 전이다. 어두운 방에서 고월은 〈鳶(연)〉이란 이름의 절필의 시를 무애에게 보였다. 발표되지 않았기 때문에 정확한 기록은 아니나, 무애는 기억을 더듬어 아래와 같이 적었다.

어느 아이가 띄우다가 날린 것인가?
전선줄에 한들한들 걸려있는 연 —
바람, 비, 눈에 시달려
종이는 찢어지고, 꼬리는 잘리고,
살만이 앙상히 남아 있고나.

그런 뜻의 노래였다는 것이다. 그리고 마지막에 한 줄이 더 있다.

아아, 그것은 나의 '영(靈)'이런가.

무애는 "그 시를 읽고 너무나 소름이 끼치기에 그의 손을 잡고 그에게 재삼 간곡히 '든든한' 삶을 강조하고 종용"했다고 한다. 그러나 고월은 친구의 말을 듣지 않았다고 무애는 개탄했다. 고월이 타계하자, 누구보다 슬픈 무애는 장문의 애사(哀詞)를 썼다. 그 가운데 한 문장을 적는다.

"도도한 시대적 경향이나 현실적 입장으로 보아서는 군의 예술 — 그 초현실적 시풍은 시대적 한 '고도(孤島)'일는지 모른다. 그러나 나는 감히 말하노니, 이 시인의 작품은, 그 순수 때문에, 그 자기에의 충실 때문에, 오래도록 남으리라고."

그래 여기에 오래 남은 그의 시 〈봄은 고양이로다〉를 적는다.

꽃가루와 같이 부드러운 고양이의 털에
고운 봄의 향기(香氣)가 어리우도다.
금방울과 같이 호동그란 고양이의 눈에
미친 봄의 불길이 흐르도다.
고요히 다물은 고양이의 입술에
포근한 봄 졸음이 떠돌아라.
날카롭게 쭉뻗은 고양이의 수염에
푸른 봄의 생기(生氣)가 떠돌아라. [異河潤 編, 《詩集》, 313~314쪽.]

《書經》에 "시는 뜻을 말하는 것이며, 노래는 말을 길게 읊는 것[詩言志歌永言]"이라고 했다. 고월은 고양이의 털, 눈, 입술, 수염을 빌어 봄을 말한 것이다. 감각의 표현이라고 해도 좋다.

제8화

술과 추태

지난 이야기에서 우리는 고월에 대한 무애의 슬픈 추억을 보았다. 그러나 재미있는 이야기도 있다. 무애는 와세다대학 영문학과 재학시절에 여름방학이 되어 귀국하면, 으레 춘해(春海) 방인근(方仁根, 1899~1975)의 용두리 집을 방문하곤 했다. 당시 춘해는 거기서 《조선문단》이란 종합월간문예지를 발간했다. 여러 문우들이 드나들었다. 자연 술들을 많이 마셨다.

춘해의 부인 전춘강은 소설가 전영택(田榮澤, 1894~1968)의 누이다. 쾌활한 여장부로서 부군에게는 대단한 내조자였으나, 잔소리로도 크게 내조를 했던 모양이다. 그래 무애의 표현을 빌리면, 춘해는 "노상 오금을 못 펴고 꼬리를 샅으로 끼고야 마는 눈치"의 엄처시하였다. 그런데도 여러 친구들, 특히 염상섭(廉想涉, 1897~1963), 현진건(玄鎭健, 1900~1943), 나도향(羅稻香, 1902~1926) 등이 주책없이 수시로 찾아와서 "실컷 먹고 마시고 떠들어대다가 끝내는 부군을 끌고 나가 또 어디서 술을 먹고 밤을 새우고 하는" 일이 자주 있었다. 참다못한 전 여사는 남편에게 잔소리하는 것은 말할 것도 없지만, 여장부답게 남편의 친구들을 쫓아낸 일도 한두 번이 아니었다고 한다.

1926년 9월이다. 무애가 하루는 장사동에 칩거하던 고월을 부추겨 춘해의 집을 방문했다. 전 여사가 반갑게 맞아주었다. 그 이유는 이렇다. "고월은 워낙 술꾼이 아닌, 글자대로 얌전한 시인이라 여사의 경계의 대상이 아니었고, 약부(若夫) 나는 비록 두주(斗酒)를 마시나 별로 떠들거나 실수함이 없는 군자형의 온자(蘊藉: 마음이 온화함)한 주도(酒徒)이기 때문"이었다. 자신에게 관대한 것도 무애는 국보급이다. 아무튼 국보는 국보다. 그러나 그 날 희대의 사건이 발생했다.

발단은 술이다. 하기야 술이 아니면 무애에 대한 나의 이 글도 없겠지만, 술 때문에 춘사(椿事: 뜻밖에 일어난 불행한 일)가 발생한 것이다. 춘해 집에서 거나하게 취한 세 사람이 "바깥으로 발전"하여 더 마시게 됐다. 요정에서 얼마나 마셨는지 기억이 없다고 하면서 무애는 다음과 같이 썼다.

"고월은 열 잔에 한 잔씩쯤, 그것도 양에 다소 넘치게 마셨으나, 나는 원래 심사가 울적하던 차 대견한 좋은 주붕(酒朋)을 오랜만에 만나 그가 모처럼 한턱내는 술이니 방회(放懷: 마음 놓고 편안함)코 통음하지 않을 수 없었다. 그래 아마 셋이서 일본술 한 말쯤은 마신 모양이다."

거기서 헤어졌으면 좋으련만, 사람 사는 곳에서는 좋은 일만 생기지는 않는다. 셋은 다시 밤늦게 춘해의 집 문을 요란하게 두드렸다. 에이 모르겠다. 취한 김이다. 취객들은 다시 전 여사에게 술을 청하여, 청요리와 배갈과 양주를 사오라 야단하여 새벽 2~3 시까지 마시고, 모두 완전히 정신을 잃고 말았다. 아무리 취해도 죽지 않으면 깬다. 무애도 깼다. 아침 7시경이라고 했다. 무애는 늦게 일어나는 것이 버릇이나, "비교적 일찍 잠을 깬 것은 - 자다가 불현듯

내 궁둥이 일대가 몹시 차거운[차가운], 써늘한 감각이 있었기 때문"이었다. 둘러보니 춘해의 집 사랑별실인데, "차차 정신을 차려 반져본즉, 어렵슈, 내 몸이 대단히 축축한 커다란 '스폰지' 위에, 아니 괸 물이 철벅철벅한 '진퍼리'[질퍽한 진창] 위에 누워 있지 않은가! 내 옆의 고월 군은 그 진퍼리 한 구석에서 태연히 코를 골며 감안(甘眼: 사전에는 보이지 않는데 '단잠'이다.)하고 있다. 그의 시는 그리도 섬세하고 예민한데, 그의 등과 둔부 등 육체의 감각은 어찌 그리도 보다 둔감인지." 긴 말이 필요 없다.

"자네가 한 일이지, 뭐야."

"에끼, 이 사람! 뻔히 제 실순 줄 알면서 남에게 미루는가?"

"나는 아무리 취해도 그런 일이 없거든!"

"나는 술도 그리 안 먹었는데……."

무애와 고월의 말다툼이다. 그건 그렇고, "홍수의 화를 입어 홈빡(흠뻑)" 젖은 새 포단이불을 뒤로하고, 둘은 뺑소니를 쳤다. 전 여사를 볼 면목이 없었던 것이다. 갑자기 두 가지 생각이 떠오른다.

하나, 언젠가 읽은 일본의 아쿠타가와 류노스케(芥川龍之介)의 말.

"귀족들이 좀체 뽐내지 못하는 것은 그들도 하루에 한 번 측간(厠間)에 드나들기 때문이다."

하루에 한 번만 드나드는지 어쩐지는 모르나 사람은 같다는 말이다. 무애도 생리작용으로 그랬을 터이나, 이립(而立: 삼십)에 가까운 나이에 그것도 '서서' 일을 보지 않고 누워서 오줌을 쌌던 것이다. 도망 갈만한 사건이었다.

둘, 이것도 오래 전에 읽은 시인 조병화(趙炳華, 1921~2003)의 수필 이야기. 8·15 광복 후 그는 서울중학교의 수학교사였다. 그는 일본 동경고등사범학교에서 물리화학을 전공하다 귀국했기 때문에 수학에 능했다. 수학을 가르쳤다. 그는 인천에서 기차로 통근했다. 당시 서울 발 인천 행 막차는 오후 8시다. 일과가 끝나면 동료들과 술을 마시고는 기차를 탄다. 매우 붐벼서 서서 가는 수밖에 없다. 기차가 부평쯤을 지나노라면 소변이 마려운데, 옴치고 뛸 여지가 없다. 그러면 그냥 바지에 지렸다. 지리다가 그냥 누기도 했다. 처음엔 발등이 뜨듯해 오지만, 점차 차가워졌고 나중엔 감각조차 없어졌을 것이다. 수필집 이름도, 수필 제목도 기억이 나지 않는다. 그래도 남의 집 금침(衾枕)에 싼 것은 아니니, 무애보다는 양반이라고 할까?

제9화

무애와 횡보 염상섭

무애가 고월과 함께 보낸 시간은 많지 않으나, 횡보(橫步) 염상섭과는 비교적 오래 같이 지냈다. 따라서 술도 같이 많이 마셨다. 횡보는 무애보다 연상이고, 문단의 선배다. 어쩐 인연인지 둘은 동경에서 일 년 가까이 한 방에서 숙식을 같이 하였다. 당시 횡보는 단편 〈표본실의 청개구리〉 〈제야〉, 장편 《만세전》 등으로 이미 이름이 났었다. 둘이 만나 숙식을 한 방에서 하게 된 연유를 무애는 돈에 '궁'했기 때문이라고 하였다. "그때 두 사람은 모두 정기의 학자 송금이 없었고 수삼십 원의 원고료로 살아가는 터"라, "값싼 하숙 삼첩(三疊)방에 들어서 먹고 자기를 같이" 하였다는 것이다.

그래도 다행한 일은 둘의 주량이 백중하였고 거량(巨量)이어서 요샛말로 죽이 잘 맞았다. 그래 "둘 중의 하나의 고료가 오면, 그 태반은 하룻밤 술값에 탕진되기가 일쑤였다." 그러나 술턱을 내는 방식에는 차이가 컸다. 무애는 "고료가 오면 그중에서 먼저 방세를 치르고 그 나머지 액수를 그에게 고백하고" 나가 마셨다. 그런데 횡보는 고료에 관하여는 "시치미를 떼고 왔다는 말도, 액수도, 일절 말하지 않는다"고 했다. 그러면 무애는 꾀를 쓴다. 약간의 돈을 보이고는 나가자고 횡보를 충동인다. 그러면 그는 받은 원고료를 주밀하게 조끼 안주머니에 깊숙이 감추고 따라나선다. 술을 약간 마시고서 무애가 돈이 떨어졌으니 그만 일어나자고 하면, 그는 비장의 원고료를 꺼낸다고 했다. 한 번은 그게 30원인가 했는데, 그것이면 한 달 숙식비를 내고도 남는 돈이었다. 돈도 있겠다, 이미 거나하게 취했겠다, 이젠 거리낄 것이 없다. 고급 바(bar)나 카페로 진출하여 일급의 일주와 양주를 마신다. 고월과 같은 이름의 가수 이장희가 있었다면, "마시자 한 잔의 추억, 마셔버리자!"하며 마셨을 것인데, 아무튼 전액을 한 푼도 남기지 않고 다 마셨다고 했다.

둘의 술의 하이라이트는 백주회다. 백주대낮부터 작심하고 마신 것이 아니라, 하룻밤에 백 가지 술을 한 잔씩 마시는 작전이다. 그래 '홍고[本鄕]'인가 하는 바에서 그랬다는데 백은 그만 두고 몇 가지나 마셨는지 의문이다. 그렇게 마시고 다녔어도, 둘은 피차에 한번도 '주정'을 교환한 적도 없고, 아무리 취해도 "피차의 '체면'과 '예의'는 잃지 않았다." 그러나 예외가 없진 않았다. 무애가 횡보를 '박해(迫害)'한 일이다. 무애가 S를 여의고, K와 갈린 뒤다. 가슴속에 상흔(傷痕: 상처에 남은 흔적)이 남아서 술만 취하면 돌아와 무애는 전에 지은 시 〈영원한 비밀〉 혹은 〈별후〉를 낭음(朗吟)하곤 했다. 그러면서 횡보에게도 그 시를 읊으라고 강요했다. 횡보가 말을 듣지 않으면, 무애는 "그의 귀를 잡아 다니거나 심지어 입을 벌려서까지 기어코 억지로 읽게 했다"는 것이다. 귀를 잡아당기는 것은 알겠는데, 입을 어떻게 벌리게 했는지는 알 수 없다. 귀가 아프면 입이 벌려지나? 참는 데도 한도가 있다지만, 아픈 귀가 떨어져 나갈까 그래서였겠으나, 참지 못하고 횡보는 꼬부라진 혀로 무애의 시를 낭독했다.

파차욱을 폽니다(발자욱을 봅니다)
파차욱을 폽니다(발자욱을 봅니다)
파닷가의 초그만(바닷가의 조그만)
파차욱을 폽니다(발자욱을 봅니다)

그러면 무애가 횡보의 귀를 놓았는지, 어쩐지는 모른다. 울며 겨자 먹기도 유분수다. 그게 아니라 귀가 아파 읽는 시다. 시 읽는 방식도 여러 가지다.

"어때? 과연 걸작이지?"

"듣기 싫어! '파차욱'은 무슨 '파차욱'? 모두 다 주책없는 소리…."

물론 취중의 일이지만, "나의 시는 최고인데, 너의 산문은 왜 그 모양이냐!"고 하면서, '파차욱'을 읽으라고 강요한 것은 아닌지? 무애는 그때 "그[횡보]의 작품의 그 치밀한 묘사와 끈기 있는 줄기찬 문장으로 된 그 순사실적 소설풍을 … 아주 트리비얼리즘(Trivialism: 하찮은 것)으로 간주"하고 있었기 때문에 그의 산문을 낮게 평가한 것이 아닌가 한다. 횡보는 산문의 대가다. 시에는 흥미가 없었는지 모른다. 아니면 속으로 시도 시 나름이라고 생각하고 있으면서 입으로는 '파차욱'을 흥얼대면서, 아픈 귀를 주물렀을 것이다. 내 생각이다.

마지못해 따라 읽던 횡보가 딱해서인지, 아니면 "취한 중에나 깬 뒤에나 일찍이 한 번도 내게 화를 낸 적이" 없었던 그가 가엾어서인지, 무애는 "상섭은 참으로 좋은 술 동무였고, 당시 근 일 년 동안의 동거생활은 나의 반생 중에도 한 즐거운 추억이다"고 했다. 우정 어린 주당의 낭만이라고 할까? 여기서 이 글을 마칠까 하다가 내가 좋아하는 무애의 〈산 넘고 물 건너〉를 적는다.

산 넘고 물 건너
내 그대를 보려 길 떠났노라.
그대 있는 곳 산 밑이라기
내 산길을 돌아 멀리 오노라.
그대 있는 곳 바닷가라기
내 물결을 헤치고 멀리 오노라.
아아 오늘도 잃어진 그대를 찾으려
이름 모를 이 마을에 헤매이노라. (異河潤 編, 《詩集》, 68~69쪽.)

제10화

무애와 춘성 노자영

그래도 그때는 주머니 사정이 괜찮을 때다. 사정이 여의치 못하면, 무애와 횡보는 예의 삼첩방에서 오징어를 안주 삼아 싸구려 맥주를 마셨다. 술을 마시면 취기가 치기(稚氣)를 부른다. 삼첩방은 2층이라 1층에 있는 화장실에 내려가기가 싫다. 그러면 빈 맥주병에 일을 본다. 물론 그대로 방치다. 즐비했다. 방안에는 술 냄새와 오줌 냄새가 뒤섞여 진동했다. 맡을만했을 것이다. 마침 어느 날 춘성(春城) 노자영(盧子泳, 1898~1940)이 와서 보고는 횡보와 무애가 공부는 않고 술만 먹는다고 개탄하는 글을 써서 문단에 알렸다. 그래 말썽이 났다. 무애는 그 일에 관하여 자기는 아무렇지 않게 생각하였으나, 횡보는 "나와 다르게 비상히 '체면'을 존중하는 성격인지라 자못 분개하였던 것을 기억한다"고 했다. 분개하여 홧김에 술을 또 마셨는지는 모르나, 무애와 같이 술 먹고 다니던 행태를 보면, 횡보가 과연 '체면'을 중시하였을까 하는 생각도 든다.

이왕 춘성의 이야기가 나왔으니, 그에 관하여 잠시 짚고 넘어간다. 노자영은 1922년《백조》동인으로 작품 활동을 시작했다. 여러 권의 시집과 수필집을 냈고, 소설도 썼다.《동아일보》와 《조선일보》기자로도 일했다. 나는 오래 전부터 그의 시〈갈매기〉를 좋아하여 다른 글에서 그 시를 소개한 적도 있다. 여기 또 적는다.

님의 품을 바다 같다고 누가 말하였습니까?
별들이 나리고 산호(珊瑚)가 가지 치는
그 넓은 바다 그 푸른 바다—
님의 품은 정열(情熱)과 매력의 산호(珊瑚)가 그늘진
장미(薔薇)빛 바다 청옥(靑玉)의 바다
그 품을 누가 바다 같다고 말하였습니까?
바다를 못 잊어 떠도는 갈매기
아, 나두 바다 같은 님의 품이 그리워
애닯게 헤매고 떠도는 한 마리 갈매기입니다. [異河潤 編,《詩集》, 148~149쪽.]

시도 시지만, 그가《동아일보》에 재직할 무렵에 발표한 연애서간집(戀愛書簡集)인《사랑의 불꽃》(1923)은 베스트셀러였다. 그래 한때 춘원(春園)은 몰라도 춘성을 모르는 사람은 없을 정도로 대중의 인기를 누렸다고 한다. 일본 유학도 하고, 귀국하여 출판사와 서점 등을 운영하기도 했다. 그러나 사십을 조금 넘기고 세상을 떠났다. 사십불칭요(四十不稱夭)라는 말이 있다. 사십을 살고 죽으면 요사(夭死)라고 하지 않는다는 것이다. 노자영은 사십을 넘겼으니 요사는 아닌지 모르나 아까운 나이였다.

다시 무애와 횡보로 돌아간다. 돈이 조금이라도 있으면 위에서처럼 오징어와 맥주를 마시기도 했겠으나, "아주 돈이 떨어지면 앉아서 굶기가 일쑤였다"고 무애는 고백했다. 앉아서 굶는 것이 아니라 움직이면 손해라는 뜻의 '동측손(動則損)'이란 표어를 벽에 써 붙이고 반듯이 드러누워 천장만 보고 지내기도 했다. 징그러웠을 것이다. 움직이면 에너지가 소비되니 그랬겠지만, 한 번에 몇 시간이나 누워 있었다는 이야기는 없다.

고료와 학비를 술타령에 다 날렸기 때문이다. 여기서 나는 소싯적에 어디선가 읽은 권덕규(權悳奎, 1891~1950)선생의 일화를 생각한다. 선생은 독립운동가 · 사학자 · 국어학자였다. 1936년부터 조선어학회의 숙원사업인 《조선어큰사전》의 편찬에 참여하였고, 조선어학회사건으로 투옥되기도 했다. 《朝鮮史》(1945) 등의 책도 냈다. 선생은 술을 많이 자셨다. 술 때문만은 아닌지 모르나 가난하였다. 언젠가 사시던 집을 팔고, 작은 집으로 이사를 했다. 다음날이다. 만취가 되어 집에 왔다. 들어가려고 보니, 남의 집이다. 취중에 발길이 어제까지 살던 옛 집으로 간 것이다. 순간 술이 깨셨는지, "허허! 어제는 내가 네 속에 있었지만, 이젠 네가 내 속에 있구나!"하였다는 것이다. 집을 팔고 그 돈으로 술을 마셨으니, 그 집이 뱃속에 있지 않으면 어디에 있겠느냐는 탄식이었다. [위에서 어디선가 읽은 일화라고 했다. 어디선가 또 쓴 기억도 있다.]

무애와 횡보의 뱃속에는 집이 들어앉아 있지는 않았으나 고료가 들어있었다. 술이 깨면 뱃속은 빈다. 술꾼들은 대개 시장기를 느끼면 밥보다 술 생각을 먼저 한다. 다시 마실 궁리를 하게 된다. 그래 악순환이 계속된다. 무애와 횡보가 한 방에서 기거한 기간이 일 년이 채 못 되었다니, 그나마 다행이란 생각이 든다. 헤어져서도 술은 마셨겠지만….

제11화

〈朝鮮의 脈搏〉

나는 위에서 무애가 횡보와 한 방에서 기숙한 기간이 일 년이 못 되어 다행이라고 했다. 그렇다고 횡보가 없다고 해서 술을 못 마시거나, 안 마실 무애가 아니다. 앞에서 나는 무애가 춘해 방인근의 집에 드나들면서 술 마신 이야기도 했거니와 그는 평생 술을 즐겼다. 연세대학교와 동국대학교 교수 시절에 제자가 결혼주례를 부탁하려면 으레 맥주 반 다스(여섯 병)를 들고 가야했다는 이야기를 들은 기억도 있다. 그러나 그가 술을 끊은 적도 있다.

대학 졸업 약 반년 전에 무애는 O씨의 소개로 평양 숭실전문학교의 교수로 내정되었다. 그런데 어느 날 O씨에게서 편지가 왔다. 교수가 되려면 '고등교원면허장'이 필수이고, 일정(日政)의 법규가 그렇다는 내용이었다. 급기야 교무과에 가서 고등교원면허의 조건을 물었더니, 대학 3개년 전 과목 성적의 5분의 4가 '甲'이어야 한다는 답이었다. 지난 2년간의 성적에 이미 '을(乙)'

이 많아서, 마지막 학기의 모든 과목에 '갑(甲)'을 받지 못하면 평균 5분의 4가 될 수 없다. 아니면 취직은 물 건너간다. 그래 무애는 마지막 학기의 남은 3개월 동안 '술을 끊고' 공부에만 일로(一路) 매진했다. 결과는 전 과목이 '갑(甲)'이다. 그 덕에 '고등면허'를 얻고, 숭실전문학교에 "의기양양(意氣揚揚) 부임(赴任)할 수 있었다."

이 사건 말고는 무애가 장기간(?) 술을 끊었다는 이야기는 없다. 그때 무애는 술만 끊은 것이 아니라, 연애와도 절교를 했다고 했다. 취직을 하면 술 마실 자금이 생긴다. 설마 그래서는 아니라고 생각하고 싶다. 어쨌든 그 단주사건과 관련하여 재미있는 두 가지 이야기가 뒤 따른다. 첫째, 무애는 나중에 O씨에게 당시의 고심담(苦心談)을 얘기했더니, "그대가 하도 술만 먹고 연애만 하고 돌아다니며 공부를 허술히 하기에 그런 편지를 했던 것이라"면서, 실은 '고등면허장'이 필요한 것이 아니라고 했다는 것이다. 거짓 정보에 놀라 공부를 한 것인데, 이유야 어떻든 공부를 잘했으니 이런 경우도 '불행 중 다행'이란 말이 적절한지 무애에게 묻고 싶다.

둘째, 숭실전문에 부임한 직후다. 어느 날 미국인 교장이 부르기에 교장실로 갔다. 교장은 무애의 어깨를 치고는 책상 위의 서류를 가리키면서,

"아, 양 교수! 그런 줄 몰랐더니 군(君)이 아주 천재(天才)로구먼!"

그래 서류를 들여다보았다. 와세다대학에서 보낸 성적표다. 어쩐 일인지 최종학년의 성적표만 있었다. 전 과목이 '갑(甲)'인 것은 물론이다. 그래 칭찬을 받은 것이다. 그 전의 많은 '을(乙)'을 교장은 알 리가 없었다. '불행 중'은 아닌지 몰라도, 그야말로 '다행'이었다. 기회를 노칠 무애가 아니다.

"아무렴요. 이까짓 학교의 '성적'쯤 문제가 됩니까? 문학에도 '천재', 학문에도 '천재', 교수에도 '천재'죠."라고 호언하는 "행복을 가졌다"고 했다.

어쩌다 '기망(旣望)'이란 말이 발단이 되어 나는 무애의 교유(交遊)와 그에 따른 이런 저런 이야기를 했다. 그의 《문주반생기》를 많이 소개했다. 문(文)보다 주(酒)가 더 많은 책이다. 무애는 독자를 즐겁게 하기 위하여 후자를 사뭇 과장했던 것이 아닌가 한다. 나도 그의 그러한 뜻을 따라 술 이야기를 주로 했다. 그러나 무애는 술이 화제가 될 수는 있을지 모르나, 결코 술로써 평가될 인물은 아니다.

무애(无涯)는 양주동의 호다. 그 호를 어떻게 쓰게 되었는지 모르나, 무애란 말은《莊子》의 〈養生主〉에 나온다. 여기서 '生'은 육체이고, '主'는 정신이다. 양생주는 육체를 건강하게 하고 정신을 건전하게 하는 도(道)를 기르는 것이다. "吾生也有涯(오생야유애) 而知也无涯(이지야무애)"라고 했다. "우리의 삶에는 끝이 있으나 앎에는 끝이 없다." 계속해서 "以有涯隨无涯(이유애수무애) 殆已(태이), 已而爲知者(이이위지자) 殆而已矣(태이이의)"라고 했다. "끝이 있는 것으로서 끝이 없는 것을 좇으면 위태롭다. 그런데도 알려고 하면 더욱 위태로울 뿐"이다. 장자 나름으로 참된 삶을 누리는 방법을 말한 것이다. 그러면 어떻게 하여야 하나? 사물에 거역하지 않고 자연에 따라 소박하게 살아가야 행복해진다는 것이다.

혹시 양주동이 무애란 호를 〈養生主〉에서 따왔다면, '끝'이 없는 앎[지식]을 추구하고 싶은 마음에서 그런 것이 아닌가 한다. 인생은 유한(有限)하고, 지식은 무한(無限)하다. 애써 무한을 좇아도 되지 않는다. 게다가 그것은 장자의 말대로라면 위태로운 일이다. 그럼에도 불구하고 무애는 '끝'을 향해 평생 나아갔다. 취하지 않은 맑은 정신으로 국학의 뿌리를 찾아 황무지를 개척하고, 동서양의 고전과 현대를 섭렵하여 당대의 국보가 된 것이다.

무애에 대한 이야기는 여기서 마치려고 한다. 아쉬운 마음에서 그의 시

〈朝鮮의 脈搏〉을 적는다.

한밤에 불 꺼진 재와 같이
나의 정열(情烈)이 두 눈을 감고 잠잠할 때에,
나는 조선의 힘없는 맥박(脈搏)을 짚어보노라,
나는 님의 모세관(毛細管), 그의 맥박(脈搏)이로다.

이윽고 새벽이 되야, 훤한 동녘 하늘 밑에서
나의 희망(希望)과 용기(勇氣)가 두 팔을 뽐낼 때면,
나는 조선의 소생(甦生)된 긴 한숨을 듣노라,
나는 님의 기관(氣管)이오, 그의 숨결이로다.

그러나 보라, 이른 아침 길가에 오가는
튼튼한 젊은이들, 어린 학생(學生)들, 그들의
공 던지는 날랜 손발, 책보 낀 여생도(女生徒)의 힘 있는 두팔,
그들의 빛나는 얼골, 활기(活氣) 있는 걸음걸이
아아 이야말로 참으로 조선의 산 맥박(脈搏)이 아닌가.

무럭무럭 자라나는 갓난아이의 귀여운 두볼,
젖 달라고 외치는 그들의 우렁찬 울음,
작으나마 힘찬, 무엇을 잡으려는 그들의 손아귀,
해죽해죽 웃는 입술, 기쁨에 넘치는 또렷한 눈동자,
아아, 조선의 대동맥(大動脈), 조선의 폐(肺)는 아가야 너에게만 있도다.

제4장

수주 변영로

제1화

삼변(三卞)

무애 양주동의 이야기를 하면서 그의 《文酒半生記》가 수주 변영로의 《酩酊四十年》과 함께 "왕년 주당들의 애독서"라고 했다. 주당들이 술이나 마셨지 독서를 얼마나 했는지 모르나, 수주의 책을 읽은 기억이 나서 찾아보았다. 요즘 잘 들여다보지도 않는 책장 안쪽에서 그 책이 나왔다. 〈범우(汎友) 에세이 선(選)〉의 문고판이다. 1977년에 초판이 나왔고, 내게 있는 것은 1983년 4판이다. 가격은 700원이다. 최근판도 있겠으나 5,000원쯤 하지 않을까 한다. 인터넷에서 찾아보았다. 책이 처음 나온 것은 1953년이고, 월탄(月灘) 박종화(朴鍾和)가 〈序〉를 썼다고 한다. 모두 72편의 수필이 실렸다는데, 나에게 있는 문고판에는 48편이 실렸다. 월탄의 자취는 없고, 서강대 교수인 김열규(金烈圭)의 〈卞榮魯論〉이 책머리에 있다. 대강 다시 읽었다.

내가 수주를 뵌 적은 없으나, 그의 중형인 변영태(卞榮泰, 1893~1969) 씨와는 인연이 있다. 또 수주의 부친이 변정상(卞鼎相)인 것도 안다. 수주는 아주 젊어서 YMCA 영어학교를 다녔고, 월남(月南) 이상재(李商在, 1850~1927) 선생을 따랐었다. 한 번은 월남이 길 가는 수주(그때도 이 호가 있었는지?)를 뒤에서 보고는, “변정상 씨!”하고 불렀다. 수주가 돌아다보면서, “부자를 혼동하시는가 봅니다.” 그러자 월남은 “예끼, 이 놈아! 네가 변정상의 씨가 아니면 무엇이냐!”했다는 이야기가 전한다. ‘씨’는 종자(種子)다. 〈청춘예찬〉이란 수필로 유명한 민태원(閔泰瑗)의 《월남 이상재》에서 읽지 않았나 한다. 변정상은 씨[아들]가 셋이다. 첫째는 영만(榮晩)으로 법조인이다. 한학에 뛰어났다고 한다. 둘째는 영태다. 호가 일석(逸石)이다. 제1공화국 때 외무장관과 국무총리 서리를 지냈다. 8 · 15 광복 전에는 중앙중학교에서 영어를 가르치셨다. 나의 선친[1959년 작고]이 그에게서 배웠다. 그런 인연이다. 그래 그런지 우리 집에 그의 영문 저서인 《My Attitude toward Ancestor Worship》(1926)과 《나의 祖國》(1956)이 있었다. 전자는 조상숭배가 종교적인 의식이 아니라 유가적인 미풍양속이란 내용이다. 후자는 광복 후 일석이 쓴 공식적인 논문과 연설문 모음이다. 영문으로 쓴 것의 번역이 대부분이다. 그래 이 책의 영문판인 《Korea, My Country》(1953)가 먼저 출판되었다. 이 책도 우리 집에 있었다.

내가 고등학교 1학년 때인가 아버지와 같이 일석 댁으로 인사를 간 기억이 있다. 다시 뵌 것은 1957년이었다. 고등학교 3학년 때였다. 한 번은 일석이 오신다고 하여 강당에 모였다. 무슨 말씀이 있었는지는 기억에 없다. 웃통을 벗고 아령시범을 보이셨다. 그때 일석은 64세였다. 알통근육이었다. 언제부터 아령운동을 시작하셨는지는 모르나, 외국에 출장을 가실 때에도 아령을 갖고 가셨다는 것이다. 귀국할 적에 짐이 무거우면 버리고 오시기도 했다는 이야기도 들었다. 외무부 일로도 출장을 많이 나가셨을 터이니, 버린 아령이 꽤 여럿일 것이다. 출장이라니 또 생각나는 일석의 일화가 있다. 언젠가 마닐라에 가셨는데, 키가 작아서 그랬는지 일본인으로 오인한 필리핀인이 그에게 돌을 던졌다고 한다. 태평양전쟁 초에 필리핀을 점령한 일본군의 만행이 어떠했는지 짐작이 가는 일화다.

또 내가 대학에 입학하던 해인 1958년 봄부터 일석은 《논어》를 영역하여 대학신문 2면에 연재하기 시작하였다. 그것을 스크랩하여 오래 간직했었다. [나중에 단행본으로 나온 것으로 안다.] 그리고 1964년 여름에 두어 달 남짓 나는 일석에게서 영어를 배웠다. 한가하신 때였기에 가능한 일이었다. 당시 일석은 약수동에 사셨고, 나는 충현동에 살았다. 걸어서 20분쯤 걸리는 거리였다. 일주일에 세 번씩 일석 댁에 가서 시사주간지 《TIME》을 둘이서 읽었다. 작은 뜰이 내다보이는 다다미방에 앉아서 그 양반이 읽으면 내가 따라 읽고, 나는 그의 해설을 듣는 그런 식이었다. 유학을 준비하고 있던 때라 영어공부는 그렇다지만, 어떤 연유로 일석 댁에 드나들게 되었는지는 기억에 없다. 영어는 말할 것도 없이 잘 하셨으나, 발음에 좀 이상한 대목이 있었다. 예컨대, willingly와 같은 단어를 '윌링리'라고 읽는데, 일석은 '윌링글리'로 발음하셨다. 내가 이상하다고 지적해도 막무가내였다. 그야말로 윌링글리(willingly) 고치질 않으셨다.

또 이런 기억도 있다. 내가 영어공부를 하려고 댁에 가면, 신문에 난 힐기(詰棋: 바둑의 묘수풀이) 문제를 풀고 계신 적이 더러 있었다. 나도 바둑을 좋아하고 곧잘 두던 터라, 바둑을 한 번 두자고 하였는데, 바둑을 못 둔다고 하셨다. 바둑을 둘 줄 모르면서 힐기에 관심이 있는 것이 이해가 되지 않았다. 나중에 생각하니, 승부에 대한 집착이 없으셨던 것이 아닌가 한다. 무슨 게임이든 그렇지만, 바둑도 두면 이기고 싶다. 인지상정이다. 그걸 초월하신 것이다. 미국으로 떠나기 얼마 전 시청 근처를 지나는데, 누가 갑자기 단장을 내 앞으로 내미는 것이었다. 깜짝 놀라 쳐다보니 일석이 웃고 계셨다. 영어를 배우던 여름이 지나고 맞은 늦가을이었다. 그것이 그분을 마지막으로 뵌 것이다.

이런 기억도 있다. 그 전해인 1963년 10월에 제5대 대통령선거가 있었다. 1961년 5·16군사쿠데타로 집권한 군사정권이 민정이양이란 미명을 내건 선거였다. 박정희(민주공화당)와 윤보선(민정당)의 대결이었다. 군소정당의 후보도 몇 있었다. 변영태 씨도 그중 한 명이었다. 그때 나는 육군 일등병으로 부산 공병기지창에 근무하고 있었다. 병영 안에서 투표를 했다. 내가 기표한 후보가 되지 않았다. 기대하지도 않았다.

수주에 대한 이야기를 하려고 시작한 것이 일석에 대한 이야기로 번졌다. 그 삼형제를 생각하면 삼소(三蘇)가 연상된다. 삼소는 송나라의 소순(蘇洵)과 그 아들 소식(蘇軾)과 소철(蘇轍)을 일컫는다. 세 명 모두가 당송팔대가에 드는 문장이다. 나는 일석 삼형제를 '삼변(三卞)'이라고 부르고 싶다. 그나저나 아무래도 수주 이야기는 다음으로 미루어야겠다. 동생이 형에게 밀린 것이다. 그러나 난형난제란 말은 있다.

[추기: 위의 글을 쓰고 난 후 우연히 인터넷에서 '한국삼변(三卞)기념사업회'설립을 위한 〈한국삼변三卞을 말하다〉란 세미나가 열렸다는 기사를 보게 되었다. 2015년 5월 7일에 여의도 국회의원회관 2층 세미나실에서 열렸다고 한다. 부천문화원이 주최였다. 사업회가 설립되었는지는 확인하지 않았다. 삼변을 기념하기보다는 정치적 저의가 있는 모임이란 생각이 들었다. 어디에 장소가 없어서 국회의원회관을 빌린단 말인가!]

제2화

시와 수필

내가 수주를 알게 된 것은 그의 〈論介(논개)〉란 시를 읽으면서다. 물론 그의 이름은 그 전에 들었다. 요즘은 어떤지 모르겠으나 그 시는 고등학교 국어교과서에 실렸었다. 그러니 안 읽을 사람이 거의 없을 것이다. 그래도 다시 적는다.

거룩한 분노는
종교보다도 깊고
불붙는 정열(情熱)은
사랑보다도 강하다
아! 강낭콩 꽃보다도 더 푸른
그 물결 위에
양귀비꽃보다도 더 붉은

그 마음 흘러라

아리땁던 그 아미(蛾眉)
높게 흔들리우며
그 석류(石榴) 속 같은 입술
죽음을 입맞추었네
아! 강낭콩 꽃보다도 더 푸른
그 물결 위에
양귀비꽃보다도 더 붉은
그 마음 흘러라

흐르는 강물은
길이길이 푸르리니
그대의 꽃다운 혼
어이 아니 붉으랴
아! 강낭콩 꽃보다도 더 푸른
그 물결 위에
양귀비꽃보다도 더 붉은
그 마음 흘러라

수주는 읊었다. 나라에 대한 논개의 사랑과 절개를! 논개는 의기(義妓)다. 진주목(晉州牧)의 관기(官妓)로 임진왜란 중 진주성이 왜군에게 함락되자 왜장을 유인하여 남강의 촉석루에서 함께 죽었다. 수주의 시는 1922년

《新生活》이란 잡지에 실렸다. 그리고 1924년에 출간한 수주의 첫 시집《朝鮮의 마음》에 수록되있다. 그러나 시집은 내용이 불온하다 하여 발행되자마자 조선총독부에 의하여 압수 폐기되었다고 한다. 논개는 목숨을 잃었으니 말할 것도 없지만, 수주는 시집으로 수난을 당했다. 망한 나라에서 목숨을 부지하다 보니 별의별 수난이 다 있었다.

내가 수주를 다시 만난 것은 1964년 여름이다. 〈논개〉를 읽은 지 6년이 지났다. 어쩌다 들리던 종로 1가의 학창서림(學窓書林)이란 책방에서다.《文章家》라는 얇은 잡지가 눈에 들어왔다. 제2호로 그해 7월 30일에 발행된 동인지(同人誌)였다. 소설가 곽하신(郭夏信), 시인 이상로(李相魯) 등 13명이 동인이었다. 300부 한정부수로 발간되었고, 각권에 일련번호가 있었다. 그냥 샀다. 그리고 자세히 보니 내가 산 것에는 '31호'라고 적혀 있고, 겉장을 넘기자 동인들의 자필서명이 있었다. 귀한 것임을 직감으로 알 수 있었다. 잡지에 〈追慕揭載〉(추모게재)의 글이 두 편 실렸다. 그중 하나가 수주의 〈不惑과 不動心〉이란 수필이다. 그 글을 읽게 되어 내가 수주를 다시 만났다고 한 것이다. 오래 간직했다. 2006년 2월에 정년을 하면서 나는 그 잡지를 학교에 기증했다. 그런데 이야기는 그게 아니다. 《명정사십년》을 읽으면서 수주의 앞의 글이 생각났다. 다시 읽고 싶은 욕심에 얼마 전에 학교도서관에서 내가 기증한 《文章家》제2호를 대출하여 복사했다. 지금 그 복사본을 옆에 두고 앉아 있다.

[추기 1:《文章家》의 13인의 동인은 아래와 같다. 郭夏信(小說), 琴東媛(畵, 濫田), 金基昇(書, 原谷), 金星煥(畵), 金一燁(語), 金和鎭(文, 松士), 南龍祐(語), 白榮洙(畵), 成慶麟(樂, 寬齋), 安春根(文, 南涯), 李相魯(詩, 素鄕), 李興雨(詩), 林仁洙(詩, 九村). 왜 13인인가? 그렇게 모였

으니 그렇게 된 것이다. 나는 이상(李箱)의 〈烏瞰圖〉(오감도)를 연상했다. "十三人의 兒孩가 道路를 疾走"하기 때문일까?

2: 《文章家》에 실린 다른 한 편의 〈추모게재〉 글은 金晉燮의 〈責任에 對하여〉다. 이 글은 그의 《人生禮讚》(1947)이란 수필집에 있는 것이다. 김진섭(1908~?)은 호가 청천(聽川), 목포 출신으로 수필가이고 독문학자였다. 《生活人의 哲學》(1948)이란 수필집도 있다. 1946년부터 서울대학교와 성균관대학교 교수를 역임했다. 6·25사변 중 납북되었다. 1964년 4월 청천의 둘째 아들 金在賢이 결혼을 하였다. 주례가 月灘 朴鍾和였다. 월탄은 주례사를 대신하여 위의 〈責任에 對하여〉를 낭독하였다는 일화도 있다.]

제3화

〈불혹과 부동심〉

내가 〈논개〉이후 수주를 다시 만났다고 한 〈不惑과 不動心〉에 관한 이야기다. 이 글은 원래 1955년 4월 《한국일보》의 〈千字春秋〉란에 실렸다. 당시 수주는 성균관대학의 영문과 교수였다. 대학은 수주가 선성(先聖)을 모욕하는 글을 썼다 하여 그를 파면했다. 글이 말썽인지 파면이 말썽인지, 수주는 유명세를 탔다.

공자는 "四十而不惑(사십이불혹)"이라 하였다. 그는 말년에 나이에 따른 자신의 학문발전의 과정을 말하면서 그렇게 말했다. 마흔 살에는 미혹(迷惑)되지 않게 되었고, 또 사물의 이치[事理]를 모두 알게 되었다고 한 것이다. 학문이 단순한 지식의 추구가 아니라 윤리적인 판단력 혹은 이해력의 증대가 중요하다는 것을 강조한 것이 아닌가 한다. 한편 맹자는 "我四十不動心"이라고 했다. 사십이 되어서는 마음이 동요하지 않는다고 한 것이다. 경상(卿相)의 자리에 앉아 국정을 집행할 때 이념 혹은 목표의 조속한 달성을 위하여 혹시 불의와도 타협하겠느냐는 공손추라는 제자의 질문에 대한 답이었다. 맹자는 확고한 신념을 갖고 성현의 정치이념을 행할 뿐이고, 여기에는 마음의 흔들림이 전혀 없다고 하였다. 그때 맹자는 물론 사십이 훨씬 넘었을 것이다. 수주는 그러한 공자와 맹자를 "위대한 위선자"와 "절세의 데마곡(demagogue)"으로 지칭했다.

수주는 공자의 '사십불혹'과 맹자의 '사십부동심'이 "우리 후생에게는 수행할 수 없는 과업이요 극복할 수 없는 난행(難行)이며, 등반할 수 없는 (도덕적) 고봉(高峯)"이라면서, 아래와 같이 말했다.

"나의 소견으로는 四十이란 한 고개인 것 같다. 오를 대로 오르고 아직 내리기까지에는 아니 한 마루턱인 듯하다. 青春期와 작별하고 채 老熟期와는 사귀이기 전인, 말하자면 中年期인 것이다. 틀림없는 轉換, 다시 말하면 모든 것을 '再評價', '再整理'하는 어지빠른 年期인 것이다. (중략) 아무런 詩도 꿈도 없는 '現實'에 直面하여 새삼스레 妻子 乃至 眷屬을 생각하게 되고 거기에 伴隨되는 富貴와 權勢와 名譽를 渴求하게 되는 것이다. (중략) 由是觀之하면 不惑의 四十, 不動心의 四十은 있을 수 없다. 도리어 眩迷의 四十, 狂亂의 四十이 人間의 實體요, 本體인 것이다. 西洋 俚諺에 '危險한 四十'이란 것이 있고, 英國 不治의 잔소리군인 뻐나드 쇼는 '四十에 惡漢 아닌 者 없다.'고 하였다."

길게 인용하였다. 〈천자춘추〉의 글이니, 다 옮기더라도 천 자 내외일 것이다. 또 한자가 많다. 요즘의 신문에서는 한글 위주다. 한자는 보기 힘들다. 시대가 변한 것이다. 그때는 요즘 같은 컴퓨터는 물론 없었고, AI란 말도 유행이 아니었다. 그래도 사람들은 유식했고 그런대로 살았다.

다시 수주의 글로 돌아간다. 그것은 수주가 성현을 모독할 의도로 쓴 것도 아니고, 무게 있게 쓴 글도 아니었다. 공자와 맹자의 말이 2천 년 전에는 어떠했는지 모르나, 지금은 맞지 않는다고 했을 뿐이다. 그런데도 성균관대학교 총장이며 유도회(儒道會) 위원장 김창숙(金昌淑)과 그 대학 이사장 이명세(李明世)는 교수회나 이사회의 결의 없이 선성(先聖)을 모욕했다 하여 수주를 파면한 것이다. 광복 다음해부터 10년 봉직했고, 교가까지 작사한 공(功)이 있는 교수였다. 더구나 글의 내용과 작자의 의도를 검토하지 않고, 게다가 적법한 절차를 뛰어넘은 일방적인 결정으로 파면을 통고하였다. 70년이 가까이 지난 요즘도 정부가 하는 일을 보면, 이와 유사한 것들이 많다. 대학도 물론 마찬가지다.

수주는 파면을 당한 후 4일 만에 〈讀書文盲〉(독서문맹)이란 글을 《한국일보》 같은 칼럼에 기고했다. [이 글도 《文章家》에 수록되어 있다.] 여기서 수주는 〈불혹과 부동심〉이란 글은 "단순히 현 세대를 개탄하는 풍자문"이라면서, 자신의 파면은 "'文'의 의의는 포착치 못하고 '字'에만 시안이 교착된 固陋莫甚[고루막심]의 儒生[유생]들이 아니고는" 유도(儒道)의 정신을 기본으로 하는 대학에서 있을 수 없는 일이라고 일갈(一喝)했다. 유생들의 계몽을 바란 글이었다. 그러나 소용없는 일인 줄 알고 쓴 것이다. 살다보면 이런 일도 있고, 저런 일도 있다. 나쁜 일도 있고, 좋은 일도 있다. 좋다 나쁘다 하는 것도 느끼는 사람의 마음일 것이고, 그 마음도 시간이 지나면 변한다. 세상은 그런 것이 아닌가 한다. 《文章家》 복사본을 읽으면서 한 생각이다.

제4화

〈朝鮮의 마음〉

존재하는 것에는 다 이름이 있다. 이름이 있는 것이 아니라, 사람이 이름을 붙여 그렇게 부른다. 산에도 이름이 있고, 강에도 이름이 있다. 별에도 이름이 있다. 서울 북쪽의 삼각산, 서울을 관통하는 한강, 새벽에 반짝이는 샛별도 누군지 우리 조상이 지은 이름이다. 샛별에는 금성이란 다른 이름도 있다. 사람에게는 대개 성(姓)과 이름이 있다. 성명(姓名)이다. 성명을 그냥 이름이라고도 한다. 이름을 높여 성함(姓銜) 혹은 함자(銜字)라고 하기도 한다. 전에는 자(字)를 부르기도 했고, 요새도 호(號)는 많이 쓰인다. 별명도 있다. 예명(藝名)도 있고, 필명(筆名)도 있다. 사회적 지위나 하는 일에 따른 거기에 해당하는 이름도 있다.

어떤 사람을 부를 적에 무어라고 부르느냐는 관계와 상황에 따라 다르다. 아버지는 아들의 이름을 부른다. 아들이 아버지의 이름을 불렀다가는 큰일 난다. 그런데 그 아버지가 직장에 나간다고 하자. 학교의 선생일 수도 있고, 회사의 과장일 수도 있다. 교장은 그가 김 씨면 "김 선생" 혹은 "김 아무개 선생"이라 부르고, 사장은 "김 과장" 또는 "김 아무개 과장"이라고 부를 것이다. 지위가 낮은 다른 직원은 그를 보고 "김 과장님"이라고 부를지 모른다. 금성은 새벽에도 금성이고, 한낮에도 금성이다. 그러나 자식에게는 아버지지만, 밖에서는 "김 선생"이고 "김 과장"이 된다. 관계와 상황에 따라 역할이 달라지고, 명칭도 변한다.

수주를 생각하다가 이름 이야기가 나왔다. 수주뿐 아니라, 사람들은 어떻게 불리는 것을 선호할까 하는 생각을 한 것이다. 지금은 고인이지만, 수주는 무엇으로 불리고 알려지는 것을 좋아했을까? 시인, 영문학자, 교수, 대한공론사의 사장인지 이사장인지를 지냈으니 사장 혹은 이사장, 변정상의 아들, 변영태의 동생 등 여러 가지가 있다. 본인은 무엇으로 불리는 것을 제일 선호했을까? 그의 선호를 안다면, 우리는 그가 선호하는 이름을 부르는 것이 옳지 않나 하는 생각도 든다. 그러다가 작년에 작고한 서울대학교의 이기문(李基文, 1930~2020) 교수가 떠올랐다.

내가 고등하교 3학년 때였다. 이 교수는 젊은 강사로 나와 국문법을 가르쳤다. 한 학기 배웠다. 그때 그에게서 들은 이야기다. 한번은 제주도에서 어떤 사람을 만났는데 그가 건넨 명함에 '시인 아무개'라고 적혀서 이상하다고 생각했다는 것이다. 명함에는 이름만 있는 것도 있으나 직업[보통은 직장과 직위]을 밝힌다. 그런데 직업이 있어야 할 자리에 '시인'이란 것이 들어가서 생경(生硬)하였던 모양이다. 그 이야기가 나에게도 그럴싸하게 들렸다. 시를 써서 원고료를 받거나 시집을 출판하여 인세를 받아 그것으로 호구(糊口)한다면, 시 쓰는 일이 직업인지는 모르나 그렇다고 '시인'이 직업은 아니다. 하는 일과 사람의 혼동이라고 할까? 나도 실은 헷갈린다.

다시 수주 이야기다. 흔히 수주하면, 시인 혹은 영문학자로 통한다. 하나만 말하라고 할 적에 수주는 '시인'이라고 불리는 것을 제일 좋아했을지 모른다. 아니 나도 한마디로 그를 부르라면 '시인'이라 하고 싶다. 그렇다고 그의 직업이 '시인'은 아니었다. '시인 변영로'란 명함도 없었다고 단정한다. 나는 그를 시인이라고 부르고 싶어서 이름에 대한 장황한 이야기를 이제껏 한 것이다. 그러니 그의 시를 적지 않을 수 없다. 먼저 〈朝鮮의 마음〉이다. 첫 시집 《朝鮮의 마음》의 서시(序詩)에 해당한다.

조선의 마음을 어디 가서 찾을까
조선의 마음을 어디 가서 찾을까
굴 속을 엿볼까, 바다 밑을 뒤져 볼까
빽빽한 버들가지 틈을 헤쳐 볼까
아득한 하늘가나 바라다 볼까
아, 조선의 마음을 어디 가서 찾아 볼까
조선의 마음은 지향할 수 없는 마음, 설운 마음!

하나로는 아쉽다. 이어 내가 사랑하는 〈봄 비〉다.

나직하고 그윽하게 부르는 소리 있어
나아가 보니 아 나아가 보니 –
졸음 잔뜩 실은 듯한 젖빛 구름만이
무척이나 가쁜 듯이 한없이 게으르게
푸른 하늘 위를 거닌다

아, 잃은 것 없이 서운한 나의 마음!

나직하고 그윽하게 부르는 소리 있어
나아가 보니 아 나아가 보니 –
아렴풋이 나는 지난날의 회상(回想) 같이
떨리는 뵈지 않는 꽃의 입김만이
그의 향기로운 자랑 안에 자지러치노나!
아, 찔림 없이 아픈 나의 가슴

나직하고 그윽하게 부르는 소리 있어
나아가 보니 아 나아가 보니 –
이제는 젖빛 구름도 꽃의 입김도 자취 없고
다만 비둘기 발목만 붉히는 은(銀)실 같은 봄비만이
소리도 없이 근심 같이 나리누나
아, 안 올 사람 기다리는 나의 마음!

[추기 1: 명함에 관하여 생각나는 일화가 있다. 화신상회(和信商會)와 화신백화점을 세운 박흥식(朴興植, 1903~1994) 씨가 언제인지 사업차 조선총독 우가키 가즈시게(宇垣一成)를 만나려 했으나 몇 번 거절당했다. 그래 순금으로 명함을 만들어 비서실에 내밀었다. 성공했다고 한다. 무게가 얼마나 되었는지는 모른다. 한 냥은 되지 않았을까? 우가키는 일본 육군대장으로 1923~1927년, 1931~1936년 두 차례에 걸쳐 9년 동안 조선총독이었다.

추기 2: 이기문 교수의 대표저술은 《國語史概說》(1961, 수정증보판; 1972)이다. 속담에 관심이 많아 《俗談辭典》(1962)을 편찬하기도 했다. 서울대학교에서 정년한 해(1996년)에 여러 잡지에 기고했던 글을 모아 《歸鄕》이란 책을 냈다. 수필도 있고, 학술적인 글도 있다. 사가판(私家版)으로 나왔기 때문에 아는 사람이 많지 않을 것 같다. 나에게는 직접 주셔서 아직 내 서가에 있다.]

제5화

술, 술, 술

수주의 《酩酊四十年》을 생각하며 쓰기 시작한 글이 다른 이야기로 길어졌다. 내가 갖고 있는 문고판은 김열규 교수의 〈卞榮魯論〉이 서두를 장식하고 있다는 이야기도 했다. '글로써 이루어진 한바탕 호쾌한 술자리'란 부제의 글이다. 술자리지만 술엔 취하지 않고 웃음에 취하는 자리란 것이다. 어떤 웃음에 취하나? 웃음에도 종류가 있고, 등급이 있다. 눈물과 마찬가지로 웃음에도 거짓이 있는 것이 있으나, 큰 웃음인 홍소(哄笑)에는 꾸밈이 없고 거짓이 없다. 가가대소(呵呵大笑) 혹은 앙천대소(仰天大笑)가 그렇다. 가가인지 앙천인지는 몰라도 명정기(酩酊記)는 그런 큰 웃음을 자아낸다는 것이다. 천지무구(天眞無垢)하고 거리낌 없는 마음의 자유가 웃음 속에 있다고 했다.

어떤 글에 대한 소감은 사람에 따라 다를 수 있다. 김열규 교수는 명정기가 술로 빚은 웃음의 기록이라 했다. 그러나 나는 잘못 읽어서 그런지 도무지 웃음이 나오지 않는다. 수주 자신도 지난날을 돌이켜보면 불쾌와 회한(悔

恨)만 있고, 자괴자탄(自愧自嘆)을 금할 수 없어서 기록을 남긴다고 했다. 지난날의 실태(失態)에 대한 반성문인 것이다. 반성은 지난날의 잘못을 뉘우치는 것이다. 웃음의 대상이 될 수 없다. 참회록을 보고 웃는 사람은 없다. 잘못은 누구나 저지른다. 도대체 무슨 잘못을 그리 저질렀을까? 술을 마신 것이 잘못인 것이다. 어떻게 술을 마시게 됐나?

수주는 자신이 어떤 술의 별[酒星] 밑에서 태어났거나 아니면 취신(醉神)이 햇빛을 보게 된 것[사람으로 둔갑한 것]인지 모른다고 했다. 서양이라면 바쿠스(Bacchus)의 아들이다. 아주 선대(先代)는 모르나 선친은 밤낮의 구별이 없이 술을 사랑하시던 분이었다. 그러나 백씨[영만]가 술을 좋아했다는 이야기는 없고, 또 내가 아는 중씨[영태]는 술을 잘하지 못하였다. 그렇다면 형들에게 갈 아버지의 술 유전인자를 독차지한 것이 분명하다. 게다가 부단한 수련을 쌓았다. 천재란 1%의 영감(inspiration)과 99%의 땀(perspiration)의 결과란 말이 서양에 있다. 타고 난 것이 1%이고 나머지는 99%의 노력으로 이루어진다는 것이다. 내 생각에 수주가 술의 천재라면 아마 30%는 선대에게서 물려받은 DNA일 것이고, 나머지 70%는 후천적인 수련의 결과가 아닌가 한다.

수주는 이러한 일화를 적고 있다. 5~6세의 일이다. 술이 먹고 싶었다. 어른에게 청해 보았자 소용이 없을 것이라고 생각한 그는 술을 훔쳐마시기로 작정하였다. 도음(盜飮)인 것이다. DNA의 작용이라고밖에 설명할 길이 없다. 아무튼 술독 앞에 다다랐다. 그러나 술독이 높다. 그래 책상과 궤짝 등을 포개어 놓고 기어오르다가 그만 실족하여 떨어졌다. 얼마나 다쳤는지 아프다고 우는 통에 난리가 났다. 곡절을 안 자당은 등반에 실패한 그 독에서 표주박으로 술을 가득 떠서 주셨다고 했다. 감격해서 마셨을 것이다. 어머니 역시 술에 범연치 않으셨다. 게다가 아버지의 아들 사랑이 술로 이어졌다. 아버지는 술상만 대하면 막내아들을 불러 앉히고, "얘 영복(榮福: 수주의 아명)아, 술이란 먹어야 하는 것이고 과한 것만 좋지 않다"고 하시면서 술을 부어주셨다는 것이다. 어디다 부어주셨다는 이야기는 없다. 시작은 어머니였고, 수련은 아버지에게서 받았다.

《酩酊四十年》은 수주의 실태기(失態記)다. 그러나 단순한 실태의 기록이 아니다. Journalistic value에 착안하여 기록을 남겼다고 했다. 그러나 재미가 있다고 해도 제3자의 입장에서 남의 실태를 거론하는 것은 옳은 일이 아니다. 공자가 "남의 좋지 않은 점으로 자신을 바로 잡는다(其不善者而改之, 《論語》〈述而〉)"고 하였으니, 남의 잘못을 교훈으로 삼아 배울 수는 있다. 여기서는 실태인지 본태(本態)인지 하나만 이야기하기로 한다. 술 먹지 않는 사람은 술의 폐해(弊害)를 모른다. 그러나 술 먹는 사람은 그 폐해를 가슴 쓰리게 느낀다. 가슴뿐 아니라 실은 속이 더 쓰리다. 그래 한번은 그 쓰림에서 벗어나기 위하여 "나는 단연 금주를 해야 하겠다"는 굳은 결심을 하였다는 것이다.

실천이 어렵다. 결행을 위한 압박으로 은으로 "금주(禁酒)"라고 새긴 패를 만들어 목에 걸고 다녔다. 또 《동아일보》에 장안의 화제가 된 〈禁酒斷行論〉(금주단행론)이란 글을 싣기도 하였다. 그러자 친구들 사이에서 이런 비난의 이야기가 떠돌았다.

"금주패는 무슨 놈의 금주패야, 개패이지."

"개가 똥을 끊지, 그 자가 술을 끊다니 거짓말이다."

"술 먹는 자가 술 먹지 않고 이게 무슨 못난 수작이냐."

아무튼 금주패의 효과인지는 알 수 없어도 6년간 금주를 실천하였다니,

신기하고 신통한 결심이었다. 마침 그 임시에 수주는 미국에 가게 되었다. 때는 1933년이다. 미국의 금주령시대다. 그것이 처음에는 금주실천에 일조를 하였을 것이나, "만리타향에서 한두 잔을 해우(解憂)한들 어떠냐는 생각으로 그야말로 금주국에서 해금(解禁)을 단행하였다"고 고백한 것으로 미루어 보아 마셨다 안 마셨다 한 모양이다. 그 후도 한두 차례 금주소동이 있었으나 단기간에 그쳤다. 술은 끊어도 친구는 끊을 수 없다는 핑계가 해금사유이기도 했다.

술은 왜 마시나? 사람마다 이유가 다를 것이다. 수주는 "이유를 불계(不計: 옳고 그름이나 이롭고 해로움을 가려 따지지 않음)하고 술잔만 대하면 자연히 수미(愁眉: 근심에 잠겨 찌푸린 눈썹)가 펴지는" 까닭이라고 했다. 자연의 조화다. 인위(人爲)로 따질 일이 아니라는 것이 나의 생각이다.

제5장

《내가 넘은 38線》

제1화

다시 읽고 싶은 책

술에 관하여 여러 차례 쓰다 보니 다음이 걱정되었다. 무슨 이야기를 할까 하다 《내가 넘은 三八線》이란 책이 떠올랐다. 오래전에 출판된 책이다. 내가 그것을 읽은 것도 중학교에 다닐 때다. 이유는 모르겠는데 그 책을 다시 읽고 싶었다. 수중에 있을 리가 없다. 그래 김경미라는 내 제자 정치학박사에게 서울대학교 중앙도서관에서 찾아보라고 부탁했다. 그랬더니 고문헌 자료실의 한 방을 〈前 人文大學 國文學科 白史 全光鏞 敎授 遺贈圖書〉가 차지하고 있는데 거기에 있다고 했다. 백사는 소설가이고 국문학자인 전광용(1919~1988) 명예교수의 호다. 정년 하면서 소장하던 책들을 기증한 것이다. 대출은 되지 않고, 자료실의 옆방에서 복사는 가능하다고 하여 어렵게 복사했다. 육칠 년 전의 일이다.

책의 복사와는 관계없는 이야기다. 위에서 전광용 교수가 소설가라고 했다. 그의 대표적인 소설은 1962년에 발표된 《꺼삐딴 리》가 아닌가 한다.

꺼삐딴은 러시아어의 '카피탄'이고, 영어의 '캡틴(captain)'과 같다. 시대에 영합적인 한 의사가 주인공이다. 이 소설로 전 교수는 1963년에 동인문학상을 받았다. 전 교수의 정년은 1980년대 중반이다. 나와는 근 10년을 관악캠퍼스에서 같이 지냈을 터인데 개인적인 접촉의 기억은 없다. 나이 차가 컸기 때문일까? 38선을 넘은 사람은 많지만, 나는 전 교수와의 나이 차를 넘지 못했다.

다시 《내가 넘은 三八線》으로 돌아간다. 책이 낡아서인지 복사기가 시원치 않아서인지 복사가 잘 안 되었다. 희미한 페이지도 많고, 아주 시커먼 페이지도 있다. 읽기가 매우 어렵다. 그래도 귀한 책이라 더듬더듬 읽었다. 무슨 책인데 웬 잔소리가 이리 많으냐고 하는 독자를 위하여 책에 관하여 잠시 언급한다.

그것은 후지와라 데이(藤原 貞)가 쓴 소설 같은 기록물인 《흐르는 별은 살아있다(流れる 星は 生きている)》를 번역한 것이다. 역자는 정광현(鄭廣鉉)이고, 단기 4284년(1951년) 4월에 수도문화사에서 출판되었다. 6·25사변이 발발한 다음해다. 전쟁 중이었다. 역자는 머리글인 〈소개하는 말〉을 단기 4282년(1949년) 11월에 썼다. 또 추천사에 해당하는 〈권하는 말〉도 있다. 이것은 "단기 4282(四二八二)년 입동날 합동통신사편집국일우(合同通信社編輯局一隅)에서 전홍진(全弘鎭)"이 썼다. 전홍진은 합동통신사 기자였다. 짐작하건대, 역자인 정광현도 같은 통신사 기자가 아닌가 한다. 번역 후 2년이 지나 출판되었다. 어디서 읽었는지는 생각나지 않으나, 나는 정광현 씨가 6·25사변 중에 납북된 것으로 기억하고 있다. 책을 쓴 이는 북에서 남으로 38선을 넘었고, 번역한 이는 남에서 북으로 38선을 넘었다. 역사의 아이러니다. 책의 내용은 잠시 뒤로 미루고, 번역하여 출판된 경위를 먼저 이야기한다.

역자인 정광현 씨는 1948년 여름에 일본의 《塔(탑)》이란 잡지에서 후지하라 데이 여사가 쓴 《흐르는 별은 살아있다》의 한 토막을 읽었다. 38도선을 넘는 대목이었다고 한다.

"가슴이 뜨끔함을 느꼈다. 악질 군벌(軍閥)의 지독한 여독, 고난 속에서의 한없는 모성애(母性愛), 막다른 골목에 닿은 인간들의 추악과 애증을 여지없이 드러낸 인간군상의 정체를 여실히 볼 때 선뜻 일본인의 작품이란 생각을 잃었다. 이에 나는 얼마 뒤에 이 책의 원본(原本) 《흐르는 별은 살아있다》라는 책을 입수하였다.

밤을 도와 읽었다. 신문기자인 내가 이런 일을 겪었다면 어떻게 썼을까? 그것은 다만 직업적 의식에서 나온 것이지만 한편 내가 느낀 것을 제3자에게 읽히고 싶다는 충동을 느꼈다.

그뒤 나의 여러 선배에게 이 책을 보였더니 소개해도 좋다는 동의를 하여 주었다. 나는 나의 무식과 천재(淺才)임을 돌보지 않고 붓을 들어 번역을 시작하였다. 더구나 만주에서 광복 후에 돌아온 소설가 박영준(朴榮濬) 씨에게 이 중의 한 대목을 보였더니 씨도 호(好), 불호(不好)를 말하기 전에 인간을 묘사한 대목 대목에서 두 번이나 울었다고 한다."

역자의 〈소개하는 말〉에서의 긴 인용이다. 그 후 역자는 수도문화사의 변우경(邊宇景) 씨를 만나 자초지종을 이야기하였고, 출판 승낙을 받았다. 책이 그래 햇빛을 본 것이다. 역자는 〈소개하는 말〉의 끝부분에서 일본 문단의 기숙(耆宿: 나이 들어 덕망과 경험이 많은 사람)인 오사라기 지로(大佛次郎, 1897~1973)가 원서 서문에 쓴 것을 인용했다. 참고가 될듯하여 옮긴다.

"그 무서운 운명을 감내(勘耐)하여 살아나온 인간의 한때의 모습이 남자,

여자, 어린애, 노인, 모두 소박하게 묘사되어 고뇌에 어린 한 폭의 그림과도 같다. (중략) 이것이 우리가 사는 세계에서 빚어진 일이다. (중략) 우리가 사는 이 세계라든가, 인간의 존재라든가 하는 중요하고도 엄숙한 문제가 이 글의 배후에 직접으로 그림자가 되어 있는 것 같다. (하략)"

마지막으로 전홍진 씨가 쓴 〈권하는 말〉의 일부를 적는다.

"곤경을 당하면 저도 모르는 힘이 생긴다. 저도 알 수 없는 이 힘은 가장 굳세고 가장 무서운 힘이다. 길게는 80 평생, 가지가지의 곤경을 겪어나가는 것이 사람이다. 그중에도 죽느냐 사느냐 하는 갈래 길에서 허둥대는 일처럼 큰 곤경은 없는 것이다. (중략) 죽음이 닥쳐 올 때엔 아무리 담대한 사람이라도 선뜻하지 않을 수 없고, 떨리지 않을 사람이 없다. 이럴 때일수록 '살아야겠다'는 힘이 나온다. 이 힘은 물론 저도 모를 만치 강하고 날래다. 열 길 물속 일은 알아도 한 길 사람의 속은 모른다. 너나없이 곤경에 빠져보면 '옳거니' 알게 된다. 사람으로서의 맛도 알게 되고 무게도 알게 된다. 고마운 것도 알게 되고 섭섭한 것도 알게 되는 것이다. 평상시에는 좋다고 본 사람이 이런 때엔 더러운 버러지같이도 보이고, 시시한 사나이거니 보이던 사람이 이런 때엔 성현같이 보이는 수가 있다. 말하자면, 곤경을 당해야 사람의 벌거벗은 참다운 값이 나오는 것이다. (중략)

이야기는 그 줄기가 대개 여기로부터 풀려 나온다. 주인공도 일본 사람, 쓴 이도 일본 사람, 그러나 한 개의 '사람'이 곤경 속에서 움직이는 모습은 너무도 뚜렷하였다. 뿐만 아니라 전쟁이 끝난 뒤에 일본 사람이 떼를 지어 물러가는 큰 흐름 속에서, 흐름의 그 자체를 유심히 보고 또 어떻게 흘러갔는가 하는 기록은 너무도 생생한 맛이 돈다. 여기서 슬며시 보고만 치우기보다는 나누어 보았으면 하는 생각이 없을 수 없다. (하략)" [위의 여러 인용문에서

문장과 맞춤법을 약간 고치고, 한자를 한글로 바꾸기도 했음.]

역시 긴 인용이다. 곤경에 처한 사람의 행동에 대한 기록을 혼자 읽기가 아까워 여러 사람이 같이 읽었으면 하여 추천한다는 말이다. 실은 이 책이 원제목인《흐르는 별은 살아있다》로 2003년에 다시 번역 출판되었다. 위귀정이 번역하고, 청미래 출판사가 출판했다. 그러나 70여 년 전 첫 번역의〈소개하는 말〉과〈권하는 말〉을 장황하게 내가 인용한 것은 요즘의 독자들이 그 책을 구하여 읽기 어렵기 때문이다. 첫 역자와 소개자의 생각을 알리고 싶었다. 또《내가 넘은 三八線》을 처음 읽을 무렵에 내가 들은 이야기는 "조선 사람은 그 많은 사람이 삼팔선을 넘었는데 아무런 기록이 없고, 하필 일본인 여자가 그런 기록을 남겼는가?"라는 것이었다. 어떤 기록이기에 그런가?

제2화

세계대전의 종료

책은 3부로 구성된다. 제1부는 〈눈물의 언덕〉, 제2부는 〈예배당 있는 풍경〉, 제3부는 〈마왕(魔王)의 소리〉다. 눈물의 언덕을 넘어, 교회가 있는 풍경을 보고, 마왕의 소리를 듣는다.

1945년 8월 9일 밤 10시. 장소는 만주의 장춘(長春), 당시 이름은 신경(新京). 이야기의 주인공은 후지와라 데이, 스물아홉인가 하는 세 아이의 어머니다. 위로 둘은 사내로 큰아이는 마사히로 여섯 살, 둘째는 마사히코 세 살, 막내는 태어난 지 한 달도 채 안 된 사키코다. 남편은 관상대의 직원이다. 그날따라 일찍 취침. 다섯 식구가 고요히 한여름 밤의 꿈을 꾸고 있었다. 갑자기 누가 와서 현관문을 두드린다.

"후지와라 씨! 후지와라 씨! 관상대에서 왔습니다."

남편과 같이 문을 열었다. 목총을 멘 두 청년이 서 있었다.

"후지와라 씨시죠. 곧 관상대로 나와 주세요."

"대체 무슨 일입니까?" 남편이 물었다.

"모릅니다. 전원 비상소집이라 합니다. 그러면 그렇게 알고 갑니다."

두 청년은 바쁜 듯이 다음 집으로 가 버렸다. 현관문을 닫자 데이는 현기증을 느꼈다. 밤중에 남편 혼자 나가는 것이 불안했다.

태평양전쟁의 말기다. 히로시마와 나가사키에 원자폭탄이 떨어졌다는 소식을 듣지 못했는지 모르나, 일본의 패망이 다가온다는 느낌은 있었다. 최근 2~3일 동안 남편의 얼굴에는 무언지 모르는 불안의 빛이 돌고 있었다. 게다가 한밤중에 호출이라니 아닌 밤중에 홍두깨도 유분수다. 나갈 준비를 하는 남편이 말했다.

"필시, 올 때가 온 모양이오."

데이는 좁은 복도에 주저앉으면서 남편의 앞 옷자락을 잡고 떨었다.

"왜 이리 변변치 못해. 빨리 챙겨. 당장 이곳을 떠날 수 있도록!"

"아니, 여길 떠난다고요? 그래 어디로 간단 말이에요."

"그야 모르지. 떠날지 안 떠날지도 낸들 아나? 다만 그렇게 할 준비가 필요하단 얘기요."

옷을 다 챙겨 입은 남편은 급히 나갔다.

시작은 그러했다. 그러나 혼자의 힘으로는 어쩔 수 없다는 생각이 들었다. 남편이 올 때까지 기다리지 않을 수 없다. 한 시간 남짓 기다렸을까? 남편이 돌아왔다. 창백한 얼굴에 극도의 긴장감이 돌아서인지 남편 같지 않았다.

"1시 반까지 신경역에 모인다오."

"뭐? 신경역이오?"

"거기서 도망친단 말야."

"뭐라고요?"

남편의 설명은 이러했다. 관동군(關東軍)의 가족들은 이미 이동하기 시작했다. 군 가족이 아니라도 정부 가족은 그에 따라 이동하라는 것이 상부의 명령이다. 신경이 전쟁에 휘말릴 것이 예상되어 갑작스레 철퇴(撤退)하지 않으면 안 된다는 것이다. 그러니 곧 떠나야 한다는 것이었다.

"기차 타는 것도 배정이 되었다니, 30분 안에 떠나야 해. 서둘러요."

남편은 명령조였다.

"물론 당신도 같이 가는 거죠."

더 이상 남편과 말을 주고받을 여유가 없다. 그러나 순간 남편과 같이 간다면 무슨 도리가 있겠지 하는 생각이 들었다.

"정거장까지 바래다주고 나는 다시 와야 해."

무슨 일이 남은 모양이다. 그러나 데이는 그 말을 듣는 순간 분노와 슬픔이 동시에 치밀었다. 격한 말이 그저 입에서 나오려했다. 그게 바로 울음으로 변했다. 흐느껴 우는 데이의 어깨에 어느 틈에 남편의 손이 닿았다.

"자, 어서. 어린 것들을 생각해야지!"

남편의 이 말에 데이는 정신이 번쩍 들었다. 어머니의 책임이 있다. 아이들을 위해 떠나야 한다. 울고만 있을 수 없다. 아이들 말고 무슨 짐을 싸야 되나? 설레는 마음으로 비상용 트렁크를 열어 엉겁결에 짐을 쌌다. 아이들 겨울옷만으로도 한 보따리다. 옷도 옷이지만 먹어야 한다. 설탕, 건빵, 통조림 등속도 넣었다. 마당에 열린 토마토도 몇 알 땄다. 이제 4km나 되는 신경역으로 가야 한다. 데이는 마사히코를 업고, 남편은 룩색(Rucksack) 위에 사키코를 올라 앉히고, 마사히로는 걸렸다. 데이는 1km도 채 못가서 녹초가 되었다. 사키코를 낳은 지 한 달밖에 되지 않은 그가 무거운 마시히코를 업고 가는 것은 처음부터 무리였다. 그래도 가야 한다. 고생은 그렇게 시작했다.

제3화

이별과 재회

두 시간 전만 해도 평화롭던 집안이 어떻게 이렇게 비참하게 되었나? 공원나무 숲을 넘어 큰 별똥 하나가 쭉하고 떨어졌다. 흐르는 별이 사라진 것은 그것이 시작이었다. 사라지는 별을 보자 갑자기 더욱 쓸쓸해진 데이는 남편에게 말했다.

"여보! 돌아갑시다. 어차피 죽을 바엔 집에 가서 죽읍시다."

남편은 대꾸가 없다. 그에게도 무슨 말이 있을 것이나 참는 것 같았다.

자정이 지나 1시 반, 신경역 앞은 사람들로 북적인다. 기상대 직원 가족 50여 명이 한 군데 모여 있는 것을 발견한 남편은 "되었군!"하고 중얼거린다. 그러나 데이에게는 모르는 사람들뿐이다. 이제 싫으나 좋으나 그 그룹에 끼어야 한다. 기상대 직원 그룹의 출발은 아침 7시라 한다. 데이는 담요 한 장을 땅바닥에 깔고, 아이들을 눕혔다. 잠이 들었다. 몽롱한 가운데 그래도 남편이 옆에 있다는 사실에 마음이 진정되었다. 말은 그렇게 하였으나 속으로는 매우 불안했을 것이다.

세 아이가 잠든 틈에 잠시 눈을 붙였나 했는데 날이 벌써 밝았다. 남편이 보이지 않는다. 남편이 돌아 온 건 7시가 넘어서였다. 집에서 큰 가방에 옷을 챙겨왔다. 토마토도 잔뜩 따가지고 왔다. 그러면서 출발이 늦어 9시라고 했다. 그러나 남편은 일이 남아 같이 갈 수 없다고 했다. 8시가 되자 무개화차에 올랐다. 그나마 좋은 자리는 없다. 짐이 가벼운 사람들이 먼저 차지한 것이다. 이젠 남편과의 이별이다. 남편은 제일 귀여워하는 둘째 마사히코를 부둥켜안으며,

"마사히코야! 아빠 얼굴을 잘 익혀 두어라. 그리고 엄마 말을 잘 들어야 한다. 응, 잘 들어야 해!"

그리고는 멍하니 앉아있는 마사히로 쪽으로 갔다.

"마사히로는 몇 살이지?"

마사히로는 가느다란 목소리로 여섯 살이라고 하는 모양이다.

"그래, 여섯 살. 그럼 아버지 말을 잘 알아듣지? 이젠 이 기차로 엄마와 마사히코와 애기랑 멀리 간다. 아버지는 신경에 더 남아 있어야 해. 아버지가 없어도 엄마 말씀 잘 듣고 착한 애가 돼야 한다."

마사히로는 알아들었는지 고개를 끄떡였다. 그러자 남편은 아내 데이를 보고, "그럼 부탁하오."하고는 일어섰다. 데이는 그때가 남편을 보는 마지막 순간이란 생각이 들었다. 작별 인사도 할 수 없다. 데이는 일어서서 남편에게 속삭이듯 말했다.

"여보, 살아 계셔야 해요. 어떠한 일이 있어도 사셔야 해요."

앞날이 불투명한 상황에서 사랑하는 남편과 이별하는 아내의 마음은 그런가 보다. 책에 그렇게 적혀 있으니 그대로 옮겼다. 그러나 여러 가지를 생

각하게 하는 장면이다. 예를 들어, 6·25사변 당시 북한괴뢰군이나 공산당원에게 끌려 미아리고개를 넘던 많은 사람의 가족도 그랬을 것이다. 죽지 않아도 다시 만난다는 보장은 없다. 그러나 이별은 현실이다.

남편은 협화복(協和服: 일종의 국민복)의 주머니 속에서 시계를 꺼내 아내의 손에 쥐어 주었다. 애용하는 론진(Longines: 스위스제 남자전용시계)이다. 그리고는, "어린 것들을 부탁하오." 하면서 짐차에서 내리려고 몸을 돌리는 순간이다. 손이 허리에 묶여 있던 수건에 닿았다. 그는 수건을 풀어 마사히코의 얼굴을 싸주는 것이었다.

"햇볕에 타면 아프다." 그리고는 뒤도 돌아보지 않고 짐차에서 뛰어내렸다.

차디찬 바람이 두 눈 속으로 스며들었다고 데이는 적었다. 이제 어린 세 아이를 혼자 데리고 일본까지 가야 한다. 찬바람 정도는 문제가 아니다. 정작 고생의 시작이다. 아니 이야기의 시작이다.

10시가 되어 화차가 출발했다. 연산문(連山門)을 지나고 유가하(劉家河)를 지나면서 국경이 가까워졌다. 가기는 간다. 봉황성(鳳凰城: 봉천)을 통과한다는 것이다. 여기도 관상대가 있다. 혹시 남편 소식을 알 수 있을지 모른다. 사람은 누구나 바라는 것이 이뤄지기를 원한다. 데이가 바라는 것은 남편을 다시 만나는 것이다. 그러나 바라는 것이 다 이루어지지 않는 것이 인간사다. 화차는 잠시 남시(南市)라는 곳에 멈췄다. 여기서 종착지가 선천(宣川)이라는 소식을 들었다. 조선 땅이다. 평안북도 선천군이다. 선천군의 중심역은 선천역이다. 평의선의 중요한 역이다. 거기까지 간다는 것이다. 만주를 벗어나 조선으로 간다. 조금이라도 일본에 가깝다. 졸음이 쏟아진다.

데이의 일행이 도착한 곳은 선천농업학교였다. 이미 3백 명 쯤 되는 피난

민이 북적인다. 얼마나 여기에 머물러야 할지 알 수는 없어도 오래 있어야 할 모양새다. 먹는 것, 잠자리, 빨래, 세 아이의 건강 모두가 문제다. 신경을 떠난 지 며칠이 지났다. 8월 15일이라고 했다. 맑은 날씨다. 정오가 가까워지면서 전쟁이 끝났다는 소식을 들었다. 일본의 패망에 우는 여자들이 있는가 하면, 밖에서는 태극기의 행렬로 떠들썩했다. 그러나 그런 것에 신경을 쓸 여유가 없다. 배고픔을 참고, 제대로 먹지 못해 설사와 고열에 시달리는 아이들의 기저귀를 빨아야 한다. 고국으로 무사히 돌아갈 수 있을까? 남편을 다시 만날 수 있을까?

제4화

그 어머니의 그 아들

8월 18일 밤이 으슥해서다. 데이는 마사히코와 사키코를 재워놓고 아이들의 누더기를 깁고 있었다. 학교의 중앙현관 쪽이 갑자기 떠들썩했다. 이상한 생각이 들었다. 일손을 멈추고 현관 쪽에 귀를 기울였다.

"기상대 사람이라지."

중얼대는 한 여자의 말소리가 들렸다. 데이는 깜짝 놀라 복도로 급히 나갔다. 10여 명의 남자가 모여 있는데, 남편은 보이지 않는다. 맥이 풀려 데이는 그만 주저앉았다. 그때 마사히로가 "아버지 있다!"고 외쳤다. 돌아온 남자는 여덟 명인데, 그 가운데 남편이 책상에 앉아 무엇을 쓰고 있었다. 재회다. 며칠 안 된 사이의 일이나, 데이는 흥분했다.

시작의 이야기가 길어졌다. 데이는 남편과 또 헤어졌다. 그리고는 그 농업학교의 한 건물에서 관상대의 다른 가족과 근 1년을 보낸다. 고생은 이루다 적을 수 없다. 사람 사는 것을 흔히 고해(苦海)라고 한다. 태평양전쟁이 끝난 다음 해인 1946년 8월 1일 데이와 세 아이는 기차로 평양에, 사흘 후 신막에 도착한다. 거기서 그들은 38선까지 산길을 걷는다. 진창에 빠지는가 하면 소달구지를 얻어 타기도 하고 38선을 어렵사리 넘는다. 산 넘고 물 건너 개성의 불빛이 보이는 곳에서 미군에 의하여 구조된다. 우여곡절이다. 이제 살 길이 열린 것이다. 그래도 고생은 계속이다.

데이의 가족이 탄 기차가 부산 부두에 도착한 것이 8월 26일이다. 후쿠오카 현(福岡縣)의 하카다 항(博多港)으로 향하는 배를 어렵게 탄다. 드디어 그리던 고국이다. 그러나 하선도 쉽지 않다. 20여 일을 배에 묶여 있었다. 밤이면 라디오에서 남편이 좋아하는 슈베르트의 〈마왕(魔王)〉이 나온다. 하늘에는 별들이 아름답게 걸려 있다. 어쩌다 유성이 바다 위로 떨어진다. 남편 생각이 더 간절한 순간이다.

데이가 하선한 것은 9월 12일이었다. 데이는 이날부터 제2의 인생이 시작되었다고 말한다. 산 사람은 만나기 마련인 모양이다. 데이는 부모도 만나고, 북만주 연길에서 1년 넘게 포로 생활을 하던 남편도 데이가 일본에 도착한지 석 달 후에 송환되어 돌아왔다. 천우신조라고 할지? 가족이 그래도 무사히 모였다.

내가 데이의 가족이 신경에서 일본에 오기까지의 이야기를 장황하게 한 것은 실은 둘째 아들 마사히코의 이야기를 하고 싶었기 때문이다. 데이는 세 아이를 아주 잘 키웠다. 1976년에 나온 책의 후기와 다른 자료를 보면, 1년여의 포로 생활 끝에 돌아온 남편은 소설가가 되었다. 또 그때 여섯 살이던 큰아들 마사히로는 대학에서 기계공학을 전공하고 자동차회사에 다닌다고 했다. 세 살이던 둘째 마사히코는 도쿄(東京)대학 이학부 수학과

를 졸업하고 미국으로 유학을 갔다. 그곳에서 3년 동안 수학을 가르치다가 1975년에 귀국하여 오차노미즈(お茶の水)여자대학의 교수가 되었다. 갓 태어났던 딸은 대학에서 문학을 전공했다. 지금은 평범한 가정주부로 두 아이의 어머니다.

데이는 세 아이를 양육하는 데에 평생 전력을 기울였다고 말한다. 비슷한 나이의 다른 아이들보다도 심신에 깊은 상처를 지닌 그들을 키우는 데는 말할 수 없는 노력이 들었다. 아이들에게 불행의 짐을 지운 것이 부모의 책임이라고 생각한 데이는 이렇게 말한다. "그 사죄의 의미로, 그때는 내 목숨을 부지하겠다는 생각 따위는 버렸을 만큼, 그 아이들을 위해서 모든 것을 바쳤다고 말할 수 있을지 모르겠습니다." 그녀는 또 이렇게 말을 이었다.

"귀국한 뒤 나는 오랫동안 병상에 있었습니다. 죽음에 가까이 다가갔던 나날들, 그때 나는 세 아이에게 유서를 썼습니다. 입으로는 말할 수 없을지라도, 내가 죽은 다음 그 아이들이 인생의 기로에 섰을 때, 다시 또 어떤 괴로움의 밑바닥 떨어졌을 때, 너희들의 어미는 이런 고난 속에서 이를 악물고 살아남았다는 것을 말해 주고 싶었습니다."

나는 1976년의 책을 읽고 오차노미즈여자대학의 후지와라 마사히코가 데이의 둘째 아들인 줄 알았다. 그러나 후지와라 마사히코는 그 전부터 알고 있었다. 그 연유는 이러하다. 내가 대학에 있을 적이다. 2000년대에 들어와서가 아닌가 한다. 《일본포럼(Japan Forum)》이란 잡지가 정기적으로 왔다. 1989년부터 출간된 계간지이다. 《文藝春秋(문예춘추)》와 《中央公論(중앙공론)》등에서 좋은 글을 발췌하여 번역한 잡지였다. 후지와라 마사히코의 글이 눈에 뜨였다. 그래 그를 안 것이다. 나는 정년 하면서 잡지들을 많이 폐기하였다. 아깝다고 생각한 글은 더러 복사하였다. 그 가운데 후지와라 마사히코의 글이 둘이고, 대담이 하나 있다.

(1) 〈數學者의 國語교육 絕對論〉《일본포럼》(2003년 봄). 이것은《문예춘추》(2003년 3월호)의 글. 이홍우 번역.

(2) 〈읽고 쓰기 주판'으로 밖에 인간을 만들 수 없다〉《일본포럼》(2003 겨울, 제59호). 이것은《제군(諸君)》(2003년 12월호)의 글. 유영준 번역.

(3) 〈수재를 죽이는 교육은 그만두자〉《일본포럼》(2006, 제18권 제2호, Vol. 66). 이것은 후지와라 마사히코와 저널리스트 사쿠라이 요시코(櫻井よしこ)의 대담. 후지와라 마사히코가 데이의 아들인 줄 알고 난 후 인터넷을 검색했다. 그는 책도 여러 권 저술했다. 우리말로 번역된 것도 있다. 그중 하나인《국가의 품격》(오상현 역: 2006)을 구입하여 읽었다.

제6장

후지와라 마사히코

제1화

국어교육론

교육에 종사하는 사람이 아니라도 누구나 교육에는 관심이 많다. 자식의 교육에 제일 관심이 큰 사람은 어머니이다. 우리는 맹자와 한석봉 어머니의 일화를 안다. 또 언젠가 태평양전쟁 말기에 필리핀 주재 일본군 총사령관이었던 야마시다 도모유키(山下奉文)의 이야기를 소개한 적도 있다.

전쟁이 끝나자 야마시다는 전범으로 마닐라에서 교수형을 받았다. 아래와 같은 유언을 남겼다고 한다.

"인간 성품의 밑뿌리는 학교에 다니기 전에 자기 집 어머니의 교육으로 이루어진다. 나의 유언은 부인들의 교육을 좀 더 높여서 좋은 어머니를 만들어야 한다는 것이다. 이것을 조국에 바랄 뿐이다."

야마시다의 이야기를 쓴 소설가 야마오카 소하치(山岡荘八)는 아래와 같이 덧붙였다.

"이미 생사를 초탈(超脫)한 그의 가슴 속에는 일본의 재흥(再興)은 어머니의 어깨에 결려 있다는 신념뿐…… 그렇다! 조국의 재흥, 그것밖에 염두에 없었던 것이 틀림없다.” [山岡莊八 지음, 朴在姬 譯, 《太平洋戰爭 6》(1973, 104쪽)]

도모유키의 유언의 사실여부는 알 수 없다. 그건 아무래도 좋다. 나는 다만 어머니 교육의 중요성에 관한 한 이야기들을 적고 싶을 뿐이다.

《내가 넘은 三八線》은 오래 된 책이니 그렇다고 하고, 《흐르는 별은 살아 있다》를 읽으면 후지와라 마사히코의 어머니가 얼마나 훌륭한지 감탄이 절로 나온다. 그런 어머니의 교육을 받았기에 세 아이가 모두 잘 자랐다. 특히 내가 이야기하고자 하는 마사히코는 유명한 수학자로 대학교수가 되었다. 교수이니 교육에 대한 관심이 다른 직종에 종사하는 사람보다는 많을 수 있겠으나, 그는 유별나게 교육에 관한 글과 책을 많이 썼다. 위에서 언급한 그의 글들을 차례로 살핀다. 먼저 〈數學者의 國語교육 絕對論〉이다. 2003년에 발표된 글이다. 20년 전이다. 그러나 그는 그보다 훨씬 오래전부터 국어(일본어)교육의 중요성을 말해왔다. 국어가 바로 일본인의 주축이란 생각을 했기 때문이다.

“말의 쇠퇴는 국가의 쇠퇴를 필연적으로 가져온다. 전후의 일본에서는 평등주의, ‘여유(유토리)교육’ 등, 어린이에게 영합하는 교육방침으로, 초등학교 국어시간이 제2차 세계대전 전의 3분의 1로 줄고, 국어에서 아주 필요한 한자교육도 대폭 줄었다.......

국어교육의 쇠퇴는, 곧 사고(思考), 체계적인 지식, 정서의 쇠퇴, 인간의 스케일의 쇠퇴, 한 국가의 쇠퇴로 귀착되고 만다.”(〈數學者의 國語교육 絕對論〉의 들어가는 말.)

후지와라 마사히코는 일본이 위기에 처해 있다고 보고 있다. 국제관계와 경제가 모두 어렵다. 북한의 핵개발과 일본인 납치 등의 문제도 있다. 경제개혁은 효과가 없다. 재정적자가 늘어나고 실업률이 계속 오른다. 재계인(財界人)의 판단력도 떨어졌다. 교육도 마찬가지다. 말만 개혁이다. 특히 유토리(여유)교육방침이 10년 전부터 시작되면서 학생들의 학력은 점점 저하되었다. 일본이 당면한 위기증상은 국소적인 것이 아니라 전신증상(全身症狀)이다. 사람이 아프면 의사에게 간다. 국가적인 위기는 어떻게 치료하나? 위기의 원인을 찾아 고치는 방법밖에 없다. 그 원인이 무엇인가? 잘못된 교육이다. 그렇다면 교육을 재건하는 수밖에 다른 도리가 없다. 어떻게 재건하느냐? 후지와라의 교육 걱정이다.

교육은 말할 것도 없이 정치 · 경제 · 사회의 여러 문제와 얽혀 있고, 교육계는 어느 때보다 백가쟁명(百家爭鳴)이다. 유토리 교육, 인권교육, 개성을 키우는 교육, 국제인을 만드는 교육, 자주성과 창조성을 키우는 교육, 사는 힘을 육성하는 교육 등의 처방이 나왔으나, 모두 미사여구(美辭麗句)에 그치고 성과가 없었다. 후지와라의 교육 걱정은 계속된다.

"부모가 나쁘다. 선생이 나쁘다. 어른이 나쁘다. 문부성(文部省)이 나쁘다. 사회가 나쁘다 등의 범인 찾기는 계속되어 왔으나, 플러스가 되는 일은 아무 것도 해내지 못했다. 모두가 다 나쁘다는 당연한 사실이 확인될 뿐이었다.

문제는 일본의 한껏 열악화한 체질을 염두에 두고, 어떻게 교육을 근간으로부터 개선하느냐는 것이다. 그렇게 하기 위해 구체적으로 어디서부터 손을 대면 될 것이냐 하는 문제이다."

여기에 대한 후지와라의 대답은 초등학교에서의 국어가 바로 본질 중의 본질이라면서, 국가의 부침(浮沈)은 초등학교의 국어 교육에 달렸다고 주장한다.

[추기: 유토리 교육은 낙후학생, 교내폭력, 학교 안 가기 등의 문제를 해결하기 위하여 고안된 일종의 전인교육정책이다. 기존의 주입식 교육과 입시위주의 교육에서 벗어나, 사고력, 표현력, 남에 대한 배려를 배양하기 위하여 일본정부는 1976년부터 '종합학습시간'을 제정했다. '종합학습시간'은 초 · 중학교 교과내용 30% 감소, 전체 수업시간 10% 감소 등을 주요 내용으로 했다. 그러나 유토리 교육은 학생들의 학력저하라는 부작용을 가져왔다. 그리하여 일본 문부과학성은 2011년부터 유토리 교육을 포기하고, 학력강화교육으로 선회하는 정책을 채택했다.
유토리 교육은 '유토리 세대'를 낳았다. 그 세대는 그 윗세대와 그 아랫세대로부터 '교육을 못 받아 사회적응 능력'이 없는 세대라는 경멸의 대상이 되었다. 따라서 IT와 공업기업들도 유토리 교육을 받은 세대를 기피하는 경향이 현저했다고 한다. 우리에게도 시사(示唆)하는 바가 크다.]

제2화

국어의 중요성

도대체 국어가 무슨 역할을 하기에 국가의 부침이 국어에 달렸다고 말하는가? 후지와라 마사히코가 보는 국어의 중요성은 아래와 같다.

첫째, 국어는 모든 지적(知的) 활동의 기초다. 그 기초에는 읽기[讀], 쓰기[書], 말하기[話], 듣기[聞]가 필수이다. 기초가 이루어져야 정보가 이전되고 전달된다. 정보의 이전과 전달이 없는 사회를 상상해보라. 정보의 소통이 없으면 인간관계도 성립하지 않는다. 공부도 마찬가지다. 국어를 전혀 모르고 무얼 배울 수 없다. 국어는 결국 우리의 생각과 사고(思考) 그 자체이기 때문에 국어가 지적 활동의 기초라고 말한 것이다. 대단한 지적 활동이 아니라도 그렇다. 우리가 무슨 생각을 할 때는 언어를 먼저 생각한다. 미국 사람을 아침에 만나면, “굿모닝!”이라고 인사한다. 우리나라 사람이면 “좋은 아침!”이라고 할 수도 있다. “모닝”이나 “아침”은 우리가 배워 익힌 어휘다. 따라서 많은 어휘를 익혀야 한다.

일본인으로서 어휘를 몸에 익히려면 한자(漢字)의 형태와 사용법을 외워야 한다. 일본어 어휘의 반 이상이 한자이기 때문이다. 언제 익히나? 어릴수록 좋다. 초등학생 때가 가장 적합하다. 어릴수록 기억을 잘하기 때문이다.

"지루한 암기(暗記)에 대한 비판력이 생기기 전인 이 시기를 놓치지 않고, 주입(注入)시켜야만 한다. 강제라도 전혀 상관이 없다. 한자의 실력이 낮으면, 독서에 어려움을 겪게 된다. 자연히 책에서 멀어진다."

그러면서 후지와라는 일본인으로 최초의 노벨상을 받은 유카와 히데키(湯川秀樹) 박사를 예로 든다.

"어렸을 때, 뜻도 모르고 시키는 대로 사서삼경(四書三經)을 소리 내어 읽는 음독(音讀)을 했는데, 그 덕에 한자가 겁나지 않아졌다. 독서를 좋아한 것은 그 때문인지도 모른다."

국어의 기초는 문법이 아니라, 한자라는 것이다. 비단 유카와에 국한된 이야기는 아닐 것이다.

국어를 잘 알아야, 한자를 잘 알아야 독서를 잘하게 된다. 독서는 깊은 지식을 위해 필요하지만, 교양을 획득하기 위한 거의 유일의 수단이기도 하다. 독서는 교양의 토대이며, 교양은 전체를 보는 눈의 토대를 형성한다. 지금 일본은 어떤가? 대표를 뽑는 일반 국민은 말할 것도 없으나, 명색이 나라의 지도자라는 사람들도 전체를 보는 눈이 어둡다. 그것은 교양의 쇠퇴가 가져온 결과이며, 활자문화가 쇠퇴되었기 때문이다. 따라서 "국어력을 향상시키고, 아이들을 독서로 이끌 수 있느냐 아니냐에, 일본의 재생(再生)이 달려 있다."

둘째, 국어는 논리적 사고를 기른다. 후지와라가 미국대학에서 교편을 잡고 있을 적이다. 수학실력은 일본학생과 비교하면 아주 열등한 미국학생들이 논리적 사고에서는 뛰어난 것을 보고 놀랐다는 것이다. 예를 들어, (−1)×(−1)의 답도 모르는 학생이 이로정연(理路整然)한 논리로 토론은 잘하더란 것이다. 이것은 학생들만 그런 것이 아니다. 암산을 잘하지 못하는 가게점원, 운동선수, 연예인 혹은 정치가 등의 말도 이치에 맞게 명쾌한 논지(論旨)로 전개되는 것을 보고 놀랐다고 했다. 이에 비하면 일본학생은 수학은 잘하면서도 논리적 사고나 표현은 미국학생을 따라가지 못한다고 개탄했다. 일본이 과학과 기술에서 세계 일류국가이나 논리적으로 사물을 생각하거나 표현하는 지적 작업에 있어서는 유럽인이나 미국인에 비해 뒤처지는 것을 이해할 수 없다고 했다.

후지와라는 수학자이기 때문에 자연히 수학 이야기를 많이 한다. 예컨대, 수학으로는 "논리"가 키워지지 않는다는 것이다. 그것은 수학의 논리가 현실세계의 논리와 다르기 때문이다. 수학에서의 논리는 맞느냐, 틀리냐의 둘밖에 없다. 100%의 백(白)이냐 100%의 흑(黑)이냐의 세계다. 그러나 현실세계에서는 절대적인 진(眞)도 존재하지 않고, 절대적인 위(僞)도 존재하지 않는다. 모든 것이 회색이다. 이와는 달리 수학에는 공리(公理)라는 공통의 규약이 있고, 여기서 모든 논의가 시작한다. 그러나 현실세계에는 공리가 없다. 사람마다 저마다의 공리가 있다고 생각하면 된다. 따라서 현실세계의 논리는 보편성이 없는 공리 혹은 전제에서 출발하여 회색의 길을 걷는 것이다. 믿을 수 없다. 여기에는 사고의 정당성보다는 설득력이 있는 논리적 표현이 중요하다. 그리고 이것은 국어를 통해서 배우도록 해야 한다는 것이다. 독서를 통하여 풍부한 어휘를 익힌다. 적절한 표현을 배운다. 설득력이 있는 논리적 표현이 자연히 배양된다. 후지와라의 국어(일본어) 이야기는 계속된다.

[추기: 세계의 거의 모든 나라 혹은 종족은 그들 나름의 언어를 가지고 있다. 언어를 통해서 논리적 표현을 습득하는 현상은 인류 공통의 현상일 것이다. 우리는 어느 언어보다 뛰어난 한글을 갖고 있다. 일본에 비하여 어떤지 모르나, 그래도 우리의 사고(思考)에도 한자(漢字) 혹은 한문(漢文)이 큰 비중을 차지하고 있다.

8·15 광복이후 한자폐지론과 한자활용론이 맞섰다. 그 와중에서 한자사용폐지의 보완책으로 1951년 9월 문교부가 제정 발표한 교육한자 1,000자가 최초의 '상용한자(常用漢字)'다. 한자를 제한하여 쓰기로 한 것이다. 1957년에 그 '상용한자'가 1,300자로 늘었다. 1970년 한글전용 정책으로 '상용한자'도 일시적으로 폐지되었다. 그것이 부활하면서 1972년 1,800자로 늘었다. 중 · 고등학교 한문교육용 제한한자인 것이다. 법률용 한자 등을 포함하여 현재 사용하는 한자는 4,800자라고 한다. 《두산백과》참조.]

제3화

국어와 정서교육

후지와라 마사히코는 국어공부가 정서(情緖)를 배양한다고 말한다. 세 번째 중요성이다. 우리 사회에는 국어교육이 잘못되어 그런지 정서가 메마른 지 오래다. 아예 없다고 해도 과언이 아니다. 사전에만 있을 뿐이다. 정말 사전에는 있는지 찾아본다. 내가 자주 보는 이희승 편의 《국어대사전》(1976)이다.

(1) 사물에 부딪쳐서 일어나는 온갖 감정.

(2) 관념을 따라 일어나는 복잡한 감정.

(3) Emotion. 감정경험(感情經驗)의 한 가지. 또는 그 때의 정신상태. 희로애락(喜怒哀樂)과 같이 갑자기 일시적으로 급격하게 일어나 본능적이며 신체적 표출(表出)이 따르는 감정.

신기철 · 신용철 편저의《새 우리말 큰 사전》(1989)을 본다.

(1) 어떤 사물에 부딪쳐서 일어나는 여러 가지 감정. [예: 이국(異國)정서.]

(2) 일시적으로 급격하게 일어나는 감정의 나타남. 기쁨, 두려움, 슬픔, 근심, 노염 따위. 표정이나 태도 등에 나타나거나 나타냄. 감각 감정.

두 사전의 설명이 비슷하다. 하기야 동일 어휘에 대한 설명이니 크게 다를 수 없을 것이다. 정서는 감정의 일종이나, 뉘앙스나 쓰임새가 다르다. 위에서 예시한 것처럼, '이국정서'는 대체로 다른 나라에 가서 느끼는 감정이기는 하나, '이국감정'과 다르다. '이국감정'이란 말은 '이국정서'에 비하여 잘 쓰이지 않는 것은 아닌지? 이국감정은 '낯설다'는 뉘앙스를 주로 풍기고, 이국정서는 '낯설지만 왠지 애착을 느낀다'는 의미가 있는 것은 아닌지?

정서란 그런 것이라고 하고, 후지와라의 말을 들어보자. 수학과는 달리 현실세계의 논리는 믿을 것이 못 된다. 출발점이 되는 전제가 보편성이 없다. 따라서 타당성 있는 지점을 선택하는 것이 중요하다. 그런데 출발점의 선택은 통상적으로 정서를 따른다. "그 인간이 어떤 부모에게서 자랐는가, 어떤 선생이나 친구들을 만났는가, 어떤 책을 읽었고, 어떤 연애나 실연이나 짝사랑을 경험했으며, 어떤 슬픈 이별을 겪었던가, 그런 체험을 통해 배양된 정서에 따라, 출발점을 순간적으로 선택"하게 된다는 것이다.

출발점이 선택되면 떠나지 않을 수 없다. 그런데 길은 회색이다. 흑과 백 사이에 어딘가 위치한다. 어느 점을 찍어 출발하느냐는 판단은 위에서 말한 바와 같이 정서에 의하여 좌우된다. '논리'란 것도 정서가 충분해야 유효해진다. 여기서의 정서는 희로애락과 같은 원초적인 것이 아니라 좀 더 차원이 높은 것이다. 원초적인 정서는 동물에게도 있다. 그러한 정서와는 그야말로 차원이 다른 정서다.

"가령 자신의 슬픔을 슬퍼하는 것은 원초적인 것이지만, 다른 사람의 슬픔을 슬퍼하는 것은 높은 차원의 정서"다. 또 고향을 생각하면서 망향의 노래를 부른다면 그것도 차원이 높은 정서이고, 아름다운 것을 사랑하고 그에 대해 감동하는 마음도 높은 차원의 정서인 것이다. 그러한 정서는 독서를 통하여 길러지고 연마된다. 독서는 물론 국어에 의지한다. 어렵게 이야기를 하고 있다. '독서를 많이 하면 감정이 풍부해진다'고 하면 될 것을 정서가 어쩌고저쩌고 떠든 것이다. 후지와라는 수학은 잘하는지 몰라도, 국어는 잘하지 못하는 것인가? 그래 국어타령인가? 나의 생각이다.

정서를 배양하려면 아름다운 것에 감동을 받는 것도 중요하다. 그러려면 자연이나 예술을 가까이하는 것이 중요하다. 그러나 그것만으로는 부족하다. 아름다운 시가(詩歌), 한시(漢詩), 자연을 노래하는 문학을 접하라고 한다. 예컨대, 두보(杜甫)의 〈春望(춘망)〉이란 시를 가능하면 큰 소리로 암송(暗誦)하라는 것이다. 우리도 여기서 한번 읽고 가자.

國破山河在(국파산하재) 나라는 파괴되어도 산과 강은 그대로고
城春草木深(성춘초목심) 거리에 봄이 오니 초목만 무성하네
感時花濺淚(감시화천루) 혼란한 때가 느껴지니 꽃을 보아도 눈물이 나고
恨別鳥驚心(한별조경심) 가족과 이별이 한스러워 새소리에도 놀란다네
烽火連三月(봉화연삼월) 봉화가 여러 달째 타고 있으니
家書抵萬金(가서저만금) 집 소식은 만금을 주어도 듣지 못하는구나
白頭搔更短(백두소갱단) 허옇게 센 머리털은 긁어 더욱 짧아져

渾欲不勝簪(혼욕불승잠) 가지런히 하려 해도 비녀를 꽂을 수 없구나

안록산(安祿山)의 난으로 수도 장안(長安)은 폐허가 되었다. 그래도 봄이 되니 감회가 많다. 나라도 걱정이고 가족의 안부도 궁금하다. 그러면서 늙어가는 자신의 모습을 개탄하고 있다. 늙은 모습이라 하나 당시 두보는 46세(AD 757)였다. 이런 시를 읽으면 여러 가지 감흥이 떠오른다. 그것이 바로 정서와 연결되기 때문에 후지와라는 시를 읽으라고 한 것이다.

그러면서 후지와라는 또 자신이 초등학교 4학년인가 5학년 때 읽은 아미치스(Edmondo De Amicis, 1846~1908)의 《쿠오레(Cuore)》를 이야기 한다. 아미치스는 이탈리아의 아동 문학가이고, '쿠오레'는 이탈리아 말로 심장 또는 마음이란 뜻이다. 책은 초등학교 4학년생인 엔리코(Enrico)의 여러 가지 일화를 담고 있다. 이러한 책은 "빨리 안 읽으면 어른이 되고 말기 때문에" 일찍 읽어야 효과가 있다는 것이다. 무슨 효과냐? "용기, 성실, 정의감, 자애(慈愛), 인내, 예절, 측은(惻隱), 명예, 부끄러움, 혹은 비겁을 미워하는 마음 등"의 정서가 배양되는 효과이다. 스케일이 큰 사람이 된다는 것이다.

후지와라는 마지막으로 "조국(祖國)이란 국어(國語)"라고 외친다. 유대민족은 2천년 넘게 유랑하면서도 히브리어를 잃어버리지 않았기 때문에 20세기에 와서 나라를 다시 세울 수 있었다. "조국이 국어라는 것은 국어 속에 조국을 조국이게 하는 문화, 전통, 정서 등의 대부분이 포함되어 있기 때문이다." 그러므로 국어교육의 강화가 절실히 요구된다. 국어력의 저하(低下)는 지적(知的) 활동능력의 저하, 논리적 사고력의 저하, 정서의 저하, 조국애의 저하를 가져온다. 경제 불황이 몇 십 년 계속되어도 나라가 망하지는 않지만, 국어력의 저하는 나라를 망친다는 것이다.

후지와라의 걱정은 물론 일본이다. 국어교육의 양적인 확대와 질적인 개선이 시급하다는 것이다. 그러나 국어의 중요성은 어느 나라 어느 민족에게나 마찬가지일 것이다. 우리의 국어교육은 어떤지? 세 살부터 한글을 제쳐두고 영어를 가르치는 것이 바람직한지? 모국어를 잘해야 외국어도 잘할 수 있는 바탕이 생기는 것이다. 우리도 국어교육을 심각하게 생각할 일이다.

[추기: 지난 회에 우리나라의 상용한자의 수를 언급하였기 때문에 여기서 일본의 상용한자에 관하여 간단히 살핀다. 일본에서는 처음 그것을 당용한자(当用漢字)라 하였다. 연합군 최고사령부(GHQ)의 일본점령기였던 1946년 11월 일본내각에서 발표한 한자이다. 1,850자이다. 1981년에 상용한자라 하면서 2자가 추가되었고, 2010년에 27자가 추가되었다. 합치면 1,879자이다. 이외에 상용한자에는 들지 않으나, 가나로 대체한 글자가 23자이다. 가나를 혼용하기도 하여 다소 복잡하다.
상용한자의 하위분류로 상용한자 가운데 초등학교 6년 과정에서 이수(履修)하도록 정한 한자를 교육한자(教育漢字)라 한다. 〈초등학교 학습지도요령〉의 '학년별 한자배당표'로 2017년에 개정되어 2020년 4월 1일부터 시행되었다. 총 1,026자로 구성되었다.]

제4화

읽기 쓰기 그리고 주판

후지와라 마사히코의 두 번째 글은 위에서 말한 바와 같이 〈'읽고 쓰기 주판'으로 밖에 인간을 만들 수 없다〉이다. '한자의 암기와 단순한 계산의 반복이 참을성을 기르고 독창적인 사고의 기초가 된다'는 부제가 달렸다. 제목과 부제를 보면 무슨 이야기인지 대강 짐작이 간다.

초등교육에서 가장 문제가 되는 것은 '개성의 존중'이다. 이것을 깔아뭉개야 한다. '아이의 개성'을 버리는 교육이 필요하다. 아이의 개성을 존중하는 교육이 조금이라도 있으면 아이들은 예의범절을 모르고 자란다. '방임'이란 미명아래 아이들을 내버려둔다면 결과는 뻔하다.

"싫어하는 야채는 일체 먹지 않는다. 부모가 시키는 심부름은 하지 않는다. 하루 5시간이나 TV를 본다. 책에는 눈도 돌리지 않는다. 마음에 들지 않는 놈은 때린다. 수업 중에 동료와 떠든다. 숙제는 해오지 않는다. 원칙대로 한다면 아이들의 이러한 태도에 대해 부모나 선생은 단호하게 꾸짖어야 한다. 아이들이 3~4시간씩이나 TV 앞에 앉아 있으면 부모는 묵묵히 스위치를 끄고, '바깥 창문을 닫아라' '심부름 갔다 오너라'하고 명령을 해야 한다. 그러나 전후에 자란 부모나 선생은 그것을 못한다."

후지와라의 개탄이다. 20년 전의 글이라 그렇지 그냥 내버려 두면 요즘 아이들은 TV 대신 스마트 폰만 몇 시간씩 들여다보고 있을 것이다.

2차 세계대전 전의 일본에는 〈교육칙어(教育勅語)〉란 것이 있었다. 국체(國體)라는 말이 최고의 가치로 존중되고 '공(公)'의 개념이 강조되었다. 전쟁이 끝나면서 전후의 〈교육기본법〉은 그 반동으로 '개인의 존엄'과 '개인의 가치'를 내세웠다. 작용이 있으면 반작용이 있게 마련이지만, 새로운 움직임은 과거의 판단기준을 완전히 마비시켰다. 아이들의 '버릇없는 짓'이 무슨 대단한 '개성'인 것으로 존중되었다. 그 결과 "살인범의 인권에까지 과잉 배려를 하지 않으면 안 되는 도착 상태에 빠진 세상이 돼버렸다"는 것이다.

여기에 힘을 가한 다른 중요한 요소도 있다. 그것은 '풍요한 교육'이다. 경제가 발전하면서 경제적 어려움이 점차 사라지고 생활이 풍요로워졌다. 특히 1980년대에 접어들면서 전후 세대가 학령기 아이들의 부모가 되고 또 교사가 되기 시작했다. "가치의 존중이라는 미사여구(美辭麗句)에 위화감을 가진 세대가 더 이상 교육 현장에는 존재하지 않게 됐다."

이러한 새로운 풍조를 어떻게 하면 역전시킬 것인가? 여기에 대한 후지와라의 대답은 '개성의 존중'이란 말을 버려야 한다는 것이다. 그러려면 "아동중심주의, 그리고 사회 전체에 만연하고 있는 아이들에 대한 아부성(阿附性) 근성을 불식하지 않으면 안 된다." 개성의 존중이 아이들에 대한 아부를 낳았다. 아니 사회가 그런 방향으로 이전된 것이다. 많은 교육학자들은 "개성의 존중이 현대의 기본정신"이라고 말한다. 틀린 말은 아니다. 인권은 인류가 수 세기에 걸쳐 독재와 싸워 얻은 귀중한 자산이다. 그러나 개성의 존중과 아이들의 자유방임과는 다르다. 아이들의 자유를 제한하지 않으면 안 된다는 것을 부모와 교사가 깨달아야 한다. 주먹을 휘두르는 자유는 남의 코앞에서는 멈춰야 한다.

문부과학성의 기초기본(基礎基本)에 의하면 "아이들에게 면밀한 지도(指導)를 한다"는 조항이 있다. '면밀한 지도'란 무엇인가? 사사건건 시시콜콜하게 모든 것을 관찰하여 이래라저래라 하는 것인가? 그래 가지고는 아무것도 되지 않는다. 면밀한 것도 중요하겠지만 정말 중요한 것은 "엄한 지도"인 것이다. 아이들에게 상처를 주는 교육이 되어야 한다. "상처를 받고 여기에 견디고 저항하며 이것에 익숙해지면서 자라야 한다.…… 편식으로 파를 먹지 않는 아이들에게는 억지로라도 매일 파를 먹여야 한다. 아이의 기분에 맞추다보면 예의범절은 싹트지 못하게 된다." 편식을 하지 않고 고르게 영양을 섭취하여 건강하게 자라는 아이를 싫어할 부모가 있을까?

개성의 존중이 가져온 다른 하나의 부작용은 참을성 혹은 인내심을 기르지 못한 것에서도 나타난다. 이와 관련하여 후지와라는 영국 상원의원 친구와의 대화를 소개했다. 그 친구는 상원의 과학교육정책위원회 의장직을 맡고 있어서인지 교육에 관심이 많았다. 특히 그는 영국의 아이들이 수리(數理)에 매우 어두워서 걱정이라고 했다. 여러 가지 원인 가운데 후지와라는 "참을성이 모자라기 때문"일 것이라고 지적하자, 그는 동의한다는 기색으로 고개를 끄덕거리더라고 하였다.

영국 속담에 "Reading, writing, and arithmetics are taught to the tune of hickory stick."이 있다. 읽기, 쓰기, 산수는 히코리 나무로 만든 회초리로 때리면서 가르쳐야 한다는 것이다. 또 "Spare the rod and spoil the child."란 것

도 있다. 매를 아끼면 아이를 망친다는 말이다. 또 "spank"라는 말도 있다. "아이의 엉덩이를 손바닥이나 슬리퍼 따위로 찰싹 때리는 것"을 말한다. 미워서 때리는 것이 아니라 잘 되라고 때리는 것이다. 그러한 교육이 언제부터인가 없어졌다. 그래 그런지 영국의 과학과 수리 교육이 쇠퇴의 길을 걷고 있다. 후지와라의 영국인 친구가 개탄을 했다는 것이다. 영국뿐 아니다. 일본도 그렇고, 한국도 그렇다. "아이의 응석을 받아주고 아이들의 비위를 맞춰주면서 기른다. 이것이 가져다주는 최대 병폐는 아이의 '참을성'을 잃게 하는 것"이다. 후지와라의 지적이다. 그냥 잘 먹고 잘 사는데 '참을성'이고 '인내'고 필요하지 않은 것이 되었다. 참을성이 부족하면 어떤 현상이 발생하는가?

참을성이 부족하면 아이들은 수리에 어두워진다. 이과(理科)문제나 수학문제는 소파에서 뒹굴면서는 풀지 못한다. "책상에 앉아 손에 연필을 쥐고 계산하거나 보조선을 긋거나 하면서 30분, 1시간, 하루, 1주일 동안 긴장을 하지 않으면 수학 문제는 풀 수 없다. 5분 동안 생각하고 '풀지 못 하겠다'면서 팽개친다면 수학은 결코 익숙해질 수 없다. 지나쳐버려서는 안 될 또 하나의 병폐는 '참을성'이 없어 초래할 '독서외면'이라고 할 수 있다. TV를 보거나 만화를 읽거나 하는 것과는 달리 활자를 하나하나 추적하면서 양과 질 면에서 충실하게 한 권의 책을 모두 읽는 데에는 그에 상응하는 '참을성'이 필요하다."

자원이 부족한 일본이 살아나갈 길은 과학기술입국이다. 어린이들의 수리이탈(數理離脫)과 독서이탈은 과학기술의 낙후와 연결되고, 그것은 결국 경제 쇠퇴를 가져올 것이다. 방지책은 무엇인가? '참을성'의 부족을 낳는 '아동중심주의'와 방임에 가까운 '개성존중'을 타파하는 길뿐이다. 후지와라의 이러한 외침은 우리도 심각하게 생각할 문제가 아닌가 한다.

제5화

다시 읽기 쓰기 그리고 주판

앞에서 '아동중심주의'와 '개성존중'을 타파하지 않으면 '참을성 부족'을 극복할 수 없다고 하였다. 어떻게 하면 '참을성'을 기르고 공부하는 기초를 몸에 익히나? 초등학교 저학년의 수업형태를 크게 바꾸는 방법밖에 다른 도리가 없다. 후지와라의 주장이다.

"초등학교 4학년까지 수업시간의 태반은 국어에 할당하고 여기에 산수 시간을 첨가해야 한다. 나머지 시간은 노래를 부르거나 체조를 하거나 그림을 그리도록 하면 된다. 이 연령의 아이에게 이과(理科)나 사회 등을 가르칠 필요는 없다.…… 일을 실제로 체험하도록 한다는 목적 아래 가르치는 생활 과목이나 영어 및 컴퓨터 실습 등도 어리석은 짓이다. 그러한 시간이 있으면 운동장에서 서로 맞붙어 싸우도록 하는 것이 거친 세상을 살아가기 위한 지혜를 터득하는 데 좀 더 좋지 않을까?" [표현을 다소 고침.]

아이들이 맞붙어 싸우도록 하는 것이 바람직하다는 것은 체육이 중요하다는 것을 역설적으로 말한 것이라고 생각한다. 본론에서 다소 벗어난 이야기지만 여기서 베트남(Vietnam)이 생각난다. 베트남은 1884년에 프랑스의 식민지가 되었다. 1940년 태평양전쟁이 시작되면서 일본이 프랑스령 인도차이나를 점령하기까지 50여 년 동안 프랑스의 지배를 받았다. 오래 전에 어디서 읽은 기억에 의하면, 프랑스가 베트남을 지배하면서 초등학교에 운동장을 만들지 않았다고 한다. 운동을 하면 아이들이 건강하고 크게 자라기 때문에 그것을 막기 위한 정책이었다는 것이다. 사실인지는 알 수 없지만 정책치고는 치졸하고 악랄한 정책이었다. 그래 베트남인이 얼마나 왜소하게 되었는지는 모르나, 이런 생각도 해본다.

1954년 제네바협약(Geneva Accords)에 의하여 프랑스령 인도차이나는 베트남, 라오스, 캄보디아 3국으로 분할되고, 이어 베트남은 북위 17도 선에서 남북으로 나뉘어졌다. 제네바협약에 의한 베트남의 분단은 영구적인 것이 아니라 1955년의 선거를 통하여 통일의 여지를 남긴 조치였다. 그러나 남에는 미국과 프랑스 등의 지지를 받아 베트남공화국의 고딘디엠 정권이 탄생했고, 북에는 소련과 중공의 지지를 받은 베트남민주공화국의 호찌민(胡志明)정권이 세워졌다. 우리가 알고 있고 한국군도 참전했던 베트남전쟁은 그러한 남북분단의 결과다.

나는 여기서 베트남전쟁에서 중요한 역할을 담당했던 베트콩(Viet Cong)이란 공산주의 게릴라에 대하여 잠시 이야기하고자 한다. 정규군이 아닌 그들은 아주 좁은 굴을 파고 그 속에서 생활하며 전투에 임했다. 몸이 왜소했기 때문에 좁은 굴속을 자유자재로 드나들며 활약한 것이 아닌가 한다. 그렇다면 프랑스가 초등학교에 운동장을 만들지 않은 정책이 청년들을 왜소하게 키웠고, 그것이 결국 공산주의자들에 의한 베트남의 통일을 도운 결과를 낳은 것이 아닌가 한다. 이런 것도 역사의 아이러니라고 할 수 있을지 모른다. 체육의 중요성을 강조한 후지와라의 주장이 베트남 이야기로 번진 것이다.

일본의 국어선생들은 읽기, 쓰기, 말하기, 듣기의 네 가지를 모두 중시해야 한다고 한다. 그러나 후지와라는 반대다. 말하기와 듣기는 학교에서 가르칠 필요가 없다. 그것은 일상생활에서 자연히 배우게 되기 때문이다. 따라서 중요도를 말하면 읽기가 20, 쓰기가 5이고, 말하기와 듣기는 각각 1이면 된다. 읽기에 압도적으로 많은 비중을 두어 국어를 가르쳐야 한다는 것이다. 이유를 불문하고 '읽는 능력'을 주입시켜야 한다. 지금은 1,600자의 교육한자밖에 가르치지 않으나, 초등학교 졸업 때까지 1,945자의 상용한자를 모두 읽을 수 있게 가르쳐야 한다. 그래야 초등학교를 졸업하면 신문을 읽을 수 있는 국어능력을 갖게 된다. 우리가 일본신문을 보면 한자천지다. 특히 인명이나 지명의 한자는 별의 별 이상한 것도 있어서 중 · 고등 교육을 받아도 제대로 읽지 못하는 경우가 많다. 그러니 신문을 읽는다는 것은 국어의 수준이 상당히 높은 것을 전제로 한다. 그런데 초등학교 졸업 때의 수준을 거기에 맞추라는 것이다. 그런 수준에 도달하면 책에 대한 친근감이 저절로 생기고 웬만한 책은 쉽게 읽게 된다. 지식습득은 자연히 늘어난다. 그러나 여기에 그쳐서는 안 된다. 주판(籌板)이 더해져야 한다. 주판은 산수를 말한다.

인도는 땅은 크나 인구가 많고 가난한 나라다. 인구가 많으니 별별 사람이 다 있겠으나 뛰어난 세계적인 수학자와 일류의 소프트웨어 기술자가 많이 배출된다. 그것은 초등학교에서 '구구단'이 아니라 '십구단(19×19)'을 암기시키는 산수교육과 연관이 있다는 것이다. 여러 주에서 '십구단'을 암기시킨다. 천재적인 수학자와 컴퓨터 기술자가 나오는 이유다. 읽기와 계산 연습은 뇌의 전두전야(前頭前野)에 혈액을 증가시킨다고 한다. 전두전야는 대뇌의 앞부분인 이마 근처인데 사람의 개성을 결정짓는 역할을 한다고 한다. 지혜를 늘리는 기능을 하기도 한다. 말하자면 전두전야에 혈액이 증가하면 머리가 좋아지는 것이다. 사람들이 흔히 수학에 몰두하면 논리의 힘이 증대한다고 생각하는데, 실은 그게 아니라 미적 감수성이 발달된다고 한다. 미적 감수성은 독창력과 관계가 있다. 수학천재가 그냥 나오는 것이 아니다. 모국어와 계산력을 가르친 결과라는 것이다.

[추기: 이 생각 저 생각을 하다 보면 별별 생각이 다 납니다. 3월도 벌써 한 주가 갔습니다. 어려서 부르던 노래가 생각납니다. 아시는 분들도 많으시리라 짐작합니다.

정이월 다 가고 삼월이라네
강남 갔던 제비가 돌아 오면은
이 땅에도 또 다시 봄이 온다네
아리랑 아리랑 아라리오
아리랑 고개로 넘어서 간다

겨울보다 기온은 많이 올라가고 바람도 겨울 같지 않지만 정말 봄이 오는지 모르겠습니다. 요즘은 제비도 보이질 않습니다. 또 '춘래불사춘(春來不似春)'이란 말도 있습니다. 전한(前漢) 원제(元帝) 때 흉노의 왕에게 시집 간 절세의 미인 왕소군(王昭君)을 두고 '호지무화초(胡地無花草) 춘래불사춘'이란 시가 나왔습니다. '오랑캐 땅에는 화초가 없으니 봄이 와도 봄 같지 않다'는 것입니다. 당나라 때 동방규(東方虯)란 시인의 '소군원(昭君怨)'이란 시에 나옵니다. 정말 봄 같은 봄을 기대해 봅니다.]

제6화

수학 수학 그리고 수학

글로벌 시대라 그런지 국제인(國際人)이란 말이 생겼고, 자식이 그렇게 되기를 바라는 부모가 많다. 초등학교에 가기 전부터 영어를 가르친다. 그렇다고 국제인이 되는 것은 아니다. 또 초등학교부터 PC를 가르친다고 PC를 만들거나 소프트웨어를 쓰는 인재가 탄생하지는 않는다. 국어와 산수 교육이 부실하면 창조력의 기초가 생기지 않는다고 후지와라는 말한다.

나는 일본어를 못 읽는다. 대학에 다닐 적에 일본어를 배우러 학원에 다닌 적이 있고, 대학원 다닐 적에 일본인 친구에게서 과외공부를 한 적도 있으나 누가 무어라면 "나의 일본어는 '가나'를 아는 정도"라고 말한다. 그러나 번역물은 꽤 읽었다. 처음 읽은 소설이 이시하라 신타로(石原愼太郎)의 〈태양의 계절〉이 아닌가 한다. 그러나 번역된 것이 없어서인지 아주 오래된 고전은 읽은 기억이 없다. 그런데 후지와라는 일본의 수준 높은 전통문학이 8세기 전후의 《니혼쇼키(日本書紀)》, 《고지키(古事記)》, 《만요슈(萬葉集)》부터 시작되었다면서 《겐지모노가다리(源氏物語)》를 지은 무라사키 시키부(紫式部)나 바쇼(芭蕉) 같은 천재가 여러 명 나온 것은 다른 문학사에 없는 일이라고 자랑하고 있다. 그들의 글을 읽으라는 것이다. 그러면서 노벨문학상이 8세기경부터 있었다면 일본은 50명 이상의 수상자를 배출했을 것이라고 했다. 그렇다고 하니 그런가 하나 이것은 좀 과장이다.

노벨상은 1901년부터 주어졌다. 지난 120년 동안 일본은 2명이 문학상을 받았다. 그 비율로 따지면 8세기부터 19세기까지 좋게 보아 많아야 20명이다. 과장이라고 해도 읽을 고전문학이 있다니 그런가 한다. 우리에겐 무엇이 있나? 한문으로 쓴 것은 그만두고 한글로 된 것으로 언뜻 생각나는 것이 《구운몽》《춘향전》《흥부전》《심청전》 등의 소설, 정철(鄭澈)과 박인로(朴仁老)의 가사(歌辭), 기타 시조(時調) 등이다. 내가 알기로는 《구운몽》과 《춘향전》의 일부는 고등학교 2학년과 3학년 국어 교과서에 나온다. 고등학교 2학년이면 대체로 18세다. 18세면 대통령이나 국회의원 같은 공직자선거의 투표권이 있다. 그 나이 때라도 그러한 고전을 읽으니 다행인지도 모르나, 후지와라 식의 창조성을 발전시키는 국어교육이라면 아주 어려서부터 시작하여야 한다. 하기야 후지와라의 주장이 다 옳은 것도 아니겠고, 일본은 일본이고 한국은 한국이다. 《춘향전》같은 고전이 아니라도 지난 세기 초부터 발표된 최남선, 이광수, 김동인의 시, 소설, 수필 등을 읽으면 된다. 이들 말고도 최근에 이르기까지 훌륭한 작가들의 좋은 작품이 많다. 닥치는 대로 읽으면 된다. 나라마다 다른 것이다.

후지와라의 다음 이야기는 수학이다. 수학은 문학 다음으로 일본의 뛰어난 학문분야라는 것이다. 그러면서 노벨수학상이 있으면 일본은 10~20명이 수상했을 것이라고 했다. 일본의 수학역사는 길다. 그 대표로 에도시대의 세키 다카가즈(關孝和, 1642~1708년 경)와 다케베 가타히로(建部賢弘, 1664~1739)를 들고 있다. 전자는 필산대수학(筆算代數學)을 확립하여 방정식의 해법, 행렬식, 정다각형, 원주율 등의 업적을 남겼고, 후자는 삼각함수표를 작성하는 등의 뛰어난 업적을 남겼다는 것이다. 이들은 17~18세기에 활약하였다. 후지와라의 일본 수학자랑은 또 있다.

"수학계에 있어서 20세기의 최대 사건은 '페르마(Fermat) 예상(豫想)'의 증명이다. 문제가 제기된 이래 350년 만에 이러한 쾌거를 성취한 것은 앤드루 와일즈(Andrew Wiles)라는 영국인이지만, 엄밀히 말하면 그가 푼 것은 '페르마 예상' 그 자체가 아니다. 다니야마 유타카(谷山豊)와 시무라 고로(志村五郎)라는 2명의 일본인 수학자가 세운 가설이었다. 양자 사이에는 밀접한 관계가 있어 '다니야마-시무라 예상'을 증명하면 '페르마 예상'도 증명된다는 것은 오래전부터 지적돼 왔다."

다니야마는 도쿄대학 조수이던 1955년에 '가설'을 발표했다. 매우 기묘한 내용을 담고 있었다. 그래 그런지 학계의 주목을 받지 못했다. 그러다가 그가 죽은 후 친구인 시무라가 그것을 이어 받아 발전시켰다. 그것을 후지와라는 "일본인의 미적 감수성과 독창성을 충분히 발휘한 아름답고 호쾌한 '예상'이었다"고 표현했다. 이야기는 여기서 그치지 않는다. 이제는 와일즈 차례다. 그는 8년 동안 다락방에서 혼자서 '페르마 예상'과 씨름을 했다고 한다. 8년 동안 한 문제와 씨름을 하였으나 효과가 없었다. 그래 포기하려던 참에 하늘이 도왔는지 어쩌다 일본인 이와자와 겐키치(岩澤健吉)란 수학자의 '이와자와 이론'이 떠올랐다. 그 이론에 힘입어 와일즈는 '페르마 예상'을 풀었다고 한다. 다니야마, 시무라, 이와자와, 이 세 명의 수학자가 아니었다면 '페르마 예상'은 50년 후에나 풀렸을 것이라고 후지와라는 말하고 있다.

50년 혹은 60년이 문제가 아니다. 일본은 "원숭이 흉내를 내는 나라"라고 흔히 독창성이 없다고 말하는 사람도 있으나 수학자의 입장에서는 절대 그렇지 않다는 것이다.

"수학에 몰두했을 적에 가장 중요한 것은 논리의 힘이 아니라 오히려 미적 감수성이다. 미적 감수성은 예술이나 자연과 접촉해 비로소 꽃을 피우게 되지만 그보다 더 효과적인 것은 문학이나 시가(詩歌) 등에 친숙해지는 것이라고 말할 수 있다."

그래 〈읽고 쓰기 주판〉이란 글이 나오게 된 것이다. 우리는 일본을 가리켜 "도국근성(島國根性)"이 있는 나라라고 폄하하고, 일본인을 "쪽발이"라고 부르던 적이 있었다. 섬나라 근성이 어떤 것인지? 영국도 섬나라이지만 한때 세계를 제패했었다. 아무런 실력이 없이 남을 비하하는 것이 한국인의 근성이 아니었으면 한다.

제7화

수학과 정서 그리고 자연환경

수학의 발전에는 논리의 힘보다는 미적 감수성이 더 중요하다고 했다. 그리고 미적 감수성은 예술이나 자연과 접촉할 때 꽃을 피우지만 아름다운 문학이나 시가(詩歌)와 친숙해지는 것이 더욱 효과적이다. 열매를 맺는다는 뜻일 것이다. 그래 문학과 시가 이야기를 위에서 했던 것이다. 그러나 이것만 가지고는 부족하다. 수학자를 낳는 토양(土壤)이 필요한 것이다. 자연환경이라고 해도 좋다. 후지와라는 그것을 찾으려 세계 각지를 돌아다녔다. 그리고는 거기엔 일정한 "형태"가 있음을 발견했다. 천재를 낳는 세 가지 형태다.

첫째, "전통적으로 무엇인지 대단한 존재 앞에서는 무릎을 꿇는 마음이 있어야 한다."

인도에는 힌두교의 가르침을 충실히 지키고 브라만(카스트라는 세습적 계급 가운데 가장 높은 승려 계급)이 존경받는 지방이 많다. 정신을 한 곳에 집중하는 자세가 저절로 생기는 풍토인 것이다.

둘째, "자연물이건 인공물이건 아름다움이 근처에 풍부하게 있어야 한다." 슈리니바사 라마누잔(Srinivasa Ramanujan, 1887~1920)이란 수학자의 이야기다. 수학 이외의 다른 공부에는 전혀 관심이 없던 그는 독학으로 수많은 공식을 발견한 천재다. 그가 자란 곳은 쿰바코남(Kumbakonam)이라는 남부 항만도시인 마드라스(Madras)에서 250km 떨어진 변방이다. 그러나 훌륭한 사원이 산재(散在)해 있다. 고대 촐라(Chola) 왕조의 도읍지로서 당시 왕이 왕실의 금은보화를 모두 투입하여 사원을 계속 지은 결과라고 한다. 인도에는 가는 곳마다 사원이 많다. 그러나 쿰바코남의 사원들만큼 아름다운 것은 보지 못했다고 후지와라는 말한다. 그 사원들을 보면서 라마누잔의 아름다운 공식과 어딘지 닮은 데가 있다는 느낌도 받았다고 했다. [타지마할(Taj Mahal)을 보았어도 그 기하학적 묘미에 감탄했을 것이다.] 수학만이 아니다. 쿰바코남 지방에서는 라만(Chandrasekhar Venkata Raman, 1888~1970)과 찬드라세카르(Subrahmanyan Chandrasekhar, 1919~1995)라는 노벨물리학 수상자도 2명이나 배출했다. 우연일 수도 있다. 그러나 우연도 잦으면 우연이라고 치부할 일은 아니라고 생각한다.

셋째, "정신을 존중하는 기풍이다." 물질 아닌 것에 가치를 부여하는 풍토다. 현실에 당장 도움이 되지 않는 것에도 가치를 부여하는 것이 중요하다. 카스트 제도에서 브라만 계급은 오만한 태도를 지녔어도 생활은 빈한했다. 위에서 말한 천재 수학자 라마누잔은 브라만 계급이지만 매우 가난했다. 어머니가 음식을 구하러 동네를 돌아다닐 정도였다고 한다. 그래도 라마누잔은 16세에서 22세까지 아무 일도 하지 않고 수학연구에만 몰두했다. 그가 학문에만 열중하는 것이 대견해서인지 부모는 한마디의 잔소리도 하지 않았다. 그런 가운데 그는 독학으로 3천5백가지나 되는 독창적인 정리를 발견하고 증명했다. 인도의 이러한 예는 영국에서도 발견된다.

첫째, 기독교에 대한 신앙은 유럽대륙에 비하면 독실하지 않으나 영국은 전통에 대한 경건함이 있는 나라다. 시대착오적이라는 비판은 있을지 모르나, 예컨대 케임브리지대학을 보면 교수 학자들이 까만 망토를 두르고 촛불 밑에서 엄숙하게 식사를 한다. 수 백 년을 두고 계속된 전통이다.

둘째, 영국의 정원풍경은 다른 어느 나라의 정원에 비하여 둘째가라면 서러울 정도로 아름답다. 지난 세기 동안 영국은 경제적으로 사양(斜陽)의 길을 걸었다. 그럼에도 불구하고 국토에 공장을 지어 공산품을 생산하겠다는 경제정책 따위는 없다. 풍경을 지키겠다는 전통의 표출이다. 아니 전통을 지키겠다는 전통의 결과라고밖에 다른 설명이 있을 수 없다.

셋째, 돈을 천박하게 여기는 신사도의 정신이 살아 있다. 물질을 존중하지 않는 인도의 브라만계급의 정신과 상통하는 전통이다. 후지와라는 이러한 영국의 모습을 높이 평가하고 있다. 그러면 일본은 어떤가?

일본인은 전통적으로 자연에 대한 깊은 두려움을 가졌다고 한다. 8백만의 신(八百萬神)들 앞에 참배하면서 살았다. 사계절의 변화라는 아름다운 자연의 혜택도 있다. 산과 물이 어울려 풍광이 수려한 곳이 무수하다. 게다가 일본인들은 아름다운 정원을 도처에 조성했다. 내가 가 본 곳도 여럿이다. 교토의 요안지(龍安寺)정원과 요코하마의 산케이원(三溪園)은 오래 전에 갔어도 특히 기억에 남는다.

또 영국의 신사정신과는 다르나 비슷한 카테고리에 넣을 수 있는 무사도(武士道)정신이 있다. 메이지(明治)시대까지 일본인의 골격을 이루었다고 해도 과언이 아닌 이 정신은 돈을 천하게 보았던 점에서 영국의 신사정신과 상통한다. 이러한 정신과 아름다운 풍광과 정원 등이 후지와라가 말하는 미적 감수성과 연관이 있어서 천재적인 수학자가 다수 배출되었는지도 모른다.

그런데 일본은 이러한 세 가지 조건을 상실하고 있다. 과학만능 풍조로 자연에 대한 두려움을 상실하고, 열도개조 또는 버블경제로 인하여 국토가 황폐해지고 있다는 것이다. 게다가 노골적인 배금주의가 풍미하고 있다. 일본인이 노벨과학상을 많이 받았으나, 그것은 과거의 축적의 결과이다. 앞으로는 그것이 계속되지 않을 것이라고 후지와라는 걱정을 하고 있다. 두고 볼 일이다.

제8화

수학의 아름다움

아이들에게 산수 혹은 수학을 효과적으로 가르치는 방법이 무엇일까? 두 가지를 깨닫게 해야 한다. 하나는 풀려고 오래 씨름하던 문제를 풀었을 때 느끼는 희열(喜悅)이다. 다른 하나는 수학의 아름다움을 터득시키는 것이다. 흔히 수학은 무미건조(無味乾燥)하다고 생각한다. 그러나 수학에는 아름다움이 있다.

무엇이 수학의 아름다움인가? 이것은 말이나 글로는 설명이 어렵다. 꽃이 아름다운 것은 보는 사람이 그렇게 느끼는 것이다. "아름다움이란 보는 이의 눈에 달렸다(Beauty exists in the eyes of the beholders.)"는 표현이 있다. 풀이 아름다울 수도 있고 돌이 아름다울 수도 있다. 윤선도(尹善道, 1587~1671)는 수석송죽월(水石松竹月)이 아름다워 이 다섯을 벗으로 삼았다. 그래 〈오우가(五友歌)〉가 나왔다. 비발디(Vivaldi)의 〈사계〉를 들으면 선율이 아름답게 들린다. 귀가 그렇게 느껴 머리에 전달한다. 수학의 아름다움도 그런 것이 아닌가 한다.

후지와라는 수학의 아름다움을 삼각형의 내각의 합으로 설명한다. 어떤 삼각형이든지 내각의 합은 180도이다. 전에도 그랬고, 지금도 그렇고, 앞으로도 그럴 것이다. 이것은 절대적이고 영원한 진리다. 영원한 진리이기 때문에 아름답다는 것이다. 아름다움은 보는 이의 눈에 달린 것이라지만 삼각형의 내각의 합이 180도라는 것은 진리이기 때문에 아름다운 것으로 보자는 것이다. 강요에 가까운 주장이다. 억지라면 억지의 주장이나 삼각형의 내각의 합이 180도인 것은 어쩔 수 없다. 절대적인 "미(美)"라고 해야 한다. 그러면서 수학의 아름다움과 유사한 느낌을 한시(漢詩)와 문어(文語)로 된 시에서도 느낀다고 했다. 예컨대, "고모로(小諸)에 있는 고성(古城) 옆에 구름은 하얗고, 여객(旅客)은 슬프다"는 문어조의 시에서 수학적인 아름다움을 느낀다고 했다. 일본어로 읽을 적에 그런 느낌이 오는지 모르나 그것은 영원한 진리이기 때문은 아닐 것이다. 보는 이가 그 고성을 아름답다고 느꼈기 때문이 아닌가 한다.

이야기는 더 있다. 나라여자대학(奈良女子大學) 교수로서 다변수이론(多變數理論)의 개척자인 수학자 오카 기요시(岡潔, 1901~1978)가 문화훈장을 받았을 적이다. 소화천황(昭和天皇)이 물었다.

"수학 연구는 어떤 방법으로 수행하느냐?"

"정서(情緒)로 합니다."

"아, 그런가."

정서로 한다는 간단한 대답에 천황은 고개를 끄덕였다고 한다. 알면서 끄덕인 것인지 대답을 들었다는 표현인지는 알 수 없다. 천황의 반응이 문제가 아니라 정서로 수학을 연구한다는 것이 중요하다. 또 사람들이 수학을 배우는 목적을 묻자, "봄이 되어 들에 피는 제비꽃은 단지 제비꽃으로 피면 된다"고 대답했다고 한다. 인위적으로 연구를 하는 것이 아니라 자연 그대로의 상태에서 아름다움을 발견하는 것이고, 그러한 정신이 수학에 필요하다는 것이다. 그리고 그러한 정신은 아름다운 문어(文語)와 정형시(定型詩)를 많이 읽어 그 리듬을 몸에 배게 하는 것과 상통한다고 주장했다. 그래서 초등학교 6학년쯤에서 고전을 가르치는 것이 필요하다. 어릴 적부터 고전을 익히는 것이 황폐한 교육을 재생하는 길이고, 문화를 육성하는 지름길이다.

21세기는 정보화시대라고 한다. 기업은 어떤 방식이든지 정보를 많이 수집하려 한다. 그 방식의 하나는 인터넷이다. 인터넷은 비즈니스에 도움이 된다. 그러나 교양이나 정서와는 아무런 관련이 없다. 그래도 초등학교 때부터 정보화시대니까 PC를, 국제화시대니까 영어를 가르쳐야 한다고 한다. PC와 영어에 시간을 할애하다보면 국어와 산수시간은 줄어들 수밖에 없다. 그래도 여론조사를 하면 절대 다수는 국어와 산수가 아니라 PC와 영어를 더 가르쳐야 한다고 한다. 여론을 무시해서는 안 된다는 것은 선거공약은 될 수 있을지 모르나 진정한 정치가라면 스스로 책임을 지고 올바른 정책을 밀고 나가야 한다.

진정한 정치가는 누구인가? "첫째는 지금까지 누누이 설명한 교양과 정서를 확실하게 몸에 익힌 사람, 요컨대 문학, 역사, 사상을 깊이 이해하고 이를 배경으로 압도적인 판단력과 대국관(大局觀)을 가진 사람을 말한다. 둘째는 더욱 중요하다. 긴급을 요할 때에는 나라를 위해 목숨을 던질 각오가 돼 있는 사람을 말한다."

국가는 국민 스스로가 이끌어 가는 것도 아니고, 그렇게 되어서도 안 되는 존재다. 압도적인 역량을 가진 진정한 엘리트들이 분골쇄신(粉骨碎身)의 자세로 일하면서 전체를 힘 있게 이끌어가야 국가가 전진한다고 후지와라는 말한다. 제2차 세계대전 후의 일본 교육계는 소련의 영향을 강하게 받아 탄생한 일교조(日教組: 일본교직원조합)에 의하여 휘둘려 왔다. 그들의 구호는 "인간은 모두 평등하다"는 것이었다. 그 구호 아래 일교조는 엘리트 육성의 싹을 모조리 잘랐다. 그래 일본의 교육이 망했다고 후지와라는 개탄하고 있다.

한국의 전교조(全教組)는 일본의 일교조를 모델로 탄생했는지 모르나, 그 해독(害毒)은 훨씬 크다. 교육의 평준화, 그것도 하향평준(下向平準)이다. 그러나 그것은 둘째 문제다. 좌경사상(左傾思想)을 초등학교 때부터 주입시키는 데 혈안(血眼)이 되어 있다. 일본은 망해도 일본이다. 우리는 망하면 대한민국은 끝이다. 교육이 무엇인지 그 근본을 생각해야 한다. 그러나 지금은 교육의 현실을 바로 보고 잘못을 고쳐야 할 때다. 전교조를 없애야 한다. 교육부를 없애야 한다. 학교교육은 학교의 자율(自律)에 맡겨야 한다.

제9화

저널리스트와의 대담

《일본포럼》에 실린 수학자 후지와라 마사히코의 글이 셋이라고 했다. 두 가지 이야기는 했다. 마지막은 사쿠라이 요시코란 저널리스트와의 대담이다. 자녀를 사랑하지 않는 부모는 없겠으나, 진정으로 자식을 위하는 마음이 있다면 부모가 모범이 되어 성실한 가정교육을 실시해야 한다는 것이 대담의 요지(要旨)이다.

(1) 언제부터인지 일본에서는 '여유교육(ゆとり教育)'이 유행이었다. 그것은 주입식 지식교육에 대응하는 자율교육방식이다. 문부과학성, 일교조(日教組), 일부 교육학자들이 어린이 중심의 교육을 외치면서 출발하였다. 엄격하게 가르치다가는 어린이들이 상처받을 염려가 있다고 했다. 그러나 결과는 '어린이들의 학력 저하'였다. 뿐만 아니라 여유교육은 어린이들의 방종으로 이어졌다. 그전의 아이들은 엄격한 가정교육을 받고 자랐다. 예컨대, 영국의 여행가인 이사벨라 버드 비숍(Isabella Bird Bishop, 1831~1904)은 일

본을 여행하면서 아이들에게 과자를 주려고 하면 반드시 부모에게 "받아도 되나요?"라고 묻고, 부모가 허락을 해야 받았다는 기록을 남겼다. 그만큼 가정교육이 엄했다는 증거다.

또 에도(江戸)시대에는 데라코야(寺子屋)라는 서민 자제를 위한 초등교육기관이 생겼고, 여기서는 읽기, 쓰기, 계산을 중점적으로 가르쳤다. 메이지유신(明治維新) 이후에 일본이 급속도로 발전했다. 이유가 있다. 에도시대에 식자율(識字率)이 50%를 넘었다. 그것이 기초가 되었던 것이다. 여유교육은 체계적으로 가르치지 않으면 이해하기 어려운 부분을 피해가는 경향이 있기 때문에 필요한 개념과 논리를 가르치지 않는다. 따라서 쉬운 문제를 내놓아도 잘 풀지 못한다. 지적 호기심이 생기지 않기 때문에 어려운 문제에 도전하지 않는다. 결국은 천재 죽이기, 수재 죽이기 교육이 되고 만 것이다. 어떻게 이 문제를 극복하나?

(2) 자녀들과 식사를 같이 하는 것이 중요하다. 일본의 의무교육은 메이지 5년(1872년)에 시작되었다. 교육은 부모의 손에서 학교로 넘어갔다. 그것이 잘못이었다. 교육이 기본적으로 부모의 책임이라는 것을 간과한 조치였다. 중요한 것은 아이들을 위한 반듯한 가정생활이다. 이것이 기초다. 착실하게 식사를 하고, 잘 때는 자고, 공부할 때는 공부하는 생활이 중요하다. 어린이를 포함하여 개인의 자립과 권리를 강조하는 교육기본법이 문제인 것이다. 얼마나 정확한지는 알 수 없으나, 식사는 IQ와도 관계가 있다. 균형 있는 영양소를 섭취하면 몸이 튼튼해지고 뇌가 자극을 받아 IQ가 높아진다. 부모가 자식을 사랑하면 좋은 옷을 사주지 말고 규칙적이고 올바른 생활을 하도록 하여야 한다.

(3) 독서를 권장해야 한다. 누차 이야기한 바와 같이 "읽기, 쓰기, 산수"가

교육의 출발이다. 그 제일 먼저가 읽기다. 독서다. 그런데 일본의 어린이들은 독서와는 거리가 멀다. 지난 세기 말이니 4반세기 전이다. OECD가 39개국의 15세 어린이들 약 60만 명을 대상으로 조사를 한 적이 있었다. 그 가운데 책을 얼마나 읽는가에 관한 항목이 있었다. 정확한 통계는 알 수 없으나 일본 어린이들이 책을 읽지 않는다는 편에 속했다. 책을 읽지 않는 것이 아니라 집에 책이 없다고 했다. 단행본이 10권 미만인 집이 11%였다. 읽을 것이 거의 없다고 해도 과언이 아니다. 그러니 어린이는 말할 것도 없고 어른들도 책을 읽지 않는다.

그러면 왜 책을 읽지 않는가? 여기에는 두 가지 원인이 있다. 하나는 초등학교에서 국어시간이 줄어들었기 때문이다. 4학년생을 보면, 메이지시대에는 1주에 최대 17시간이던 것이 다이쇼(大正)시대에는 14시간으로 줄었고, 쇼와(昭和)시대에는 12시간, 2000년대 초에는 대략 5시간이다. 국어실력이 없으니까 책 읽는 것이 부담스럽다. 읽기에서 자연히 멀어지게 된 것이다.

둘째는 참을성이 없어졌기 때문이다. 이것은 후지와라의 이야기인데, 그가 어렸을 적에는 부모들의 심부름을 많이 했다고 한다. 심부름을 하려면 지금 하던 일을 멈춰야 한다. 싫다. 그래도 하여야 한다. 그러자니 참는 수밖에 다른 도리가 없다. 자연히 참을성이 길러진다. 읽기에도 참을성이 필요하다. 재미없는 활자를 따라가야 하기 때문이다. 그리하여 유치원에 가기 전부터 초등학교 졸업 때까지 부모는 TV의 만화나 스마트 폰의 게임과 같은 아이들이 하고 싶어 하는 것을 못하게 해야 한다. 심하게 이야기하면, 아이들의 자유를 짓밟아야 한다. 반드시 그런 것은 아니겠으나 자유가 지나치면 방종이 된다.

책을 읽지 않기 때문에 아이들이 아는 어휘는 부족할 수밖에 없다. 어휘가 부족하니까 사고(思考)를 위한 소재도 자연 빈약해진다. 세상을 이해하기 어려워지고, 자기 능력을 제대로 발휘하지 못하게 된다. 그리하여 후지와라는 "말의 오염은 나라를 망치지 못하더라도, 어휘 부족은 나라를 망친다"고 생각한다고 했다. 왜냐하면 "모든 지적 활동과 학문은 '어휘의 수확물'이라고 정의할 수 있다"고 믿기 때문이다.

"수학 역시 어휘의 수확물 아니겠습니까. 저는 뉴턴보다 훨씬 수학을 잘할 수 있습니다. 그가 풀 수 없는 문제를 순간적으로 풀 수 있습니다. 어째 그런가 하면, 저는 머리가 좋아서가 아니라, 세상이 발전함에 따라 수학적 어휘로는 제가 뉴턴을 압도하고 있기 때문입니다. 중요한 것은 수학이든 철학이든, 갖가지 현상에 어휘를 대응해서, 그 어휘를 획득함으로써 다양한 사상과 이론, 정서를 이해는 것입니다." (문장을 다소 고침.)

국어와 산수의 기초가 단단하면 나중에 독창성이 저절로 우러나게 된다는 이야기다. [위에서 일본 교직원 조합을 日教組라고 불렀다. 보통은 JTU라고 쓴다고 한다. Japan Teachers Union의 약자일 것이다. 왜 영어약자를 쓰는지 알 수 없다.]

제10화

한국의 수학

후지와라 마사히코의 이야기를 많이 했다. 국가를 무던히 사랑하는 수학자다. 그는 여러 권의 단행본을 집필했다. 그 가운데 가장 널리 알려진 책이 《국가의 품격》이 아닌가 한다. 번역이 있기에 사서 읽었다고 위에서 말했다. 앞에서 말한 《일본포럼》의 글들의 내용을 부연한 것이다. 새로운 것이 거의 눈에 띄지 않았다. 그러나 나는 후지와라의 글을 읽으면서 일본의 수학이 세계적인 수준이란 것이 마음에 걸렸다. 일본이 한국보다 앞선 분야가 많다. 배울 것은 배워야 한다. 수학도 앞섰으면 배워야 할 것이다.

나는 수학과는 거리가 멀다. 어려서 구구단은 외웠고, 고3 때까지 배운 것이 끝이다. 대학입시를 위하여 미적분과 해석기하 등도 공부했다. 학교서 배운 책은 아니지만, 해석기하는 일본인 와타나베 마고이치로(渡辺孫一郎)의 《초등해석기하학(初等解析幾何學)》(1929년 초간)의 번역본으로 공부했고, 미적분은 세 사람의 미국교수가 공저한 책인데 교수들의 이름은 생각나지 않는다. 그 후의 나의 수학이란 생활에 필요한 가감승제(加減乘除)다. 산수 혹은 계산이라면 모를까 수학은 아니다. 대부분의 사람들도 그럴 것이다. 그건 그렇다고 치자. 그러다가 한국의 수학은 어떤가 하는 데 생각이 미쳤다.

우리나라의 수학은 어떤가? 내가 할 수 있는 일은 우선 역사책을 뒤져 보는 것이다. 그래 진단학회에서 나온 《韓國史: 近世後期篇)》(1970)을 펼쳤다. 수학에 관한 이야기를 기대하였다. 선조 이후에 서양의 수학과 역법(曆法)이 수입되었다고 하고, 남병철(南秉哲, 1817~1863)이 지은 《海鏡細草解》(해경세초해)가 수리서(數理書)로 뛰어났다고 나와 있다. 그러나 이 책은 천체의 측량에 관한 것이다. 남병철은 위의 책 외에도 《儀器輯說》(의기집설)등의 저술이 있다. 그러나 그의 책은 대체로 천문, 기상, 지구, 역법에 관한 것이다. 우리가 생각하는 수학과는 거리가 있다. 또 그 동생인 남병길(南秉吉, 1820~1869)도 《算學正義》(산학정의)등의 수리에 관한 책을 썼다. 비슷한 시기에 이상혁(李尙爀, 출생 사망년도 불명)이 《算術管見》(산술관견)이란 책을 냈다고 한다. 실학파로서 청나라에 들어온 서양 수학을 소개한 것이라 했다.

이러한 정보로는 한국 수학의 역사와 성취를 가늠하기 힘들다. 그러다가 인터넷에서 김용운(金容雲)과 김용국(金容局)이 공저한 《韓國數學史》(1977)란 책을 알게 되었다. 도서관에서 대출하여 읽었다. 간단히 소개하면서 내 생각을 덧붙인다.

도입(導入) 부문에 동양 3국의 수학에 관한 개괄적인 언급이 있다. 중국의 수학은 율력(律曆)에서 시작되었다. 율(律), 역(曆), 역(易), 도량형(度量衡)을 하나의 수리의 기본원리로 삼아 그것으로 우주만상의 이치를 설명하려고 한 것이다. 그 과정에서 음양오행(陰陽五行), 십간(十干), 십이지(十二支)의 사상이 생겼다. 그것이 한반도로 들어왔다. 관학(官學)의 일종으로 명맥이 유지되었고, 종사자도 중인(中人)이었다. 일본의 수학은 화산(和算)이란 이름으로 알려졌다. 임진란 당시 조선에서 수입한 중국의 산서(算書)의 영향이 크다. 그러나 7세기말에서 9세기 초의 나라(奈良)시대에 이미 중국에서 수학과 계산도구인 '산목(算木)'을 수입하였고, 산박사(算博士)가 산생(算生)에게 수학을 가르쳤다고 한다. 백제를 통해서인지는 알 수 없어도 역사가 오래다.

본론은 한반도의 수학사이다. 3국시대로 소급된다. 어느 나라든지 다 그랬겠으나 토지측량, 조세, 부역(賦役), 곡물교환, 조공(朝貢)과 무역, 소득지출, 축성, 토목공사, 공예제작 등의 실용을 위한 산수가 필요했을 것이다. 그것이 도량형, 음률, 천문학, 풍수지리사상 등으로 발전했다. 관료적 산수였다. 고려시대에는 중국의 송과 원의 산학(算學)이 들어왔다. 민간수학도 있었다고는 하나, 주로 국자감(國子監)의 관영(官營)수학이었고 천문학 위주였다고 한다. 그러나 고려의 쇠망이 양전제(量田制)의 문란과 연관이 깊다는 사실도 고려 수학의 일단을 설명한다.

조선시대 전기다. 세종은 궁정과학의 붐을 열었다. 천문학에 대한 관심, 역서(曆書) 편찬, 자격루(自擊漏)의 발명 등은 수학에 기반을 둔 과학적 근거가 없이는 불가능한 일이었다. 또 세조 때 편찬된《經國大典》에 들어있는 '팔학(八學)'에 '산학(算學)'이 들어있는 것을 보면 산수를 중요시한 것이 분명하다. 산학자(算學者)가 다수 출현했다고 한다.

조선시대 중기를 연산에서 인종까지로 보면, 이 시기는 타성(惰性)과 정체(停滯)의 시대다. 더구나 임진란으로 나라가 망했다. 그나마 실낱같은 명맥을 유지하던 산학마저 자취를 감췄다. 공백시대라고 해도 과언이 아니다. 그래도 아주 망하지 않은 것은 그 후 실학(實學)이 대두한 때문이다. 서양의 충격이다. 실학의 최초 인물은 이수광(李睟光, 1563~1628)이다. 그는 세 차례에 걸쳐 연경을 다녀왔다. 백과사전적인 《芝峰類說(지봉유설)》을 저술했다. 여기서 그는 서양의 과학을 소개했다. 실학은 이규경(李圭景, 1788~?)으로 이어졌으며, 그는 《五洲衍文長箋散稿》(오주연문장전산고)에서 중국의 형이상학과 서양의 궁리(窮理)와 측량(測量)의 형이하학을 대비시켰다.

실학기(實學期)의 수학자로는 《算學啓蒙》(산학계몽)을 저술한 김시진(金始振)이 있다. 또 황윤석(黃胤錫, 1719~1791)은 《算學入門》(산학입문), 홍대용(洪大容, 1731~1783)은 《籌學需用》(주학수용), 최한기(崔漢綺, 1803~1879)는 《習算津筏》(습산진벌)을 저술했다. 이러한 전통이 위에서 말한 남병철, 남병길, 이상혁 등으로 이어진 것이 아닌가 한다. 그러나 중국 수학의 수준을 넘어 독자적인 발돋움을 한 흔적은 없다. 전통적인 유학과 음양오행 등의 관념에서 벗어나지 못한 잡학의 한 가닥이었다. 또 조선조 초부터 산사(算士)를 위한 과거도 있었으나, 응시자는 중인이었다. 조선은 계급사회였기 때문에 망했다는 것이 나의 평소 지론인데, 수학을 위시하여 과학자들을 홀대 천시하였으니 더 일찍 망하지 않은 것이 이상한 일이다.

1954년 자유당 정권 시절이니 오래 전이다. 요즘은 그런 일이 있을 수 없겠으나 위헌적인 사사오입 개헌에 수학자가 동원된 일이 있었다. 정권이 나빴기 때문이다. 학자는 모름지기 자기 연구에 몰두해야 한다. 또 무슨 상이나 명예를 염두에 두고 연구해서는 안 된다. 뛰어난 결과가 나오면 상을 받기도 한다. 그것도 운이 따라야 한다.

[추기: 위의 글을 쓴 후다. 한국고등과학원(KIAS) 수학부 석학교수이며 미국 프린스턴대학 교수인 수학자 허준이(39, June Huh)가 2022년 7월 5일 한국인 최초로 '필즈상(Fields Prize)'의 영예를 안았다는 반가운 소식이 들렸다. 1936년 제정된 필즈상은 4년마다 수학계에서 뛰어난 업적을 이루고 앞으로도 학문적 성취가 기대되는 40세 미만 수학자에게 주어지는 최고의 상이다. '수학계의 노벨상'이다. 국내 수학자들도 분발하여 뛰어난 업적을 이루어 이 상의 수상자가 더 많이 나오기를 기대한다.

일본은 고다이라 구니히코(小平邦彦) 등 3명이 수상했다. 필즈상은 4년에 한번 주는 상이다. 필즈상만 가지고 본다면 일본의 수학이 우리보다 한참 앞섰다. 하기야 전에도 말했다. 노벨과학상을 받은 일본인은 25명이다. 한국은 한 명도 없다. 이야기가 되지 않는다. 이야기가 되지 않는 이야기를 하는 나도 딱하다는 생각이 든다.]

제7장

데일 카네기의 《友道》

제1화

최초의 번역본

나에겐 오래 된 책이 더러 있다. 그중 하나가 《友道》란 책이다. 데일 카네기(Dale Carnegie, 1888~1955)의 《How to Win Friends and Influence People》(1936)을 번역이다. 제목을 그대로 직역하자면 "친구를 얻고 사람들에게 영향을 주는 방법" 쯤이 아닐까 한다. 역자는 8 · 15광복 이후 연세대학교 신과대학 교수를 지낸 이환신(李桓信)이란 분이다. 단기 4280년에 초판이 나왔고, 나에게 있는 것은 2년 후인 4282년의 재판이다. 단기를 서기로 고치려면 2333을 빼면 된다. 단기 4282년은 1949년이다. 6 · 25사변이 나기 바로 전 해다. 오래라면 오래 전이다. 책이 하도 낡고 너덜너덜해서 연전에 내가 책들을 학교도서관에 기증할 적에 차마 못 하고 그냥 가지고 있다. 표지도 내가 새로 만들어 붙였다. 그래도 속은 멀쩡해서 읽는 데는 지장이 없다.

책의 저자인 카네기는 농부의 아들로 미국 미주리의 작은 시골에서 태어났다. 어려서부터 부지런했다. 그의 자술(自述)에 따르면, 몇 살 적부터인지 새벽 3시에 일어나 돼지에 먹이를 주고, 소젖을 짜고서야 학교에 갔다고 한다. 소년 시절부터 연설을 좋아했고, 학교에서는 웅변반에서 활약했다. 워런버그(Warrenburg)에 있는 주립사범대학을 1908년에 졸업했다. 그리고는 교사와 세일즈맨 등 이런저런 일을 했다. 세일즈맨으로 성공하여 약간의 돈을 벌자, 뉴욕으로 갔다. 드라마 아카데미에 적을 둔 적도 있으나, 배우로서는 성공하지 못했다. 그러다가 1912년 뉴욕의 YMCA를 무대로 대화 및 연설기술에 관하여 강연한 것이 요샛말로 히트를 쳤다. 1914년에 매주 500달러를 벌었다고 한다. 요즘 가치로 환산하면 1만2,800달러의 거액이다.

그는 여러 권의 책을 집필했다. 가장 유명한 것이 1936년에 출간된 위의 책이다. 그가 사망한 1955년까지 이 책은 31개의 언어로 번역되었고, 5천만 부가 팔렸다고 한다. 그가 죽은 지 70년이 가까이 된다. 번역도 몇 개의 다른 언어로 또 되었을지 모르나, 엄청나게 더 팔렸을 것은 분명하다. 우리나라에서도 최근까지《인간관계론》등의 제목으로 번역된 것이 여럿이다. 그런데 내가 갖고 있는《우도》는 이 책의 우리나라 최초의 번역본이다. 책의 내용을 잠시 뒤로하고, 〈번역한 이 말〉을 먼저 살펴본다.

"전에 내가 미국 유학할 당시에 동양 사람을 미국 사람들이 비평하는 것을 들은 일이 있다. 중국사람은 혼자서 일본사람 열을 당하지만, 일본사람 둘은 중국사람 백을 당한다는 것이다. 즉, 중국사람은 개인적으로는 일본사람의 10배지마는 단체적으로는 100분의 2라는 뜻이다. 아마 우리도 그렇지 않은가 생각한다. 이것은 우리네가 다 아는 사실이다. 크게 뭉치거나 작게 뭉치거나 뭉치는 데는 약하다. 합작, 합작 떠들지마는 합작하는 것이 무엇이 있나? 보라! 왜 그럴까? 무슨 까닭일까? 까닭도 많으리라.

그러나 큰 까닭의 하나는 무식한 탓이리라. 무식! 대중소학 졸업생과 또는 재학생이 저렇게 많은데 무식이란 말을 하면 인식부족이라고 비웃음을 받을지도 모르나 자세히 알고 보면 무식임이 틀림없다.

글을 잘 읽고 잘 쓰는 이도 많고, 정치경제의 훌륭한 말을 잘하는 이도 많으며, 종교 신앙의 정통 이단을 썩 잘 구별하는 이도 많다. 과학적 진리의 깊은 경계를 사뭇 아는 이도 적지 않으며, 온갖 사물에 백과전서 같은 분들도 많이 만나본다. 그러나 한 가지에는 거의 다 무식하다. 그 한 가지란 것은 남과 같이 지내는 것을 뜻한다." [맞춤법을 고치고 한자를 한글로 바꿈.]

번역한 이의 말은 개탄(慨嘆)이다. 우리나라 사람들은 협력에 약하고, 그 이유는 남과 같이 지내는 데 무식하기 때문이란 것이다. 어떻게 하면 그 무식에서 벗어나나? 《우도》를 읽으라는 것이다. 그러면 툭 터놓고 지낼 수 있는 친구를 많이 갖게 되고, 평화롭고 안락한 가정생활을 누리게 되고, 원만한 사회생활을 영위할 수 있게 된다는 것이다. 정말 그럴까?

[추기: 저자에 관하여는 https://en.wikipedia.org/wiki/Dale_Carnegie 참조함.]

제2화

가정교육의 중요성

《우도》의 저자는 책이 나오게 된 동기를 이렇게 말한다.

"사회생활에 있어서 사람을 어떻게 사귀느냐는 문제는 누구나 부닥치는 문제 가운데 가장 큰 문제다. 무슨 직업이든지 생활의 성공이 되고 안 됨은 거의 이 문제 해결에 달렸다고 해도 좋을 것이다 …… 사람과 교제하는 기술 문제는 이렇게 중요한 것이다. 불행히도 전문학교 과정 중에는 교제에 대한 기술을 기를 만한 것이 하나도 없다."

기술인지 재주인지는 모르겠으나, 사람과 사귀는 문제는 성공과 직결되어 있다는 것이다. 그렇게 중요하지만 학교에서는 그러한 문제를 가르치지 않는다. 그래 저자가 나섰다. 책을 쓴 것이다. 저자가 그렇다고 하니 그런가 한다. 그렇게 생각할 수도 있다. 학교에서 배우는 것은 우리 교육의 한 부분에 불과하다. 태아교육도 있다지만 그것은 그만 두고, 사람은 나서부터 제일 먼저 어머니에게서 배운다. 가정교육이 중요하다는 말이다. 일본 육군대장이던 야마시다 도모유키(山下奉文)의 일화를 다시 소개한다.

야마시다는 태평양전쟁 말기에 필리핀 주재 일본군 총사령관이었다. 전쟁이 끝났다. 그는 9월 3일(1945년)에서야 바기오(Baguio)에서 항복 조인에 서명했다. 그리고 그 자리에서 포로로서 체포되어 마닐라로 호송되었다. 수용소에 갇혔다. 전쟁범죄용의자로 기소된 것은 10월 9일. 기소사유는 부하 장병들의 행동을 통제하는 임무에 태만하였다는 것이다. 그래서 민간인의 살상이 발생했고, 그 책임을 야마시다가 지게 되었다. 공교롭게도 판결 선고일은 태평양전쟁이 발발한 12월 8일이었다. 교수형이 언도되었다.

다음해 2월 22일, 형장으로 향하는 차 속에서 동반한 효고현(兵庫縣)의 세이가쿠사(正覺寺)의 주지(住持)인 모리다(森田) 중위가 물었다.

"남기실 말씀은?"

"인간의 성품의 밑뿌리는 학교에 다니기 전에 자기 집 어머니의 교육으로 이루어진다. 나의 유언은 부인들의 교육을 좀 더 높여서 좋은 어머니를 만들어야 한다는 것이다. 이것이 조국에 바랄 뿐이라고 전해 주기 바라네."

조용히 그렇게 말하고 아무렇지도 않은 듯 교수대에 올랐다. "생사를 초탈한 그의 가슴 속에는 일본의 재흥은 어머니의 어깨에 달렸다는 신념뿐"임을 토로했다. [야마오카 소하치(山岡莊八) 지음, 박재희(朴在姬) 역(譯), 《太平洋戰爭》(동서문화사, 1973) 제6권, 103~104쪽. 나는 이 일화를 다른 곳에서도 소개하였다.(《술의 반란》, 252~253쪽.)]

야마시다의 말이 반드시 옳은 것인지, 또 그가 정말 그렇게 말했는지는 알 수 없다. 그러나 어머니의 교육이 매우 중요한 것만은 부인할 수 없을 것이다. 그렇다고 어머니는 "사람 사귀는" 기술을 가르치지는 않는다. 이런 이야기를 어디선가 읽은 기억은 있다. 미국 제35대 대통령인 케네디(John F. Kennedy)집안의 교육이다. 상대방의 제의를 거절할 적에 영어권에서는 흔히 "노 땡큐(No, thank you)!"라고 말한다. 그러나 케네디 집안의 교육은 "땡큐(Thank you)!"라고 먼저 말하고, 이어서 "벗, 노 땡큐(But, no, thank you)!"라고 하라고 가르친다는 것이다. 일단 고맙다고 하고 그 다음에 거절의 의사를 말하라는 것이다. 거절의 의사를 먼저 말하면 상대방이 언짢게 생각할 수도 있기 때문이다.

나의 경우에는 상대방의 제의에 대하여 "땡큐!" 등 어쩌고 자시고는 그만두고, 거절을 잘한다. 무슨 짐을 들 적에 누가 옆에서, "도와드릴까요?"라고 하면, 나는 으레 "아뇨! 괜찮습니다!"라고 말해 버린다. 결과적으로는 상대방의 호의를 무시한 행동이나, 나의 입장에서는 남에게 부담을 주는 일은 안 하겠다는 심리다. 일종의 결벽증일 수도 있다. 도와줘도 될 만한 형편이니 도와주겠다고 말했을 것이다. 그런데 나는 싫다. 상대는 기분이 안 좋을 수도 있다.

내가 잘 아는 어떤 교수 이야기다. 나는 그가 "노(No)!"라고 하는 것을 들은 적이 없다. 그래 그런지 그는 동료와 제자를 포함하여 주변 사람들에게 항상 인기가 좋았다. 《우도》를 읽고 배웠나? 천성을 그렇게 타고 난 것인가? 그러면 "노(No)!"소리를 잘하는 나도 그게 천성인가? 나는 오래 전에 《우도》를 읽었지만, 그걸 소화하지 못하고, 그 가르침을 배우지 못한 것은 분명하다. 도대체 그 가르침이 무엇인가?

제3화

책 읽는 방법

내가 갖고 있는《우도》라는 이름으로 번역된 책은 위에서 말한 것처럼 재판이다. 3판도 나왔는지 모르나, 꽤 많이 읽혔을 것이다. 영어로 읽은 사람도, 이환신 씨가 아닌 다른 사람의 번역을 읽은 사람도 많을 줄 안다. 그러나 그 책의 가르침을 이야기하겠노라고 지난 회에 이야기했으니, 약속을 이행하기로 한다. 제대로 하느냐는 별개의 문제다. 그 전에 하나 밝힐 것이 있다. 내가 갖고 있는 책은 오래 전 번역이다. 맞춤법도 그렇고, 문장도 요즘의 투와는 많이 다르다. 그래 지난주에 '알라딘'에 영어책을 주문했다. 배송료 2천원을 포함해서 우리 돈으로 9,490원을 보냈다. 8.99달러짜리 손바닥만 한 페이퍼백이 왔다. 데일(Dale)의 미망인인 도로시 카네기(Dorothy Carnegie)가 서문을 쓴 개정판(1981)이다. 펼쳐보기가 쉽다. 이젠 번역도 내 나름으로 마음대로다. 사람과의 문제가 아니라 책과의 소통이 더 원활하게 되었다. 투자를 했기 때문이다.

책은 4부(部)로 구성되어 있다.

제1부: 사람을 다루는 기본기술(Fundamental Techniques in Handling People)

제2부: 사람들이 당신을 좋아하게 만드는 여섯 가지 방법(Six Ways to Make People Like You)

제3부: 당신의 사고방식 속으로 사람들을 끌어들이기(How to Win People to Your Way of Thinking)

제4부: 지도자 되기; 비위를 거스르거나 화내지 않게 하면서 사람들을 내 편으로 만들기(Be a Leader; How to Change People Without Giving Offense or Arousing Resentment)

각 부의 제목이다. 제목만 보아도 무슨 내용인지 짐작이 간다. 그러나 저자는 그에 앞서 자신의 책을 읽는 아홉 가지 방법을 제시한다. 어떻게 읽으면 책의 내용을 자기의 것으로 만드는가에 관한 것이다. 책 선전이다. 책 선전을 통하여 독자를 자기편으로 만드는 것이다. 영웅본색이 아니라 저자본색이다.

첫째, 심도 있고 열정적인 추진력을 발전시켜 인간관계의 여러 원칙의 주인이 되도록 노력하라. 그 추진력을 어떻게 발전시키나? 항상 내가 말하는 원칙들이 중요하다는 사실을 상기하면 된다. 원칙의 주인이 됨으로써 더욱 풍요롭고, 더욱 완벽하고, 더욱 행복하고, 더욱 보람 있는 자신을 상상하는 버릇을 기르기를 바란다.

둘째, 매 장(章)을 휙휙 읽지 말기 바란다. 조감도를 보는 식으로 읽으면 안 된다. 인간관계의 기술을 늘리고 싶다면, 매 장을 꼼꼼히 읽고 또 읽어

라. 결과적으로 이 방법이 시간을 절약하는 길이요, 좋은 성과를 올리는 방법이다.

셋째, 읽은 대목들을 음미하는 시간을 가져라. 그러면서 내가 말하는 여러 원칙을 언제 어떻게 쓸 것인가를 생각하라.

넷째, 크레용 · 빨간연필 · 만년필 등으로 중요하다고 생각되는 대목에 밑줄을 치거나 별표를 치면서 읽어라.

다섯째, 읽은 것은 매달 한 번씩 다시 검토하라.

여섯째, 기회가 있을 적마다 내가 제시한 원칙들을 실제에 응용하라.

일곱째, 당신이 나의 원칙을 어겼을 때, 가족이나 친구 기타 주변 사람들이 그것을 지적하면 500원이고 1,000원이고 주어라. 원칙을 마스터하는 데 도움이 될 것이다.

여덟째, 무엇이 어떻게 나아졌는지 매주 점검하라. 무슨 잘못을 저질렀는지, 개선이 되었는지, 앞으로는 무엇을 할 것인지를 생각하라.

아홉째, 책의 여백에 나의 원칙들을 언제 어떻게 실천했는지를 적어라.

카네기가 제시한 자기 책의 독서법이다. 오랫동안 베스트셀러였지만, 그런 식으로 읽은 독자가 몇이나 될까? 예컨대, 《논어》를 그런 식으로 읽으면 도덕군자가 되지 않는 사람이 없을 것이다. 책 읽는 법에 관한 이야기가 나왔으나, 몇 가지 생각을 덧붙인다.

어떻게 책을 읽나? 안광철지배(眼光徹紙背)란 말이 있다. "눈빛이 종이의 뒷면까지 뚫는다"는 것이다. 책을 읽을 적에 그렇게 열중하여 읽으란 것이다. 그래 또 이런 말도 있다. 정신일도하사불성(精神一到何事不成)이라고 했다. "정신을 집중하여 노력하면 어떤 일에도 성공한다"는 것이다. 책을 읽을 적에도 정신을 집중하여 읽으면 이해와 암기가 잘 되는 것은 물론이다. 송나라의 여정덕(黎靖德)이 편찬한 《朱子語類(주자어류)》에 나오는 말이다. 반드시 독서에만 해당하는 말은 아니나, 책을 읽을 때도 그렇게 하는 옛사람이 많았다.

같은 것을 100번 읽는 것도 독서의 한 방법이다. 그래 "讀書百遍義自見(독서백편의자현)"이라고 했다. 후한(後漢) 말의 동우(董遇)라는 사람은 누가 그에게 배우러 오면 가르치려 하지 않고 이렇게 말했다.

"100번을 읽어라. 그러면 뜻은 저절로 안다."

"그럴 시간이 없습니다."

"삼여(三餘)를 가지고 하면 된다."

"삼여가 무엇입니까?"

"겨울은 해[年]의 여분(餘分), 밤은 낮의 여분, 궂은비는 때의 여분이다."

촌음을 아껴 되풀이하여 독서를 하라는 말이다.

위에서도 이야기한 적이 있지만, 영어에는 이런 말이 있다. "Reading, writing, and arithmetic are taught to the tune of the hickory stick." Hickory는 호두 과(科)의 나무다. 흔히 지팡이를 만든다. 여기서는 회초리다. 번역하면 이렇다.

"읽기, 작문, 그리고 산술은 히코리 회초리의 가락에 맞춰 배워진다."

읽기를 안 하면 회초리로 때린다는 것이다. 《우도》의 독서법이 이상한 곳으로 흘렀다. 정작 《우도》의 내용은 말하지 못했다. 왼쪽 종아리가 가려운데 오른쪽 종아리를 긁는 꼴이 됐다.

제4화

사람을 다루는 기본기술

《우도》의 내용인지 본지(本旨)인지를 이야기할 때가 됐다. 앞에서 말한 바와 같이 책의 제1부는 "사람을 다루는 기본기술"이다. Fundamental Techniques in Handling People을 내가 그렇게 번역하였고, 이환신 씨는 "사람 취급(取扱)에 대한 기초적 기술"이라고 하였다. "사람을 다루다" 혹은 "사람을 취급한다"는 말에는 남을 다소 업신여기는 뉘앙스가 있다. 하기야 영어의 핸들링(handling)의 번역이기 때문인데, 영어의 핸들(handle)도 마찬가지다. 자동차 운전대처럼 손으로 잡고 마구 다루는 것인데, 핸들에는 manipulate의 뜻도 있다. 부정한 수단으로 조작한다는 의미가 포함되어 있다. 또 컨트롤(control)의 뜻도 있다. 남을 내 마음대로 지휘하는 것이다. 핸들링을 "다루다" 혹은 "취급"으로 번역한 것은 적절한 어휘를 찾지 못해서였겠으나, 다른 사람에 대한 존경과 배려의 마음이 결여되어 있다. 진정한 우도는 못되는 것이 아닌가 한다.

그건 그렇다고 하고, "사람을 다루는 기본적인 기술"에는 세 가지 원칙이 있다. 첫째, 비판 · 책망 · 불평을 하지 않는 것이다. 카네기는 유명한 살인강도인 크롤리(Crowley)의 이야기를 시작 삼아 하였다. 그가 무장경찰과 총격전 끝에 체포될 때, 그의 몸에서 '내 가슴 속에는 아무도 괴롭게 하지 않는 착한 양심이 있다'고 쓴 피가 묻은 편지가 나왔다. 그는 사형선고를 받고 뉴욕의 싱싱(Sing Sing)감옥의 사형장에 이르렀을 적에도, 이렇게 자기변명을 하였다.

"이것은 내가 사람 죽인 죄 값이냐? 아니다. 내 자신을 지키려다 얻은 것이다."

알 카포네(Al Capone)도 마찬가지였다. 그는 사람들에게 기쁨과 이익을 주려고 했다며, 조금도 잘못을 뉘우치지 않았다. 100명 중 아흔아홉 사람은 잘못을 저지르고도 자신을 비난치 않는다. 비판은 도리어 사람들로 하여금 자기변명에 힘쓰게 하고, 방어를 더 단단하게 할 뿐이다. 그러니 그런 사람을 비판해 보았자 소용이 없다. 아니 오히려 손해를 입는다.

내 주변에도 김동길 박사를 위시하여 에이브러햄 링컨을 좋아하고 연구하는 사람이 많지만, 카네기도 링컨의 이야기를 한다. 1865년 4월 15일 링컨이 부스(John Wilkes Booth)의 총을 맞고 죽었을 적에, 육군장관 스탠톤(Edwin M. Stanton)이 말했다.

"역사가 있은 뒤로 가장 훌륭한 정치가가 여기 누워있다."

링컨이 대통령까지 된 성공의 비밀은 무엇이었을까? 젊은 시절의 링컨은 남을 놀려먹고 악담하기를 재미로 알았다. 인디애나 주의 피존 크리크 밸리에 있을 적에 그는 말로 남을 비평하는 것에 만족치 않고, 시와 편지를 써서 사람들이 많이 다니는 길가에 뿌리기도 했다. 그것도 한두 번이 아니었다.

1842년 가을 링컨은 스프링필드에서 쉴즈(James Shields)라는 정객을 혹평하는 글을 신문에 발표하였다. 화가 난 쉴즈는 결투를 신청했다. 링컨은 결투를 원하지 않았지만, 체면상 허락했다. 무기의 선택권이 있었다. 그는 칼을 택했다. 일찍이 그는 웨스트포인트 졸업생에게서 검술을 배웠고, 팔이 남달리 길었기 때문에 칼이 유리하다고 생각했던 것이다.

약속한 날에 그는 미시시피 강가의 모래판에서 결투에 임했다. 그러나 싸움은 만만치 않았다. 목숨이 경각에 달렸을 때 다행히 그의 친구가 싸움을 말렸다. 생명을 건졌다. 이것은 링컨의 일생에 있어서 가장 큰 사건이었다. 이 경험에서 그는 사람을 다루는 기술(?)을 배웠다. 다시는 남을 업신여기는 시나 편지를 쓰지 않았고, 누구를 비평하는 말을 삼갔다.

"원한은 절대 품지 말고 자선만을 베풀라. (With malice toward none, with charity for all.)" 널리 알려진 링컨의 좌우명은 이렇게 생겼다.

3년 전인 2018년 5월 11일(금요일)이다. 서울 서대문구 대신동 김동길 박사 댁에 갔었다. '링컨모임' 날이었다. 모임 전에 김 박사를 따로 잠시 뵈었는데, 《The Gettysburg Address》(Applewood Books: no date)란 작은 책자에 친필로 위의 글을 써서 내게 주셨다. 나에게 주신 자선(charity)이라고 생각하고 있다.

또 링컨이 즐겨 쓰던 성구(聖句)는 "비판을 받지 아니하려거든 비판하지 말라. (Judge not, that ye be not judged.)"(〈마태복음〉 7장 1절)였다. 그의 부인과 주위의 사람들이 남북전쟁 당시에 남부 사람들을 나쁘게 말하면, "바꾸어 생각하라. 우리가 그들의 처지에 있다면 우리도 결코 그들보다 나을 것이 없을 것"이라고 말하곤 했다.

그 후 이런 일도 있었다. 남북전쟁 때다. 1863년 7월 첫 3일 동안 치열한 게티스버그 전투가 있은 다음 날인 4일 밤이다. 남부군의 장군인 로버트 리(Robert E. Lee)는 남쪽으로 후퇴하고 있었다. 큰 비로 말미암아 포토맥 강이 넘쳤다. 건너기가 어렵게 되었다. 게다가 뒤에는 북군의 추격이다. 진퇴유곡이었다. 링컨은 리가 도망할 수 없음을 알았다. 리를 생포하고 전쟁을 끝낼 수 있는 절호의 기회였다. 그는 북군사령관인 미드(George G. Meade)에게 즉각적인 공격을 취하라는 전문을 보냈다. 또 특사도 보냈다. 그러나 미드는 링컨의 말을 듣지 않고 간부회의를 열고 우물쭈물 시간을 끄는 사이에 강물은 줄었다. 리와 그의 군대는 탈출에 성공했다. 분기가 탱천한 링컨은 미드를 꾸짖는 편지를 썼다. 그러나 그 편지는 링컨이 죽은 후에 그의 서류함에서 나왔다고 한다. 보내지 않은 것이다. 그는 나쁜 소리와 비평이 결코 좋은 결과를 가져오지 않는다는 것을 알고 있었고, 실천했다.

루스벨트(Theodore Roosevelt) 대통령이 이런 이야기를 한 적이 있다. 어려운 일에 봉착할 때마다 백악관 사무실에 걸려 있는 링컨의 초상화를 보면서, "링컨 같으면 이 일을 어떻게 처리했을까?"라고 물었다는 것이다. 그도 편지를 써서 서랍에 넣어두고 보내지 않았나?

"사람을 다루는 기본적인 기술" 가운데 첫째 이야기가 길어졌다. 둘째와 셋째 이야기는 다음으로 미룬다.

제5화

비평하지 말고 칭찬하라

"비평 · 책망 · 불평을 말라!" "Don't criticize, condemn or complain." 사람을 다루는 기본기술의 첫째 원칙이라고 앞에서 말했다. 링컨에 이어 벤자민 프랭클린(Benjamin Franklin, 1706~1790)의 이야기다. 청년시절에 그는 매우 비사교적이었다. 하기야 그는 번개가 전기인 것을 실험도 하였으니, 과학적인 마인드는 가졌다. 연구에 열중하느라 인간관계를 소홀히 했을 수도 있다. 그러나 나이가 들면서 교제에 능하게 되었다. 그래서인지 프랑스주재 미국대사가 되기도 했다. 그는 성공의 비밀에 관하여 "다른 사람의 단점은 조금도 말하지 않고, 누구의 장점이든 장점은 아는 대로 다 말하는 것(I will speak ill of no man, and speak all the good I know of everybody.)"이라고 했다.

어리석은 사람일수록 남을 헐뜯고 악담하고 불평을 잘한다. 그러나 훌륭한 사람은 남이 비록 자기에게 잘못을 저질러도 나무라지 않는다. 남을 이해하고 용서한다. 《The French Revolution》(1837)을 저술한 칼라일(Thomas Carlyle, 1795~1881)은 말했다. "위대한 사람은 자기보다 낮은 사람과의 관계에서 그의 위대성을 나타낸다." "A great man shows his greatness by the way he treats little men." 그렇다. 위대한 사람은 남에 대한 비평에 앞서서 남을 이해하려고 노력하고, 자기완성에 힘쓴다.

닥터 존슨(Dr. Johnson)의 다음과 같은 말도 있다. "여보시오! 하나님도 최후의 심판 일까지는 사람을 판단하려고 아니하시거늘 하물며 사람이랴! (God himself, sir, does not propose to judge man until the end of his days!)"

닥터 존슨은 18세기 영국의 시인, 극작가, 수필가, 모럴리스트, 문학비평가, 전기 작가인 사무엘 존슨(Samuel Johnson, 1709~1784)의 애칭이다. 그의 최대의 업적은 《A Dictionary of the English Language》(1755)의 편찬이었다. 사람을 다루는 기본기술의 첫째 원칙을 다시 강조한다. "비평 · 책망 · 불평을 말라!"

사람을 다루는 기본기술의 둘째 원칙은 "정직하고 진솔한 칭찬을 하는 것이다." "Give honest and sincere appreciation." 그것을 이환신 씨는 "교제(交際)하는 법"이라고 하였다. 다른 사람이 내 말을 듣게 하는 보통의 방법은 힘을 사용하는 것이다. 힘에도 여러 가지가 있다. 칼이나 총으로 위협하여 복종하게 할 수도 있다. 또 정당한 말로 따라오게 할 수도 있다. 정당한 힘 혹은 영향력이다. 흔히 정당한 영향력을 권위(權威)라고 한다. 권위가 있으면 말을 듣는다. 더 좋은 방법은 상대방이 원하는 것을 시키는 것이다. 그러면 사람들이 원하는 것은 무엇인가? 카네기는 아래의 여덟 가지를 꼽고 있다.

1. 건강과 생명보존(health and the preservation of life).

2. 음식(food).

3. 수면(sleep).

4. 돈과 돈으로 살 수 있는 물건(money and the things money will buy).

5. 내세(life in the hereafter).

6. 성적 만족(sexual gratification).

7. 자손이 잘되는 것(the well-being of our children).

8. 명망(a feeling of importance)

이 가운데 예컨대 음식과 수면과 같이 비교적 쉽게 성취할 수 있는 것도 있으나, 그렇지 않은 것도 있다. 프로이트(Sigmund Freud, 1856~1939)는 사람의 행동은 주로 성욕과 위대하게 되려는 욕망(the desire to be great)이란 두 가지 동기(動機)에서 유발된다고 하였다. 또 듀이(John Dewey, 1859~1952)는 사람의 가장 중요한 소원은 유명하게 되려는 욕망(the desire to be important)이라고 하였다. 위대하게 되려는 것과 유명하게 되려는 것은 대부분의 사람들 마음속에 있다. 큰 소원이다. 그렇다면 그들의 그런 소원을 만족시킬 수 있으면 나는 능히 그들을 내 뜻에 따르게 할 수 있을 것이다. 그러면 그 방법은? 위에서 말한 바와 같이 "정직하고 진솔한 칭찬하기"다. 여기서 칭찬은 물론 아첨과 다르다.

"아첨은 진실이 아니고, 칭찬은 진실이다. 아첨은 입에 발리고 칭찬은 마음속에서 우러나온다. 아첨은 이기적이고, 칭찬은 공정하다. 아첨은 사람들이 싫어하나 칭찬은 누구나 좋아한다."

우리는 먼저 다른 사람의 장점이 무엇인지 찾아야 한다. 그리고 그것을 올바르게 평가해야 한다. 그러면 참되고 바른 칭찬이 저절로 나올 것이다.

에머슨(Ralph Waldo Emerson, 1803~1882)은 말했다. "내가 만나는 사람은 어떤 면에서는 모두 나보다 낫다. 그래 나는 그에게서 배운다."(Every man I meet is my superior in some way. In that, I learn of him.)

에머슨이 그러할진대 보통 사람들은 말할 것도 없다. 공자도 "세 사람이 길을 가면 거기에는 반드시 내 스승이 있다. 그들의 좋은 점을 가려서 좇을 것이며, 나쁜 것은 골라서 내 자신을 바로 잡는다."고 하였다. "三人行必有我師焉 擇其善者而從之 其不善者而改之." (《論語》〈述而〉)"고 하였다. 에머슨이 《논어》를 읽었는지는 알 수 없어도, 누구든지 스승으로 삼아 배우는 것은 같다.

다른 사람의 장점이 무엇인지 알아보기에 힘쓰자. 장점을 찾아 칭찬을 하자. 칭찬을 받으면 사람들은 기뻐한다. 고래도 칭찬하면 춤을 춘다고 한다. 정직하고 진솔한 칭찬하기를 습관화하자!

제6화

사람을 낚는 방법

"다른 사람의 소원을 불러일으키라!" "Arouse in the other person an eager want." 사람을 다루는 기본기술의 셋째 원칙이다. 낚시꾼이 낚시를 할 때면 자기가 좋아하는 아이스크림이나 과자를 생각지 아니하고, 물고기가 좋아하는 미끼를 생각하여 낚시에 매단다. "너희들이 좋아하는 것이니 잡수시오!"한다. 물고기를 낚을 때는 그러면서 사람을 낚을 때는 왜 그런 상식을 쓰지 않는가? 《우도》의 저자인 카네기가 제기한 의문이다. 사람마다 다 그런 상식에 익숙하여 실천한다면 세상이 어떻게 될까 하는 생각도 해본다. 평화로운 세상이 될까?

그런 상식을 실천하여 성공한 사람도 많을 것이다. 그 한 예는 로이드 조지(Lloyd George, 1863~1945)다. 1백 년 전에 영국 수상을 지냈다. 지금 그를 기억하는 사람은 거의 없겠으나 명재상이었다. 재상에서 물러난 후에도 인기가 높았다. 누가 그 비결을 물었다. "물고기를 잡으려면 고기가 좋아하는 미끼를 낚시에 매다는 것이 필요하다는 것을 배운 것뿐이다"고 대답했다. 사람에게는 누구나 소원이 있고, 거기에 관심을 갖는다. 따라서 다른 사람을 감동시킬 첫째 비결은 그가 원하는 것을 말하고, 그 소원을 이룰 수 있는 길을 보여주는 것이다. 로이드 조지가 터득한 사람 낚는 방법이다.

쉬운 예를 들어보자. 어떤 부모가 아들의 금연을 바란다고 하자. 피우지 말라고 잔소리를 해보았자 소용이 없다. "금연하면 머리가 깨끗해져서 컴퓨터게임이 잘 된다"고 하면 어떨까? 성공할 확률이 클 것 같다. 아들이 컴퓨터게임을 좋아한다는 것을 부모가 알기 때문에 아들이 원하는 것을 성취하도록 말한 것이다. 《우도》가 처음 출판되어 나올 당시에는 컴퓨터가 없었다. 컴퓨터 이야기는 내가 집어넣은 것이다. 그러다 다시 생각한다. 컴퓨터게임만을 좋아하는 아들에게 학교공부를 좀 하라고 하려면, 무슨 소원을 찾아야 하나? 하기야 게임을 잘했는지 어떤지는 모르나, 컴퓨터를 잘하면 마이크로소프트를 창업한 빌 게이츠(Bill Gates, 1955~)같이 될 수도 있다.

이런 일화도 있다. 에머슨이 하루는 아들과 같이 송아지를 외양간에 넣으려하였다. 아들은 고삐를 잡아당기고, 아버지는 뒤에서 떠밀었다. 그러나 송아지는 요지부동이었다. 그때 그 집 늙은 하녀가 주인 부자가 쩔쩔매는 것을 보고는 자기의 손가락을 송아지 입에 물리고 빨리자 송아지는 순순히 외양간 안으로 따라 들어갔다. 그 하녀는 에머슨처럼 글을 쓸 줄은 몰라도 송아지가 원하는 것은 알았다. 내 생각인데, 손가락에 우유를 묻혀 송아지 입에 넣었으면 더 좋았을지 모른다. 오버스트리트(Harry A. Overstreet, 1875~1970)는 이렇게 말했다.

"사람의 행동은 어떤 근본적인 욕망에서 시작된다. 직장 · 가정 · 학교 혹은 정치에 있어서도 가장 중요한 충고는 먼저 다른 사람의 간절한 소원을 붙

잡아 일으키는 것이다. 이것을 할 수 있는 사람은 온 세계를 차지할 것이요, 이것을 할 수 없는 사람은 늘 외로운 길을 혼자 걸은 것이다." 오버스트리트는 심리학과 사회학 책을 여러 권 펴낸 미국의 작가다. 교수노릇을 하면서 강연도 많이 다녔다. 1949년에 출판된 《The Mature Mind》(원숙한 인간)는 공전의 베스트셀러였다. 위의 인용은 그의 초기저작인 《Influencing Human Behavior》(인간행동에 영향 주기, 1925)에서의 인용이다.

강철왕 카네기(Andrew Carnegie, 1835~1919)의 이야기도 있다. 한 시간에 2센트를 받고 노동하던 아주 가난한 스코틀랜드 소년 카네기는 3억 6,500만 달러를 사회에 기부하는 거부가 되었다. 지금 가치로는 환산하기도 힘든 큰돈이다. 그는 어려서부터 상대방의 소원을 들어 말하는 것이 상대방을 움직이는 방법임을 알았다. 학교라고는 고작 4년을 다녔을 뿐이나, 사람을 다루는 재주를 일찍 터득했다. 그의 성공에는 물론 행운도 따랐다. 상대방의 소원을 들어 말한다고 모두 강철왕이 되지는 않는다.

다시 생각한다. 역사에는 군주의 의사에 반하는 말을 하다가 비명에 간 신하도 많다. 임금은 혼군(昏君)으로 기록되고, 신하는 충신으로 기록된다. "짐(朕)이 국가"라고 말한 구시대의 군주도 있으나, 군주가 국가일 수는 없다. 충신은 군주 개인보다 국가를 위해 충언을 아끼지 않는 신하다. 목에 칼이 들어가도 충언을 굽히지 않던 신하들도 예전엔 많았다. 임금의 비위나 맞추는 신하는 간신(奸臣)이다. "역사에 충신으로 남고 싶은가? 간신으로 남고 싶은가?" 요즘의 대한민국 공직자들에게 던지고 싶은 질문이다.

제7화

진심으로 대하라

언젠가 나는 "시작이 있는 것은 끝이 또한 있다"는 플라톤의 말을 인용한 적이 있다. 나는 그 말을 좋아한다. 그런데 《우도》의 이야기는 끝이 보이지 않는다. 사람들 사이의 관계가 끝이 없기 때문일지 모른다. 우리는 늘 다른 사람과 관계를 맺고 있다.

지난 이야기까지는 사람 다루는 기본기술의 서론이다. 이제 본론이다. 먼저 "다른 사람이 당신을 좋아하게 만드는 방법을 설명하고자 한다. 여섯 가지다. 차례로 설명한다.

첫째, 다른 사람에게 관심을 갖고 다른 사람 본위로 교제하는 것이다. 그러면 당신은 어디서든지 환영을 받는다. 세상에서 교제를 제일 잘하는 동물은 개다. 개는 주인을 보면 멀리서도 꼬리를 흔들며 반갑게 달려온다. 줄에 묶여있어도 꼬리를 치며 이리저리 뛴다. 그런 개를 좋아하지 않을 주인은 없다. 암탉은 알을 낳는다. 사람은 알도 먹고, 그 고기도 먹는다. 수탉도 고기는 식용이다. 소도 마찬가지다. 우유도 먹고, 고기도 먹는다. 젖 안 나오는 황소도 고기를 먹는다. 논이나 밭가는 일도 시킨다. 사람들이 닭과 소를 기르는 이유다. 개는 집을 지키기도 하고, 군용 혹은 경찰용으로 쓰이나, 꼬리를 치고 주인을 반기는 재주밖에 달리 쓸모가 없는 동물이다. 물론 예외도 있다. 개고기를 즐겨 먹는 사람도 있고, 식용을 위하여 개를 사육하기도 한다. 중국에서는 개고기가 팔진미(八珍味)의 하나로 꼽힌다.

사람이 개를 키우는 가장 중요한 이유는 개가 사람을 반기고 따르기 때문이다. 개는 교제술을 선천적으로 타고난다. 그 교제술은 자기를 돌보지 아니하고, 주인만을 생각하고 반갑게 꼬리를 흔드는 것이다. 물론 충성도 한다. 그러면 개는 왜 꼬리를 흔드나? 영어 조크가 생각나서 적는다.

"개가 왜 꼬리를 흔드는가? (Why does a dog wag his tail?)"

"꼬리가 개를 흔들 수 없기 때문이다. (Because the tail cannot wag the dog.)"

주제와 직접 관련은 없으나, 이 정도의 조크면 충분히 싱겁다.

통화에서 제일 많이 쓰이는 단어가 무엇인지 뉴욕전화회사에서 조사를 했다고 한다. 오래 전의 일이나, 500회의 통화가운데서 제일 많이 나온 단어는 "나"라는 1인칭 대명사였다. 무려 3,900번이었다고 한다. 사람들의 대화는 주로 자기본위였음이 밝혀졌다. 여러 사람과 같이 찍은 사진을 볼 때 제일 먼저 눈이 가는 것은 자신의 얼굴이다. 우리는 일생동안 자기본위로 교제를 한다. 그러나 이러한 교제의 효과는 제로에 가깝다. 내가 다른 사람에게 관심을 갖지 아니하면 다른 사람도 나에게 관심을 갖지 않는다.

서스턴(Howard Thurston, 1869~1936)은 무대마술계의 왕자였다. 그는 수 십 년 동안 세계 여러 곳을 돌아다니면서 관중을 신비의 세계로 끌어들였다. 6천만 명이 관람료를 기꺼이 냈고, 그는 2백만 달러에 가까운 돈을 벌었다. 1백 년 전의 일이다. 큰 부자가 된 것이다. 그의 성공비결은 무엇인가?

그의 성공은 학교와는 거리가 멀다. 어려서 집을 떠나 잡일을 하며 화물차를 타고 정처 없이 다녔다. 걸식을 하다시피 했으며 글자를 배울 기회라고는 철도변에 있는 간판들을 읽는 것이 고작이었다. 그렇다고 마술에 관한 뛰어난 지식을 가진 것도 아니었다. 그가 아는 마술지식은 보통 사람도 다 짐작하는 것이었다. 그런데도 그만이 특출 나게 성공했다. 그는 두 가지 점에서 다른 사람들과 달랐다. 하나, 그는 그가 가진 모든 인격으로 관중 앞에 섰다. 무대에 나서기 전에 몸짓, 목소리의 억양, 심지어 눈썹을 어떻게 치켜들어 올리는지도 연습했다. 미소를 짓는 것은 물론이고, 일거수일투족 모두 온힘을 가지고 맹연습을 했다.

둘, 그는 진정으로 관중을 위하는 태도를 지녔다. 마술사 가운데는 "이 어리석은 것들아, 잘 속아라!" 속으로 그렇게 말하면서 무대에 서는 부류도 있을 것이다. 그러나 서스턴의 태도는 그게 아니다.

"변변치 못한 공연을 보러 오신 관객들에게 진정으로 감사한다. 나의 생활을 크게 돕는 분들이다. 내가 할 수 있는 최고의 재주를 보여 저분들을 기쁘게 하리라." 그렇게 스스로 약속하면서 무대에 나갔다. 마술을 하면서도 틈만 나면 "나는 관객을 사랑한다(I love my audience.)"고 혼자 중얼거리곤 했다. 그것 말고 그에게는 특별한 다른 마술의 재능은 없었다.

시어도어 루스벨트(Theodore Roosevelt, 1858~1919) 대통령이 놀라운 인기를 누렸던 비결도 다른 사람을 기쁘게 하는 데 있었다. 그는 누구나 사랑했다. 아모스(James E. Amos)란 시종이 있었다. 그는 《Theodore Roosevelt: Hero to His Valet(시어도어 루스벨트: 시종들의 영웅)》이란 책을 썼다. 거기에 이런 대목이 있다.

"한 번은 내 아내가 메추라기에게 관하여 대통령에게 물었다. 내 아내는 메추라기를 본 적이 없었는데, 대통령은 아주 자세하게 설명했다. 얼마 후 다. 집에 전화가 왔다. 아내가 전화를 받았는데 대통령이었다. 대통령은 아내에게 창밖에 메추라기가 한 마리 있으니 볼 수 있을 것이라고 했다. 작은 일이지만 그런 것이 대통령의 특징이기도 했다. 그가 우리 집 앞을 지날 때면 우리가 안보여도 으레 '어이 어이, 애니?' 혹은 '어이 어이, 제임스!'라고 다정하게 우리 이름을 부르곤 했다." 아모스의 집이 백악관에서 내려다보이는 가까운 곳에 있었기에 망정이다. 내 생각이다.

누가 그런 사람을 좋아하지 않겠는가? 다른 사람이 당신을 좋아하기 바란다면, 다른 사람과 진정한 우정을 맺기 원한다면, "진심으로 다른 사람에게 관심을 가져라! 그리고 다른 사람 본위로 교제하라!" 다른 사람이 당신을 좋아하게 만드는 첫 번째 방법이다.

제8화

미소를 지어라

위에서 나는 "사람들이 당신을 좋아하게 만드는 여섯 가지 방법"의 첫째를 소개했다. 이제 그 둘째다. "첫 인상을 좋게 하는 방법"이다. 그것은 미소(微笑)다. 웃음이라고 해도 좋다. 첫 인상을 좋게 할 뿐 아니라 항상 다른 사람을 기쁘게 만든다. 우는 얼굴을 보는 게 좋을까? 웃는 얼굴을 보는 게 좋을까?

《우도》의 저자 카네기는 이런 이야기를 하고 있다. 뉴욕의 어느 만찬회에 참석한 여자 손님이다. 돈이 많아서였는지 몸은 밍크코트로 감쌌고, 다이아몬드와 진주가 목 · 귀 · 손가락을 장식하고 있었다. 그래 그런지 얼굴엔 자만심이 가득 차 있었고, 게다가 심술기도 보였다. 그녀는 중요한 한 가지를 몰랐다. 얼굴 표정이 옷과 보석보다 더 중요하다는 것을 몰랐던 것이다.

슈왑(Charles Schwab)은 카네기의 친구였다. 한번은 그가 이렇게 말했다고 한다.

"나의 미소는 1백만 달러의 가치가 있다."

그는 실로 교제의 진실을 꿰뚫고 있었다. 인격과 매력 혹은 사업의 수완 등의 여러 장점이 그를 성공시켰겠으나, 압권은 다른 사람을 사로잡는 미소였다. 아니 다른 사람들이 그의 미소에 사로잡히곤 했다. 미소는 "나는 당신을 좋아합니다. 당신은 나를 기쁘게 만듭니다. 그래 당신을 보면 나는 늘 즐겁습니다."라고 표현하는 행동이다. 말보다 강한 소리 없는 의사전달이다. 그것은 개가 주인을 보고 반갑게 꼬리를 치는 것과 같다. 어린 아이가 방긋 웃는 것과 같다.

슈왑은 미소로써 성공했다. 무슨 일에 성공을 했는지는 설명이 없어서 인터넷에서 찾아보았다. 두 명의 거물이 있다. 하나는 강철왕(steel magnate), 다른 하나는 주식투자로 거부가 된 인물이다. 후자는 1937년생이다. 카네기가 만났을 리 없다. 그렇다면 미소로 성공한 슈왑은 강철왕일 가능성이 높다. 그는 미소로 강철도 녹였는지 모르나, 확실한 것은 미소로 사람들의 마음을 녹인 것이다. 그의 미소는 마음속 깊은 곳에서 우러나오는 진정한 표정이었다.

미국 미시간대학교의 생물학자였고 심리학과 교수였던 맥코넬(James V. McConnel, 1925~1990)은 이렇게 말했다.

"미소를 잘 짓는 사람은 일 처리도, 가르치기도, 물건을 팔기도, 아이를 키우는 것도 보다 효과적으로 잘하게 되어 있다. 찡그린 얼굴보다 웃음 띤 얼굴에 더 많은 정보가 실려 있다. 그래서 벌주기(punishment)보다 격려(encouragement)가 더 효과적인 가르침의 방법이다."[이 인용문은 1981년에 나온 영문 개정판에 새로 삽입된 것이다.]

뉴욕시내의 어떤 큰 백화점의 지배인은 "우거지상의 박사학위 소지자보다는 차라리 초등학교를 졸업 못 했어도 웃는 얼굴로 손님을 대하는 사람을 점원으로 쓰겠다"고 말했다. 미소의 효과를 일찍부터 터득한 유능한 지배인이었다. 하기야 무슨 박사인지 박사가 되어서 백화점 점원 노릇을 하자면 이제까지 한 공부가 아깝다는 생각이 들 것이다. 웃음에 앞서 신세한탄이 나올 법한 처지다. 우거지상이 부지불식간에 된다. 그렇다는 이야기다. 누가 우거지상이 좋지 않은 줄 모르나? 아무튼 웃음으로 사람들을 대하면 교제도 쉽게 되고, 따라서 하는 일도 잘 풀린다. 성공한다.

사람들은 누구나 행복을 추구한다. 행복을 얻는 방법은 자신의 마음을 컨트롤하는 것이다. 행복은 외적 조건에 달린 것이 아니라 내적 요인에 달렸다. 당신이 누구인지, 무엇을 소유하고 있는지, 어디 사는지, 하는 일이 무엇인지는 행복과 직접 관계가 없다. "중요한 것은 당신이 어떻게 생각하느냐"다. 셰익스피어는 "좋고 나쁜 것이 따로 있는 것이 아니라, 사람들 생각이 그렇다고 만든다. (There is nothing either good or bad, but thinking makes it so. 〈Hamlet〉, Act 2, Scene 2)"고 말했다. 링컨도 비슷한 말을 한 적이 있다. "대부분의 사람들은 마음먹는 것만큼 행복하다. (Most folks are about as happy as they make up their minds to be.)" 모든 것이 생각하기 나름이란 뜻이다.

나는 어려서 이런 이야기를 읽은 적이 있다. 어느 날 저녁 거지 부자(父子)가 구걸하러 다니다가 길가에 쭈그리고 앉아서 아픈 다리를 쉬고 있었다. 그때 마침 길 건너 멀리 보이는 어떤 큰 집에 불이 나서 타는 것을 보았다. 그러자 아들이 "아버지! 우리는 불날 집이 없어서 좋다"고 하자, 아버지가 "그게 다 이 애비 덕인 줄 알아라"하며 같이 웃었다고 한다.

배에서 쪼르륵 소리가 나도 거지 부자는 행복했다. 남의 집에 불이 나서 행복한 것이 아니라 불이 날 집이 없어서 다행이라 생각하는 순간에 행복을 느낀 것이다.

행복을 느끼면 미소가 얼굴에 나타난다. 어떻게 하면 행복을 느끼나? 마음을 컨트롤하면 된다고 했다. 《성경》 이야기 같지만, 범사에 감사한 마음을 가지면 행복이 느껴지고 미소는 저절로 나오는 게 아닌지? 미소는 첫 인상을 좋게 하는 방법이다. 누구에게나 환영을 받는다. Smile! Smile again!

제9화

이름을 기억하라

사람들이 당신을 좋아하게 만드는 셋째 방법은 "사람들의 이름을 기억하고 부르는 것이다." 사물에는 다 이름이 있다. 무명씨(無名氏)도 있지만, 그에게도 이름이 있다. 우리 모두에게 이름이 있다. 이름이 무엇이기에 그런가? 이희승 감수의《民衆 엣센스 國語辭典》(1994)을 펴본다.

(1) 사람의 성 아래 붙여 다른 사람과 구별하는 명칭.

(2) 개념을 대표하고, 그 사물과 딴 사물과를 구별하기 위한 칭호. [꽃의 ~]

(3) 개개의 단체 등을 가리키는 칭호. [회사의 ~]

(4) 평판 [~이 높다. ~을 팔다]

(5) 명예 [학교의 ~을 손상시키다]

(6) 구실 · 명분 [자선이란 ~ 아래]

(7) 체면 [그런 짓 하면 네 ~이 무엇이 되느냐]

또 이름이 들어가는 아래와 같은 말들도 있다.

〈이름 좋은 하눌타리〉: 겉모양은 좋으나 실속이 없음을 비유하는 말.

〈이름 하다〉: 이름으로 부르다. 이르다.

〈이름(이) 나다〉: 이름이 세상에 널리 알려지다. 유명하여지다. [학자로 ~. 이름난 의사.]

〈이름(을) 날리다〉: 명성을 얻다.

〈이름(을) 남기다〉: 이름을 후세에까지 전해지게 하다. 이름이 후세에 전해질 만 하게 공적을 세우다.]

〈이름(을) 짓다〉: 이름을 붙이다. 이름을 만들다.

〈이름(을) 팔다〉: 이름이나 명성 따위가 널리 알려지도록 하다. 이름 또는 명성을 이용하다. [자선사업의 이름을 팔아 사복을 채우다.]

〈이름 없다〉: 세상에 그 이름이 널리 알려져 있지 아니하다. [이름 없는 작가. 이름 없는 선수에게 패하다.]

〈이름 없이〉: "이름 없다"의 부사.

〈이름 있다〉: 세상에 그 이름이 널리 알려져 있다. [미문가(美文家)로 이름 있는 작가.]

〈이름자(이름字)〉: 이름을 나타내는 글자. [발음은 "이름짜."]

사전에 있는 것을 그대로 옮긴 것이다. 그런데 위에서 처음 말한 것처럼, 사람들이 당신을 좋아하게 만드는 방법의 "이름"은 물론 사람의 이름이다. 그걸 기억하고 부르란 것이다.

앤드류 카네기는 강철왕(Steel King)이다. 위에서 미소로 성공한 강철왕인 슈왑 이야기를 했다. 앤드루도 그랬을까? 아니다. 그도 미소를 잘 짓기는 했겠으나, 다른 재주를 갖고 있었다. 그는 실상 강철제조에 관하여는 아는 것이 별로 없었다. 그러나 그는 자기보다 강철에 관하여 아주 잘 아는 수백 명의 직원을 거느렸다. 그는 사람을 다루는 방법을 알았다. 그것이 그를 부자로 만들었다. 그는 어려서부터 조직의 귀재(鬼才)였다. 사람들이 따르게 하는 천재적인 소질을 갖고 있었다. 그 바탕은 무엇인가? 그는 열 살 남짓했을 적부터 사람들이 이름을 귀히 여긴다는 사실을 알았다.

시작은 이렇다. 어렸을 적 스코틀랜드에서의 일이다. 어쩌다 어미토끼가 생겼다. 새끼들이 태어났다. 어떻게 먹이를 구하면 좋을까? 궁리를 하다가 기발한 아이디어가 떠올랐다. 동네 아이들에게 클로버와 민들레 잎을 따오면 그 아이의 이름을 토끼에게 붙여주겠다고 했다. 먹이 걱정을 하지 않게 되었다. 카네기는 그 경험을 평생 살렸다. 강철사업에 몸을 담으면서 그는 꼭 같은 심리학을 응용했다. 예를 들면, 그는 에드거 톰슨이 사장인 〈펜실베이니아철도회사〉에 레일을 팔고 싶었다. 그는 피츠버그에 아주 큰 강철공장을 짓고, 이름을 〈에드거 톰슨 강철제작소(Edgar Thomson Steel Works)〉라고 이름 지었다. 톰슨이 어디서 레일을 샀는지는 불문가지다.

또 이런 일도 있었다. 카네기는 한때 침대차를 둘러싸고 조지 풀맨(George Pullman)과 다툰 적이 있었다. 둘이 만났을 때, 카네기는 자기 회사를 〈풀맨 팰리스 카 컴퍼니(Pullman Palace Car Company)〉로 이름을 짓겠다고 하였다. 풀맨의 마음을 사로잡고 성공했다. "사람에게는 자기의 이름이 모든 말 가운데 가장 사랑스럽고 귀중하게 들리는 말이다."

[추기: 비행기가 장거리 이동수단의 대세를 점하기 전, 미국에는 풀맨 기차(Pullman Railway

Cars)의 이용이 많았다. (한국사람들이 "개 그린 버스"라고 부르던 그레이하운드 버스도 있었다.) 여러 날 가는 승객은 침대차(coach cars)를 많이 탔다. 샌프란시스코에서 뉴욕까지 가려면 열흘쯤 걸렸다고 한다. 우리의 주제와는 직접 관계가 없으나, 오래 전에 읽었던 이야기가 생각나서 적는다. 원자탄의 아버지로 알려진 이론물리학자 로버트 오펜하이머(Robert Oppenheimer, 1904~1967) 교수가 젊어서 그 침대열차를 타고 미 대륙을 횡단한 적이 있었다. 열흘쯤 걸렸는지 모르나, 그동안 산스크리트(Sanskrit: 梵語)를 마스터했다고 한다. 1968년에 풀맨의 침대차는 없어졌다고 한다.]

제10화

남의 말을 경청하라

사람들이 당신을 좋아하게 만드는 넷째 방법은 "사람들의 이야기를 잘 듣는 것이다." 다른 사람의 말을 흥미 있게 경청하면, 잠자코 가만히 있어도 좌담가가 되기도 한다. 희한한 현상이나 그렇다는 것이다.

《우도》 저자의 경험이다. 어느 카드게임 모임에 초청을 받았다. 카드를 즐기지 않기 때문에 게임을 하지 않는 어떤 부부와 자리를 같이 했다. 그들은 얼마 전에 저자가 유럽에 다녀온 줄 알고 여행이야기를 듣고 싶다면서 자신들도 아프리카를 다녀왔다고 했다. 그래 저자가 인사차 아프리카 여행이 어떠하였는지 물었다. 그랬더니 그 남편이 근 한 시간 동안 쉬지 않고 신이야 넋이야 아프리카 이야기만 하고는 저자의 여행에 관하여는 전혀 묻지 않았다. 그는 자기 이야기만 들어달라는 것이었다. 대부분의 사람들이 그렇다. 잘 들어주면 말하는 사람은 기쁨에 들뜬다. 듣는 사람을 좋아하게 된다. 또 이런 일도 있었다.

한 번은 어느 만찬모임에서 유명한 식물학자와 자리를 같이하였다. 저자는 식물학에는 문외한이었으나, 여러 화초와 작물에 대한 이야기가 새로웠다. 더구나 정원 가꾸기에 대한 그의 아이디어는 작은 정원을 갖고 있는 저자의 흥미를 끌었다. 묵묵히 그저 잘 듣고만 있었다. 그런데 모임이 끝나 헤어지게 되자, 식물학자는 그냥 여러 가지 말로 저자를 칭찬하더니, "아주 재미있는 좌담가"라고 말하는 것이었다. 저자는 일거에 좌담가가 되어버렸다. 《우도》의 저자이니 식물학자고 뭐고 간에 잘 들었던 것이다. 말하는 것은 듣기를 바라고 하는 것이다. 그것은 공연을 하는 음악가나, 전시를 하는 미술가나, 운동선수나 모두 잘 듣고, 잘 감상하고, 박수와 환호를 받기 원하는 것과 같다.

그런 심리를 제일 잘 알아 실행한 사람이 프로이트(Sigmund Freud)였다. 그는 정신분석학자다. 사람의 심리를 누구보다 잘 알았다. 그리고 그는 아는 것을 실행했다. 지행합일(知行合一)은 서양에도 있는 모양이다. 그를 만났던 어떤 사람이 그의 듣는 태도에 관하여 이렇게 말했다.

"그의 듣는 태도가 어찌나 강력한 인상을 남겼는지 나는 그를 잊을 수 없다. 다른 어떤 사람에게서 본 적이 없는 듣는 자질을 그는 갖고 있었다. 그처럼 집중하여 말하는 사람에게 관심을 갖는 것은 처음 본다. 내 영혼을 꿰뚫어 빼앗는 듯했다. 눈길은 부드럽고 따뜻했다.……몸짓도 거의 없었다. 내가 좀 나쁜 말을 해도 나에 대한 주의력은 각별했다. 그의 태도는 잘 듣는 사람의 표본이라고 해도 과언이 아니다."

프로이트가 잘 듣는 사람의 표본이라면, 링컨은 반대로 잘 듣는 사람을 옆에 두고 싶어 하는 사람의 표본이다. 남북전쟁의 전운이 감돌 때, 링컨은 스프링필드(Springfield, Illinois)에 있는 오랜 친구에게 워싱턴으로 오라는 편지를 썼다. 그와 상의할 문제들이 있다고 했다. 그가 백악관에 오자, 링컨은 노예해방선언의 발표가 옳은지 그른지에 관하여 장시간 혼자 떠들었다. 또 노예해방의 찬반에 관한 편지와 신문기사를 읽고 또 읽고는 멀리서 온 친구의 의견은 하나도 듣지 않고 그냥 돌려보냈다고 한다. 링컨은 자기의 말을 경청하고 동조하는 친구가 필요했던 것이고, 그것으로 위안을 삼았던 것이 아닌가 한다.

강의를 하는 교사나 교수도 마찬가지이다. 학생들이 경청하기를 바란다. 오래 전의 내 이야기다. 한번은 강의를 듣다가 하품을 하는 학생이 눈에 띄었다. 그래 그 학생을 앞으로 나오라고 하고는 칠판에 영어로 “yawn”이라고 쓰라고 했다. Yawn은 “하품하다”는 동사다. 그렇게 쓰자, 거기에 “er”을 붙이라고 했다. Yawner가 됐다. Yawner는 “하품하는 사람”이다. 읽으라고 했다. “요어너”라고 읽었다. 그러자 나는 “요어너”가 아니라 “요놈!”이라고 읽어야 한다고 했다. 강의시간에 하품하는 학생은 “요놈!”이라고 야단치겠다는 나의 짓궂은 장난(?)이었다. 다른 학생들은 웃었을지 모르나, 좀 지나쳤다. 강의가 재미없고 지루하니, 하품이 나왔을 수도 있다. 아니면 잠을 안 자고 공부를 했기 때문에 졸려 하품을 했을 수도 있다. 그러나 강의를 듣다가 하품을 하는 것은 잘못이다. 그렇다고 불러내서 “요놈!”이라고 읽게 한 나도 지각이 없었다. 내 강의를 학생들이 잘 들어주었으면 하는 기대와 욕심에서 나온 행위였다.

다른 사람의 이야기를 정성껏 듣는 버릇을 길러라. 그리고 그들의 이야기를 추어주어라. 그러면 그들은 자연히 당신을 좋아하게 될 것이다.

제11화

상대의 관심사를 얘기하라

사람들이 당신을 좋아하게 만드는 다섯째 방법은 “그 사람의 관심사에 관하여 이야기하는 것이다.” 시어도어 루스벨트(Theodore Roosevelt) 대통령의 이야기다. 그를 방문하는 사람은 그의 박학함에 놀라기 마련이다. 방문객이 카우보이, 정치가, 혹은 외교관이어도 좋다. 누구든 상관없이 루스벨트는 그들에게 무엇을 말할지 알았다. 어떻게 알았나? 답은 간단하다. 만나기 전날, 그는 밤늦도록 방문객이 특별히 좋아할 주제에 관하여 책을 읽으며 공부했다. 사람의 마음에 접근하는 왕도는 그 사람이 귀히 여기는 것을 이야기하는 것이라는 진리를 일찍부터 터득했기 때문이다.

루스벨트는 제26대 미국 대통령이다. 그러나 단순히 정치가만은 아니었다. 그는 이야기를 잘하는 사람, 박물학자, 역사학자, 작가이기도 했다. 그는 1899년에 뉴욕주지사로 당선되었다. 그러다가 1900년 대통령선거에서 공화당 매킨리(William McKinley)의 부통령후보로 출마하여 당선되었다.

1901년 3월에서 9월까지 부통령이었다. 매킨리 대통령이 암살당하자, 대통령이 되었다. 미국 역사에서 최연소 대통령이 된 것이다. 1904년 대통령에 출마했다. 당선되었다. 1909년까지 재임했다. 노일(露日)전쟁 후 〈포츠머스 평화조약(The Portsmouth Peace Treaty)〉에 기여한 공로로 1906년 노벨평화상을 받기도 했다. 루스벨트 이야기가 길어졌다. 상대방의 관심사를 위주로 대화를 하였기 때문에 대통령이 된 것은 아니었겠으나, 남들이 그를 좋아하게 만드는 방법을 철저히 실천했다. 앞에서 루스벨트가 "이야기 잘하는 사람"이라고 했다. 영어로는 conversationalist다. 웅변에도 능했다고 하지만, 상대방의 관심사에 관하여 주로 말했기 때문에 그런 칭호를 얻었다고 생각한다.

예일대학교에서 문학을 가르쳤던 펠프스(William Lyon Phelps) 교수는 한 수필에서 이런 이야기를 했다.

"여덟 살 적이다. 숙모 집에서 중년의 한 남자를 만났다. 그는 내가 그때 유달리 관심을 갖고 있던 보트에 관하여 장시간 이야기를 하다가 돌아갔다. 나는 그에게 반했다. 무얼 하는 사람인데 보트에 대하여 그리 잘 아느냐고 숙모에게 물었다. '보트에 대해서는 전혀 관심이 없는 뉴욕의 변호사'라고 했다. '그런데 왜 보트에 관해서 그렇게 얘기를 많이 했나요?'하고 다시 물었더니, '그는 점잖으신 신사분이다. 네가 배를 좋아하는 줄 알고 너를 즐겁고 재미있게 하느라고 그러신 거다. 네 마음을 맞추기 위하여 그러신 거란다'라고 했다. 나는 평생 숙모의 말을 잊지 않고 살아 왔다."

다른 사람이 좋아하는 사람이 되기를 바라면, "상대방이 흥미를 가지는 화제로 이야기할 것을 권한다."

[추기: 조선과 관계되는 루스벨트의 이야기를 보탠다. 1905년 7월에 미국의 육군장관 태프트(William Howard Taft, 후에 미국 27대 대통령이 됨)는 루스벨트의 특사로 일본을 방문했다. 도쿄에서 그는 일본 외상 가쓰라 타로(桂太郎)와 만나 동아시아 정세에 관한 합의각서를 작성했다. 〈태프트-가쓰라 각서〉다. 미국이 필리핀을 지배하는 대가로 조선에 대한 일본의 지배를 인정한다는 것이 주요 내용이다. 루스벨트의 아시아정책이다. 일본은 청일전쟁(1894년)과 러일전쟁(1904~1905년)의 승리로 조선에 대한 지배권을 확보했고, 미국 · 러시아 · 영국 등은 이에 동조했다. 약소국의 비애로 치부하기에는 너무 슬픈 우리의 역사다. 열강의 각축장에서 끝내 일본의 식민지로 전락한 우리의 역사다. 일본과 열강을 탓할 일이 아니다. 우리가 못났기 때문이다. 중국과 국경을 접하여 1천년 넘게 수시로 전쟁을 하면서도 한 번도 중국에 굴복하지 않은 베트남도 있다. 오정환이 지은 《천년전쟁》(2017)이란 책을 감명 깊게 읽은 기억이 새롭다. 베트남 역사책이다.]

제12화

자신이 중요하게 느끼도록 만들어라

사람들이 당신을 좋아하게 만드는 여섯째 방법이다. 카네기 자신의 이야기다. 한번은 그가 뉴욕 8번가에 있는 우체국에 갔더란다. 직원이 바빴다. 우편물의 무게를 달랴, 우표를 팔랴, 잔돈을 거슬러주랴, 영수증을 발행하랴, 정신이 없어 보였다. 아니 똑같은 단조로운 일을 매일 하다 보니, 지겹기도 했을 것이고 싫증이 나기도 했을 것이다. 빨리 서류를 부치고 싶은데, 어떻게 하면 좋을까 하다가, 이런 생각을 하게 되었다.

"저 친구가 나를 좋아하게 만들려면, 무슨 좋은 말을 해야겠는데, 내 말을 하면 안 될 테고, 저 친구에 관한 이야기를 해보자."

그리고 그 직원을 다시 보니 그의 검은 머리가 숱이 많고 윤기가 있어보였다. 그래 이렇게 말했다.

"아이고, 내 머리도 댁의 머리와 같으면 좋을 텐데요. 머리가 참 아름답습니다."

그러자 그 직원은 하던 일을 멈추고, 기쁜 낯으로 웃으면서 말했다.

"뭘요, 그래도 전만 못하답니다. 사실 내 머리를 좋아하는 사람들이 많은 걸요."

그러면서 그가 부치고자 들고 있던 서류를 얼른 집어 처리했다.

그러면 카네기는 단순히 일을 빨리 처리하고 싶어서 직원의 머리를 아름답다고 칭찬했을까? 아니다. 그가 무엇을 바라고 머리가 아름답다고 칭찬한 것은 아니다. 그는 순간 그저 그 직원을 즐겁게 해주고 싶었고, 성공한 것이다. 그 직원은 필경 퇴근하여서도 아내에게 그 이야기를 하였을 것이고, 거울을 한 번 더 보고, '내 머리칼이 정말 그렇게 아름다울까?'하고 미소를 지었을지 모른다.

사람의 행동에는 아주 중요한 법칙이 하나 있다. 이 법칙을 지키면 친구도 많아지고, 또 모두가 행복감에 사로잡히게 된다. 그것은 "항상 다른 사람으로 하여금 자신이 중요하게 느끼도록 만들라(Always make the other person feel important.)"는 것이다. 사람의 심리를 이용한 법칙이다. 듀이(John Dewey)는 "중요하게 되겠다는 욕망은 사람의 본성 가운데 가장 강렬하고 깊은 것"이라고 말했다. 또 제임스(William James)도 "인간성의 근저에 가장 깊숙이 자리 잡고 있는 욕구는 칭찬받고 싶어 하는 것"이라고 했다. 고래도 칭찬을 하면 춤을 춘다고 언젠가 앞에서 말했다. 두 번 칭찬하면 고래가 더 좋아할지 모른다.

칭찬을 하면 상대는 으쓱해지고, 기분이 좋아진다. 그리 어려운 일도 아닌데, 보통 사람들은 칭찬에 인색하다. 그 인색에서 해방되면 사람들에게서 환영을 받는다. 오랜 옛날부터 철학자들은 이러한 인간관계의 기본에 대하여 말했다. 몇 가지만 소개한다.

(1) "남이 너에게 해줬으면 하고 바라는 것을 남에게 하라(Do to others what you wish to be done by.)" 내가 중학교에 들어가서 1학년 때에는 《The Living English Readers》란 책으로 영어를 배웠고, 2학년이 되어서는 《The Modern English Readers》가 영어교과서였다. 어떤 책인지 말미에 영어속담들이 여럿 있었는데, 위의 문장도 거기에 있었다.

(2) 그 후 비슷한 내용의 문장을 《성경》에서 읽었다. 《King James Bible》의 것을 옮긴다. "Therefore all things whatsoever ye would that men should do to you, do ye even so to them: for this is the law and the prophets."('St. Matthew' 7, 12) 한글번역은 대체로 이렇다. "그러므로 무엇이든지 남에게 대접을 받고자 하는 대로 너희도 남을 대접하라. 이것이 율법이요 선지자니라." 솔선하여 모범을 보이라는 황금률인 것이다.

(3) 《論語》에도 있다. "己所不欲 勿施於人(기소불욕 물시어인)"이라고 공자가 말했다. "자기가 원하지 않는 일을 남에게 하지 말아라." 이 말은 두 번이나 나온다. 하나는 중궁(仲弓)이 인(仁)에 관해서 물을 때의 대답이었다. 그러면서 사람들이 이를 실천하면 나라에서나 집안에서나 원망이 없을 것이라고 했다.(〈顔淵〉 2) 다른 하나는 평생토록 행할 만한 것이 무엇이냐고 묻는 자공(子貢)에게 한 대답이다.(〈衛靈公〉 23)

(4) 독일어도 있다. 언제부터인지 요즘은 고등학교에서 독일어나 프랑스어를 잘 가르치지 않는다고 하나, 나 때에는 고등학교에 들어가면 독일어나 프랑스어를 배워야했다. 그래 그때 배운 것으로 "Zwingen sie sich, nichts zu zwingen."이란 격언이 있다. 직역하면, "아무것도 강요하지 말 것을 스스로에게 강요하라"다. 남에게 부담되는 일을 시키지 말고, 스스로 그 일을 행하라는 말이다. 그러면 평화로운 세상이 온다.

부언할 것이 있다. 누가 친절이나 호의를 베풀면 예의를 갖추어 고마움을 표시하자. 예를 들면, 길을 묻든지 집을 찾을 때 가르쳐준 사람에게, 혹은 엘리베이터에서 먼저 타거나 내리라고 양보하는 사람에게, 여러 사람이 드나드는 문에서 먼저 나가라든지 들어오라고 하는 사람에게, "고맙습니다" 혹은 "감사합니다"라고 꼭 말하자! 친절을 베푸는 사람도 기쁘고, 양보를 받는 사람도 좋은 기분을 갖게 된다. 서양 사람들은 "고맙다" 혹은 "미안하다"는 말을 입에 달고 다닌다. 우리는 그런 말에 아주 인색하다. "고맙습니다" "미안합니다" "실례합니다"라는 말을 자주 하자. 문화인이 되는 길의 하나가 여기에 있다고 생각한다. "변변치 못한 글을 써서 죄송합니다! 그러나 읽으셔서 감사합니다."

[추기: 윗글의 말미에서 "변변치 못한 글"이란 말이 나와서 얘기다. 예전에 "변변치 못하다"는 말을 잘하는 사람이 있었다. 한 번은 그의 집에 손님이 왔다. 주인이 손님을 보고 하는 말, "변변치 못한 집을 찾아주셔서 고맙습니다."

아내가 나와 인사를 하자, "변변치 못한 아내입니다."

조금 있다가 주안상이 나오자, "변변치 못한 술과 변변치 못한 안주입니다. 괘념치 마시고 잡수시면 좋겠습니다."

하도 주인이 변변치 못하다는 말을 많이 하여, 손님은 면괴(面愧)스러워 무슨 말을 할까 망설이게 되었다. 그때 마침 동산 위로 둥근 달이 떠올랐다. 그래 손이 잘 됐다 싶어서, "달이 몹시 크고 밝습니다."하였다.

그랬더니 주인이, "뭘요. 변변치 못한 달인데요"라고 응수하더란 것이다. 이 정도면 충분히 변변치 못한 이야기가 아닌가 한다.]

제13화

하나님의 실수

사람들이 당신을 좋아하게 만드는 방법의 다음 이야기다. "다른 사람을 자기의 사고방식에 넣는 것"이다. 앞의 방법과 공통점이 많다. 모두 사람들 관계의 이야기이기 때문이다. 다른 동물들도 그렇지만 사람은 혼자 살지 못한다. 그렇게 만들어졌다. 디포(Daniel Defoe, 1660~1731)의 《로빈슨 크루소(Robinson Crusoe)》(1719)의 주인공처럼, 절해고도에서 혼자 산다면 다른 사람과의 관계가 없을 수도 있다. 그러나 그도 고도에 가기 전에 아버지를 위시하여 여러 사람들과의 관계가 있었다. 또 그 고도에서도 그곳을 떠난 후에도 새로운 사람들과의 교류가 생겼다.

2001년에 개봉된 영화 〈캐스트어웨이(Castaway)〉의 주인공 행크스(Tom Hanks, 1956~)도 난파선에서 구사일생으로 무인도에 가게 되어 5년인가 혼자 살았다. 그러나 그 전에도 사회생활을 하였고, 구출된 후에도 물론 사회로 복귀했다. 그래서인지 아리스토텔레스는 사람이 "사회적 동물"이라고 했다. 사회적이란 말은 두 사람 이상이 모여 생활한다는 의미다. 그러니까 인간관계가 발생하고, 남이 당신을 좋아하게 만드는지 또는 남을 자기의 사고방식에 넣는지 하는 따위의 문제가 논의되는 것이다.

본론과는 거리가 있는 내 이야기를 좀 하고자 한다. 나는《성경》은 잘 모르지만, 하나님이 천지를 창조하고 여섯째인가 하는 날에 "하나님의 형상대로 사람을 창조하시되 남자와 여자를 창조"하였다는 〈창세기〉 1장 27절은 읽었다. 그때 창조된 사람의 수는 알 수 없으나, 요즘의 인식으로는 인간을 사회적 동물로 만든 것이 아닌가 한다. 또 하나님이 땅과 하늘을 만든 날에는 비도, 사람도, 초목도, 채소도 없고, 안개만이 땅에서 올라와 지면을 적셨다고 한다(2장 5~6절). 그래서 "땅의 흙으로 사람을 지으시고 생기를 그 코에 불어넣으시니 사람이 생령이 되니라"하였다(2장 7절). 흔히 알고 있듯이, 하나님이 만든 최초의 인간이 아담(Adam)이라고 하면, 이때 여기서 만들어진 사람이 그일 수는 있다. 그렇다면 이것과 1장 27절의 "남자와 여자를 창조"하였다는 것과의 관계는 무엇인가 하는 의문이 든다. 하기야 옛날 기록이라 그런지 종잡을 수 없는 이야기다. 또 아담을 언제 만들었다는 구체적인 이야기는 〈창세기〉에서 찾을 수 없다. 다만 "사람이 혼자 사는 것이 좋지 아니하니 내가 그를 위하여 돕는 배필을 지으리라(2장 18절)"하고, 각종 들짐승과 공중의 각종 새를 만들고는 아담으로 하여금 그들의 이름을 짓게 하였다고 한다(2장 20절). 그리고는 배필이 없이 혼자인 아담이 가엾어서(?) 이브(Eve)를 만들어주었다는 것이다.

하나님이 전지전능하신 존재라면, 아담을 만들 듯이 이브도 만들면 되는데, 왜 아담을 잠들게 하고서 갈빗대 하나를 취하여 이브를 만들었는가? 잠자는 사람의 갈빗대를 몰래 취했다면 훔친 것이다. 하나님이 무엇이 아쉬워 그런 짓을 하였는가? 훔친 물건은 장물(贓物)이다. 장물로 여자를 만들었다고 하면, 요새 같으면 성차별이니 뭐니 하고 난리가 날 일이다. 〈창세기〉를 쓴 사람도 참으로 딱한 사람이 아닌가 한다.

의문은 또 있다. 아담과 이브가 왜 하나님이 먹지 말라고 한 "선악을 알게 하는 나무의 열매"를 먹었는가? 들짐승 가운데 가장 간교한 뱀의 꼬임에 빠져 그렇게 된 것이다. 그러면 하나님은 왜 뱀을 그렇게 만드셨는가? 그렇게 만들어 놓고, 나중에 "네가 모든 가축과 들의 모든 짐승보다 더욱 저주를 받아 배로 다니고 살아 있는 동안 흙을 먹을지니라(3장 14절)"하며, 벌을 내렸다. 뱀을 사악하게 만든 자신의 책임은 인정하지 않고 뱀에게 벌만 내린 것이다.

또 아담과 이브가 선악과를 먹은 것은 사람들에게 앞으로는 시험에 들지 말라는 것을 가르치기 위하여 그런 것인가? 그래서 〈주기도문〉에 "시험에 들지 말게 하옵시고, 다만 악에서 구하옵소서"라고 기도하라 하는가? 이런 이야기도 있다. 하나님이 아담과 이브를 중국인으로 만들었으면 좋을 뻔했다는 것이다. 그러면 아담과 이브는 선악과를 먹지 않고, 뱀을 그대로 잡아먹었을 것이란 이야기다. 망언다사(妄言多謝)!

"다른 사람을 자기의 사고방식에 넣는 방법"이 옆으로 흘렀다. 본론은 다음으로 미룬다.

제14화

변론하지 마라

"다른 사람을 나의 사고방식에 넣는 방법" 이야기다. 남을 왜 내 사고방식에 넣어야 하는지는 알 수 없어도 그런 방법이 있다고 한다. 방법도 여러 가지다. 첫째는 논쟁하지 말라는 것이다. 영어로는 "You can't win an argument."다. 《우도》에서는 "변론(辯論)해서 못 이긴다"로 번역되었다. 무슨 뜻인지는 짐작이 가나, 여기서 argument를 '변론'이라고 번역하여도 되나 하는 의문이 들었다. 그래 《Si-sa Elite English-Korean Dictionary》에서 argument를 찾아보았다.

"논(論), 입론(立論: argumentation), 토론, 논쟁, 논의(debate)" 등이 앞에 나와 있다. "변론"은 보이지 않는다. 그래 《民衆 엣센스 國語辭典》에서 변론을 찾았다.

(1) 사리를 밝혀 옳고 그름을 말함.

(2) 소송당사자 · 변호인이 법정에서 하는 진술.

(3) 웅변. [예: 변론반.]

보통 (2)의 뜻으로 많이 쓰이나, (1)의 뜻이 앞에 나온 것을 보면, '변론'은 시비(是非)를 가리는 말이어서 argument를 변론이라고 하여 이상할 것은 없다. 사전에는 나오지 않으나, 순우리말로는 말다툼, 말싸움, 입씨름이라고 해도 좋을 것이란 생각이 든다. 아무튼 말다툼으로는 상대방을 제압할 수 없다는 것이다.

카네기는 아래와 같은 일화를 소개한다. 어느 큰 축하파티장의 일이다. 카네기의 오른편 옆에 앉은 신사가 무슨 이야기 끝에 "우리 소원을 이루어 주는 신은 또한 소원을 없애기도 한다(There's a divinity that shapes our ends, rough-hew them how we will.)"면서, 그것이 《성경》에 있는 말이라고 하였다. 카네기는 그것이 셰익스피어의 말이라는 것을 알고 있었다. 그래 "그건 〈햄릿〉에 있는 말인데요."하였다. 우쭐한 기분에 그 신사의 잘못을 지적한 것이다. 그러나 그 신사는 그것이 분명 《성경》에 있다면서 셰익스피어는 말도 안 되는 소리라고 펄쩍 뛰었다. 카네기가 다시 무어라고 할 때다. 왼편 옆의 친구가 갑자기 테이블 아래로 그의 발을 지그시 밟으면서, "저분 말씀이 맞습니다. 《성경》에 있습니다"하는 것이었다.

파티가 끝나 돌아가는 길이었다. 카네기는 왼편 옆에 앉아있던 친구에게 다시 말했다.

"그것이 셰익스피어에 있는 말이 분명한데, 어찌 가만히 있으라고 했나?" 그러자 그는 이렇게 대꾸했다.

"물론이지, 그건 〈햄릿〉 5막 2장에 있어. 그건 그렇고 우리는 그 자리에 손님으로 간 거 아냐. 다른 사람의 잘못을 끄집어내려고 애쓸 필요가 뭐 있겠어. 그냥 그 사람의 체면을 살려주면 안 되나? 더구나 그가 네 의견을 물은 것도 아닌데. 이봐. '모난 돌이 정(釘) 맞는다'는 말도 있잖아."

카네기의 회고다. "모난 돌이 정 맞는다"는 말을 한 친구는 오래 전에 작고했으나, 그 친구를 잊지 못한다고 했다. 그러면서 "변론에는 승리가 절대로 없다. 이겨도 잃고 져도 잃는다"고 했다. 당신이 변론에서 이겼다고 하자. 당신은 기분이 좋을지 모르나, 상대는 언짢게 느낄 것이 분명하다. 열등감을 가질 수도 있다. 당신은 상대의 자존심에 상처 낸 것이다. 그가 앞으로 당신에게 호감을 갖을까?

링컨의 일화도 있다. 링컨이 한 번은 부하사관과 심하게 말다툼하는 젊은 장교를 야단친 적이 있다. "자기를 잘 지키는 사람은 남과의 다툼으로 시간을 허비하지 않는다. 자기 권리를 덜 주장하고, 남의 권리를 존중하는 행동을 취하라. 개와 싸우다가 물리는 것보다는 길을 양보하는 것이 백번 낫다. 개를 죽여도 무는 버릇을 고치지는 못한다"고 하였다는 것이다. 그러나 야단을 맞은 그 장교가 그 후로 개와 다시 싸우지 않았는지는 의문이다. 링컨에게 야단을 맞았다고 불쾌했을 수도 있다. 야단을 고마운 충고로 받아들였을 수도 있다.

위에서 《성경》이냐 셰익스피어냐를 놓고 다투었다는 이야기를 했다. 그래 생각인데, 만약 그 자리에 황희(黃喜, 1363~1452) 정승이 있었다면 무어라고 했을가? 필경 그 말은 《성경》에도 있고, 셰익스피어도 한 말이라고 했을지 모른다. 황희는 《성경》을 본 적도 셰익스피어를 알 리도 없지만, 그는 누구나 다 옳다고 했던 적이 많았다. 그러나 잘못된 것은 잘못된 것이라고 지적하는 것이 옳은 일이다. 황희가 나라의 정책에서는 그런 태도를 취하지 않았을 것이다. 임금에게 잘못이 있으면 잘못이라고 간하고, 바른 길로 가라고 했을 것이다. 훌륭한 신하라면 나라의 정책에는 시비를 분명히 가려야 한다. "다른 사람을 나의 사고방식에 넣는 방법"의 첫째 이야기가 길어졌다.

제15화

논쟁하지 마라

"다른 사람을 나의 사고방식에 넣는 방법"의 둘째 이야기다. 다른 사람의 의견을 존중하고, "당신이 틀렸어!"라고 말하지 말라는 것이다. 흔히 영어로 대화를 할 적에, "You are right!"란 말을 하게 된다. 맞지 않은 것은 틀린 것이다. 틀렸으면, "You are wrong!"이라고 하게 된다. 그러나 틀렸더라도 절대로 그렇게 말하지 말라는 것이다. 참기 어려운 것이 많겠지만, 말하고 싶은 것을 참기도 어렵다.

〈마태복음〉 5장의 산상수훈에는 예수가 "복이 있는 자"를 여럿 거명하고 있다. 그 제일 처음이 "Blessed are the poor in spirit: for theirs is the kingdom of heaven."이다. 우리말 성경은 "심령이 가난한 자는 복이 있나니 천국이 그들의 것임이요"라고 되어 있다. Spirit을 심령이라고 한 것이다. 내가 어려서 읽던 성경에는 "마음이 가난한 자"였던 것으로 기억하고 있는데, 요즘은 마음이 성령이 되었다. 성령은 어려운 한자이고, 영어로는 holy spirit이다. Spirit을 그냥 '마음'이라고 하면 좋을 것 같은데 왜 굳이 성령이라고 하는지 알 수 없다. 아마 8절에서 "마음이 청결한 자는 복이 있나니 그들이 하나님을 볼 것임이요(Blessed are the pure in heart: for they shall see God)"라고 하였는데, 여기서 마음이라고 한 heart와 구별하기 위하여 spirit을 심령이라고 한 것이 아닌가 한다. Spirit은 '마음'으로 하고, heart는 '가슴'이라고 하면 어떨까 하는 생각도 든다.

내가 산상수훈 이야기를 위에서 장황하게 한 것은 마음이냐 성령이냐가 문제라고 생각해서가 아니다. 예수가 제일 먼저 "참는 자에게 복이 있나니 천국이 저희들 것이요"라고 했으면 더 좋았을 것이란 생각을 했기 때문이다. 참는 것도 여러 가지가 있겠으나, 말을 참는 것이 제일 어려운 것이 아닌지? 상대방이 틀렸어도, "당신이 틀렸어!"라고 말하지 말자. 그렇게 말하면 상대방이 좋아할까? 설혹 잘못을 알았어도 기분이 좋을 리 없다. 왜 다른 사람의 기분을 나쁘게 만드는가? 적을 만들고 싶은 것인가? 칭찬은 하되, 잘못을 지적하는 말은 참자.

카네기의 이야기로 돌아간다. 시어도어 루스벨트는 백악관에 있을 적에 자기가 하는 일의 75%만 정당했으면 좋겠다고 말한 적이 있다고 한다. 그것이 그의 행동의 기준치였다. 보통 사람의 경우에는 아마 55%만 정당하다면 하는 일의 거의 모두가 성공일 것이다. 55%만 바르게 주식투자를 해보라. 당장 부자가 될 것이다. 그런데 55%커녕 얼마나 정당한지 어떤지 전혀 모르면서 어떻게 다른 사람이 틀렸다고 말할 수 있는가? 이러이러해서 상대방이 틀렸다고 증명을 한다고 하자. 자기가 더 영리하다는 것을 나타내는 행동일 뿐이다. 상대방의 의견을 바로 잡아 주겠다는 것밖에 아무 것도 아니다. 싸움을 돋울 뿐이다.

증명이 필요한 경우에도 그것을 먼저 공개하여서는 성공하기 어렵다. 상대방이 모르게 하여야 한다. 4백 년 전에 갈릴레이(Galileo Galilei, 1564~1642)는 이렇게 말했다.

"당신이 누구를 가르칠 수는 없다. 그 자신이 알도록 당신이 도울 수 있을 뿐이다. (You cannot teach a man anything; you can only help him to find it within himself.)"

또 소크라테스도 이런 말을 누차 했다.

"나는 내가 아무것도 모른다는 것 하나만 안다. (One thing only I know, and that is that I know nothing.)"

하나 더 있다. 영국의 정치가이고 저작가인 체스터필드(4th Earl of Chesterfield, 1694~1773) 경은 이렇게 아들에게 말했다.

"되도록 다른 사람보다 지혜로워라. 그러나 그렇다고는 말하지 마라. (Be wiser than other people if you can; but do not tell them so.)"

다시 산상수훈이다. "네 반대자에 곧바로 동의하라(Agree with thine adversary quickly.)"고 예수는 가르쳤다.(〈마태복음〉 5장, 25절) 또 예수 탄생 2,200년 전에 이집트의 아크토이(Akhtoi) 왕은 아들에게 이렇게 충고했다.

"외교적 수완을 발휘하라. 그러면 네가 원하는 바를 얻게 될 것이다. (Be diplomatic! It will help you gain your point.)"

그가 누구든 상대방과 논쟁을 하지 말고, 그들의 잘못을 말하지 말고, 그들을 격동시키지 않는 것이야말로 "다른 사람을 나의 사고방식에 넣는 두 번째 방법"이다. 그러려면 말을 참아야 한다.

[추기: (1) "참는 것도 여러 가지"가 있다고 했다. 금주(禁酒)를 약속하고, 며칠 지나 "참는 것도 한도가 있다"면서 술 마신 장비(張飛)의 이야기를 이 책의 맨 앞부분에서 한 적이 있다. 또 "귀머거리 삼년이요, 벙어리 삼년이라"는 속담(?)도 있다. 여자가 출가하면 매사에 흉이 많으니 귀머거리가 되고, 벙어리가 되어 삼년씩 살아야 한다는 말이다. 벙어리가 되려면 말을 참아야 한다. 시집살이가 몹시 어려움을 이르는 말이다. 또 보아도 못 본 체하고 지내야 하니, "장님 삼년"도 있을 것이다.

(2) 참기 어려운 상황이 계속되면, "못 참겠다"하고 감정이 행동으로 폭발되기도 한다. 개항 이후 조선에서 일어난 사건 가운데 "구식군대 차별하네 못 참겠다 임오군란"이 있었고, "물가상승 관리횡포 못 참겠다 농민운동"은 전봉준이 주도했다. 초등학교 6학년 교재에 나오는 노래 가사라고 한다.

(3) 《참을 수 없는 존재의 가벼움》이란 소설도 있다. 체코 출신 작가로 프랑스로 망명한 밀란 쿤데라(Milan Kundera)가 프랑스어로 1984년에 발표하였다. '프라하의 봄'이 배경이다. 영화로도 제작되었다.

(4) 위에서 "네 반대자에 곧바로 동의하라(Agree with thine adversary quickly)"란 산상수훈 이야기를 했다. 내가 갖고 있는 여러 한글 성경에는 예컨대, "너를 고발하는 자와 급히 사화하라"라고 되어 있다. 그래 한글사전에서 '사화'를 찾았다. 한자로는 '私和'이고, "원한을 풀고 서로 화평함"이라고 나온다. 번역 성경에는 어려운 낱말과 표현이 너무 많다. 비교적 쉬운 말로 박동순이 최근에 번역한 《말씀: 스터디 드라마 바이블》에는 "그 원수와 서둘러 화해하여라"이다. 어느 것이 나은 번역인가? 말만 참을 것이 아니라, 글도 참아야 하는가?]

제16화

잘못을 바로 시인하라

"다른 사람을 나의 사고방식에 넣는 방법"의 셋째 이야기다. 당신이 잘못이면, "잘못을 당장 단호하게 시인하라(If you are wrong, admit it quickly and emphatically.)"는 것이다. 그게 상책이다. 카네기는 자기의 경험을 이야기하였다. 집 근처에 포레스트 파크(Forest Park)가 있다. 이름 그대로 숲이 울창해서, 콜럼버스가 신대륙을 발견했을 적과 별반 다르지 않을 것 같은 공원이다. 그는 렉스라는 작은 불독(bulldog)을 데리고 가끔 이 공원에서 산책을 한다. 렉스는 온순하고 누구든지 좋아하며 사납지 않기 때문에 목줄을 매지 않고 그냥 데리고 다닌다. 그런데 하루는 공원을 순시하는 말 탄 순경을 만났다. 순경이 말했다.

"공원에서 개에 목줄을 하지 않고 다니는 것은 무슨 까닭입니까? 더구나 입마개를 하지 않은 것이 위험하고, 그게 경범죄에 해당하는 줄 모르십니까?" 그래 카네기는 부드럽게 대답했다.

"네, 잘 압니다. 그러나 이 개는 아무에게도 위험이 되지 않습니다."

그러자 순경은 "그건 당신 생각이지, 법은 다릅니다. 다람쥐나 아이를 물 수도 있습니다. 이번은 용서하지만, 다음에 입마개를 하지 않고 더구나 목줄을 매지 않고 나오면 판사 앞에 갈 줄 아십시오."라고 했다.

카네기는 그 후 한동안 개에 목줄을 하고 다녔다. 그러나 개도 개 주인도 목줄을 좋아하지 않고, 또 순경도 보이지 않아서 그냥 풀어놓고 다녔다는 것이다. 그러다가 어느 날 그 순경을 다시 만났다. 피할 도리가 없다. 그래 순경이 무어라고 하기 전에 공손하게 자복했다.

"순경 어른! 보시는 바와 같이 나는 범법자입니다. 변명의 여지가 없습니다. 요전에 개에 입마개와 목줄을 하지 않고 다니면 처벌을 받는다고 하셨는데요."

그러자 그 순경은 부드러운 말투로 이렇게 말했다.

"아니 그냥 사람들이 이런 데에 개를 끌고 오면 목줄을 풀어놓고 싶은 유혹을 느낀답니다."

"그렇지만 그건 법에 저촉되는 거 아닙니까? 다람쥐를 물 수도 있고요."

"그렇기야 하겠어요. 내가 볼 수 없는 저 언덕 아래로 끌고 가서 놀게 내버려두세요. 오늘일은 서로 잊어버립시다."

카네기가 자진하여 머리를 숙이고 항복을 하자, 순경은 크게 인심이나 쓰듯이 그를 용서한 것이다. 순경은 그 용서로 자기가 큰 사람이라는 것을 보여주고 싶었던 것이 분명하다. 아무튼 카네기는 순경에게 재빨리 자복하는 바람에 판사 앞에 가는 것을 면했다.

카네기의 개인적인 경험담이다. 무슨 일이든 자복하라는 것은 아닐 것이다. 잘못을 시인하는 것은 권장할 일인지 모르나, 잘못이 없는데도 남과의 시비에 강하게 저항하지 못하면 그건 바보다. 어찌된 영문인지 그런 바보들의 행태가 근자에 자주 나타나고 있다. 중국이나 북한에 대한 정부의 태도에서다. 또 진짜 바보 같은 작태도 횡행한다. 정부의 국내정책에서다. 예를 들어, 정부는 탈원전이나 소득주도 성장과 같은 정책의 잘못을 절대로 시인하지 않는다. 침묵으로 일관이다. 〈바보들의 행진〉(1975)이란 영화가 연상된다. 철학과에 다니는 두 바보(?)의 이야기다. 그래도 이들에게는 꿈과 이상이 있었다.

개를 끌고 다니는 이야기를 더 한다. 다른 곳에서도 그렇겠지만, 내가 사는 동네에도 개를 끌고 다니는 사람이 많다. 대개 작은 개다. 안고 다니는 사람도 있다. 집 근처의 공원에는 개의 목줄을 풀고 다니는 사람도 있다. 그냥 사람이 아니라 개만도 못한 사람이다. 위험할 수도 있다. 지나가는 사람보다 개가 먼저인 것이다. 또 개에 목줄을 매고 다니는 사람들도 아무데서나 개에게 오줌을 뉜다. 사람이 길에서 오줌을 누면 경범죄에 해당한다. 그런데 개의 방뇨는 으레 그러려니 한다. 개의 오줌이 사람의 그것보다 깨끗한가? 개의 노상방뇨도 금지해야 하고 처벌해야 마땅하다고 생각한다.

또 길에서 개똥을 더러 비닐봉투에 담는 것을 보기도 하고, 봉투를 들고 다니는 것도 본다. "개똥도 약에 쓰려면 없다"는 속담이 있지만, 약에 쓰려고 봉투에 담는 것은 아닐 것이다. 보는 사람이 없으면 "약에 쓰려는" 똥도 집어 담지 않을 사람이 있다. 가끔 개똥이 눈에 띄기 때문이다. 이러한 작태가 우리의 민도(民度)이다. 나만 좋으면, 아니 개만 좋으면 된다는 심보다. 길에 담배꽁초를 함부로 버리는 것과 큰 차이가 없다. 선진국이 되기에는 아직 길이 멀다. 선진국의 진입은 GDP가 결정하는 것이 아니다.

방뇨와 연관하여 생각나는 이야기가 있다. 오래 전에 국사학자 한우근

(韓沽劤, 1915~1999) 교수에게서 들은 것이다. 그가 언젠가 안병욱(安秉煜, 1920~2013) 교수, 김형석(金亨錫, 1920~) 교수와 같이 파리에 간 적이 있었다. 길가 벽에 붉은 글씨로 크게 "Defense 무엇!"이라고 쓴 것을 보았다. 누군지 "아마 여기가 국방성인가보다"하여 그런가 했는데, 나중에 알고 보니 "방뇨금지"라는 표시였다는 이야기다.

방뇨금지를 프랑스어로 무어라고 하는지 궁금하여 국방대학원의 홍태영 교수에게 물었다. 아래와 같은 답이 왔다.

"'오줌을 누다'가 faire pipi 혹은 pisser이니, '소변금지'는 Defense de faire pipi 혹은 Defense de pisser가 되겠네요. 헌데 그런 건 본 기억이 없습니다."

한국의 유명한 교수 세 분이 다녀간 후, 그런 주의(注意)벽보가 필요 없게 되어 나중에 유학 간 홍 교수는 그러한 벽보를 보지 못한 것이 아닌가 한다. 나이 차이는 많았으나, 격의 없이 나를 대하시던 한우근 교수가 무척 그립다.

제17화

늘 친구 대하듯 하라

"다른 사람을 나의 사고방식에 넣는 방법"의 네 번째 이야기다. "처음부터 친구 대하듯이 하자는 것(Begin in a friendly way)"이다. 기분이 몹시 나빠 짜증이 난다고 하자. 누구나 그럴 때가 있다. 그렇다고 그걸 밖으로 내뱉으면 속이 시원할까? 그걸 듣는 상대는 어떨까? 윌슨 대통령이 말했다.

"만일 네가 두 주먹을 쥐고 나에게 오면, 나는 그 배나 강한 주먹을 쥐고 맞설 것이다. 그러나 네가 와서 조용히 앉아 무엇이 문제인지 의논하자고 하면, 나는 반갑게 이에 응하여 다른 점이 무엇이고 왜 그런지 생각할 것이고, 크게 다른 것이 없음을 알면 인내와 공평으로 협력할 것이다."

윌슨의 이 말을 가장 잘 실천하여 덕을 본 사람은 록펠러(John D. Rockefeller, Jr., 1874~1960)였다. 다 알다시피 그는 〈스탠더드 오일〉의 창업자의 외아들로 태어났다. 은수저를 물고 나온 것이다. 그래 그런지 처음에는 다소 철이 없었다. 1915년경이다. 그는 〈콜로라도 석유 및 철강회사〉를 운영하고 있었다. 아버지의 유업을 물려받은 그는 콜로라도에서 가장 혐오스런 인물이었다. 미국의 산업사상 최악의 노동분쟁에 휩싸였다. 임금이 문제였다. 노동분쟁이 으레 그렇듯이 노동자는 임금인상, 회사 측은 물론 반대였다. 회사의 기물은 파괴되고, 분쟁은 유혈사태로 발전했다. 군대가 동원되었다. 록펠러는 난감했다. 그러다가 그는 "대결로는 문제가 풀리지 않는다"는 생각을 하게 되었다. 노동자와 한편이 되는 방법을 모색했다. 노조간부들의 집을 방문하였다. 그들의 부인과 아이들도 만났다. 물론 선물도 주었다. 그리고 얼마 지나 노조간부들을 모았다.

"이 큰 회사의 일꾼들을 대표하는 여러분 앞에 서는 행운을 처음 갖습니다. 나는 이 모임을 평생 기억할 것입니다. 아마 두 주 전에 내가 이 자리에 섰다면, 아는 얼굴이 거의 없었을 것이고 여러분도 나를 생소하게 여겼을 것입니다. 지난 두 주 동안 나는 우리의 남쪽 석탄광을 찾아 여러 분들을 만났고, 여러분의 부인과 아이들을 보기도 했습니다. 그래 그런지 이 자리는 전혀 서먹서먹하지 않고, 친구들끼리 만난 자리라는 기분이 듭니다. 아니 이 자리는 오로지 여러분의 호의로 마련되었다고 생각합니다."

그 다음에 록펠러가 무슨 말을 했는지는 중요하지 않다. 그는 노조간부들을 친구로 만드는데 성공하였다. 록펠러를 친구로 생각하게 된 노조간부들은 그의 의견에 반대하지 않았음은 물론이다. 오래 전에 링컨은 이렇게 말했다.

"한 방울의 꿀이 한 말의 쓸개즙보다 더 많은 파리를 잡는다. (A drop of honey catches more flies than a gallon of gall.) 이것은 진리요, 오랜 금언이다. 이것은 사람에 있어서도 똑 같다. 당신이 하는 일에 다른 사람의 협조를 얻으려면, 먼저 그로 하여금 당신이 진정한 친구라는 확신을 갖게 만들어

라. 이것이야말로 그의 마음을 사로잡는 꿀이고, 그의 이성(理性)으로도 통하는 큰 길이다."

나쁜 감정으로 나를 대하는 사람에게는 무슨 논리를 쓰더라도 안 통한다. 내 뜻에 따르게 만들 수 없다. 억지와 강제로는 이길 수 없다. 오직 부드럽게 친구 대하듯이 해야 한다. 이런 예도 있다. 2천5백 명이 일하는 어떤 자동차회사에서 노동자들은 임금인상과 노조결성문제로 파업에 들어갔다. 그 회사의 사장은 성냄이나 책망이나 폭군적인 말투를 전혀 사용하지 않고, 도리어 동맹파업자들을 칭찬하였다. 〈가장 평화스런 방법의 파업〉이란 광고를 신문에 내는가 하면, 파업으로 일하지 않는 노동자들에게 야구 도구를 사다 주고 같이 운동을 하기도 했다.

친교(親交)는 친교로 되돌아온다. 사장의 행동에 감격한 노동자들은 비와 삽과 들것을 준비하여 공장근처에 널려있는 휴지, 버려진 물건, 담배꽁초 등을 치우고 깨끗이 청소했다. 생각해 보라. 임금인상과 노조결성쟁취를 위하여 파업에 들어간 노동자들이 공장일대를 말끔히 청소한 것은 전무후무한 사건이었다. 파업이 어떻게 끝났는지는 설명이 필요하지 않다. 로버트 블랙(Robert F. Black)이 사장이던 White Motor Company의 이야기다. 이 회사는 1900년에 설립되어 1980년까지 자동차 · 트럭 · 버스 · 농업용 트랙터 등을 제조하였다. 동지를 얻으려면 "우의(友誼)로 시작할 것"을 명심하여야 한다.

[추기: (1) 영어에는 "은수저를 입에 물고 태어났다"는 표현이 있다. 부유한 집에서 행운을 안고 태어난 것(to be born with a silver spoon in one's mouth)을 말한다. 언제부터인지 우리나라에서는 은수저가 금수저로 둔갑했다. 금은 은보다 훨씬 귀하고 비싼 금속이다. 금수저란 말

이 유행되면서 흙수저란 말이 또 생겼다. 흙수저란 말을 만들어 금수저와 대비시키면서 빈부의 차를 상징적으로 더 벌려놓자는 좌파들의 논리가 그 배경이 아닌가 한다. 대한민국 사회를 사사건건 극도로 분열시키자는 것이 좌파들의 목적이다.

(2) 꿀과 연관된 이야기가 생각나서 적는다. "구유밀복유검(口有蜜腹有劍)"이란 말이 있다. "입 안에는 꿀이 있으나 뱃속에는 칼이 있다"는 뜻이다. 이임보(李林甫)는 당(唐) 현종(玄宗)의 측근이었다. 인사권을 손에 쥐고 국정을 마음대로 주물렀다. 자기보다 나은 사람이 있으면 아주 충성스러운 얼굴로 현종에게 추천하여 벼슬을 하게 해놓고는 뒤로는 그를 떨어뜨리는 수법을 썼다고 한다. 뱃속이 검은 궁중정치가의 전형이다. 그래 "입 안에는 꿀이, 배에는 칼"이라고 당시 사람들이 그를 평하였다는 말이 《十八史略》에 나온다. 겉으로는 상냥하게 남을 위하는 척하면서 돌아서서는 은근히 헐뜯고 끌어내리는 사람을 가리킨다.]

제18화

'예'라고 말하도록 유도하라

"다른 사람을 나의 사고방식에 넣는 방법"의 다섯 번째 이야기다. "상대방으로 하여금 그 자리에서 '예, 예'라고 하게 하라. (Get the other person saying 'yes, yes' immediately.)" 누구와 만나 이야기를 시작할 때 상대방과 다른 점은 되도록 화제로 삼지 말아야 한다. 서로 동의하는 것에 중점을 두고 그것을 강조하는 것이 중요하다. 이야기를 하는 이유는 같은 목적에 도달하는 것이고, 그러기 위하여 상대방의 동의가 필수이기 때문이다. 사람의 행동을 주로 연구한 심리학자 오버스트리트(Harry A. Overstreet) 교수는 이렇게 말했다.

"'아니오!'라는 대답은 가장 이기기 어려운 장애물이다. 상대가 '아니오'라고 말하는 것은 그의 모든 자존심을 거기에 걸었다는 표시다. 나중에 '아니오'라고 말한 것이 잘못이었다고 느낄 수도 있다. 그렇다고 해도 그 자존심은 남아돈다. 일단 그렇게 말했으면, 그 방향으로 밀고 나가려는 집착을 못

버린다. 그래 처음부터 '아니오'라는 말이 나오지 않게 하는 것이 중요하다."

사람의 심리적 패턴은 매우 분명하다. "아니오"라고 말한 사람에겐 물러설 의사가 없는 경우가 태반이다. 반대로 그가 "예"라고 응한 경우에는 물러서도 좋다는 심리가 뒤에서 작용한다. 그렇게 때문에 "예"라는 대답을 유도하라고 하는 것이다. 간단하다면 간단한 기술일지 모르나, 실천하기는 어렵다. 그러나 효과는 매우 크다. 카네기는 아래와 같은 일화를 소개했다. 뉴욕시의 한 은행에서의 일이다.

어떤 사람이 거래를 트려고 왔다. 그러려면 절차가 복잡하다. 지배인이 통상의 서류를 건네주고 필요한 사항을 기입하라고 했다. 어떤 문항은 쉽게 처리되었으나, 기입하지 않겠다는 문항이 있어서 문제가 생겼다. 지배인이야 그 고객이 그냥 나가도 그만이다. 그러나 그러기에는 아쉬운 고객으로 보여 수작을 걸었다. 은행이 원하는 것보다 고객이 원하는 것에 관하여 말을 걸었다.

고객이 기입하기를 꺼리는 문항에 대해서는 말하지 않고, "만일 당신이 많은 예금을 하고 혹시 불행한 일이 생긴다면, 법적으로 그 예금을 상속받을 가까운 사람이 있습니까?"하고 부드럽게 물었다. 그랬더니 그 고객은 얼른 대답했다.

"예, 물론이지요."

그러자 지배인은 다시 "만일의 경우에 당신 상속자에게 당신이 바라는 바를 틀림없이 곧 연락을 할 수 있게 그 이름과 주소를 알려주시면 좋겠는데요"라고 했다. 그러자 그 고객은, "예, 물론입니다"라고 답했다.

지배인의 부드러운 말씨는 고객으로 하여금 "예, 예"라고 하게 만들었고, 그 고객은 아무렇지도 않게 은행이 요구하는 문항을 모두 채웠다는 것이다.

뿐만 아니라 어머니를 위한 신탁예금까지 하나 더 했다고 한다.

우리나라 은행도 까다롭다. 근자에 나는 사무실을 옮겼다. 사무실 근처에 있는 은행에 통장을 새로 개설하고, 약간의 돈을 입금했다. 며칠 지나서 현금이 필요하여 찾으려는데, 하루에 한 번 1백만 원 이하로만 인출이 가능하다는 것이다. 담당 직원에게 "예, 예"라고 말하게 할 수도 없고, 방법이 무어냐고 물었다. 복잡한 절차가 기다리고 있었다. 정기적인 거래 실적이 있어야 되고, 여러 가지 서류가 필요하다는 것이다. 그러면 거래를 끊을 터이니, 통장에 있는 돈을 모두 찾겠다고 했다. 그것도 안 된다는 것이다. 하기야 나도 처음에 은행이 요구하는 서류에 여러 가지 동의표시를 했고, 서명과 사인도 몇 번씩 했다. 요즘은 종이 서류가 아니라 작은 전자패드에 한다.

어쨌거나 으레 그러려니 하고 무심코 은행직원이 하라는 대로 따랐던 것이다. 내 부주의였다. 인출의 제한이 있는 줄 모르고 서명과 사인을 한 것이다. 그러나 내 입장에서 보면 그러한 제한은 은행의 갑질인 것이다. 고객이 갑이 아니라 은행이 갑이다. 주객의 전도가 아니라, 갑을의 전도다. 좀 다른 의미이기는 하나, 전에도 "을축갑자"라는 성어가 있었다.

다시 카네기다. 그에 의하면, "예, 예"의 방법을 가장 잘 구사한 사람은 소크라테스였다. 철학의 비조로 숭앙 받는 그는 상대방이 "예"라고 할 수밖에 없을 때까지 질문을 계속했다고 한다. 그래 카네기는 "예, 예"의 방법을 "소크라테스의 방법"이라고 불렀다. 카네기가 그렇다고 하니 그런가 하지만, 그렇게 슬기로운 사람이 왜 독을 마시고 죽어야 했는지에 대한 설명은 없다. 뜻이 같은 친구를 얻고자 하면 "상대방으로 하여금 그 자리에서 바로 '예, 예'하도록 만들도록 하라"는 교훈만 이야기한다.

[추기: 나는 여러 해 전에 그리스 아테네에 간 적이 있다. 아크로폴리스에 올라 파르테논 신전, 제우스 신전 등을 보았다. 올림픽 경기장에서 멀지 않은 곳에 소크라테스의 감옥이 있다. 들어가 보지는 않았으나, 무슨 굴같이 보였다. 중대한(?) 범죄자를 가뒀던 곳으로는 상당히 엉성했다. 소크라테스가 정말로 그 곳에 갇혔었는지도 의문이다. 플라톤의 〈소크라테스의 변명〉에 의하면, 소크라테스는 "젊은이들을 타락시키고, 나라가 믿는 신을 믿지 않고, 새로운 다른 영적인 것들(daimonia)을 믿은 죄를 범했다"는 비난을 받았다고 한다. 당시는 그것이 죽을 죄였던 모양이다.

소크라테스의 재판은 기원전 399년에 열렸다. 펠로폰네소스 전쟁(BC 431~404)이 끝난 5년 후다. 아테네가 그 전쟁에서 패했기 때문에 아테네 정치는 매우 혼란스러웠다. 민주정파와 과두정파의 대립이 심했다. 그러나 다행히 두 정파는 과거 정치행위의 잘못을 모두 사면키로 합의했다. 내전의 상처를 치유하기 위한 조치였다. 그러나 소크라테스는 그러한 사면합의에 어긋난 판결에 의하여 사형을 당했다. 왜 그렇게 되었을까? 한 철학자의 일생에 걸친 철학적 작업에 대한 당시 사람들의 몰지각, 부질없는 시기심, 그리고 아테네 정치지도자들의 이기적인 적대심이 작용했다는 설명도 있다. 이유야 어쨌든 독약을 마시고 생을 마감했다.

또 소크라테스가 죽음에 임하여 "악법도 법이다"라고 말했다는 속설이 전한다. 그러나 그는 그런 말을 한 적이 없다고 한다.]

제19화

말하게 하고 들어라

"다른 사람을 나의 사고방식에 넣는 방법"의 여섯 번째 이야기다. 뜻이 같은 친구를 만들려고 하면서 대부분의 사람들은 자기 말을 많이 한다. 그래서는 안 된다. 다른 사람으로 하여금 그들 이야기를 하도록 내버려두는 것이 중요하다. "Let the other person talk themselves out!" 어떤 문제에 관하여 다른 사람들이 더 잘 아는 경우가 많다. 그러니 질문을 하는 것은 괜찮을지 모르나, 말하는 것은 다른 사람들의 몫으로 해야 한다. 그것은 또 불평객을 다루는 안전밸브가 되기도 한다.

의견이 다를 수 있다. 그러면 당신은 상대방의 말을 막고 끼어들고 싶은 충동을 자주 느낀다. 그러나 끼어들면 안 된다. 아이디어가 많아 그걸 떠들려고 하는 사람은 당신의 말을 듣지 않으려 할 것이다. 카네기는 이런 일화를 적고 있다.

어떤 굴지의 자동차제조회사가 차 안의 장식품자재를 구입한다는 광고를 냈다. 세 업자가 납품을 했으면 하고, 샘플을 보냈다. 어느 날 자동차회사는 업자들에게 만나자는 연락을 했다. M이라는 업자가 자동차회사로 갔을 적에 다른 업자들도 와 있었고, 샘플들은 이미 자동차회사의 중역들이 검토를 마친 상태였다. 같은 테이블에 앉아 자재의 장단을 이야기하고, 뽑힌 업자가 회사와 계약을 맺는 순서였다. 그런데 공교롭게도 M은 후두염으로 목이 잠겨서 말을 제대로 할 수 없었다. 그래 그는 종이에 "죄송합니다. 여러분! 목이 잠겨 말을 할 수가 없음을 용서하십시오."라고 써서 참석자들에게 돌렸다. 그랬더니 예상치 못한 일이 벌어졌다.

자동차회사 사장이 "그러면 내가 M을 대신하여 이야기하겠습니다" 하더니, 그는 M의 샘플을 들고는 마치 자기의 샘플인 것처럼 이런저런 장점을 말하는 것이었다. M을 대신하여 말한다고 했으니 M의 입장을 그대로 대변한 것이다. M이 한 일이라고는 가끔 웃고, 고개를 끄떡거리고, 어깨를 몇 번 으쓱한 것이었다. 결과는 뻔했다. M은 목이 잠긴 덕분에 수지맞은 것이다. 또 이런 일화도 있다.

뉴욕 어느 신문에 '유능하고 경험 많은 회계직원을 채용한다'는 광고가 실렸다. K라는 사람이 이에 응하기로 하고는 인터뷰 준비를 위하여 그 회사의 창립자와 회사에 관한 모든 것을 조사했다. 인터뷰가 시작되자 그는 먼저 사장을 보고 이렇게 말했다.

"이렇게 훌륭한 회사와 인연을 맺게 된 것은 일생일대의 큰 영광입니다. 제가 알기로 이 회사는 28년 전에 방 하나, 책상 하나, 그리고 타이프라이터 한 대로 창립되었습니다. 맞지요?"

대체로 어렵게 창업하여 성공한 기업가들은 힘들었던 창업 당시를 회상할 때면 기분이 좋다. 이 회사의 사장도 예외가 아니었다. 사장은 단돈 450

달러로 어떻게 회사를 시작하였는지에 관하여 길게 얘기하는 것이었다. 남들이 비웃었지만 실망하지 않고 일요일과 휴일에도 일하고, 그것도 하루에 12시간에서 16시간까지 일하던 시절을 되뇌었다. 그러면서 지금은 월스트리트의 내로라하는 부자들이 여러 정보를 청하리만큼 성장했다고 자랑했다. 그리고는 K의 경력을 간단히 묻고는, 부사장을 불러 "이 양반이 우리가 원하는 사람입니다"라고 말했다.

다른 응모자들도 K와 같이 회사에 관하여 여러 가지를 조사하고 인터뷰에 임했는지는 알 수 없으나, K처럼 사장의 흥미와 관심을 먼저 말함으로써 인터뷰를 시작하지 않은 것은 분명하다. 사람들은 대체로 남보다는 자기에 관한 이야기에 관심이 많고 듣기를 좋아한다.

조금 다른 이야기다. 옛날의 성공한 유세객들은 군주가 좋아하는 주제를 갖고 군주를 설득하였다. 소진(蘇秦)과 장의(張儀) 등도 그러한 무리였다. 그들은 "혀 놀림"을 잘했다. 장의의 고사를 하나 이야기한다. 그가 처음 유세를 시작하였을 적에 실패하여 욕을 당한 일이 있었다.

그의 아내가 "아아, 당신이 독서와 유세 따위를 하지 않았던들 이런 욕은 당하지 않았을 텐데."하고 탄식을 했다.

장의가 "내 혀가 있는지 보아 주오. 아직도 있는가?"하고 물었다.

아내가 웃으며 "있습니다"하자, 장의는 "그러면 안심이다"라고 했다는 것이다. "설상재(舌尙在: 혀가 아직 있다)"라는 말이 여기서 생겼다.

혀가 중요하다는 이야기인지, 혀를 조심하라는 이야기인지 분명치 않으나 혀의 놀림에 따라 일의 성패가 좌우되는 것은 사실이다. 물론 혀를 잘못 놀려 화를 당한 예도 역사에는 무수히 많다. 그 한 예가 《삼국연의》에 나오는 예형(禰衡)의 고사다. 혀를 잘못 놀려 목이 잘렸다. 그래 설검(舌劍)이란 말도 있다.

《The Use of Life》에서 읽은 기억이다. 《플루타르크 영웅전》의 이야기이다. 스파르타의 왕인 데마라투스(Demaratus)가 어느 회의에서 한마디도 하지 않았다. 그래 옆에 있던 다른 왕이 "당신은 벙어리요, 아니면 바보요? 어찌 한 마디도 없소"라고 힐난을 했다. 그러자 "바보는 입을 다물 줄 모른다오. (A fool cannot hold his tongue.)"라고 응수했다는 것이다. 혀인지 입인지는 모르겠으나, 거기서 나오는 말은 좋을 수도 있고 화(禍)가 되기도 한다. 그래 "침묵은 금이요, 웅변은 은이다(Silence is golden, speech is silver.)"란 속담도 있다. 하기야 글도 마찬가지다. 설화(舌禍)에 못지않은 필화(筆禍)도 있다.

제20화

노자의 지혜

"다른 사람을 나의 사고방식에 넣는 방법"의 일곱 번째 이야기다. 다른 사람의 협조(cooperation)를 얻는 방법이다. 그러려면 다른 사람으로 하여금 아이디어가 그의 것으로 생각토록 만들면 된다. 말이 그렇지 쉬운 일이 아니다. 문제에 따라 상황에 따라 더 어려울 수도 있다. 쉬운 것 같으면 이야기도 안 했을 것이다. 카네기는 아래의 일화를 전한다.

필라델피아의 한 자동차회사의 판매책임자가 어떻게 하면 의욕이 없고 비협조적인 판매원들을 열심히 일하게 만들까 하는 고민에 빠졌다. 그러다가 문득 그들이 바라는 바가 무엇인지 알면 될 것 같은 생각이 들었다. 그래 그들을 큰 회의실에 모이게 했다.

"반갑습니다. 회사에서 중요한 것이 무엇인지 생각나는 대로 말씀해 주십시오. 그리고 또 여러분이 회사에 바라는 것도 말씀해 주십시오. 회사는 여러분들의 희망사항을 모두 들어드리겠습니다."

그러자 판매원들이 서슴지 않고 충실(loyalty), 정직(honesty), 솔선(initiative), 낙천(optimism), 팀워크(teamwork), 하루 여덟 시간 열심히 일하기(eight hours a day of enthusiastic work) 등을 말했다. 심지어 그중 한 사람은 하루 열네 시간의 일도 좋다고 했다. 판매책임자는 그들의 말을 모두 칠판에 적었다. 그러자 박수가 터졌다. 그들의 모임은 새로운 용기와 감흥이었다. 그 후로 판매량이 급증한 것은 말할 것도 없다. 판매원들이 신이 나서 열심히 일한 덕분이었다. 회사는 회사대로 약속한 것을 최대한 지킨 것은 물론이다. 회사와 판매원들은 일종의 "도덕적 거래(moral bargain)"를 했고, 결과는 성공이었다.

누구에게나 마지못해 해야 하는 일이 더러 생긴다. 기쁘지 않다. 그게 인지상정(人之常情)이다. 사람은 자기가 원하는 대로 자기 생각대로 사는 것을 좋아한다. 사람은 그렇게 만들어졌다. 아니 모든 동물이 다 그렇다. 식물도 아마 그럴 것이다. 그게 자연이다. 그러니 자연에 따르는 것이 순리(順理)일 것이다. 다른 사람의 협조도 순리를 따르면 쉽게 얻을 수 있다고 생각한다. 순리의 길을 가르친 사람 가운데 노자(老子)가 있다. 카네기도 노자를 인용하였다. 다소 미진한 생각이 들어 내 나름으로 부연한다. 노자의 《道德經》 66장은 〈後己(후기)〉다. 후기는 "자기를 뒤로 미룬다"는 뜻으로, 자신을 낮추는 것이 좋은 삶의 방법이라고 가르친다.

"강과 바다가 모든 계곡의 왕자가 될 수 있는 까닭은 그것이 낮은 자리를 차지하고 있기 때문이다[江海所以能爲百谷王者 以其善下之]." 그러므로 남의 윗자리에 있으려면 먼저 몸을 낮추어야 하고, 남의 앞에 있으려면 반드시 몸을 남의 뒤로 해야 한다. 몸을 낮추는 것은 겸하(謙下)이다. 유순(柔順)의 태도이기도 하다. 후기(後己)의 참뜻이다. 이왕 노자의 좋은 삶의 방법 이야기가 나왔으니, 몇 가지 첨부한다.

첫째, 유약(柔弱)의 자세를 갖는 것이다. 강장(强壯)이 승리를 가져온다고 용건(勇健)에 힘쓰면 오래 가지 못하고 망한다. 항우(項羽)를 연상하면 된다. 노자는 말한다.

"회오리바람은 하루아침을 넘기지 못하고, 소나기는 온 종일 계속되지 못한다. 누가 이런 현상을 일어나게 하는가? 그것은 천지이다. 천지조차도 그런 것을 오래 가게 하지 못하거늘 하물며 사람이야 어떠하겠는가. [飄風不終朝 驟雨不終日. 孰爲此者 天地. 天地尙不能久 而況於人乎.]" (《道德經》 23장)

"강하고 억센 자는 제 목숨에 죽지 못한다. [强梁者 不得其死]"(《道德經》 42장) 그러므로 강강(剛强)한 것은 해로운 것이며, 유약한 것이 좋은 것이다.

둘째, "감히 천하에서 앞서지 않는 것이다[不敢爲天下先]."(《道德經》 67장.) 이것은 노자가 자애(慈愛)와 검약(儉約)과 더불어 보배로 삼는 것이다. 앞서지 않기 때문에 유능한 인물의 우두머리가 될 수 있다. 이것이 장수됨의 비결이고, 리더십의 중요한 대목이다. 그리하여 "훌륭한 장수는 무용을 뽐내지 않고, 잘 싸우는 사람은 성내지 않으며, 적과 싸워 잘 이기는 사람은 다투지 아니 한다[善爲士者 不武 善戰者 不怒 善勝敵者 不與]."(《道德經》 68장)

셋째, 지족(知足)을 터득해야 한다. 지족은 만족할 줄 아는 것이다. 노자는 또 말한다.

"심히 아끼면 반드시 크게 손상을 받게 되고, 많이 지니면 반드시 크게 잃게 된다. 그러므로 만족할 줄 알면 욕을 당하지 아니하고, 멈출 줄 알면 위태롭지 않게 되어 오래도록 스스로를 보존할 수 있다.[甚愛必大費 多藏必厚亡 故知足不辱 知止不殆 可以長久]."(《道德經》 44장)

여기에 위에서 말한 겸하를 합한다면 더 말할 것 없는 좋은 삶의 방법이다. 카네기는 자기의 방법이 좋다고 하니 그런가 하고, 노자는 그의 방법이 좋다고 하니 그런가 한다. 나의 방법은 이 사람 저 사람의 이야기를 옮기는 것이니, 독자 여러분은 "역시 또 그런가?" 하셨으면 한다.

제21화

다른 사람의 관점에서 보라

"다른 사람을 나의 사고방식에 넣는 방법"의 여덟 번째 이야기다. "다른 사람의 관점에서 사물을 정성스레 보도록 노력하라." "Try honestly to see things from other person's point of view." 내 눈으로 보는 것이니, 내 관점에서 또는 내 시각에서 보는 것이지 어찌 남의 것을 빌려 보는가? 내가 우도(友道)에 관하여 카네기의 이야기를 여러 차례에 걸쳐서 쓰다 보니, 쉬운 것은 하나도 없고, 어려운 주문만 많다. 카네기가 그럴 것이다.

"어려우니까 이야기하는 것이지, 쉬운 것이면 말도 안 꺼낸다."

사람들은 아주 큰 잘못을 저질러도 잘못했다고 생각하지 않는다. 그렇다고 그들을 나무라면 안 된다. 그러려니 하고 그들을 이해하도록 노력하는 것이 현명한 태도다. 사람의 생각이나 언행에는 반드시 원인이 있다. 그 원인을 찾아보면 그 사람의 생각이나 언행이 왜 그런지 짐작이 간다. 이제 입장을 바꾸어 보면 어떨까? 짐작을 넘어 이해하게 된다. 관계는 자연히 부드러워질 것이다. 부부 사이에도 그렇다. 카네기 친구의 이야기다.

더글러스의 아내는 마당 관리에 관심이 많다. 자주 잡초도 뽑고, 비료도 주고, 잔디가 자라면 기계로 깎는다. 나름대로 그렇게 공을 들여도 더글러스의 눈에는 4년 전 그들이 그 집으로 이사를 왔을 적보다 나아져 보이지 않았다. 게다가 아내가 마당일에 시간을 많이 쓰는 게 딱해 보이기도 해서, 가끔 마당일 좀 그만두라고 했다. 누구건 잔소리 듣기를 좋아하는 사람은 없다. 그래 그런지 더글러스가 아내에게 무어라고 하는 날에는 아내는 찌무룩했고, 명랑하지 않았다. 그러다가 더글러스는 카네기를 만나 이런저런 교제의 비법을 배우고 터득했다. 아내의 마당일이 생각났다. 자기가 얼마나 바보짓을 했는지 깨달았다. 아내가 마당일을 얼마나 엔조이(enjoy)하고, 칭찬을 받으면 얼마나 좋아할까 하는 생각을 하게 되었다. 그래 다음날 저녁부터 아내가 마당일을 하러 나가면 따라 나가 아내를 도왔다. 그러면서 마당이 점점 예뻐진다고 했다. 아내의 관점에서 마당과 마당일을 보았던 것이다. 다른 사람의 관점에서 사물을 보는 것은 힘든 일도 아니고, 비용이 드는 것도 아닌데 사람들은 왜 그렇게 하지 않나? 하기야 다 그러면 세상 살 재미가 없을지 모른다.

《Getting Through to People》(사람들과 잘 지내기, 1963)의 저자인 니런버그(Gerald S. Nirenberg) 박사는 이렇게 말했다.

"다른 사람의 생각과 느낌이 당신의 것만큼 중요하다는 것을 먼저 말하면 대화에서 협조는 저절로 얻어진다."

그런 협조를 얻는 것은 "다른 사람을 내 사고방식에 넣는 방법"의 하나다. 협조를 얻으면 이야기가 순조로울 것은 물론이다.

카네기는 또 자신의 경험을 이야기했다. 그는 집 근처 공원에서 산책하거나 말 타기를 좋아했다. 꽤 큰 공원이었던 모양인데, 카네기가 좋아하는 참나무가 무성했다. 그런데 산불이 자주 나서 참나무 숲이 재가 되는 경우가 자주 있었다. 어른들이 담배꽁초를 잘못 버려 불이 나는 게 아니라, 동네 아이들이 놀러 와서 무엇을 익혀 먹느라고 불을 피우는 것이 주된 원인이었다. 소방대가 와서 진화한 적도 여러 번이라 했다. "산불을 내면 감옥에 간다"는 광고판도 있으나, 그게 아이들 눈에 들어 올 리가 없다. 산림경찰도 있으나, 말 그대로 있으나마나한 존재다. 자기의 관할구역이 아니라고 구경만 하는 경찰도 있었다. 카네기는 자기가 산림경찰이면 거기서 노는 아이들을 불러 놓고 다음과 같이 말하겠다고 하였다. 무작정 야단치는 것이 아니라, 아이들의 입장에서 감독을 하는 것이다.

"애들아! 재미 좋니? 오늘은 또 무얼 구워 먹을 작정이냐? 나도 너희만 했을 적에는 불을 많이 피우고 놀았다. 지금도 그렇다. 그런데 이 공원에서 불이 난다면 그건 매우 위험할 수 있다. 너희들이 잘못한다는 것이 아니라 부주의한 다른 아이들이 있으니 얘기다. 만일 다른 아이들이 너희들이 불 피우는 것을 보고 흉내 낼 수도 있지 않겠니? 불을 잘 끄고 그 자리를 흙으로 덮지 않고 그냥 갔다가 산불이 나면 어떻게 되지? 나무들이 다 타버릴 테니 나무도 아깝지만, 잘못하면 너희들이 방화죄로 감옥에 갈 수도 있으니 말이다. 나는 너희들의 놀이를 방해하려는 것이 아니라, 불조심을 하라는 것이다. 나는 너희들이 재밌게 노는 것을 보면 늘 즐겁다. 그러니 곁에 있는 나뭇잎을 멀리 치우고 집으로 갈 때는 불을 꼭 끄고 흙으로 잘 덮기를 바란다. 그리고 다음에 불을 피울 것이면 저 꼭대기의 모래판에서 하면 어떨까? 그러면 위험하지 않다. 아이코! 방해를 많이 했구나. 재미 많이 보아라. 또 보자."

아이들의 입장을 생각하고 하는 말이라고 했다. 아이들의 협력을 쉽게 얻을 수 있는 말이라고 했다. 입장을 바꾸어 생각하는 재주를 익혀라! 상대방 편에 서서 사물을 보는 힘을 길러라!

제22화

상대의 소원을 들어줘라

"다른 사람을 나의 사고방식에 넣는 방법"의 아홉 번째 이야기다. 여러 번 하는 이야기라 독자는 무슨 방법인지 아실 것이다. 상대의 소원을 들어주는 것이다. 소원을 무조건 다 들어주는 것이 아니다. 논쟁을 중지하고, 나쁜 감정을 없애고, 좋은 분위기를 만들면서 다른 사람이 내 말을 듣게 하는 방법이다.

무얼까? 바로 이거다. "나는 당신 말씀이 조금도 잘못이라고 생각하지 않습니다. 내가 당신의 입장에 있다고 하더라도 그렇게 생각했을 것입니다." 그러면 아무리 나빠진 감정이라도 봄눈처럼 녹을 것이라고 카네기는 말한다. 사람은 누구나 남에게 인정받기를 원하고, 동의(同意)를 구한다. 동정(同情)이라고 해도 좋다. 보편적인 심리다. 그러한 심리를 충족시킨 한 두 사례다.

한 번은 카네기가 올컷(Louisa May Alcott)의 《Little Women 》(작은 아씨

들, 1869)이란 소설에 관하여 방송하면서 작가가 살던 곳을 잘못 이야기하였다고 한다. 매사추세츠 주의 콩코드에서 살면서 집필한 것을 뉴햄프셔 주의 콩코드로 잘못 말한 것이고, 그것도 두 번이나 그랬다는 것이다. 그럴 수도 있다. 카네기도 사람이기에 실수를 한 것이다. 그랬더니 필라델피아에 사는 한 여인이 자기가 올컷의 이웃에서 살아서 잘 안다면서, 올컷이 살던 곳을 잘못 말한 것에 대하여 아주 나쁜 욕을 하는 편지를 보냈다는 것이다. 요즘 한국에서는 다 알만한 명사가 입 한 번 벙끗 잘못 놀리던지 글 한 꼭지 잘못 쓰면, 인터넷의 SNS나 아니면 스마트 폰으로 문자폭탄이 부지기수로 터진다는데, 카네기 때는 편지로 욕해대는 풍습(?)이 있었던 모양이다.

그게 마음에 걸렸던 카네기는 그 후 필라델피아에 간 길에 그녀에게 전화를 걸었다고 한다. 전화번호를 어떻게 찾았는지는 모른다. 둘의 대화다.

카네기: "아무개 부인, 몇 주 전에 주신 편지 대단히 고맙습니다."

그녀: "(아주 분명, 교양, 점잖은 목소리로) 누구신지요?"

카네기: "생소하실 겁니다. 제 이름은 카네기입니다. 얼마 전에 《작은 아씨들》의 작가 올컷에 관하여 방송한 사람입니다. 그때 올컷이 살던 곳을 잘못 말하는 큰 실수를 저질렀습니다. 그래 사과 전화를 드리는 것입니다. 바쁘실 터인데도 시간을 내셔 편지를 주시어 정말 고맙습니다."

그녀: "아닙니다. 카네기 선생님. 그런 편지를 드려서 오히려 제가 미안합니다. 그땐 왠지 화가 나더라구요. 참지 못해서 죄송합니다."

카네기: "아닙니다. 잘못은 제게 있었는걸요. 그 다음 일요일에 잘못했다는 사과방송도 했지만, 어디 그걸로 잘못이 용서되나요? 아무튼 죄송합니다."

그녀: "아닙니다. 사실은 제가 매사추세츠 주의 콩코드에서 태어났거든

요. 우리 집안은 매사추세츠 주의 명문이고, 저는 제가 태어난 매사추세츠 주에 대해 큰 자부심을 갖고 있답니다. 그런데 올컷이 뉴햄프셔에 살았다고 하셔서 아주 실망했던 것입니다. 그래도 그런 지각없는 편지를 드려서 죄송합니다."

카네기: "원, 별 말씀이세요. 제가 매사추세츠 주에 대해 잘못을 범한 것이 아니라 실은 제 자신에게 잘못한 걸로 알고 크게 뉘우치고 있습니다. 부인처럼 교양 있으신 분이 라디오 방송을 듣고 편지를 주시는 경우가 드문데, 혹시 앞으로도 잘못이 있으면 편지를 주십시오."

그녀: "그런 게 아니라 선생님이 제 비판을 받아주셔서 오히려 감사드립니다. 뵙진 못했어도 아주 훌륭하신 선생님 같으십니다. 선생님을 더 잘 알게 되었으면 합니다."

카네기는 그렇게 사과하는 전화를 했기 때문에 그녀와 마음이 통했다고 했다. 자신의 성미를 억제하고, 모욕적인 편지를 친절한 대화로 갚았다고 했다. 스스로를 신통하게 여겼다. 이런 이야기도 있다.

세인트루이스의 조이스란 피아노 교사가 10대 소녀를 다룬 이야기다. 바빗트란 아이는 손톱이 유난히 길어서 피아노를 치는 데 지장이 있었다. 잘못 말했다가 레슨을 안 받겠다고 하면 아무것도 안 된다. 그래 첫 레슨이 끝나고 조용히 말했다.

"바빗트야! 네 손이 아주 아름답구나. 손톱은 말할 것도 없이 더 예쁘다. 그런데 피아노를 잘 치려면 손톱을 좀 짧게 다듬으면 좋겠는데, 생각 좀 해보렴. 그게 쉬운 일이 아니란 걸 나는 잘 안다. 그러나 좀 다듬으면 너는 아주 훌륭한 피아니스트가 될 거야! 알겠니?"

바빗트는 별로 달갑지 않은 표정이었다. 길고 예쁜 손톱을 그대로 지니고 싶은 눈치가 역력했다. 그래 그 어머니에게 바빗트의 손이 예쁘지만, 긴 손톱 문제가 있다고 말했다. 어머니의 반응도 시큰둥했다. 모녀가 같았다. 일주일이 지나 두 번째 레슨 날이다. 바빗트의 손톱이 짧게 다듬어진 것이다. 그래서 조이스가 그렇게 힘든 일을 어떻게 했느냐고 칭찬을 하면서, 그 어머니에게 딸의 손톱을 깎게 해서 고맙다고 했다. 그러자 어머니는 그건 바빗트 자신이 혼자 한 일이고 자기는 아무 이야기도 하지 않았다고 했다. 왜 그렇게 된 것일까?

첫 레슨이 끝나고 바빗트에게 손톱 이야기를 할 적에 조이스는 바빗트의 손과 손톱이 매우 아름답다는 칭찬을 먼저 했다. 그리고는 손톱을 좀 다듬으면 훌륭한 피아니스트가 될 것이란 희망을 주었다. 당장은 싫은 반응을 보였지만, 다시 생각하니 훌륭한 피아니스트가 된다는데 어쩔 것인가? 조이스는 바빗트의 동의를 이끌어내는 데 성공한 것이다. 조이스는 피아노도 잘 가르쳤겠지만 우도(友道)의 비결을 알았다. 다른 사람의 생각과 원하는 것에 호의적으로 대하라. “Be sympathetic with the other person's ideas and desires!”

제23화

사람마다 좋아하는 호소

악당(惡黨)은 고금을 막론하고 어디에나 있다. 사전(이희승)을 보면, 악당은 "악한 무리 · 나쁜 도당"이고, 또 "악한 · 악도(惡徒)"라고도 나와 있다. 우리 주변에도 악당이 많다. 특별히 사전을 들추지 않더라도 그게 무엇이고, 어떤 사람인줄 대강 안다. 요(堯)임금과 같은 성군이 나라를 다스릴 때도 도척(盜跖)이란 악당이 있었다 하니, 시공을 초월한다고 할까?

카네기가 악당으로 꼽은 사람은 셋이다. 1920~30년대의 일이니 1백 년 전의 이야기다. 그들은 더치 슐츠(Dutch Schultz), "투 건" 크로울리("Two Gun" Crowley), 알 카포네(Al Capone)이다.

더치 슐츠는 독일계의 유태인 이민자의 아들로 태어났다. 아버지가 일찍 죽자, 슐츠는 가족을 부양하기 위하여 8학년 때 학교를 중퇴했다. 이런 저런 잡일을 하다가 강도죄를 저지르고 감옥엘 갔다. 출옥 직후 금주법이 시행되었고, 슐츠는 캐나다로부터 술의 밀수입에 가담하면서 조직폭력배와 관련을 맺었다. 밀주로 큰돈을 벌면서 1920~1930년대에 뉴욕에 근거를 둔 조직폭도의 두목이 되었다. 1935년 다른 폭력배의 총에 맞아 죽었는데, 죽기 전 한 신문과의 인터뷰에서 그는 자신이 "대중에게 은혜를 베푼 사람(public benefactor)"이라고 했다. 잘못을 뉘우치지 않았다.

"투 건" 크로울리도 마찬가지였다. 쌍권총을 차고 다녔는지 장총을 둘씩 들고 다녔는지 "투 건"이란 별명이 붙은 악명 높은 살인강도였다. 죽기 1년 전 뉴욕에서 무장경찰대와 그의 아파트에서 두 시간 넘게 총격전을 벌이다가 체포되었다. 그때 피 묻은 그의 편지가 발견되었다. "내 외투 안에는 지친 심장이 있다. 아무도 해치려 하지 않는 착한 양심이 있다." 잘못이 없다는 주장이다. 크로울리는 사형선고를 받고 싱싱 감옥의 전기의자에 앉았다. 그때도 이렇게 말했다. "이게 내가 사람을 죽인 죄 값이냐? 아니다. 내 자신을 지키려했을 뿐이다"는 말을 남기면서 눈을 감았다고 한다. 잘못을 결코 뉘우치지 않았다.

알 카포네는 앞의 두 악당보다 더 유명하다. 1920년에 시작된 소위 금주법(禁酒法)시대에 시카고를 무대로 활약한 조폭의 두목이었다. 그러나 그도 결코 자신은 잘못이 없다고 했다. 대중을 위하여 일한 것뿐인데, 사회가 그것을 이해하지 못한다고 했다. 당시 카포네 일당의 범죄를 소탕하는 TV 연속극 〈Untouchables〉(1959~1963)를 아는 독자도 많을 것이다. 특별수사관 엘리엇 네스(Elliot Ness)의 활약도 기억하리라 생각한다.

실은 위 세 악당의 선배도 있다. 제시 제임스(Jesse James, 1847~1882)다. 그는 미국 중서부 미주리 주에서 은행 및 열차강도, 살인을 저질렀던 갱단 두목이었다. 대담한 범죄행각으로 이름을 날려 전설적인 무법자로 알려진 인물이다. 그런데 《우도》의 카네기는 이런 이야기를 하고 있다.

카네기는 미주리 주의 제시 제임스가 살던 고장에서 멀지 않은 곳에서 자랐다. 거기에 제시 제임스의 아들이 살고 있었다. 그 아내(제시의 며느리)는 자기 시아버지가 어떻게 열차강도짓을 했고, 또 어떻게 은행을 털었는지를 자랑스럽게 이야기하곤 했다. 그러면서 그때마다 그 돈을 동네의 농부들에게 나누어주어 빚을 갚게 했다는 말을 잊지 않았다. 며느리는 시아버지를 이상주의자로 보았던 것이다. 아니 제시 자신도 스스로를 이상주의자로 여겼던 것이 분명하다. 그것은 더치 슐츠, "투 건" 크로울리, 알 카포네도 마찬가지였을 것이라고 카네기는 덧붙였다. 왜냐하면 사람은 누구나 스스로를 좋은 사람으로 여기기 때문이다. 또 이기적이 아닌 면도 있고, 따라서 남에 대한 배려가 있다고 생각한다는 것이다. 그래서 제시 제임스의 며느리도 자기 시아버지가 농부에게 돈을 나눠준 것을 자랑했던 것이 아닌가 한다.

사람에겐 무슨 일을 하든지 두 가지 이유가 있다. 하나는 겉으로 그럴듯하게 보이기 위한 이유이고, 다른 하나는 진짜 이유이다. 그렇기 때문에 겉으로 그럴듯하게 보이는 이유는 그만두고, 진짜 이유를 찾아내어 그것에 호소하는 것이야말로 "다른 사람을 나의 사고방식에 넣는" 카네기의 이른바 열 번째 방법이다. 그런데 진짜 이유를 찾아내는 것보다 더 효과적인 것은 그 뒤에 숨어 있는 "고상한 동기"를 찾아 거기에 호소하는 것이다. "Appeal to the nobler motives!"

유명한 저널리스트로 신문사를 운영하던 노스클리프(Lord Northcliffe, Alfred Harmsworth, 1865~1922) 경은 어떤 신문이 그의 사진을 싣는 것이 마음에 들지 않았다. 그래 그 신문의 편집인에게 편지를 보냈다. "제발 내 사진을 신문에 내지 마십시오. 나는 그게 아주 질색입니다"라고 썼을까? 아니다. 고상한 동기에 호소했다. "더 이상 내 사진을 싣지 마십시오. 우리 어머니가 그걸 좋아하지 않으십니다"라고 했다. 카네기가 그렇다고 하니 그런가 하나, 내가 싫다는 것보다 어머니가 좋아하지 않는다는 것이 좀 더 고상한 동기에 해당하는지는 의문이다.

록펠러(John D. Rockefeller, Jr.)의 이야기도 있다. 그는 자기 아이들의 스냅사진이 신문에 자주 나는 것이 싫었다. 그는 편집자에게 편지를 썼다.

"귀하도 아이들을 키우시죠? 그러니 아이들을 잘 아실 것입니다. 그래 말씀인데 아이들에겐 사회에 너무 노출되는 것이 좋지 않을 것 같은 생각이 듭니다."

다음은 커티스(Cyrus H. K. Curtis, 1850~1933)의 이야기다. 그는 아주 가난한 메인 주의 소년이었다. 우여곡절 끝에 《The Saturday Evening Post》와 《Ladies' Home Journal》과 같은 유명한 잡지를 발행했고, 성공했다. 입지전적인 인물이다. 잡지를 처음 시작하였을 적에 다른 잡지사만큼 필자들에게 원고료를 줄 형편이 못되었다. 그래 일급의 작가에게 원고청탁을 하지 못했다. 그러다가 《작은 아씨들》의 저자인 올컷(Louisa May Alcott)을 생각했다. 원고료를 주는 대신 그녀가 관심을 갖던 자선단체에 1백 달러를 기부했다. 노스클리프 경과 록펠러가 성공한 것은 물론이지만, 올컷도 그 후 커티스의 잡지에 큰돈을 받지 않고 원고를 잘 보냈다고 한다. 카네기는 위의 세 경우를 "고상한 동기에 호소"하여 성공한 예로 들었다.

악당들에게도 이상주의자적인 측면이 있다는 이야기는 이해가 되나, 그것과 고상한 동기에 호소하는 것의 관계는 직접 연관이 있어 보이지는 않는다. 그럼에도 불구하고 카네기는 "고상한 동기에 호소"하라고 우리에게 "호소"하고 있다.

제24화

사상을 극화시켜라

"다른 사람을 나의 사고방식에 넣는 방법"의 열한 번째 이야기다. "당신의 아이디어를 극화(劇化)시켜라!" "Dramatize your ideas!" 아이디어를 극화시키는 방법도 여러 가지일 것이고, 그 가운데 어느 것을 선택할 것인가도 문제가 되리라고 생각한다. 이런 이야기가 있다.

필라델피아의 《Evening Bulletin》이란 신문의 일이다. 나쁜 소문이 떠돌기 시작했다. 광고는 많고 뉴스기사는 적다는 평이 돈 것이다. 그대로 내버려 두면 구독자는 줄 것이고, 구독자가 적은 신문에 누가 광고를 내겠는가? 신문사는 자연 문을 닫게 된다. 그래 신문사에서는 방지책을 강구하게 되었다.

신문사는 하루치의 각종 뉴스와 읽을거리를 분류하여 책으로 만들어 팔기 시작했다. 이름도 《One Day》라고 하였다. 맨 처음 나온 책(신문?)은 보통 같으면 몇 달러를 받아야 되는 307 페이지짜리 양장본이었는데, 2센트인가 3센트인가에 팔았다. 책이라 그랬겠으나 뉴스를 드라마처럼 꾸며 실었고, 여러 가지 소재의 흥미로운 여러 이야기를 묶어냈다. 인기가 폭발했다.

또 이런 이야기도 있다. 물건을 팔려면 사람들의 눈길을 끌게 전시를 재미있게 하여야 한다. 쥐약을 제조하는 회사가 산 쥐 두 마리를 큰 백화점 쇼윈도에 전시하면서 광고는 옆에 작은 활자로 써 붙였다. 그 전보다 다섯 배의 매상을 올렸다.

현대는 진리를 혹은 사실을 그대로 전달하여서는 인기를 끌지 못하는 세상이다. 쇼맨십을 보여야 하고, 흥행술(興行術)을 이용하여야 한다. 요즘 TV를 보면 드라마는 그렇다고 치더라도 정규뉴스도 극적으로 꾸며서 흥행물같이 방송한다. 흥행이 생활화된 것이다. 쇼맨십의 흥행과 오락만이 극성을 떠는 사회에서 우리가 산다. 감성(感性)이 앞서는 사회에서 산다. 좀 유식한 이야기를 하자면, "이성적(理性的)인 것은 현실적이요, 현실적인 것은 이성적"이라고 헤겔(Hegel)이 말하였다. 그러나 흥행이 현실화된 사회를 이성적인 사회라고 해서는 안 된다. 감성도 이성의 지배를 받아야 하며, 따라서 흥행도 이성의 지배를 받아야 한다. 그런 사회에서 살았으면 한다.

감성이 이성보다 우위인 사회에서는 개인의 이익이 무엇보다 중시된다. 카네기가 아이디어를 극화하라고 한 것도 그것이 개인에게 이익이 되기 때문이다. 이성의 지배는 그때도 이미 오래 전에 사라졌던 모양이다. 아니 그게 현실인 것이다. 아이디어의 극화가 나에게 이익을 가져오기 때문일 것이다. 이익이라니 맹자(孟子)가 생각난다.

맹자가 양혜왕(梁惠王)을 처음 만났을 적이다. 왕이 "노인께서 천리를 멀다 여기지 않으시고 오셨으니, 역시 장차 내 나라에 이익됨이 있겠습니까?" 라고 물었다. 그러자 맹자는 이렇게 대답했다.

"왕께서는 하필 이익됨을 말하십니까? 오직 인의(仁義)가 있을 뿐입니다. 왕께서 나라의 이익을 말하시면, 대부(大夫)는 자기 집의 이익을 말할 것이고, 그 아래 계급의 사람들은 어떻게 하면 나 자신을 이롭게 하나 말할 것이니, 상하가 서로 이익을 취하면 나라가 위태로워집니다."

나라를 다스리는 도리로 왕에게 아이들 말로 한 방을 먹였다. 인의를 앞세워 나라를 다스려야 한다고 가르친 것이다. 그래도 양혜왕은 나라의 이익을 염두에 두고 맹자를 만났으니, 나라 걱정은 추호도 하지 않고 사리사욕에만 몰두하는 요즘 우리나라의 일부 정치지도자들보다 낫다.

다시 극화 이야기다. 극화가 아니라, 드라마 이야기다. 내 친구가 오래 전에 이런 이야기를 한 적이 있다. 자기는 TV 드라마를 전혀 보지 않는다고 했다. 정치판에서 벌어지는 뉴스가 드라마보다 훨씬 재미있는데, 따로 드라마를 볼 이유가 없기 때문이란 것이다. 드라마에는 코미디(comedy)도 있고, 트래지디(tragedy)도 있다. 어느 것이나 재미있으면 청중과 관중이 있고, 흥행이 된다. 그러나 국정(國政)은 흥행이 아니다.

내가 대학에서 교편을 잡고 있을 적에 학생들의 데모가 많았다. 데모현장에 나가서 데모를 말리라는 당국의 지시도 있었다. 학생들은 데모를 저지하는 경찰에게 돌을 던졌고 경찰은 최루탄을 쏘아댔다. 최루탄 냄새에 눈물도 많이 흘렸다. 그때는 마스크를 쓸 생각도 못 했다. 당시 학생들이 데모하면서 부르던 노래에 이런 가사가 있는 것을 기억한다.

"무릎 꿇고 살기보다 서서 죽기 원한다. 우리들은 정의파다."

그런 노래를 부르던 1970~1980년대의 운동권이 어떻게 정치권의 지도자들이 되자, 국정은 아예 흥행 일색이다. 코미디도 많고 트래지디도 많다. 오늘(2021년 8월 28일) 조간신문 일면에 크게 난 사진 이야기다. 충북 진천

국가공무원인재개발원 정문 앞이다. 법무차관이란 작자가 아프가니스탄 특별 입국자들의 정착지원방안을 브리핑하고 있다. 하늘이 도왔는지 비가 내리고 있었다. 법무부 직원이 무릎을 꿇고 차관을 위해 우산을 받쳐 들고 있는 장면이다. 명색이 인권을 중시한다는 정권이다. "무릎 꿇고 살기보다 서서 죽기 원한다"고 외치던 운동권의 정권이다. 이제는 바뀌었다. "남의 무릎은 꿇리면서 나는 서서 산다"로 바뀌었다.

〈무릎 꿇고 우산 의전〉이다. 여기에 대해서 법무부는 "(브리핑하는) 10분 중 3~4분가량 무릎 꿇은 자세로 우산을 들었다"며 "취재진 촬영에 방해가 되지 않으려 자세를 낮추다가 그런 포즈를 취하게 된 것"이라고 해명했다. 3~4분만 비가 왔나? 이건 코미디다. 언론에 그런 배려를 하는 정부가 언론징벌법인지 중재법인지를 만들려고 한다. 이건 트래지디다. 코미디와 트래지디가 혼합된 흥행의 연속이다. 관객도 많다. 왕년의 영화 〈쇼처럼 즐거운 인생은 없다〉나 〈지상 최대의 쇼〉보다 더 재밌다. 아무튼 좋은 세상에 산다. "범사에 감사하라"했으니 감사할 따름이다.

[추기: 우산 의전에 관하여 행사를 실내에서 했으면 그런 일이 없었을 것이라고 누가 말했다. 중학 영어책에 있던 이야기가 생각난다. 일식(日蝕) 전날 연대장이 부하들을 모아놓고 훈시를 했다. "내일 일식이 있을 것이다. 연병장에 모두 모인다. 만일 비가 오면 일식은 강당에서 있다."]

제25화

시작과 끝

"다른 사람을 나의 사고방식에 넣는 방법"의 열두 번째 이야기다. "경쟁심을 자극하여 도전을 물리쳐라!" 비슷비슷한 이야기를 계속하다 보니 쓰는 나도 지루하고, 누가 읽는지는 몰라도 독자도 그러리라 생각한다. 그러나 누차 전에도 이야기했다시피 "시작이 있는 것은 반드시 끝이 있다." 플라톤의 말이다. 그냥 그 말만 한 것이 아니라 그 다음이 더 중요하다. "너희의 정치체제도 언젠가는 바뀐다"고 했다. 정권(政權)은 더 쉽게 바뀐다. 희망을 갖자. 바뀌기 직전은 끝이다. 다른 사람을 나의 사고방식에 넣는 방법도 열두 번째가 끝이다. 하기야 끝이 없는 것은 없다. 그러나 끝이 없는 이야기는 있다. 제임스 볼드윈(James Mark Baldwin)의 《Fifty Famous Stories》(오십 가지 재미있는 이야기)에 있는 〈The Endless Tale〉(끝없는 이야기)다. 대강 옮긴다.

극동에 한 왕이 있었다. 하필 그가 왜 극동의 왕인지는 의문이다. 한반도가 거기에 있기 때문일까? 다른 일은 하지 않고 푹신한 의자에 앉아서 하루

종일 이야기만 들었다. 아무리 긴 이야기라도 지루하게 여기지 않았다. 그러면서 이렇게 말하곤 했다.

"자네 이야기엔 한 가지 결점이 있다. 그것은 너무 짧은 것이다."

여러 이야기꾼들이 궁전에 초대되었다. 아무리 긴 이야기라도 끝이 나면 왕은 슬펐다. 마침내 그는 누구든지 끝없는 이야기를 해주면 상을 내리겠다고 전국에 포고했다.

"영원히 끝나지 않는 이야기를 해주는 자에게는 나의 가장 예쁜 딸을 아내로 줄 것이며, 나의 후계자로 삼아 내 뒤에 왕이 되게 할 것이다."

그러면서 어려운 조건을 하나 덧붙였다.

"그러나 만일 이야기를 하다 그치면, 그의 목을 자를 것이다."

무시무시한 포고였다. 그러나 흥미로운 포고이기도 했다. 왜냐하면 왕의 딸은 양귀비 같은 천하의 미인이었고, 게다가 왕좌까지 걸렸기 때문이었다. 용감한 어떤 청년이 도전했다. 이야기를 만들어 끌고 나갔으나 석 달이 지나자 그만 소재가 고갈되었다. 목이 몸에서 분리되었다. 그 소문이 퍼지자 더 이상 이야기를 갖고 궁전을 찾는 사람이 없게 되었다. 그러다가 어느 날 남쪽에서 웬 사람이 궁전에 나타났다. 남쪽이면 전라도나 경상도일 것이다. 왕에게 물었다.

"대왕이시여, 끝없는 이야기를 하는 사람에게 상을 주신다는 게 사실입니까?"

왕이 대답했다.

"물론이지."

"그리고 그 사람에게 대왕의 가장 예쁜 딸을 아내로 주고 대왕의 후계자로 삼으실 예정입니까?"

"그렇다네. 성공을 하면 말일세. 그러나 만일 실패하면 그의 목은 없어질 것이네."

"좋습니다. 제게 메뚜기에 관한 재미있는 이야기가 있습니다."

"말해 보게. 내가 들을 터이니."

그러자 이야기가 시작되었다.

"옛날 어떤 임금이 있었습니다. 전국의 모든 곡식을 압수하여 튼튼한 창고에 저장해 놓았습니다. 그런데 어찌된 영문인지 메뚜기 떼들이 그 나라로 몰려왔습니다. 곡식창고를 알아냈습니다. 여러 날 동안 메뚜기들은 창고로 들어갈 구멍을 찾았습니다. 마침내 동쪽 창고 밑에 메뚜기 한 마리가 겨우 들어갈 만한 작은 틈을 발견했습니다. 그래서 메뚜기 한 마리가 들어가 곡식 한 알을 물고 나왔습니다. 그 다음에 또 한 마리가 들어가 곡식 한 알을 물고 나왔습니다."

날마다 그리고 매주일 그 사람은 계속해서 말했다.

"그 다음에 또 한 마리가 들어가 곡식 한 알을 물고 나왔습니다."

한 달이 지나고, 1년이 지났다. 2년이 지나자 왕이 말했다.

"얼마나 오랫동안 메뚜기가 더 곡식을 물고 나올 것인가?"

"아! 대왕님! 그들은 이제 겨우 1 큐비트(cubit)를 물고 나왔을 뿐입니다. 창고에는 아직 수천 큐비트가 있습니다." [큐비트는 완척(腕尺)이다. 팔꿈치에서 가운데 손가락의 끝까지, 약 40~55cm다. 옛날 척도다. 곡물을 왜 양이나 무게로 표시하지 않고, 길이의 단위로 표시했는지 의문이다.]

"어이! 이 사람아!" 왕이 외쳤다. "자넨 날 미치게 만드네. 나는 더 들을 수가 없네. 내 딸을 갖고 내 후계자가 되어 내 왕국을 다스리게. 그러나 다시는 그 지긋지긋한 메뚜기에 관해서는 한마디도 말하지 말게."

그리하여 그 이야기꾼은 왕의 딸과 결혼하고, 여러 해 동안 그 나라에서 행복하게 살았다. 그리고 그의 장인이 된 먼저 왕은 더 이상 어떤 이야기건 들으려 하지 않았다고 한다.

결국 끝없는 이야기도 끝이 났다. 메뚜기는 뛰는 곤충이지만, 새로 왕이 된 이야기꾼은 나는 놈이었던 모양이다. 뛰는 놈 위에 나는 놈이 있다. 하기야 한 나라의 왕이 된 인물과 메뚜기를 비교하는 것은 좀 안 됐다. 그건 그렇고 끝이 없는 이야기가 또 있다. 백낙천(白樂天)의 〈長恨歌(장한가)〉는 당 현종(玄宗)의 양귀비에 대한 사랑을 노래한 시다. 그 마지막 두 구는 아래와 같다.

天長地久有時盡(천장지구유시진) 하늘은 영원하고 땅은 오래 간다 해도 다하는 때가 있을 것이나,

此恨綿綿無絕期(차한면면무절기) 이 한만은 끊임없이 다할 날이 없으리라.

안록산(安祿山)의 반란으로 촉(蜀)으로 피란 나선 현종은 나라 망친 책임을 묻는 군사들 앞에서 양귀비의 목을 벴다. 한도 맺혔을 것이다. 자신의 과오는 반성치 않고 군사들을 원망했다. 때는 이미 늦었다.

카네기의 이야기가 옆길로 샜다. 다음 회에서 제 길로 들어설 것을 약속하면서 오늘은 여기서 그친다. 영어속담이다. "파이껍질 부수듯이 사람들은 약속을 잘 깬다. (Promises are made to break like a pie crust.)" 두고 볼 일이다.

제26화

경쟁심을 돋우어라

바로 앞에서 끝없는 이야기가 길어져서 카네기 이야기를 다음으로 미루겠다고 했다. 약속을 했으니 지키는 것이 도리다. 그러다가 오래 전에 들은 이야기가 생각이 나서 그걸 먼저 적는다. 1959년 대학 2학년 때다. 2학년부터는 전공과목을 수강한다. 그래 형법총칙강의를 듣게 되었다. 강사는 노융희(盧隆熙, 1927~2017) 씨였다. 서른이 막 넘은 젊은 강사였다. 젊은 강사라고 했으나, 그땐 내가 어렸기 때문인지 상당히 노숙해 보였다. 그런데 노 씨에게서는 한 학기 내내 배우지 않았다. 한 달쯤 강의를 들었다. 본래 황산덕(黃山德, 1917~1989) 교수의 강의였는데, 무슨 사정으로 강의를 못하게 되어 노 씨가 대강을 했던 것이 아닌가 한다. 노 씨는 그 후 행정대학원 교수가 되었고, 미국 피츠버그대학에 교환교수로 다녀온 후 환경학을 전공했다. 서울대학교 환경대학원 창립에 기여했고, 초대 원장을 지냈다. 그에게서 형법을 처음 배울 적에 들은 이야기다.

단도 시게미쓰(團藤重光, 1913~2012)란 교토대학의 유명한 형법학 교수가 있었다. 그는 1년에 몇 번 도쿄에 가곤 했다. 그에게 가까운 친구가 있어서 도쿄에 가면 전보를 쳤다. 친구는 매번 역에 마중을 나왔고, 으레 담소를 나누면서 저녁을 같이 하고 헤어졌다. 한 번은 그 친구가 역에 마중을 나왔는데, 그날은 저녁을 같이할 수 없다고 하였다. 이유는 말하지 않았다. 묻지도 않았다. 그런 일이 없었는데 이상하다고만 생각하고 그냥 헤어졌다는 것이다. 그 다음에 단도 교수가 도쿄에 갔을 적에 그 친구가 마중을 나온 것은 물론이다. 저녁을 같이 하면서 "지난번에는 미안했다면서 그날 아침에 아들이 사고로 죽었기 때문에 저녁을 같이 못 했다"는 이야기를 하더란 것이다. 아들이 죽어 경황이 없었을 터인데도 마중은 나온 것이다. 노융희 씨는 단도 교수의 수필에서 읽었다고 했다.

매번 그랬으니 습관으로 역에 마중 나왔는지 모르나, 마음속으로 약속이라 생각하여 나온 것이다. 일본사람이 특별히 약속을 잘 지키는지는 알 수 없으나, 단도 교수도 그 친구의 일이 보통이 아닌 것으로 생각하여 수필로 기록을 남겼을 것이다. 개인 사이의 약속도 지켜야 한다. 공직에 출마하는 정치인의 공약(公約)은 말할 것도 없다. 그러나 어찌된 영문인지 우리나라의 선거직 출마자나 공직자들의 공약은 공약(空約)이 되는 경우가 많다. 많은 정도가 아니다. 슬픈 현상이다.

우리의 본래 이야기로 돌아간다. 경쟁심을 자극하여 소기의 목표를 달성한 예를 들어본다. 찰스 슈왑(Charles M. Schwab, 1862~1939)은 미국의 강철왕 중의 한 사람이다. 담요 제조업자의 아들로 태어난 그는 학교 교육도 잘 받지 못했다. 식료품가게의 일을 하다 앤드루 카네기(Andrew Carnegie)가 소유하는 〈에드거 톰슨 강철제작소(Edgar Thompson Steel

Works)〉에 직공으로 취직했다. 여기서 그는 뛰어난 인간관리의 능력으로 카네기제국의 고위직으로 승승장구했다. 35세에 〈카네기강철회사(Carnegie Steel Corporation)〉의 사장이 되었고, 39세에 〈전미강철회사(United States Steel Corporation)〉의 사장이 되기도 했다. 그 후 그는 〈베들레헴 강철회사(Bethlehem Steel Company)〉를 세우고 조선업을 일으키기도 했다. 그런데 이야기는 그게 아니다. 그가 톰슨 강철제작소에 있을 적의 일이다.

공장직공들이 할당된 양의 일을 제대로 하지 않아 생산에 차질이 생기곤 했다. 슈왑이 감독을 불러 말했다.

"당신과 같은 유능한 사람이 어째 공장의 능률을 올리지 못합니까?"

"직공들을 달래기도 하고, 욕도 해보고, 칭찬도 해보고, 쫓아내겠다고 협박도 하고, 별별 짓을 다 해보았는데 잘 안 됩니다. 그냥 그 모양입니다."

그때가 바로 낮 팀과 밤 팀의 직공이 교대할 시간 직전이었다. 슈왑은 감독에게 분필을 하나 가져오라고 하고는 마침 퇴근하려는 낮 팀의 한 직공에게 물었다.

"당신네 팀에서 오늘은 얼마나 하였소?"

"여섯입니다."

슈왑은 아무 말도 않고 마룻바닥에 '6'이란 숫자를 크게 써놓고 나갔다. 밤 팀의 직공들이 들어와서 '6'이란 숫자를 보고는 나가던 그 낮 팀의 직공에게 그게 무어냐고 물었다.

"대장이 아까 여기 왔었는데, 낮에 얼마나 했느냐고 묻기에 여섯이라고 했더니 분필로 그렇게 써놓고 갔소."

다음날 아침이다. 슈왑이 다시 그 장소에 갔다. 밤 팀이 그랬는지 '6'은 지워지고 '7'이란 숫자가 적혀 있었다. 일을 더 한 것이다. 낮 팀이 출근하여 '7'

이란 숫자를 보고 약이 올랐다. 밤 팀보다 못 할 이유가 없다고 생각하였는지 열심히 일했다. 그들이 퇴근하면서 적어놓은 숫자는 '8'이었다. 며칠 지나 그 숫자는 '10'이 되었다. 능률이 제일 없던 공장이 다른 어떤 공장보다 앞섰다. 슈왑은 나중에 이렇게 말했다.

"능률향상의 방법은 경쟁심을 자극하는 데 있다. 그냥 치사하게 돈 버는 경쟁이 아니라 이길 욕심의 경쟁을 자극하는 것이다."

이기고 싶은 마음은 사람의 본능이다. 슈왑은 그 본능을 이용하여 성공했다.

[추기: 위에서 나는 단도 교수에 관한 이야기를 했다. 노융희 교수에게 들었다고 했다. 단도 교수의 이력을 확인하고 싶어 위의 글을 쓰고 난 후 인터넷 검색을 하였다. 그랬더니 단도 교수는 교토대학과는 전혀 인연이 없다. 도쿄대학 법학부를 수석으로 졸업하고, 거기서 교수가 되어 정년까지 재직했다. 게이오대학에서 잠시 가르치다가, 최고재판소 판사로 일했다. 그렇다면 그가 교토에서 도쿄에 올 일도 없었을 것인데, 어디서 그런 이야기가 나왔는지 알 수 없다. 노융희 교수가 잘못 안 것일까? 그럴 리는 없다. 그러면 내가 교토대학의 다른 교수를 단도 교수로 착각하여 기억하고 있었나? 도무지 상상하기 어려운 이상한 일이다. 〈이 생각 저 생각〉을 하다 보니, 알 수 없는 이상한 일도 생기는가?]

제27화

지도자가 되는 방법

"다른 사람을 나의 사고방식에 넣는 방법"은 열두 번째 이야기로 끝났다. 끝이 있으면 새로운 시작이 있다. 새로운 이야기다. "지도자가 되는 길"이다. 상대방의 기분을 상하게 하지 않고 또 원망(怨望)을 듣지 않으면서 내 편을 만드는 방법이다. 여기에도 여러 가지가 있다. 그 첫 번째 방법이다. 상대의 결점을 발견했다고 하자. 어떻게 하면 좋을까? 그에 대처하는 방법이다. 방법이 무어라고 하기 전에 쿨리지(Calvin Coolidge, 1872~1933) 대통령의 이야기를 하나 한다.

A란 사람이 쿨리지가 대통령으로 재직할 때 손님으로 백악관엘 간 적이 있었다. 대통령 사무실에 들어갔을 때, 대통령이 그의 여비서에게 이렇게 말하는 것을 들었다.

"오늘 아침에 입은 자네 드레스는 유난히 아름답군. 자넨 아주 매력적이야."

평소에 말수가 적은 쿨리지가 그런 칭찬을 한 것은 아주 드문 일인지 모른다. 그 비서는 그래 그런지 어쩔 줄 모르는 모습이었다. 그러자 쿨리지는 계속하여 말을 이었다.

"뭐, 이상하게 생각할 것 없네. 그냥 자네 듣기 좋으라고 한 말이야. 그런데 부탁이 있어. 다음부터는 타자를 칠적에 구두점 찍는 것을 좀 잘했으면 좋겠네."

그런 말이야 대통령이 아니라도 누구든 비서에게 할 수 있다. 그러나 쿨리지는 심리학자 이상으로 사람들의 심리를 누구보다 잘 이용할 줄 알았다. 칭찬을 들어 기분이 좋아진 상태에서는 약간 거북한 말을 들더라도 언짢게 느끼지 않는 것이 사람의 심리인 것이다. 다른 예도 있다.

이발사는 면도를 하기 전에 얼굴에 비누를 잔뜩 묻힌다. 이것이 바로 매킨리(William McKinley, 1843~1901)의 방법이다. 1896년 그가 대통령에 출마했을 때다. 공화당의 한 유명 인사가 유세연설문을 썼다. 자기 딴에는 시세로(Cicero) 이후 최고의 명연설문으로 생각하였는지 그는 의기양양하게 매킨리 앞에서 큰 소리로 그것을 읽었다. 잘 된 대목도 있으나 단처(短處)도 있다. 매킨리는 그 연설문이 마음에 들지 않았다. "노(No)"라고 말하고 싶었으나, 그렇게 직접 말하면 글쓴이의 자존심을 상하게 하는 것이고 그의 성의를 무시하는 것이다. 매킨리는 그럴듯한 우회방법을 구사했다.

"여보게! 이건 아주 훌륭한 참으로 대단한 연설이네. 누구도 이보다 더 나은 연설을 할 수 없을 것일세. 옳고 아주 적절한 대목이 많아 사람의 심금을 울리기에 충분하지만, 이번의 특별한 경우에는 다소 맞지 않는 부분이 있어서 걱정이 되네. 자네의 입장에서는 아주 힘 있고 건전한 내용이네만, 당의 입장에서 그 결과를 보면 문제가 있을 것 같네. 그러니 집에 가서 내가 가르치는 대로 연설문을 고쳐서 그 원고를 내게 보내게!"

그렇게 말하고 나서 매킨리는 즉시 푸른 연필로 고쳐야 할 부분에 밑줄을 그었다. 그리고는 자신의 생각을 적었다. 그 공화당 인사는 연설문을 고쳐 써왔다. 선거유세에 큰 도움이 된 것은 두 말할 여지가 없다.

링컨은 많은 편지를 썼다. 두 번째로 유명한 편지 이야기다. [가장 유명한 것은 다섯 아들을 전쟁에서 잃은 빅스비 부인(Mrs. Bixby)을 위로한 편지라고 한다.] 이 편지는 링컨이 1863년 4월 26일에 후커(Joseph Hooker) 장군에게 보낸 것이다. 당시는 남북전쟁의 아주 어려운 시기였다. 18개월 동안 링컨의 부하 장군들은 연전연패를 계속했다. 우둔과 실패, 아니 참사의 기록이었다. 전국이 낙담에 빠졌다. 군인은 탈영이 심했다. 심지어 링컨의 하야를 주장하는 공화당의 상원의원까지 다수 나왔다. 오죽하면 링컨은 이런 말까지 했다.

"우리는 파멸 직전이다. 하나님까지도 우리 편을 들고 있지 않다. 희망의 그림자라고는 아무리 눈을 씻고 보아도 보이지 않는다."

그때 후커 장군에게 편지를 쓴 것이다. 장문의 편지라서 여기에 옮기지는 않으나, 먼저 칭찬을 잔뜩 하고 그를 나무랐다. 이것은 편지를 쓴 경우이나, 편지를 써놓고 아예 보내지 않은 예도 있다. 남부군의 장군 로버트 리(Robert E. Lee)의 퇴로가 큰 비로 차단되어서 그 군대를 일거에 때려 부술 수 있는 절호의 기회가 북군에게 왔다. 링컨은 미드(George Meade) 장군에게 즉각적인 공격을 취하라는 전문을 보냈다. 그러나 미드는 링컨의 말을 듣지 않고 우물쭈물하다가 적군을 모두 놓쳤다. 링컨은 분기가 탱천했다. 미드를 꾸짖는 편지를 썼다. 그러나 그것은 링컨이 죽은 후 그의 서류함에서 발견되었다고 한다. 보내지 않은 것이다. 좋게 이야기하면 우도이고, 나쁘게 이야기하면 흑심이다.

링컨이 후커 장군에게 보낸 편지는 1926년에 한 경매에 나왔다. 1만2천 달러에 팔렸다. 지금은 어디에 있는지 경매에 나오지도 않겠으나, 그 금액은 링컨이 평생 번 돈보다 많았다는 것이다.

사람이 모두 쿨리지, 매킨리, 혹은 링컨같이 될 수는 없다. 그래도 남의 기분을 상하게 하지 않으면서, 자신의 뜻을 전달할 수 있다면 나쁠 것 없다. 아니 좋은 일이다. 그것이 리더가 되는 한 방법이다.

제28화

비판은 간접으로

리더가 되는 두 번째 방법이다. 비판(批判)을 해도 상대방의 미움을 사지 않아야 한다. 우리는 다른 사람의 잘못을 비판하기 일쑤다. 잘못이 아닌 것도 비판한다. 비판을 받으면 대체로 기분이 좋지 않다. 비판이나 야단을 맞기보다는 칭찬받기를 좋아하기 때문이다. 그러나 야단이나 꾸짖을 경우도 있고, 비판을 하는 수도 많다. 비판을 하면 하는 쪽은 우쭐하는 기분이 드는 것이 보통이다. 우월감을 느낀다. 본능인 것이다. 그런데 비판도 하기에 따라서는 상대방의 기분을 상하지 않게 할 수 있다는 것이다. 그것이 리더가 되는 방법 가운데 하나라고 카네기는 말한다.

사전을 보면, 비판은 "비평하여 판정함"이라고 나온다. "인물 · 행위 · 판단 · 학설 · 작품 등의 가치 · 능력 · 정당성 · 타당성 등을 검토 평가함"이란 뜻도 있다. 또 철학에서 말하는 뜻도 있다. "사물의 의미를 밝혀 그의 존재의 까닭을 이론적 기초로 판단함"이다. 이희승 사전의 설명이다. 사전에 따라 약간 다른 설명도 있을 것이다. 철학의 비판이라 하면 칸트(Immanuel Kant)를 연상하는 독자도 많을 것 같다.

《순수이성비판》(1781)을 비롯하여 비판서를 셋이나 썼다. 독일 관념철학의 기반을 확립한 것이다. 그러나 카네기가 말하는 비판은 그렇게 어려운 것이 아니다. 그냥 남의 생각 · 행동 · 태도 등에 관하여 자기의 의견을 말하는 것이다. 좋은 의미의 비판은 충고가 될 수도 있으나, 비판은 되도록 하지 않는 것이 좋다. 그래도 비판을 한다고 하면 아래를 참고하라고 카네기는 말한다.

지지난번에 이야기한 강철왕 찰스 슈왑이 공장 감독이었을 적의 일화다. 어느 날 점심 때 그가 공장의 한 모퉁이를 지나는데 직원들이 모여 담배를 피우고 있었다. 벽에는 큰 글자로 〈금연〉이란 표지가 붙어 있다. 보통 감독 같으면 표지를 가리키면서 "이거 안 보여?"라고 질책을 했을지 모른다. 천만의 말씀이다. 그는 못 본 체 하고 방에 가서는 시가(cigar)를 한 줌 들고 나왔다. 담배 피우던 직원들에게 하나씩 나누어 주고는 "여러분! 이것은 밖에 나가서 피우면 더 맛있습니다"라고 했다. 그들 모두 금연구역에서 담배를 피우는 것이 잘못이란 것을 알고 있던 터에 감독이 아무 말 않고 시가를 나누어 준 것에 대하여 고맙고 미안한 생각을 갖게 된 것은 물론이다. 인격의 존중을 받았다고 생각했을 터이다. 그들이 금연구역에서 다시 담배를 피웠을까? 다른 예도 있다.

존 워너메이커(John Wanamaker, 1838~1922)는 미국서 백화점을 처음 개설한 입지전적인 인물이다. 그는 틈을 내서 자신의 필라델피아 백화점 안을 둘러보곤 했다. 하루는 고객이 물건을 들고 계산대 앞에서 기다리고 있는데 점원들은 보았는지 못 보았는지 구석에서 저희들끼리 무슨 얘기를 수군

거리며 웃고 있었다. 워너메이커는 천연스럽게 계산대 뒤로 가서 상품을 잘 포장해서 주고 돈을 받았다. 점원이 그걸 보고 미안한 표정으로 달려왔다면 어떻게 했을까? 짐작하건대 그냥 웃고 가지 않았을까?

많은 경우에 사람들이 비판을 할 적에는 칭찬을 먼저 하기도 한다. 그리고는 "그러나"라는 접속사가 나온다. 그게 말썽이다. 공부 잘 안 하는 아들에게 아버지가 하는 말을 예로 들자.

"아들아! 이번 학기에 성적이 올라서 신통하구나. **그러나** 수학을 좀 더 열심히 해라! 그래야 성적이 더 오를 것 아니냐!"

아들은 앞부분의 칭찬이 뒷부분의 잔소리를 끌어내려고 한 것이라고 생각하여 기분이 별로일 수도 있다. 수학 공부를 더 할까? 카네기가 하라는 말은 이것이다.

"아들아! 이번 학기에 성적이 올라서 신통하구나. **그리고** 좀 더 열심히 하면 다음 학기엔 수학 성적이 다른 과목과 마찬가지로 더 오를 것 같구나." 그래 수학 성적이 올랐는지는 알 수 없어도, **그러나**보다는 **그리고**란 말을 권장했다. 카네기가 그렇다고 하여 적었다. 영어의 but과 and가 우리말의 **그러나**와 **그리고**가 꼭 같은지는 모르나, 효과는 비슷할 것 같은 생각이 든다.

오래 전의 이야기나 카네기는 또 라이먼 애봇(Lyman Abbott, 1835~1922)의 일화를 전한다. 애봇은 유명한 조합교회주의 목사로서 사회복음운동을 실천한 신학자였다. 1887년 3월 8일 헨리 워드 비처(Henry Ward Beecher, 1813~1887) 목사가 죽자, 그 다음 주일의 설교를 하게 되었다. 비처는 애봇과 같은 조합교회주의의 신봉자로서 사회개혁가였고, 대웅변가였다. 그런 인물의 후임으로 설교를 맡게 된 애봇은 긴장하지 않을 수 없었다. 그래서 그는 온갖 정성과 열의를 갖고 설교원고를 쓰고, 고치고, 다듬었다. 그리고는 그의 부인 앞에서 그 설교원고를 낭독했다. 그러나 그것은 설교로서 매우 빈약했다. 대부분의 원고설교가 그렇듯이 그 설교는 더욱 그랬다. 설교원고를 들은 부인은 이렇게 말했을 수도 있다.

"라이먼! 여보 그게 설교요. 아예 그 설교는 하지 마세요. 교인들에게 자장가를 들려주려고 그런 원고를 썼소? 차라리 백과사전을 갖다 읽는 낫겠소. 그렇게 여러 해 동안 설교를 해온 솜씨가 고작 그거요. 왜 산 사람처럼 이야기를 못합니까? 게다가 동작은 왜 또 그렇게 부자연스러워요. 설교랍시고 그런 식으로 원고를 읽으면 망신당하기에 딱 알맞소."

그러나 그 부인은 현명했다. 물론 그렇게 말하지 않았다. 좋은 원고이기 때문에 문학잡지에 기고하면 인기 만점일 것이라고 했다. 설교로서는 재미없다는 뜻을 은근히 암시한 것이다. 애봇은 부인의 의도를 알아차렸다. 그래 그는 그 원고를 찢어버렸다. 원고 없이 설교했다. 교인들로부터 크게 박수를 받은 것은 말할 필요도 없다.

비판을 하더라도 상대방의 기분을 상하지 않게 하려면, "상대방의 잘못을 간접적으로 이야기하라!" "Call attention to people's mistakes indirectly!"

제29화

상대방의 마음을 고치는 방법

리더가 되는 세 번째 방법이다. 상대방의 반감이나 미움을 사지 않고 그 마음을 고치는 방법이다. 조세핀이란 카네기의 조카가 처음 뉴욕에 와서의 일이다. 그녀는 카네기의 비서로 취직했다. 19세로 고등학교만 나왔고, 사회 경험은 전혀 없었다. 나중엔 아주 우수한 비서가 되었으나, 누구나 그렇듯이 처음엔 일이 서툴렀다. 하루는 카네기가 조카의 잘못을 꾸짖으려다 스스로에게 물었다.

'잠깐만! 좀 참는 것이 어떠냐? 너는 조세핀보다 나이도 배나 더 먹고, 그 애보다 사업경험도 100배 이상 많지 않느냐? 어떻게 그 애에게 너와 같은 생각 · 판단 · 창의력을 기대하는가? 좀 참아라! 너는 19세 때 어땠느냐? 어쩌면 지금의 조세핀에 비해 훨씬 못하지 않았느냐? 그 나이의 너를 생각해 보렴! 어떻게 했지?'

그러고 보니 솔직하게 말해서 그가 열아홉 살이었을 적에는 미숙하기 짝이 없었다. 조카가 하는 일이 그때의 자기보다 훨씬 낫다는 생각이 들었다. 반성한 것이다. 그래 그 후 조카가 일을 잘못하였을 적에 이렇게 말했다.

"조세핀, 이건 좀 이상하다. 그러나 하느님도 아시겠으나 내가 너 만할 때 그랬던 것에 비하면 아무것도 아니다. 네가 실수 없는 사람으로 태어난 것은 아닐 것이다. 사실 사람은 누구나 경험을 쌓아야 하고, 거기서 배운단다. 내 생각엔 네가 이렇게 했더라면 결과가 좀 낫지 않았을까?"

세상 살기 힘들다. 어린 조카 비서에게까지 이런 아양(?)을 떨어야 하다니 딱한 일이다. 이건 내 말이고, 카네기는 그랬다고 하니 그런가 하는데, 아무튼 남의 잘못을 지적하든지 나무랄 때면 자기 자신의 잘못을 먼저 고백하라는 것이다. 그래서 결과가 좋아지면 성공이다. 그 후 카네기의 조카는 일을 아주 잘하게 되었다고 한다.

또 딜리스톤(E. G. Dillistone)의 이야기도 있다. 그는 캐나다의 유명한 엔지니어다. 그도 새로 채용한 비서와 문제가 있었다. 편지나 서류를 받아쓰게 하고, 거기에 서명을 하려고 보면 틀린 스펠링이 자주 눈에 띄었다. 그래 하루는 비서가 타자를 쳐서 들고 온 편지를 보고 이렇게 말했다.

"사실 대부분의 엔지니어들이 그런지 모르나, 내 자신의 영어도 그저 그런 수준이고 더구나 스펠링은 엉망이다. 그래 작은 수첩에 잘 틀리는 단어들을 적어가지고 다닌다. 나도 전에 편지를 쓰고 나서 다시 보면 철자에 잘못이 많았다. 여러 번 고치곤 했다. 지금 이 편지를 보니, 어쩐지 이 단어의 스펠링이 바르지 않은 것 같다. 나도 이 단어의 스펠링은 잘 틀렸다. 그래 틀리지 않으려고 수첩을 들여다보곤 했단다. 스펠링의 천재는 없다. 그래도 좀 주의하면 잘못이 줄어들 것이라고 믿는다."

딜리스톤의 비서도 그 말을 듣고 수첩을 들고 다녔는지는 모르나, 그때부터 스펠링의 잘못은 줄었다고 한다. 좀 더 주의를 한 것이다. 이런 이야기도 있다. A는 열다섯 살인 아들이 담배를 피우기 시작하자 걱정이 되었다. 아들이 담배를 피우는 게 싫었다. 그런데 사실은 A와 아내인 그 아이의 어머니도 골초였다. 아들이 무얼 배웠겠는가? 매일 나쁜 버릇을 가르친 셈이다. 그래도 아들에게 이렇게 말했다.

"아들아! 나도 네 나이 때부터 담배를 피우기 시작했다. 니코틴이 어떤 건지 모르지만, 아직까지 끊는 게 어렵다. 그런데 너도 보다시피 나는 기침을 자주하여 미치겠다. 담배 때문에 폐암에 걸려 얼마 안 가서 공동묘지로 갈지도 모른다."

A는 아들에게 담배를 피우지 말라고 야단을 친 것도 아니고, 그저 자신의 사정을 털어놓았을 뿐이다. 그러나 효과는 100점이었다. 아들이 담배를 피우지 않게 된 것이다. 그럴 수도 있다. 카네기의 이야기는 그렇고, 담배와의 나의 인연을 이야기하고자 한다.

인연인지 어쩐지는 모르나, 대학 다닐 적에는 풋담배였다. 군대에 가서도 별로 피우지 않아서 훈련소에서도 배급으로 받은 담배는 동료들의 몫이었다. 그러다가 유학을 갔다. 영어도 지지리 못하는데 텀 페이퍼(term paper)도 써야 되고, 논문도 써야 했다. 신경 쓸 일이 많은 긴장의 연속이었다. 그 핑계인지 몰라도 술을 자주 마시게 되었고, 술을 마시면서 담배를 피우게 되었다. 담배가 꽤 늘었다. 하루 한 갑이 모자라는 때도 많았다. 끊으려고 몇 번 시도했으나, 성공하지 못했다. 그러다가 담배를 끊은 것은 1992년 가을이다.

1988년 2월부터 나는 사회과학연구소장이라는 학교의 보직을 맡았다. 이름은 거창한데, 연구에 쓰라고 학교에서 주는 예산은 거의 제로였다. 연구소가 생긴 것은 학교가 종합화되면서 관악으로 이전하던 1975년이다. 예산은 없어도 내 앞의 소장들은 유능한 분들이라 연구소를 잘 운영했다. 밖에서 돈을 잘 끌어 온 것이다. 나는 전임 소장들처럼 일 하기에는 역부족이었다. 나는 붙임성도 없고 누구에게 아쉬운 소리도 잘 못하는 성미다. 사교적이지도 못하다. 그래도 전임 소장들 비슷하게 연구소를 끌고 가야 하니, 막말로 죽을 맛이었다. 그런 4년을 보냈다. 그러다가 1992년 봄에 소장 직을 그만둔 것이다. 고생을 많이 해서인지 1년의 안식년을 얻게 되었다. 강의도 없고 학교에 가지 않아도 된다. 그래 전부터 생각하고 있던 《삼국지》에 관한 내 나름의 책을 집필하기 시작했다.

소장 일도 그만 두었겠다 강의를 안 해도 되니 시간도 많고 자유롭다. 더구나 내가 오래 구상하던 책을 쓰는 것이 즐겁다. 책을 쓰면서 행복하다고 느끼는 순간이 많았다. 그때 행복이란 계속적인 것이 아니라 순간의 느낌이란 것을 내 나름으로 깨달았다. 행복한데 담배를 왜 피우나? 담배 피우고 싶은 생각이 점점 줄어들었다. 그해 10월 어느 날부터 담배를 피우지 않게 되었다. 다른 사람들은 불행하여 담배를 끊지 못하는지 혹은 니코틴에 인이 박혀 못 끊는지 몰라도 나의 사연은 그러하다. 담배를 끊었다고 하는 사람도 술 마시다가는 더러 피우는 것을 보기도 했으나, 나는 그 후로 한 번도 담배를 입에 댄 적이 없다. 담배를 끊고 탈고한 책이 《소설이 아닌 삼국지》(조선일보사, 1993)였다. 잘 팔렸다. 한동안 술값은 걱정하지 않게 되었다.

그건 그렇고 카네기의 이야기다. "다른 사람을 비판하기 전에 네 잘못을 고백하라!" "Talk about your own mistakes before criticizing the other person!"

제30화

명령 대신 질문

교제의 기술을 또 생각한다. 리더가 되는 네 번째 방법이다. 사람은 누구나 남의 명령을 듣는 것을 좋아하지 않는다. 누가 "이래라 저래라!" 하면 듣기 싫은 것이다. 그래도 그렇게 해야 되는 경우가 많다. 그래 "명령을 바로 하지 말고 물어 보라"는 말이 나왔다. 그러면서 카네기는 자신의 경험을 말한다.

카네기가 《우도》를 쓸 무렵 그는 아이다 타벨(Ida M. Tarbell, 1857~1944)을 만났다. 타벨은 뛰어난 언론인이자 작가다. 그녀는 《The Life of Abraham Lincoln》(링컨의 생애, 1900)라는 전기로도 유명하나, 그녀가 세기적인 작가의 반열에 오른 것은 《Standard Oil Company》(스탠더드 오일 회사, 1904)란 책을 집필하고서였다. 스탠더드 오일의 내막을 적나라하게 파헤친 이 책은 ?뉴욕 타임스?가 선정한 20세기 저널리즘의 가장 중요한 1백 개의 업적가운데 5위로 뽑히기도 했다. 그런 그녀를 카네기가 만난 것이다. 《우도》를 집필 중이라고 말하자, 대화는 자연히 사교술로 이어졌다. 그러자 그녀는 오웬 영(Owen D. Young, 1874~1962)의 이야기를 하였다. 영은 법률가이자 실업가로서 산업 금융관계단체와 회사의 중역이었고, 특히 1929년 독일배상회의(The German Reparation Conference)의 미국대표로 활약한 인물이다. 그녀는 영의 전기를 쓰기 위하여 그와 같은 사무실에서 3년을 함께 지낸 사람을 인터뷰했다.

"나는 오웬 영이 누구에게 직접 명령을 하는 것을 한 번도 보지 못했습니다. 그는 항상 명령이 아니라 무슨 제의를 하곤 했습니다. '이것 해라. 저것 해라' 혹은 '이런 것 하지 마라. 그런 일 하지 마라' 하지 않고, '이것 좀 생각해 봤나? 그렇게 해서 잘 될까?'라고 말했답니다. 또 예컨대 이러이러한 내용의 편지를 써보라고 한 후 그 초안을 보고, '이러면 어떨까?' 또는 '이렇게 바꾸면 좋을 것 같은데 자네 생각은 어때?'라고 비서에게 묻곤 했습니다. 그는 항상 상대방에게 기회를 주려고 노력했습니다."

이런 기술이야말로 잘못을 쉽게 그리고 즐겁게 고치게 하는 방법이다. 반발 대신 협조를 구하는 방법이기도 하다. 비서의 자존심을 살릴 뿐 아니라, 비서는 스스로가 잘했다고 생각할 것이다. 어느 비서가 그런 주인을 좋아하지 않겠나?

직업학교 선생의 이야기도 있다. 어떤 학생이 식당 입구에 불법 주차하여 출입에 불편을 주곤 했다. 그 선생이 교실에서 "누가 저따위로 주차하여 길을 막나? 당장 치워! 아니면 끌고 가라고 경찰에 신고할 거야!" 라고 했다하자. 말이야 바른지 모르나, 그런 말을 듣는 학생은 기분이 좋지 않을 것이 분명하다. 그래서 카네기는 자기 같으면 이렇게 말했을 것이라고 했다.

"찻길에 있는 차가 누구의 것인가요? 주차장에 세우면 식당 드나드는 사람들이 좋아할 것인데요?"

Whose woods these are I think I know,
His house is in the village though.

이렇게 시작하는 Robert Frost의 시가 생각난다.

Whose car this is I think I know,
It is blocking the entrance to the restaurant.

위와 같이 시작할까? 이 글을 읽으면 불법 주차를 하던 학생은 잘못을 뉘우치고 다시 그러지 않았을 것이 분명하다. 명령을 듣기보다는 제의를 받는 것이 사람의 마음을 편하게 만든다. 제의를 받으면 새로운 아이디어를 생각하기도 하고, 명령이 기대하는 것 이상의 효과를 내기도 한다.

정밀기계의 부품을 전문으로 생산하는 작은 회사의 사장이다. 한 번은 대량의 주문을 받았다. 회사로서는 절호의 기회였으나, 기일 안에 납품을 하기에는 시간이 너무 짧았다. 그렇다고 기회를 놓칠 수는 없었다. 작업량을 늘리라고 직원들에게 명령을 해보았자 효과가 별로 없을 것이라고 판단한 사장은 먼저 직원들에게 상황을 설명했다. 나아가 그 주문이 회사에 얼마나 중요하고, 또 직원들의 보수에도 큰 영향이 있으리라는 것을 암시했다. 그러고는 다음과 같은 질문을 던졌다.

"이 주문대로 하려면 어떻게 해야 할지 여러분의 생각은 어떤가요?"

"이 주문을 제대로 처리할 수 있는 방법이 생각나면 말씀하세요."

"혹시 근무시간을 연장해서라도 생산량을 늘리는 게 한 방법이 될 수도 있는데, 여러분 의견은 어떤가요?"

직원들은 이구동성으로 "우리가 해내겠습니다!"하고 떠들었다. 기일 안에 납품을 하게 된 것은 물론이다. "명령을 직접 내리지 말고 물어보라!" 리더가 되려면 모름지기 그렇게 하라는 것이다! "Ask questions instead of giving direct orders!"

제31화

상대방의 체면을 살려라

체면(體面)이란 말이 있다. 사전에는 "남을 대하는 체재와 면목"이라고 나온다. (이희승, 《民衆 엣센스 國語辭典》). 좀 어려운 설명이다. 면목은 그렇다 하고, 체재는 한자로 體裁다. 체재의 사전의미는 "생기거나 이루어진 형식 또는 됨됨이"이다. (앞의 이희승). 그러면 "체면을 지킨다"고 할 때 그것은 "남을 대하는 '생기거나 이루어진 형식'"을 지키는 것이다. 아무래도 이상하다. 남을 대할 때 그렇다면 다소 말이 될까? 다른 사전을 본다. "남을 대하기에 떳떳할 만한 체재나 도리 · 체모(體貌)"다(신기철 · 신용철 편저, 《새우리말 큰사전》). 여기서도 체재란 단어가 나온다. 체재란 단어를 빼고 체면이란 말을 설명을 했으면 한다.

체면이 들어가는 표현들이 있다.

〈체면에 몰렸다〉: 체면을 차리느라고 하잘 것 없는 사람에게 졸림을 당함을 이르는 말.

〈체면 사납다〉: 체면이 서지 아니하여 부끄럽고도 분하다.

〈체면치레〉: 체면이 서도록 꾸미는 일.

또 '체메'란 말도 있다. 체면을 모르는 사람이다. 체메꾼이라고 한다. 어쨌든 체메나 체메꾼은 되지 말아야 한다. 자꾸 이상한 이야기를 하면 체면이 손상되니 본론으로 돌아간다.

남의 윗사람(지도자)이 되는 다섯 번째 방법은 "다른 사람의 체면을 살리는 것"이라고 카네기는 말한다. 내 체면보다 다른 사람의 체면이 중요하다는 것이다. 오래 전의 일이지만, 제너럴 엘렉트릭회사(General Electric Co.)의 이런 이야기가 전한다. 이 회사는 GE라는 이름으로 널리 알려졌고, 우리나라에도 그 제품이 많이 들어와 익숙한 이름이다. 내가 오래전에 이 회사의 달력을 본 적이 있다. "Progress is our most important product."가 그 회사의 모토라고 적혀 있다. "우리의 가장 중요한 제품은 발전입니다." 그런 뜻이다.

슈타인메츠(Charles Steinmetz, 1865~1924)는 일류의 수학자이고 물리학자다. 엔지니어로서 한때 GE의 한 부서의 장이었다. 그는 아주 유능하여 놓칠 수 없는 연구자였다. 그러나 성미가 매우 까다로웠다. 그런데 자리를 옮겨야 하는 문제가 생겼다. 회사는 "GE의 고문 엔지니어(Consulting Engineer)"란 타이틀을 새로 만들어 그를 그 자리에 앉혔다. 체면을 살린 인사였다. 하는 일은 전과 크게 다르지 않았으나 그는 만족해했다.

GE는 인재를 특히 잘 관리하는 것으로 이름이 났다. GE 연구개발센터의 연구원으로 노벨상을 받은 사람이 두 명이나 있다. 어빙 랭뮤어(Irving Langmuir)가 1932년에 화학상을 받았고, 이바르 예이버(Ivar Giaever)는 1973년에 물리학상을 받았다. 슈타인메츠는 58세에 사망하였는데, 아마 오래 살았으면 노벨상을 받았을지 모른다. 그는 2백 개가 넘는 특허를 소유하고 있었다. 이왕 노벨상 이야기를 한 적이 있으나, 잠시 다시 그 이야기를 하고자 한다.

매년 10월이면 스웨덴 왕립과학원은 노벨수상자를 발표한다. 금년(2021년) 노벨 물리학상 공동수상자의 한 사람은 미국 프린스턴대학 선임연구원인 마나베 슈쿠로(眞鍋淑浪, 1931~)이다. 마나베는 지구의 기후변화에 관한 연구를 1960년대에 시작하였고, 1967년에 발표한 논문에서 대기 중 이산화탄소의 수치 증가와 지구 표면온도의 상승과의 관계를 밝혔다. 논문이 발표된 지 50여년이 지나 상을 받은 것이다. 마나베는 미국 국적이지만 일본인이다. 마나베를 포함하여 이제까지 노벨상을 받은 일본인은 28명[3인은 미국국적]이다. 그 가운데 문학상 둘과 평화상 하나를 제외하면 1949년 교토대학의 유카와 히데키(湯川秀樹, 1907~1981)가 중간자 이론으로 물리학상을 받은 것을 필두로 과학상만 25명이 받았다. 우리나라는 어떤가? 하나도 없다. 25대 빵이다. 일본이 과거에 우리나라에 잘못한 것이 많다. 그래서인지 지금도 관계가 껄끄럽다. 관계의 개선도 중요하다. 그러나 일본은 우리가 생각할 것이 많은 나라다. 체면도 지켜야 하고 국가의 이익도 생각하여야 한다.

우리나라에도 노벨상을 탈 만한 연구가 있을 것이다. 이러이러한 연구가 유력한 후보라고 신문에 소개된 것을 본 적도 있다. 내가 잘 모르는 분야이기 때문에 눈여겨보지 않았을 뿐이다. 노벨상을 목표로 열심히 연구하는 학자들도 많을 줄 안다. 그러나 위에 마나베는 노벨상을 염두에 두고 연구하지는 않았다. 아인슈타인은 상대성이론으로 유명하지만, 상대성이론으로 노벨상을 받지는 않았다. 그는 1905년에 발표한 광양자설(light quantum theory)로 1921에 노벨상을 받았다. 무슨 원칙이 없다. 우연한 연구가 나중에 효과를 낸 것이다. 연구가 쌓이는 것이 중요하다.

다시 카네기로 돌아간다. 계절에 따라 일감이 많았다 적었다 하는 회사가 있었다. 일감이 적은 때에는 고용원을 줄여야 한다. 내보내야 한다. 그러나 내보내기가 쉬운 일은 아니다. 결코 즐거운 일도 아니다. 나가는 입장에서는 말할 것도 없다. 당장 수입이 끊기기 때문이다. 사장은 나가야 하는 고용원을 한 명씩 불렀다.

"아무개 씨, 여기 앉으십시오. 그동안 아주 어려운 일을 맡으셔서 제가 관심을 가지고 보아왔습니다. 일을 아주 잘 처리하셔서 매우 고맙게 생각하고 있습니다. 회사의 자랑거리이기도 합니다. 귀하도 여기에 동의하시리라 믿습니다. 그러나 회사는 나름대로 사정이 있습니다. 이해하실 줄로 믿습니다."

그리고는 그 달치 월급과 약간의 퇴직금이 담긴 봉투를 내놓았다고 한다. 회사에도 체면이 있고, 나가는 고용원에게도 체면이 있다. 위의 경우에는 체면이 양쪽 모두에게 세워졌다고 생각한다. 윗사람이 되려면 다른 사람의 체면을 살려라! "Let the other person save face!" 그러나 이것은 카네기의 말이다.

현실은 그와 다른 경우가 많다. 후안무치(厚顔無恥)란 말이 있다. 뻔뻔스러워 부끄러워할 줄 모르는 것을 일컫는다. 철면피(鐵面皮)란 말도 있다. 또 후흑(厚黑)이란 말도 있다. 청말 민국 초의 반유사상가(反儒思想家)인 이종오(李宗吾)가 《삼국연의》의 조조(曹操)와 유비(劉備)를 빗대어 한 말이다. 얼굴이 두껍고 검다는 것이다. 조조와 유비는 사극의 송나라 판관 포청천(包靑天)과 같이 얼굴이 검지도 않았고, 두껍지도 않았다. 재미로 한 말이다. 그러나 우리에겐 매우 중요한 문제가 있다. 요즘 우리나라의 소위 정치지도자라는 인물들의 얼굴이 검은지 두꺼운지 혹은 뱃속이 시커먼지를 우리 모두 심각하게 살필 일이다.

제32화

칭찬을 아끼지 마라

지도자가 되기 위해서는 다른 사람의 체면을 살리라고 했다. 그 다음 여섯 번째 방법은 일을 잘하게 만드는 방법이다. 조금이라도 잘하면 칭찬을 아끼지 않는 것이다. 비슷한 이야기다. 바알로(Barlow)란 카네기의 친구가 있었다. 서커스 같은 것에 따라다니는 딴따라였다. 한번은 그가 개를 새로 훈련시키는 것을 보았다. 개가 조금 잘하자 그는 머리를 쓰다듬고 등을 토닥거리더니 고기를 주었다. 더 잘하라고 부추기는 것이다.

바알로의 방법이 무슨 새로운 것은 아니다. 동물 조련사들은 으레 그렇게 한다. 역사도 오래되었을 것이다. 그러다 문득 개를 훈련시키는 방법을 사람에게 적용하여도 유용할 것이란 생각이 들었다. 그렇다. 매를 때리는 것보다 고기를 주는 것이 효과적이다.

그런데 여기서 나의 생각이다. 영국 속담에 "매를 아끼면 아이를 망친다. (Spare the rod and spoil the child)"라는 것이 있다. 매를 때려서 엄격한 교육을 시켜야한다는 말이다. 가정에서도 그랬겠지만, 이튼 칼리지(Eton College)와 해로우 스쿨(Harrow School)의 교육이 그랬다. 이 학교들만 그런 것은 아니겠으나, 영국이 한때 세계를 제패할 수 있었던 것은 그러한 교육으로 훌륭한 인재들을 배출하였기 때문이다. 근년에 와서 영국이 왕년의 영광에서 다소 처진 것은 교육이 달라진 까닭이 아닌가 한다. 매가 준 것이다. 개를 훈련시키려면 매보다 고기가 낫지만, 사람의 교육에는 매가 낫다. 물론 매만으로 교육을 시킬 수는 없다. 사람에게 개의 고기와 같은 효과를 내는 것은 칭찬과 아울러 격려가 중요하다. 사람을 개에 비유하여 설명하는 것은 적절치 못한지 모르나 칭찬을 받으면 좋아하는 본능은 사람이나 개나 같다. 그럼에도 불구하고 "개만 못한 사람"이 많은 것이 요즘의 세상이다. 그래 그런지 "사람만 못한 개"란 말은 들은 적이 없다.

제스 레어(Jess Lair, 1927~2000)란 심리학자는 《I Ain't Much. Baby. But I'm All I Got》(이봐! 난 아무 것도 아냐. 그냥 생긴 대로야, 1976)이란 책에서 이렇게 말했다.

"칭찬은 따뜻한 사람의 마음에 비치는 햇빛이다. 그것 없이는 자라지도 못하고 꽃을 피울 수도 없다. 그런데도 우리는 다른 사람에게 비판의 찬바람을 부는 데 익숙하고 칭찬의 따사로운 햇빛을 비치는 데는 인색하다."

칭찬을 하여 손해 볼 것이 조금도 없는데, 왜 그럴까? 비판을 하면 자기가 그 사람보다 낫다고 느끼는 무의식의 심리가 있는 것일까?

칭찬이 인생을 바뀌게 한 예가 많다. 오래라면 오래 전이다. 이탈리아 나폴리의 한 공장에서 일하던 열 살짜리 소년이 있었다. 가수가 되는 것이 소원이었다. 그래 음악선생을 찾아 배우기로 했다. 선생은 "너는 노래를 못해. 네 목소리는 덧문에 바람이 불 때 나는 문풍지 소리 같다."고 말했다. 그러나 가난한 농부의 아내였던 그의 어머니는 실망하여 울고 돌아온 아들을 껴안고 그에게 훌륭한 가수가 될 소질이 있다고 격려하였다. 그러면서 근자의 목소리가 전보다 훨씬 좋아졌다고 칭찬하였다. 가난한 살림에 맨발로 다니면서 온갖 궂은일로 아들의 학비를 벌었다. 어머니의 칭찬과 격려로 아들은 불세출의 음악가가 되었다. 그의 이름은 엔리코 카루소(Enrico Caruso, 1873~1921)다.

19세기 초의 런던이다. 작가가 되고 싶은 소년이 있었다. 모든 것이 어려운 상황이었다. 학교라고는 4년밖에 못 다녔다. 아버지는 빚을 못 갚아 감옥에 갔다. 그가 아는 것이라고는 배고픔뿐이었다. 빈민가의 골방 같은 곳에서 병에 딱지를 붙이는 일자리를 얻어 입에 풀칠을 하였다. 그런 환경 속에서도 그는 틈틈이 글을 썼다. 누가 알까 두려워 그는 남들 몰래 원고를 잡지사에 보냈다. 번번이 무소식이었다. 그러다가 어느 날 원고가 채택되었다는 소식이 왔다. 원고료는 한 푼도 없었으나 편집자는 그가 글쓰기에 소질이 있고 원고가 좋다고 칭찬했다. 인정을 받은 것이다. 소년은 너무 기쁜 나머지 눈물을 흘리면서 런던의 뒷골목을 정처 없이 걸었다.

칭찬과 더불어 작품이 인쇄된다는 소식으로 소년의 삶은 바뀌었다. 골방 신세도 면하게 되었다. 찰스 디킨스(Charles Dickens, 1812~1870)의 이야기다. 디킨스라면 우리는 흔히 《Christmas Carol》(크리스마스 캐롤)를 연상한다. 그러나 그는 《Oliver Twist》(올리버 트위스트), 《Tales of Two Cities》(두 도시의 이야기), 《David Copperfield》(데이비드 코퍼필드)등 불후의 명작을 수십 편 발표했다. 셰익스피어 다음가는 작가라고 해도 과언이 아니다.

50여년 후지만 비슷한 소년이 런던에 또 있었다. 작은 상점의 서기였다. 오전 5시에 일어나 가게를 청소하고 14시간씩 노예처럼 일했다. 고역을 좋아하는 사람은 없겠으나, 그는 그런 잡일이 싫었다. 그래도 근 2년 가까이 참고 견뎠다. 그러다가 하루는 문득 깨달았다. 이래서는 안 된다. 그는 아침도 굶고 30 리나 되는 길을 뛰다시피 걸어서 어머니에게로 갔다. 어머니도 남의 집 가정부였다. 어머니의 치마에 매달려 소년을 울었다. 지금 같은 생활을 하기보다는 차라리 죽겠다고 했다. 그러자 옛날 선생이 생각났다. 장문의 편지를 썼다. 편지를 받은 선생은 잘 쓴 편지라고 칭찬을 하면서 감동을 받았다는 회신을 보냈다. 그뿐 아니다. 그 재주와 총명이라면 교사로서의 능력이 충분하다고 했다.

옛날 선생의 칭찬이 그 소년의 미래에 변화를 가져왔다. 소년은 나중 영국문학사에 불멸의 자취를 남겼다. 이루 다 셀 수 없는 베스트셀러를 저술했다. 그의 펜 끝에는 돈이 따라붙었다. 그의 이름은 웰즈(H. G. Wells, 1866~1946)이다.

제33화

칭찬은 많을수록 더 좋다

비판 대신 칭찬을 많이 하라고 했다. 그것은 현대의 위대한 행동주의 심리학자인 스키너(B. F. Skinner, 1904~1990)의 기본 개념이다. 고등학교 시절 그는 프랜시스 베이컨(Francis Bacon, 1561~1626)에 심취하여 과학적 추리에 관심을 가졌으나, 영문학에 관심을 돌려 작가가 되고자 했다. 로버트 프로스트(Robert Lee Frost, 1874~1963)와 같은 시인이 되기를 원했다. 영문학 전공으로 해밀턴 칼리지(Hamilton College)를 졸업했다.

그러나 원한다고 다 되는 세상은 아니다. 신통한 글이 나오지 않았다. 작가의 길을 포기했다. 그런 와중에 학비를 마련하느라고 그랬겠지만, 책방에서 판매원 일을 하면서 파블로프(Ivan Petrovich Pavlov, 1849~1936)와 왓슨(John Broadus Watson, 1878~1958)을 만났다. 파블로프는 개가 주인의 발자국소리만 들어도 침을 분비한다는 소위 조건반사를 발견한 대뇌 심리학의 개척자였다. 그의 초기 연구는 순환생리와 소화생리였고, 그러한 연구로

1904년에 노벨생리의학상을 받았다. 한편 왓슨은 종래의 의식 심리학에 반대하여 행동주의 심리학을 제창했다. 의식을 대상으로 하는 연구는 객관성이 없기 때문에 객관적으로 관찰할 수 있는 행동을 주로 연구하여야 한다고 주장했다.

파블로프와 왓슨을 알게 된 것이 인생의 대전환점이 될 줄은 스키너도 처음엔 몰랐을 것이다. 책방에서 일을 안 했으면 어떻게 되었을까? 사람의 팔자란 알다가도 모를 일이다. 파블로프와 왓슨은 스키너로 하여금 하버드 대학 대학원에서 심리학을 전공하게 만들었다. 하버드에서 스키너는 객관적이고 과학적인 방법으로 동물의 행동을 연구하기 시작했다. 〈스키너 상자(Skinner box)〉라고 알려진 자발적인 조건장치(operant conditioning apparatus)를 만들어 유명해졌다. [〈스키너 상자〉는 누름 바(bar)와 같은 장치가 있는 작은 상자다. 그 안에 있는 동물이 그 장치를 누르면 음식이나 물과 같은 것을 상으로 받는다. 학습을 연구하기 위하여 만든 것이다.]

스키너의 실험 대상은 처음엔 주로 동물이었다. 그러나 사람을 실험의 대상으로 삼기도 했다. 동물과 마찬가지로 비판을 하지 않으면서 칭찬을 많이 할수록 사람도 좋은 일을 많이 하게 되고, 나쁜 일에서는 멀어졌다. 하기야 사람도 동물이다. 이러한 현상은 스키너와 같은 유명한 심리학자가 발견했다 하여 인구에 회자되지만, 보통 사람 가운데도 칭찬을 잘하는 사람이 많다.

카네기가 예를 든 링겔스포(Ringelspaugh)는 그러한 사람이다. 많은 가정에서 부모는 자식과의 소통에서 소리를 잘 지른다. 큰 소리를 들으면 자식은 마지못해 순종하기도 하겠으나, 내심으로는 즐겁지 않은 경우가 태반일 것이다. 링겔스포는 교육을 많이 받은 사람은 아니지만 자식들에게 소리를 지르는 방법이 효과가 별로라는 생각을 하게 되었다. 그는 카네기에게 이렇게 말한 적이 있다고 했다.

"우리는 아들의 잘못을 꾸짖는 대신에 칭찬을 하기로 했습니다. 사실 그게 쉽지 않은 것은 그 아이가 하는 일이 모두 잘못되어 보였기 때문이었지요. 사실 칭찬할 구석이라곤 조금도 없었던 거지요. 그래 정말 그런가 하고 잘 살펴보니, 괜찮아 보이는 것도 눈에 띄더군요. 그래서 그걸 이야기했더니 점점 잘하는 일이 많아졌어요. 칭찬을 했죠. 요즘 우리 집에서는 큰 소리가 안 들립니다."

사람에게는 누구에게나 선천적으로 심리학자의 기질이 있다. 그것을 발휘하는 사람도 있고, 그렇지 못한 사람도 있다. 왜 그런가? 나는 그 대답을 모른다. 내가 아는 것은 사람은 모두 다르다는 것뿐이다. 일란성 쌍둥이도 다르다. 먼저 나온 아이가 형이다. 형과 아우는 다를 수밖에 없다.

사람은 누구나 좋은 평가와 인정받기를 원한다. 칭찬은 그걸 충족시키는 길이다. 그것이 충족되면 사람은 변한다. 심리학자이고 철학자인 윌리엄 제임스(William James, 1842~1910)는 이렇게 말했다. "가장 바람직한 우리의 모습을 생각하면, 우리는 그 반에도 미치지 못한다. 정신적으로나 육체적으로나 우리는 우리의 자원을 조금밖에 쓰지 못한다. 인간에겐 여러 가지 능력이 있으나 제대로 발휘하는 것을 보지 못했다."

칭찬하는 능력을 발휘해 보자! 비판을 하지 말고, 격려를 아끼지 말자. 이것이 제임스가 지적한 것처럼 우리의 능력을 조금이라도 더 발휘하는 것이다. 나아가 지도자가 되는 효율적인 방법이기도 하다.

제34화

위신을 세워줘라

일을 잘하던 직원이 어느 날부터 잘 못하면 어떻게 하나? 야단을 칠 수 있다. 해고를 할 수도 있다. 야단을 치면 오히려 반발을 살지 모르기 때문에 칭찬하는 방법이 중요하다고 지난번에 말했다. 칭찬도 칭찬 나름이지 못한 일을 어떻게 칭찬을 하나? 해고를 하고 다른 사람을 고용한다고 해도 여러 가지 문제가 생긴다. 그런 경우를 상정하고 카네기는 아래와 같은 이야기를 하고 있다. 리더가 되는 일곱 번째 방법이다.

헨키라는 사람이 있었다. 큰 트럭판매회사의 지배인이었다. 부하 직원인 기계공의 일이 점점 마음에 들지 않았다. 전에는 일을 잘했었다. 그래 그를 사무실로 불러 아래와 같이 말했다.

"빌! 자넨 아주 훌륭하게 기계를 잘 다루어 왔어. 게다가 여러 해에 걸쳐 그랬어. 자네가 기계를 고칠 적마다 고객들은 만족했고, 잘 고쳤다고 매번 칭찬을 하곤 했어. 그건 자네도 잘 알걸세. 그래 나는 늘 자네의 일에 대해

자부심을 가졌다네. 그런데 근자에는 어쩐 일인지 자네의 일솜씨가 평소수준에 미치지 못하는 것 같네. 그게 자주 눈에 띄네. 전에는 아주 뛰어나게 기계 일을 잘했는데 왜 그런지 궁금하여 이렇게 이야기를 하는 걸세. 허심탄회한 자네 말을 들었으면 좋겠네." 그러자 빌은 일이 그렇게 된 줄을 미처 몰랐다고 하면서 앞으로는 열심히 노력하겠다고 하였다. 약속이 지켜졌다. 빌의 일은 예전의 수준으로 돌아갔다. 지배인이 빌을 야단 쳤으면 어떻게 되었을까? 화만 부추겼을 것이다. 사람은 참으로 미묘한 동물이다. 덕을 갖춘 척하고 상대를 칭찬하라. 그래 일찍이 셰익스피어는 〈Hamlet(햄릿)〉에서 이렇게 말했다. "Assume a virtue, if you have it not." 내 식으로 번역하면, "덕이 없어도 가진 척하라!" 카네기의 이야기를 계속한다.

조르제트 르블랑(Georgette Leblanc, 1869~1941)은 괴도 아르센 뤼팽을 등장시킨 탐정소설의 대가인 모리스 르블랑(Maurice Leblanc, 1864~1941)의 여동생으로 오페라 가수였다. 그녀는 《파랑새》란 소설로 유명한 모리스 메텔링크(Maurice Maeterlinck, 1862~1941)를 오래 사랑했다. 그러면서 《추억: 메텔링크와의 나의 삶(Souvenirs: My Life with Maeterlinck)》(1932)이란 책을 냈다. 여기서 조르제트는 하찮은 벨기에의 한 호텔급사가 신데렐라가 된 이야기를 하였다.

"집 근처 호텔에 아는 여급이 있었다. 그녀의 별명은 '접시 닦는 마리(Marie the Dish-washer)'였다. 접시 닦는 주방일로 취직했기 때문이다. 내가 그녀를 처음 보았을 적에, 사팔눈에다 다리는 바깥쪽으로 휘었고, 살결도 보잘 것 없는 괴물 같았다. 어느 날 내가 호텔에 갔을 때 그녀가 식사를 가져왔다. 예쁘지도 않은 손으로 마카로니 접시를 내 앞에 내밀었다. 나는 꾸밈없이 이렇게 말했다.

'마리! 당신이 몸에 지닌 귀중한 보배가 있는데 그게 무엇인줄 아시나?'

감정을 억제하는 것이 습관이 된 그녀는 무슨 큰 재난이라도 당할까 겁먹은 표정을 지으면서 접시를 놓고서는 한숨을 짓더니, 이렇게 말하는 것이었다.

'부인! 저는 꿈에도 그런 생각을 해본 적이 없습니다.'

내 질문에 대답할 생각도 하지 않는 무표정이었다. 그녀는 그냥 주방으로 갔으나, 필경 내가 한 말을 속으로 되뇌었던 모양이다. 그날부터 그녀는 생각을 바꿨다. 보배를 찾으려고 노력했다. 얼굴과 몸매를 가꾸기 시작했다. 엄청난 변화가 나타났다. 젊음이 되살아나고, 보통 이상의 매력이 넘쳤다. 두 달이 지났다. 하루는 그녀가 내게 다가와서 주방장의 조카와 결혼을 하게 되었다고 말했다. 그러면서 내게 고맙다고 하였다. 나의 작은 한마디가 그녀의 인생을 바꾼 것이다."

조르제트 르블랑은 그렇게 추억했다. 약간의 과장인지도 모른다. 그러나 '접시 닦는 마리'는 조르제트의 말에 자기 발전의 자신을 얻었음이 분명하다. 속담에 이런 것이 있다.

"개의 이름을 나쁘게 짓는 것은 목을 매다는 것과 같다." "Give a dog a bad name and you may as well hang him." 그러나 좋은 이름을 지어주면 분명 춤을 출 것이다.

다른 사람의 태도와 행동을 변화시키려면 "삶에 대한 자신감과 위신을 세워주어라!" "Give the other person a fine reputation to live up to!"

제35화

격려하면 잘못은 쉽게 고쳐진다

카네기의 친구 중에 노총각이 있었다. 마흔 살이었다. 공자는 그 나이를 불혹(不惑)이라 하였다. 무엇에나 미혹되지 않게 되었다는 것인데, 사리(事理)를 모두 알게 되었다는 뜻일 것이다. 자기의 일생을 회고하면서 한 말이다. 다른 사람이나 제자들에게 그러라고 한 것은 아니었다. 그렇게 될 수도 없다.

공자는 노(魯)나라에서 위리(委吏)란 창고지기 비슷한 벼슬을 할 적인 19세 때 장가를 갔다. 다음해에 아들 리(鯉)를 낳았다. 여러 나라를 돌아다니면서 이런저런 벼슬도 살았으나, 평생 제자들을 가르치느라 집안을 거의 돌보지 않았다. 공자가 69세 때에 외아들 리가 50의 나이에 죽었다. 관의 바깥 널을 마련할 돈이 없었다고 하니, 집안 살림이 어떠했는지 짐작이 간다. 그래도 장가는 일찍 간 것이다. 리는 자(字)가 백어(伯魚)이고, 급(伋)을 낳았다. 급의 자가 자사(子思)이고 《中庸》의 저자다. 그로부터 공자의 자손은 끊어지지 않았다. [《史記》〈孔子世家〉참조] 지금도 80몇 대 후손이 대만 어디인가에 산다고 한다. 카네기의 친구가 마흔이란 이야기를 하다가 공자 이야기로 생각이 번졌다. 참으로 〈이 생각 저 생각〉이다. 제멋대로다. 다시 노총각 이야기로 돌아간다.

카네기의 친구는 불혹의 나이에 무엇에 혹했는지 약혼을 하게 되었다. 이제 별 수 없다. 여자의 말에 따라야 한다. 결혼은 사랑의 무덤이라고 누가 말했다는데, 약혼은 그 전 단계이니 무어라고 하면 좋을까? 그건 그렇고, 약혼녀는 그에게 댄스를 배우라고 하였다. 약혼녀의 강권(?)에 의하여 댄스를 배우게 된 친구의 하소연이다.

"하느님도 무심하시지, 글쎄 이 나이에 댄스가 뭐야? 처음엔 그렇게 생각했지. 처음 댄스 교습선생은 내가 너무 못한다고 심하게 나무랐거든. 못하는 것은 맞지만, 기분이 상해서 그만 두어버렸지. 그래도 어떻게 하나? 약혼녀가 배우라는데. 그래 다른 선생에게서 교습을 시작했지. 그런데 이 선생은 정반대였어. 잘한다면서 잘못은 거의 없다는 거야. 내 춤이 약간 구식이지만, 리듬에 대한 센스가 좋아서 타고난 댄서라는 거야. 실은 나도 내가 춤을 못 춘다는 것을 알지만 듣기 싫지는 않더군. 나보고 리듬에 대한 천부의 센스가 있다니, 그래 열심히 했지."

댄스를 잘하게 되어 약혼녀가 좋아했는지는 다음이다. 문제는 교습선생이 잘못을 지적하지 않은 것이다. 선생이 잘못이라고 말하지 않고 천부의 재능이 있다고 희망을 주었기 때문에 발전할 수 있었던 것이다. 그래 카네기는 자식이건 배우자건 부하직원이건 누구에게든지 멍청하다느니, 재주가 없다느니 따위의 말을 절대로 하지 말라고 하였다. 희망을 주고 용기를 북돋는 것이 돈 드는 일도 아닐진대, 왜 못하나? 카네기는 또 이런 일화를 전하고 있다.

로웰 토머스란 친구가 있었다. 한 번은 카네기가 그와 주말을 같이 보낸 적이 있었다. 브리지게임을 하자는 것이었다. 카네기는 카드에는 젬병이고 브리지는 말만 들었었다. 가당치 않은 일이었다. 그런데 토머스는 이렇게 말하는 것이었다.

"여보게! 그건 속임수가 아니고, 기억력과 판단력만 있으면 돼. 기억에 관하여는 자네가 글을 쓴 적도 있지 않나? 자네에겐 아주 쉬운 일이야."

그래 카네기는 생전 처음 브리지테이블에 앉게 되었다. 기억력과 판단력이란 말에 넘어갔는지 의외로 쉽게 배웠고, 금방 재미를 붙였다는 것이다. 그러면서 엘리 컬벗슨(Ely Culbertson, 1891~1955)의 이야기를 덧붙였다. 엘리는 브리지에 관한 책을 썼다. 베스트셀러였다. 12개국도 넘는 나라 말로 번역되기도 했다. 책이 문제가 아니다. 세계적인 브리지대회를 여러 번 석권한 대가로서 브리지 명예의 전당의 주인공이 된 인물이다. 그가 그렇게 된 이면에는 우연한 기회에 한 젊은 여성에게서 카드게임에 소질이 있다는 말을 들었기 때문이라고 회고하였다. 엘리는 루마니아에서 1922년에 미국으로 왔다. 대학에서 철학과 사회학을 가르치려 했으나, 여의치 않았다. 석탄판매업도 했고, 커피장사도 했으나 모두 실패했다. 브리지게임을 한 적은 있으나 그것으로 크게 성공하리라고는 꿈도 못 꾸었었다. 실력도 딸렸고, 쓸데없는 질문으로 사람들을 귀찮게 하여 인기가 없었다. 배우려고 자꾸 물었던 것이다.

그러다가 조세핀 딜론(Josephine Dillon)이란 아름다운 브리지 선생을 만나 사랑에 빠졌다. 결혼했다. 그녀는 엘리의 카드 분석력이 뛰어난 것을 발견했다. 카드테이블의 잠재적 천재임을 간파했다. 당연히 그 잠재력에 용기를 불어넣은 것은 물론이다. 브리지가 직업이 된 이유다. 직업에는 귀천이 없다. 어느 분야에서든지 성실하게 노력하면 잠재력이 표출되어 성공한다. 그러나 많은 경우에 누군가가 그 잠재력을 고무시키는 것이 중요하다.

"격려하라! 잘못을 고치기가 쉬운 것으로 보이도록 만들어라!" "Use encouragement. Make the fault seem easy to correct!"

지도자가 되는 길인지 어쩐지는 모르겠으나 상대방의 반발을 사지 않고 잘못을 고치게 하는 여덟 번째 방법이다.

제36화

항상 기쁜 마음으로 일하게 하라

1백년도 넘었으니 오래라면 오래 전의 일이다. 1915년이다. 미국으로서는 황당한 일을 당하고 있었다. 유럽의 여러 나라가 1년 넘게 인류가 일찍이 경험하지 못한 피 비린내 나는 전쟁에 말려든 것이다. 평화가 올까? 아무도 장담할 수 없었다. 당시 미국 대통령이던 윌슨(Woodrow Wilson)은 평화를 위하여 노력해야겠다고 작심하고 유럽의 지도자들을 설득하기 위해서 평화 밀사를 보내기로 결정했다.

당시 국무장관 브라이언(William Jennings Brian)은 평화주의자였다. 사절로 가기를 원했다. 나라를 위하여 봉사할 좋은 기회라고 여겼다. 성공하여 그의 이름이 죽백(竹帛)에 남게 되기를 바랐다. 그러나 윌슨은 브라이언을 제쳐놓고 친구이자 보좌관이던 커널 하우스(Colonel Edward M. House)를 밀사에 임명했다. 하우스에겐 브라이언의 마음을 상하게 하지 않고 그에게 반갑지 않은 소식을 알리는 것이 난감한 일이었다. 커널 하우스는 일기에 이렇게 기록하고 있다.

"브라이언은 내가 평화밀사로 유럽에 간다는 이야기를 들었을 적에 낙망이 얼마나 컸던지 말로 설명할 수 없을 정도였다. 그는 자신이 가려고 준비하고 있었다고 말했다. 그래 나는 이렇게 대답했다. '대통령은 누구든 이 일을 공식적으로 하는 것이 현명치 못하다고 생각하신 것이다. 더구나 귀하가 가면 사람들의 관심이 보통이 아닐 것이고, 왜 귀하가 유럽에 가는지 세계가 주목할 것인데, 그러려니 차라리 나 같은 무명인이 다녀오는 것이 낫다고 생각하신 것입니다.'"

하우스는 브라이언이 밀사로 가기에는 너무 중요한 인물임을 말한 것이다. 이 말에 넘어간 브라이언은 기분이 좋아 어깨가 으쓱했다. 또 이런 예도 있다.

윌슨은 맥아두(William Gibbs McAdoo)에게 각료 자리를 주려고 했을 적에도 같은 방법인지 전략인지를 구사했다. 각료가 되는 것은 보통 사람에게는 최고의 영광이겠으나, 윌슨은 맥아두를 각료로 초빙하면서 영광을 두 배나 크게 만들었다. 맥아두는 나중에 이렇게 회고했다.

"윌슨은 자신의 내각을 꾸리려고 한다고 말하면서 내가 재무상을 맡으면 그보다 더 큰 기쁨이 없을 것이라고 덧붙였다. 그는 일을 처리할 때 늘 상대방의 기분을 좋게 하는 습성을 지녔다. 나의 승낙이 그에게 큰 자선이라도 되는 듯이 행복한 표정을 지었다." 그런 대통령을 누가 좋아하지 않겠는가? 그러나 사람이란 항상 잘하지는 못하는 모양이다. 윌슨은 미국이 국제연맹에의 참여를 제안했을 적에 상원과 공화당을 불만스럽게 만들었다. 윌슨은 루트(Elihu Root), 휴즈(Charles Evans Hughes), 또는 롯지(Henry Cabot Lodge) 같은 공화당의 유력인사를 외면하고, 비교적 문외한의 인사를 대동하고 평화회의에 참석했다. 그는 공화당의원들을 무시하고, 공화당의원들에게 돌아갈 떡을 없앤 것이다. 이제까지 잘해오던 인간관계를 일거에 망치게 되었다. 절대 다수이던 공화당 상원의 반대에 부딪쳤다. 이 일로 미국은 국제연맹에 가입하지 않았다고 카네기는 약간의 과장을 섞어 기술하고 있다. [실은 먼로주의에 맞지 않는다고 하여 반대한 상원의원이 많았다.]

카네기의 친구 중에 이런 사람이 있었다. 강연 초청을 자주 받아 이루 다 소화할 수 없어 거절해야 하는 경우가 많았다. 그러나 그는 상대편의 감정을 조금도 상하게 하지 않았고, 거절당한 사람이 오히려 고마운 마음을 갖게 만들었다. 어떻게 했나? 시간이 없다거나 다른 약속과 겹쳐서 못한다는 이야기는 절대로 하지 않았다. 그는 초청해 주어 고맙다는 인사를 먼저 하고, 초청에 응할 수 없는 것을 유감이라고 생각한다면서 용서를 빌고는 강연을 대신할 만한 연사를 소개하곤 했다.

아이들이나 어른이나 칭찬받기를 좋아한다. 그것은 아이들이 장난감을 좋아하는 것과 같다. 아니 어른들도 장난감을 좋아한다. 그래서 나폴레옹은 레종 도뇌르(Legion d'Honneur) 훈장을 만들고, 군인들에게 1만5천개나 되는 십자가메달을 나누어 주기도 했다. 고참병에게 장난감을 준다는 비판이 일자, 나폴레옹은 "사람은 장난감의 지배를 받는다(Men are ruled by toys.)"고 대응했다. TV 퀴즈 프로그램에서 맞추면 상으로 인형을 주는 것도 같은 이치이다. 그래 "애나 어른이나 같다"는 말이 생겼는지 모른다.

윗사람이 되기 위한 아홉 번째 방법이다. "자기의 제의를 상대방이 기쁜 마음으로 행하게 하는 것이다." "Always make the other person happy about doing the thing you suggest."

제37화

편지 쓰기

《友道》란 제목으로 해방 다음 해인 1946년에 번역 출판된 데일 카네기의 《How to Win Friends and Influence People》에 관한 이야기를 많이 했다. 영어포켓북을 샀다는 이야기도 했다. 이제 마무리를 할 때가 되었다. 영어책은 "지도자가 되라(Be a Leader)"는 제4부로 끝난다. 여기서 지도자가 되기 위한 아홉 가지 방법을 제시했다. 그것으로 지도자가 되는지는 알 수 없어도 주변 인물의 기분을 상하게 하지 않고 자기의 의사를 실현시키는 방법을 제시한 것이다. 그런데 내가 갖고 있는 번역본에는 두 꼭지가 더 있다. 하나는 〈기적 같은 결과를 나타낸 편지〉이고, 다른 하나는 〈가정 단락의 7칙(則)〉이다. 그냥 넘어가기가 무엇하여 이 두 이야기를 마저 할까 한다.

예전에는 멀리 있는 곳에 소식을 보내려면 사람이 가서 말이나 편지를 전했다. 춘향이가 옥에 갇혔을 적에 방자를 시켜서 서울에 있는 이몽룡에게 편지를 전하려 한 것도 그 한 예다. 방자가 서울 가는 도중에 전라도어사(全羅

道御使)가 된 몽룡을 우연히 만난다. 둘의 대화다.

"이애 어데 잇늬."

"南原邑에 사오.

"어데를 가늬."

"서울 가오."

"무삼 일로 가니."

"春香의 편지 갖고 舊官宅에 가오."

"이 애 그 편지 좀 보자꾸나."

"그 兩班 철모르는 兩班이네."

"웬 소린고."

"글씨 들어보오. 남의 편지 보기도 어렵거든 況 남의 內簡을 보잔단 말이오."

"이 애 들어라 行人이 臨發 又開封이란 말이 잇나니라. 좀 보면 關係하냐."

"그 兩班 몰골은 숭악하구만 文字 속은 기특하오 얼풋 보고 주오."

"호로자식이로고."[趙潤濟 編,《校註 春香傳》(개정판, 을유문화사, 1979), 136-137쪽.]

그리하여 몽룡은 춘향의 편지를 읽게 된다. 그런 편지도 있다는 것을 이야기한 것이다. 여기서 첨언하고 싶은 것은 방자가 문자 속은 기특하다고 한 시구(詩句)다. 그것은 중당(中唐) 장적(張籍)의 〈秋思(추사)〉란 칠언절구의 결구이다. 유명한 시라 다시 적는다.

洛陽城裏見秋風(낙양성리견추풍) 낙양에서 또 가을을 맞는구나
欲作家書意萬重(욕작가서의만중) 집에 보낼 편지사연이 겹겹이 쌓였는데
復恐悤悤說不盡(부공총총설부진) 서두르다 혹시 못다 한 말 걱정되어
行人臨發又開封(행인임발우개봉) 심부름꾼 떠날 적에 다시 뜯어본다네

서울이라고 해도 객지에선 늘 고향 생각이다. 부모처자가 없어도 고향은 고향이다. 가을바람이 소슬히 불적엔 그리움이 더하다. 누가 고향에 간다기에 급히 편지를 쓴다. 혹시 빠진 것이 있나 하여 다시 봉투를 열어본다. 지나고 나면 누구나 미진한 생각이 든다. 할 수 없다. 사람은 대개 그렇다.

장적은 화주(和州) 오강(烏江: 현재 安徽省 和縣 烏江鎭) 사람이다. 처음 과거에 급제하였을 적에 비서랑(秘書郎)이란 벼슬을 제수 받았다. 그 후 장안에 처음 왔을 때 한유(韓愈)를 찾았다. 한유는 그를 평생 사귈 친구로 환대하였다. 그의 재명(才名)을 인정하였기 때문이다. 한유는 그를 국자박사(國子博士)로 추천했다. 장적은 명사들과의 교유가 많았다. 〈長恨歌(장한가)〉와 〈琵琶行(비파행)〉으로 유명한 백락천(白樂天)은 장적에게 이런 시를 써 주었다.

張公何爲者(장공하위자) 장적은 어떤 인물인가
業文三十春(업문삼십춘) 문장을 업으로 삼기 삼십년
尤工樂府詞(우공악부사) 특히 악부사에 뛰어나
擧代少其倫(거대소기륜) 온 시대를 통틀어도 그와 다툴 자 적네

장적은 국자사업(國子司業)을 끝으로 벼슬을 마쳤다고 한다. [임동석(林

東錫) 역주(譯註), 《당재자전(唐才子傳)》(김영사, 2004, 522~523쪽 참조)] 이래저래 장안에 오래 머물게 되었는데, 가을이면 타향살이 햇수를 손꼽아 헤이면서 멀고 먼 고향을 그리워 한 모양이다. 그래 그런 시를 썼고, 그것이 몽룡의 입에서도 나왔던 것이다.

제38화

편지와 노래들

편지 이야기 계속이다. 앞에서 장적(張籍)이 아니라도 가을이면 그리운 이에게 편지하고 싶은 것은 누구에게나 있는 감정일 수 있다. 〈가을편지〉란 노래가 떠오른다.

가을엔 편지를 하겠어요
누구라도 그대가 되어
받아주세요 낙엽이 쌓이는 날
외로운 여자가 아름다워요
가을엔 편지를 하겠어요
누구라도 그대가 되어
받아주세요 낙엽이 흩어진 날
모르는 여자가 아름다워요

외로운 여자가 아름다워요
가을엔 편지를 하겠어요
모든 것이 헤메인 마음
보내드려요 낙엽이 사라진 날
헤메인 여자가 아름다워요.

인터넷에는 이 노래에 대한 일화가 있다. 기독교방송 PD이던 최경식이 1968년 평소 알고 있던 시인 고은과 동숭동 술집에서 만나 여동생 최양숙을 위한 취입곡 노랫말을 부탁했다고 한다. 그 자리에서 받은 시 구절이 위의 노래다. 김민기가 작곡하여 최양숙이 처음 불렀고, 음반이 나온 것은 1971년이었다. 당시 김민기는 〈아침이슬〉을 작곡했다는 이유로 운동권의 낙인이 찍혔다. 정부의 미움을 받았다. 그 불똥이 〈가을편지〉에도 튀었다. 음반은 압수되고 노래는 금지곡이 되었다. 그런 세월을 우리는 살았다. 그런 세월은 오래 계속됐다. 김현성이 작사 작곡한 〈이등병의 편지〉(1986년 발표)도 운동권과는 연관이 없지만 슬프다는 이유로 한동안 방송금지처분을 받았다.

집 떠나와 열차 타고 훈련소 가는 날
부모님께 큰절하고 대문 밖을 나설 때
가슴속엔 무엇인가 아쉬움이 남지만
풀 한 포기 친구 얼굴 모든 것이 새롭다
이제 다시 시작이다 젊음 날의 생이여

친구들아 군대 가면 편지 꼭 해다오

그대들과 즐거웠던 날들을 잊지 않게
열차 시간 다가올 때 두 손잡던 뜨거움
기적 소리 멀어지면 작아지는 모습들
이제 다시 시작이다 젊은 날의 꿈이여

짧게 잘린 내 머리가 처음에는 우습다가
거울 속에 비친 내 모습이 굳어진다 마음까지
뒷동산에 올라서면 우리 마을 보일는지
나팔 소리 고요하게 밤하늘에 퍼지면
이등병의 편지 한 장 고이 접어 보내오
이제 다시 시작이다 젊은 날의 꿈이여

김현성이 스물한 살 군대 가는 친구를 서울역에서 배웅하고 돌아오는 버스 속에서 영감이 떠올라 가사를 썼다고 한다. 나만 그런지 모르나 지금 이 노래를 다시 들어도 슬프다는 생각이 들지 않는데, 왜 누가 방송금지처분을 내렸는지 이해가 안 간다. 다른 편지 이야기도 있다. 길옥윤 작사 작곡의 〈나성에 가면〉(1978)이다.

나성에 가면 편지를 띄우세요
사랑의 이야기 담뿍 담은 편지
나성에 가면 소식을 전해줘요
하늘이 푸른지 마음이 밝은지
즐거운 날도 외로운 날도 생각해 주세요

나와 둘이서 지낸 날들을 잊지 말아줘요

나성에 가면 편지를 띄우세요
꽃 모자를 쓰고 사진을 찍어 보내요
나성에 가면 소식을 전해줘요
예쁜 차를 타고 행복을 찾아요
당신과 함께 있다 하며는 얼마나 좋을까
어울릴 거야 어디를 가도 반짝 거릴 텐데
나성에 가면 편지를 띄우세요
함께 못가서 정말 미안해요
나성에 가면 소식을 전해줘요
안녕 안녕 내 사랑
안녕 안녕 내 사랑
안녕 안녕 내 사랑

원곡 제목은 〈LA에 가면〉이다. 당시 영어를 못 쓰게 하는 규제 때문에 심의에 걸려 〈나성에 가면〉으로 고쳤다고 한다. LA는 안 되고 나성은 되는 세월을 우리는 살았다. 인터넷에서 그렇다고 하니 그런가 하는데, 그러면 Washington은 안되고 화성돈(華盛頓)은 되나? 대한민국은 민주공화국이라고 헌법 제1조는 명시하나, 실은 규제공화국이다. 요즘은 더 하다. 우울한 이야기를 접는다.

앞에서 가을이면 고향이 그립고 사랑하는 사람이 그리워 편지를 쓴다고 했다. 그러나 편지에는 계절이 없다. 울산 출신 아동문학가 서덕출(徐德出,

1906~1940)은 〈봄 편지〉를 썼다. 내가 어려서 노래로도 불렀다. 작곡자는 누군지 모른다.

연못가에 새로 핀
버들잎을 따서요
우표 한 장 붙여서
강남으로 보내면
작년에 갔던 제비가
푸른 편지 보고서
대한 봄이 그리워
다시 찾아옵니다.

제39화

다시 편지 이야기

편지 이야기의 계속이다. 김영일 작사, 윤용하 작곡의 〈편지〉(1951)다.

울 밑에 개나리 꽃 한창이라고
싸움터 오빠에게 편지 했어요
하루 속히 공산군 무찌르고서
공훈을 세워 달라 편지 했어요

북에는 아직도 눈이 온다고요
싸움터 오빠한테 답장 왔어요
백두산 제일 먼저 태극기 꽂고
공산군 호령한다 답장 왔어요

70년 전의 노래다. 부산 피란 시절의 어려운 상황 속에서 나왔다. 예술성 높은 가곡이란 칭찬을 받았다. [박찬호 지음, 이준희 편집, 《한국가요사 2》(미지북스, 2009, 180쪽).] 〈편지〉란 제목의 노래는 아주 많다. 그 가운데 내가 좋아하는 어니언스의 노래를 하나 더 적는다. 어니언스는 임창제와 이수영의 2인조 통기타 그룹이다. 그들은 1972년 〈작은 새〉로 데뷔했고, 그해 TBC 신인가요제에서 대상을 수상했다. 1974년 KBS 방송가요대상을 받기도 했는데, 누가 뭐래도 〈편지〉(1973)는 그들의 대표작이 아닌가 한다.

말~없이 건네주고 달아난 차가운 손
가슴 속 울려주는 눈물 젖은 편지~
하~얀 종이 위에 곱게 써내려 간
너의 진실 알아내곤 그만 울어 버렸네

멍 뚫린 가슴에
서러움이 물 흐르면 떠나버린 너에게
사랑 노래 부른다.

편지란 말이 들어간 노래 가사를 많이 적었다. 좀 다른 편지 이야기를 하자. 얼핏 생각나는 것은 《Holmes-Laski Letters: The Correspondence of Mr. Justice Holmes and Harold J. Laski》이다. 두 권으로 하버드대학 출판부에서 1953년에 나왔다. 미국 대법원 판사였던 홈즈와 영국의 정치학자 래스키와의 우정 어린 편지다. 1916년부터 1935년까지 19년 동안의 편지다. 처음 시작하였을 적에 홈즈는 75세였고, 래스키는 23세의 청년이었다. 두 사람의 지적, 사회적, 정치적 사상이 오갔다.

좀 오래 전이라면 오래 전의 것이지만, 우리나라에도 있다. 퇴계(退溪) 이황(李滉, 1501~1570)과 고봉(高峯) 기대승(奇大升, 1527~1572)의 편지다. 퇴계가 1559년 고봉에게 보낸 편지로 시작했다. 조선 유학논쟁의 효시일지 모른다. 그때 퇴계는 55세로 대사성(大司成)이었고, 고봉은 과거에 막 장원한 32세의 청년이었다고 한다. 그로부터 13년 동안 두 사람은 소위 사단칠정(四端七情) 등을 놓고 논변을 펼쳤다. 114통의 편지가 오갔다. 《맹자》《중용》《예기》에 나오는 사람의 심성을 놓고 다투었다. 고봉이 후손이 그 서찰들을 묶어 《退溪高峯往復書》라 이름 하여 목판본으로 찍었다. 두 사람만의 잘못은 아니겠으나, 당시 최고위의 지성이 무익한(?) 철학논쟁만을 일삼고 있었으니, 얼마 지나지 않아 임진왜란을 당한 것이 아닌가 한다. 하기야 10만 양병설(養兵說)을 주장한 율곡(栗谷) 이이(李珥)도 있었으나, 율곡의 상소는 속유(俗儒)들의 반대로 실현되지 못했다. 다행인지 불행인지 이 세 사람은 모두 임란 전에 세상을 떴다.

또 연전에 감명 깊게 읽은 문학편지인 《필담(筆談)》[김춘미 옮김 (현대문학, 2003)]이란 책이 있다. 일본의 소설가인 츠지 쿠니오(辻邦生, 1922~1999)와 역시 후배 소설가인 미즈무라 미나에(水村美苗)가 1996년 4월 7일부터 1997년 7월 27일까지 1년 4개월 동안 《아사히신문》 〈북 리뷰〉란에 쓴 왕복서간집(往復書簡集)도 있다. 출간을 알리는 광고문안을 소개한다.

"독서의 기쁨을 전하는 유머와 긴장감 넘치는 서간집! 학자기질의 두 작가가 무라시키 기키부, 톨스토이 등 고금동서의 명작을 제재로 문학의 가능성, 세계관, 인생관을 이야기하며 일대 반향을 불러일으킨 농밀한 왕복서간집. 아사히신문 북 리뷰 란에 연재된 것에 대폭 가필."

광고야 그렇다 치고, 역자 김춘미 교수의 〈옮긴이의 말〉의 끝부분을 인용한다.

“츠지 쿠니오가 작가의 자유로운 상상력과 글쓰기의 행복을 역설한다면, 미즈무라 무나에는 거기에 작품을 읽게 만드는 ‘재미’라는 요소를 요청한다. 두 작가 다 문학에 매료되어, 문학 아니면 살 수 없는 작가들인 것만은 분명하다. 문학에 대한 확고한 믿음과 철학이 면면히 흐르는 이 서간집의 번역은, 문학이라는 것이 우리에게 어떤 의미가 있으며, 쓴다는 행위가 무엇인지에 대해 다시 생각해 보는 계기가 되었고, 그 자체로 적지 않은 기쁨이었다. 편지 속의 문장을 인용하자면, 매일 커다란 꽃다발을 받는 것처럼 느껴지던 나날이었다.”

정작 소개하고 싶은 편지 모음집이 있다. 숀 어셔(Shaun Usher)가 편집한 《Letters of Note: Correspondence of a Wider Audience》(Canongate Books, 2013)이다. 다빈치, 베토벤, 존 케네디, 도스토예프스키, 아인슈타인, 다윈, 카스트로 등, 수십 명의 역사적인 인물들의 편지가 수록되어 있다. 그것으로 모자라 2년 후인 2015년에 《More Letters of Note》란 속편이 같은 출판사에서 나왔다. 둘 다 호화양장본이다.

카네기의 편지 이야기가 다른 이야기로 번졌다. 문자가 생겨 글을 쓸 줄 아는 사람치고 편지 한 장 쓰지 않은 사람은 거의 없을 것이다. 편지가 기적 같은 결과를 낳기도 한다고 카네기는 썼다. “천 냥 빚을 말로 갚는다”는 속담처럼 편지도 쓰기에 따라 그런 효과를 낸다는 것이다. 상대방을 귀하고 중요한 사람으로 대하면서 그의 협력을 구하는 편지의 예를 들었다. 사람은 누구나 인정(認定)과 감사(感謝)에 굶주리고 있다. 성실한 마음으로 쓴 편지가 그것을 충족시킨다면 성공은 보장된다.

제40화

가정의 화목

가정이 있는 사람은 누구나 화목(和睦)을 원한다. 가정뿐 아니라 사람이 모인 곳은 평화가 있기를 바라는 것이 인지상정(人之常情)이다. 때로 전쟁도 있다. 어떤 의미에서 인류의 역사는 전쟁의 역사인지도 모른다. 그러나 전쟁은 평화를 쟁취하기 위하여 발생한 경우가 많다. 전쟁이나 다툼 없이 문제가 해결되는 것이 최선이다. 그래 평화회담도 있다. 그러나 평화회담 후에 전쟁이 발발한 예도 있다.

사전을 보면 가정은 “한 가족이 살림하고 있는 집 안. 집의 울안”이란 뜻이 있고, 또 “부부를 중심으로 혈연관계자가 함께 살고 있는 사회의 가장 작은 집단”이란 뜻도 있다. (이희승, 《民衆 엣센스 國語辭典》). 요즘에는 혼자 사는 사람이 많다는데, 사는 공간은 있겠으나 그것을 가정이라고 할 수 있는지는 의문이다. 여기서는 부부만이 살거나 부부가 중심이 되어 가족이 함께 사는 것을 염두에 두고 이야기를 하고자 한다. 최소한 남편과 아내 두 사람의 존재가 기본이다.

남편과 아내라는 말은 남녀 두 사람이 결혼을 하고 나서 생긴 명칭일 것이다. 결혼이라는 제도인지 풍습이 언제부터 생겼는지 알 수 없다. 아담과 이브는 결혼을 하지 않고 그냥 사랑을 한 것이 아닌가 한다. 《성경》〈창세기〉2장 27~28절에는 "하나님이 자기 형상대로……남자와 여자를 창조하시고……그들에게 이르시되 생육하고 번성하여 땅에 충만하라"는 구절이 있다. 생육하라는 것은 자손을 잘 낳아 키우라는 것인데, 그것은 결혼을 전제로 한 말일 것이다.

결혼은 단군신화에도 있다. 환웅(桓雄)이라는 하늘의 아들이 천하를 다스릴 뜻을 두고 인간세계로 내려왔다. 3천명의 무리를 거느리고 태백산(太白山) 마루턱에 있는 신단수(神檀樹) 밑에 왔다. "이때 범과 곰 한 마리가 같은 동굴 속에 살고 있었는데, 그들은 환웅에게 빌어 사람이 되기를 원했다. 환웅은 범과 곰에게 신령스러운 쑥 한 줌과 마늘 20개를 주면서 말하기를, '너희들이 이것을 먹고 100일 동안 햇빛을 보지 않으면 곧 사람이 될 것이다' 했다. 이에 곰과 범이 이것을 받아서 먹고 삼칠일(21일) 동안 조심했더니 곰은 여자의 몸으로 변했으나, 범은 조심을 잘못하여 사람의 몸으로 변하지 못했다." 여자가 된 곰이 웅녀(熊女)다. 환웅이 그녀와 결혼했다. 곧 잉태하여 아들을 낳았다. 단군왕검(檀君王儉)이라 이름 지었다. 그가 자라서 평양성에 도읍을 정하고, 나라를 세워서 조선이라고 불렀다. [일연 지음, 이민수 옮김, 《삼국유사》(을유문화사, 1994), 51~52쪽.]

신화라고 하지만, 여러 가지 의문이 있다. 환웅이 웅녀와 결혼하였다고 하니, 결혼의 풍습은 그 전부터 있었을 것이다. 환웅이 하늘에서 내려올 적에 3천명의 무리를 거느리고 왔다고 한다. 남녀가 혼합된 팀이었고, 그들 사이에도 짝짓기가 있었을 것이다. 또 환웅이 하늘에서 내려오기 전부터 사람들이 세상에 있었다고 한다. 그들도 마찬가지였다고 생각된다. 우리 민족을 단군자손이라고 한다. 단군자손과 그 전부터 있었던 사람들의 관계는 모호하다. 서로 혼인을 했기 쉽다. 우리 민족뿐 아니라 다른 민족 혹은 다른 고대 사회에도 비슷한 설화가 있을 것이고, 그들에게도 결혼의 풍습에 관한 설화가 많을 것이다. 결혼을 하면 가정을 꾸리게 된다. 화목하게 살기를 바라고 그렇게 노력한다. 사람은 다 같다. 그러나 화목하기를 바라면서 노력을 한다고 해도 그렇지 못한 경우가 허다하다. 대표적인 예의 하나가 나폴레옹 3세다.

나폴레옹 3세(1808~1873)는 나폴레옹 1세의 조카로 태어났다. 프랑스 제2공화국의 초대 대통령(1848~1852)이 되었고, 이어 프랑스 제2제국의 유일한 황제(1852~1870)가 된 인물이다. 제3자가 보기에는 부러울 것이 없었다. 그러나 그의 가정(?)은 그렇지 못했다. 황후의 잔소리가 문제였다. 나폴레옹 3세는 절세미인 외제니(Eugénie de Montijo)와 연애에 빠졌다. 외제니는 스페인의 한 백작의 딸이었다. 나폴레옹 3세가 그녀를 처음 만난 것은 1849년 4월 대통령이었을 적이다. 엘리제 궁전의 파티에서였다.

"당신의 마음을 얻는 방법이 무엇인가?"

나폴레옹이 물었다.

"예배를 통해서입니다. 각하!"

외제니의 대답이었다. 기도하라는 말이었다. 교만한 대답이었으나, 나폴레옹은 그 말에 반했다. 결혼하겠다고 나섰다. 그러나 황제의 측근들은 보잘 것 없는 스페인 백작의 딸이라는 이유로 자격이 없다고 반대했다. 그러자 나폴레옹 3세는 "그것이 다 무슨 소리냐? 그의 미덕, 그의 젊음, 그의 매력, 그의 얼굴은 조물주의 재주를 그대로 드러낸 것이다." 또 "나는 모르는 부인을 존경하고, 좋아하는 부인은 사랑한다"고 말하면서 측근의 반대를 일축하고 결혼하였다.

"나폴레옹과 그의 부인 외제니는 건강, 부, 권세, 명성, 아름다움, 사랑 등, 로맨스의 가장 완벽한 조건을 모두 갖추었다. 결혼의 성스러운 불길이 이보다 더 찬란할 수 없었다. 그러나 그 불길은 빛을 발하지 못했고, 그 열은 찬 재보다 더 싸늘하여졌다. 나폴레옹은 외제니를 황후로 만들 수는 있었으나, 황제의 위력과 사랑의 힘으로도 그녀의 잔소리를 막을 수 없었다."

질투와 시기에 사로잡힌 외제니는 황제의 사생활을 부정하고, 독방을 불허했다. 다른 여자와 가까워질까 의심했기 때문이다. 결과는 무엇인가? 궁중 내에서는 영혼조차 안식할 곳을 찾지 못하여 나폴레옹은 밤이면 사복을 입고 몰래 궁중을 빠져나와 아는 부인의 집을 찾기도 했고, 밤거리를 혼자 거닐기도 했다. 나폴레옹 3세가 만든 것은 아니겠으나, "결혼은 연애의 무덤"이라는 말도 있다.

제41화

톨스토이와 링컨의 부인

화목하지 못하여 파탄에 이른 가정의 다른 예는 톨스토이(Leo Tolstoy, 1828~1910)의 집이다. 어느 나라건 글을 아는 사람이라면 톨스토이란 이름을 한 번은 들었을 것이다. 그는 많은 장단편의 소설을 썼다. 대표적인 장편은 《전쟁과 평화》(1865~1869)와 《안나 카레니나》(1875~1877)다. 단편의 압권은 《이반 일리치의 죽음》(1886)이다. 소설은 그렇다 하고, 그는 쉰 살이 넘어서부터 도덕과 종교의 교사였다. 악에 대한 무저항주의를 제창했고, 그것은 나중에 인도의 간디(Mahatma Gandhi)에게 큰 영향을 주었다.

그런 그다. 그의 문학작품에 관한 평가는 영국의 유명한 시인이자 비평가인 아놀드(Matthew Arnold)와 러시아의 작가 바벨(Isaak Babel)에서 알 수 있다. 아놀드는 톨스토이의 소설은 "예술적 작품이 아니라 인생의 한 부분(not a work of art but a piece of life)"이라 했고, 바벨은 "온 세상이 나서서 글을 쓴다면 톨스토이처럼 쓸게 될 것(If the world could write by itself, it would write like Tolstoy.)"이라고 극찬했다. 그럼에도 불구하고 톨스토이의 주검은 이반 일리치의 죽음만도 못했다. 이반 일리치는 잘 나가던 중년의 판사였다. 어느 날 집에서 커튼을 달다가 떨어져 옆구리를 다쳤다. 처음엔 대단치 않게 여겼으나, 점점 아팠다. 의사가 백방으로 애를 썼지만 소용이 없었다. 아무 일도 못 하고 침대에 누워 지내는 신세가 되었다. 주검이 무엇인지 알게 되는 것 같았으나, 올바르게 살아왔는데 왜 고통을 당해야 하는지 이해를 못 했다. 바르게 살지 않았다면 고통을 받아 싸다. 죽음에 임박하여 이반은 인위적인 삶과 진정한 삶 사이의 갈등을 겪는다. 철학적인 상념 속에서 죽음을 맞는다. 자신이 그려냈던 이반의 철학적인 죽음과는 달리 톨스토이의 죽음은 철학과는 거리가 먼 비참한 종말이었다.

톨스토이는 1910년 10월 눈이 퍼붓는 어느 날 집을 몰래 나와 어디론지 사라졌다. 아스타포보라는 정거장에서 폐렴으로 죽은 그의 시체를 찾은 것은 일주일 후다. 82세였다. 그의 유언은 "아내를 못 오게 하라!"였다. 부인의 잔소리, 불평, 히스테리의 대가(代價)가 바로 유언에 나타난 것이다. 나중에 그녀는 "나는 정신없는 사람"이라고 하고, 또 임종이 가까워지자 두 딸에게 "너희 아버지를 죽게 한 사람은 나"라고 자백하였다고 한다. 그러나 그때는 이미 늦었다. 어머니가 아버지를 죽인 거나 마찬가지라고 생각한 두 딸은 아무 말 없이 울기만 했다. 울 일 말고 또 무슨 일이 있었겠는가?

톨스토이와 그 부인은 어느 모로 보든지 얼마든지 행복한 생활을 누릴 수 있었다. 남자는 유명한 소설가요, 문화계의 등대였다. 사회적 지위는 물론 부(富)도 남부러울 것이 없었다. 그러나 여자는 돈만 알았다. 남편이 판권도 받지 않고 책들을 거저 남에게 내주어 출판하게 한다는 등 온갖 잔소리를 입에 달았다. 그녀는 때로 "마루에 뒹그러지며 아편조각을 입에 물고 자살을 한다, 우물에 빠져 죽는다"고 위협도 하였다.

링컨의 부인도 악처였다고 한다. 링컨의 생애에 있어서 최대의 비극은 부스(John Wilkes Booth)의 총을 맞은 것이라고 흔히들 말한다. 그러나 그가 저격을 당해 의식을 잃었을 적에 죽는지 어쩐지 알았을까? 몰랐기 쉽다. 물론 아내의 일도 잊었을 것이다. 총을 맞고 죽기까지는 여덟 시간이다. 그러나 아내의 잔소리는 24년 동안 그를 괴롭혔다. 그녀의 눈에는 남편이 잘하는 일이라곤 하나도 없었다.

"그냥 잔소리요 불평이었다. 어깨가 올라간다. 걸음걸이가 홍인종 같다. 재수가 없다. 귀가 너무 크다. 코가 찌그러졌다. 아래 입술이 너무 나왔다. 보기에 폐병장이 같다. 손발이 형편없이 크다. 머리가 흉하게 작다."

흉 아닌 것이 하나도 없었다. 카네기를 인용하면, "링컨 부인의 날카로운 목소리는 옆집에서도 들을 수 있었으며, 성을 내어 야단을 칠 때에는 근처에서 모르는 사람이 없었다. 말로만이 아니라 뜨거운 커피 잔을 남편의 면상에 던지는 등" 별별 일이 다 있었다는 것이다. 링컨과 그의 아내는 "교양도, 배경도, 성질도, 취미도, 소망도 전연 반대였다." 그렇기 때문에 링컨은 모든 것을 참고 지냈다. 노예는 해방시켰으나, 불행하게도 아내의 잔소리에서는 해방되지 못했다. 오죽했으면 변호사 일로 다른 마을로 출장 가면 일이 끝나도 바로 집으로 돌아가지 않았다. 여관에 며칠씩 더 머물렀다. 집에 가면 아내의 잔소리를 또 들어야 했기 때문이다. 해방이 아닌 피신이었다.

대통령이 된 후 링컨은 각의에서 다수 각료의 반대를 묵살하고 자신의 의사를 자주 관철하였다고 하는데, 아내에게는 그렇지 못했던 모양이다. "마누라 이기는 장사 없다"는 말이 있다. 《삼국연의》에 장비의 마누라 이야기는 없지만, 장비도 마누라에게는 졌을 것이다. 잔소리는 가정생활을 지옥으로 만든다. 가정의 화목을 원한다면, "잔소리 말 것"을 제1의 원칙으로 삼을 것이다.

제42화

뛰어난 정치가들의 아내

디즈레일리(Benjamin Disraeli, 1804~1881)와 글래드스턴(William Ewart Gladstone, 1809~1898)은 19세기 후반 영국의 유명한 정치가였다. 요즘 사람들은 처칠(Winston Churchill, 1874~1965)이나 대처(Margaret Thatcher, 1925~2013)는 알고 있을지 모르나, 당시는 디즈레일리와 글래드스턴이 명재상이었다. 이 둘은 정치적 이념이 달랐고 정적(政敵)이었다. 그러나 한 가지 중요한 공통점이 있었으니, 그것은 가정의 행복이었다.

디즈레일리는 보수주의 정치가였고, 두 차례에 걸쳐 총리를 역임했다. 정치에 뜻을 두고 그가 처음 하원의원으로 선출된 것은 1837년이었다. 토리(Tory)당 소속이었다. 대내적으로는 1846년 산업자본가의 자유무역주의를 대표하는 필(Robert Peel, 1788~1850) 정부의 곡물폐지법에 반대하면서 관세 등으로 국내산업을 보호하는 보호무역주의자가 되었다. 30여년 후인 1867년 제2차 선거법개정을 통하여 농민과 노동자에게 선거권을 부여하는 개혁을 주도했다. 한편 대외적으로는 수에즈 운하의 주식을 대량으로 매입하여 동방항로를 개척했다. 또 러시아-튀르크전쟁(Russo-Turkish War, 1877~1878)에서 러시아의 남하를 저지하기 위하여 전함을 파병하는 등의 국제무대에서의 활약이 컸다. 그런 디즈레일리의 활약은 나중의 일이다. 정치 때문이었는지 모르나 35세까지 총각이었다. 그는 이렇게 말한 적이 있다.

"내 평생에 어리석은 일을 많이 하였지마는 사랑하기 때문에 결혼하려는 생각은 꿈에도 없었다."

꿈에 있었는지 어떤지는 모르나, 그가 만난 여인은 15년 연상인 과부였다. 그는 50세나 된 백발이 성성한 과부와 결혼했다. 사랑하였기 때문이 아니었다. 과부도 그가 자기를 사랑하지 않는 것을 알았다. 재산 때문이라고 생각했다. 그래 처음 청혼을 받았을 적에 그녀는 1년의 기간을 주면 그의 인격을 관찰하여 본 후에 결정하겠노라고 하였다. 정말 1년이 지난 후에 결혼하였다. 카네기를 인용한다.

"듣기에 너무나 시적(詩的)이요 상업적인 느낌이 없지 않다. 그러나 그들의 결혼이야말로 모든 결혼의 역사에 있어서 가장 빛나는 성공담이다. 그 과부는 아름답지도 않고, 젊지도 않고, 재주라곤 없었다. 문학이나 역사로 말한다고 해도 희랍이 먼저인지 로마가 먼저인지 모를 정도였다. 의복 · 음식 · 생활에 대한 관념은 거의 꽝이었다. 그러나 결혼생활의 가장 중요한 한 가지는 알고 실천했다. 그것은 사람 다루는 기술이다.

그녀는 평소에 제 남편을 압도(壓倒)하려는 생각을 해본 적이 없었다. 공무로 이 사람 저 사람에게 시달려 기운이 탈진하여 집으로 돌아오면, 아내의 반기는 표정과 수수한 이야기에 하루의 피곤이 금방 달아나곤 했다. 가정은 그의 즐거움을 증진시키는 곳이요, 정신상의 고민을 풀어놓을 수 있는 곳이었다. 또 아내의 존경과 온정 속에 파묻힐 수 있는 곳이었다. 15년 연상의 아내와 가정에서 지내는 시간이야말로 세상에서 가장 행복한 시간이었다. 아내는 그의 힘이요, 그의 신념이요, 그의 충고자였다."

길게 인용하였다. 이런 인용이라면 더 길게 하고 싶다. 인용이 긴 것이 아니라, 디즈레일리가 아내와 같이 산 기간이 길었다. 30년을 같이 살았다. 일찍 결혼을 했더라면 더 오래 같이 살았을 것이다. 아내는 모든 것을 남편에게 바쳤다. 아내는 평생 남편을 비평한 적이 없었고, 언제나 그를 칭찬하고 존경하였다. "결혼 생활 30년, 아내 때문에 마음이 상한 적이 한 번도 없었다"고 디즈레일리는 술회한 적이 있다. 화목한 가정생활 때문은 아니겠으나, 빅토리아 여왕(Queen Victoria, 재위 1837~1901)은 디즈레일리에게는 백작, 그 아내에게는 자작 위를 수여했다. 그들 사이에는 이러한 유머가 있다. 언젠가 남편이 "나는 당신의 돈을 보고 결혼을 하였소."라고 하였더니, 아내는 "예. 그러나 이제 새로이 나와 결혼한다면 사랑 때문일 것이지요." 그렇다. "결혼의 성공은 정당한 짝을 만나는 데 있는 것이 아니라, 정당한 짝이 되는 데 있다." 정당한 짝이 되기 위한 방법은 "짝을 압도하려 하지 말라"는 것이라고 카네기는 강조한다.

글래드스턴도 짝을 압도하지 않았다. 23세에 하원의원이 된 그는 필 내각의 자유무역주의를 지지한 자유주의자였다. 그는 백작 작위를 거부하고 평생 위대한 하원의원(The Great Commoner)으로 일생을 마쳤다. 외교에 있어서는 디즈레일리의 강경정책에 반대했고, 평화주의 방침을 고수했다. 파티에서는 부인을 껴안고 춤을 추면서 이런 노래를 불렀다고 한다.

"건달 남편과 장난꾼 아내

인생의 행로를 발 맞춰 가며
바이올린 소리 북 소리에
노래하고 춤추세."

그가 평화주의자라고 하였지만, 가정에서도 평화가 제일의 원칙이었다. 잔말을 안 하는 것이 평화의 실천이었다. 제가(齊家)후 치국(治國)은 동서가 같다.

《友道》이야기는 이제 끝내려고 한다. 언제 끝나느냐고 묻는 독자도 있었다. 그러면 내가 좋아하는 플라톤의 "시작이 있는 것은 끝이 또한 있다"는 말로 대답하곤 했다. 그러나 우리가 반드시 끝을 내야 하는 것도 있다.

독자 여러분! 임인년(壬寅年) 새해에 복 많이 받으십시오. (2022년 1월 3일 월요일.)

제8장

천리구 김동성

제1화

천리구와 만나다

이런 이야기를 읽은 적이 있다.

"50년 전에는 이러이러한 뛰어난 작가들이 있었는데 요즘은 그런 작가들이 없다고들 한다. 그러나 50년이 지나고 나면 요즘의 아무 아무개들이 그런 급의 작가로 사람들의 입에 오르내릴 것이다."

정확한 인용도 아니고, 출처도 분명치 않다. 영국의 소설가, 저널리스트, 희곡작가인 아널드 베넷(Arnold Bennett)의 글이 아닌가 한다. 그는 1867년에 태어나서 31세 나이인 1898년에 첫 소설을 발표했다. 1931년에 타계하기까지 30개나 되는 장편소설을 포함하여 60여 권의 저술을 발표한 다작가였다. 런던과 파리를 오가면서 플로베르(Gustave Flaubert)과 발자크(Honoré de Balzac) 등의 사실주의(寫實主義)의 영향을 많이 받았고, 프랑스 여자와 결혼을 했다.

베넷의 대표작은 《The Old Wives' Tale(늙은 아내들의 이야기)》(1908)이 아닌가 한다. 빅토리아 여왕 후반기를 배경으로 하는 포목상의 두 딸 이야기다. 소피아는 모험적인 성격으로 애인과 파리로 도망가서 살았고, 동생 콘스탄스는 시골집에서 단조롭고 평범한 일생을 보낸다. 상당히 긴 소설이어서 어지간한 끈기가 없고서는 완독하기 어려운 작품이다. 나는 오래전부터 베넷에 관심이 있어서 그의 소설을 모았었다. 열댓 권은 되었는데 정년을 하면서 학교도서관에 기증하여 지금은 하나도 없다.

내가 베넷에 관심을 갖게 된 것은 그의 《Literary Taste: How To Form It》이란 책을 읽고서부터였다. 그것은 1909년에 나왔다. 내가 읽은 것은 일본 도쿄고등사범학교 영문학교수인 후쿠하라 린타로(福原麟太朗)의 편집으로 1927년에 도쿄에서 출판된 것이다. 제목 그대로 문학에 대한 취미를 어떻게 하면 갖게 되는가 하는 이야기를 이런저런 측면에서 하고 있다. 그러면서 찰스 램(Charles Lamb)부터 시작하라고 했다. 특히 그의 유명한 수필 〈Dream Children: A Reverie〉를 읽으라고 했다. 린타로가 편집한 책의 부록이 바로 그 수필이다. 그래 읽었으나 문학에 대한 취미가 생겼는지 어쩐지는 알 수 없다.

그런데 이야기는 그게 아니다. 나는 위에서 50년 전의 작가와 50년 후의 작가에 대한 이야기를 베넷의 글에서 읽은 것 같다고 했다. 그래 같은 맥락에서 우리에게도 50년 전에 뛰어나다고 생각나는 작가나 인물에 비견되는 사람들이 요즘도 있나 하는 생각을 가끔 한다. 그러다가 천리구 김동성(千里駒 金東成) 선생을 생각한 것이다. 천리구는 1890년생이다. 133년 전이다. 그러니 50년 전이 아니라 100년 전의 인물이라고 해야 옳을 것이다. 내가 천리구를 알게 된 것은 대학 졸업 다음해인 1963년이다. 그해 을유문화사는 《世界思想敎養全集》을 출간하기 시작했고, 그 첫 권이 천리구 김동성이 번역한

《莊子》였다. 역자를 알고 산 것이 아니라 책을 사고 나서 역자를 알게 된 것이다. 어느 책이든 처음 접하면 서문이나 머리말 또는 목차를 먼저 읽게 된다. 이 책에는 천리구의 편역(編譯)이란 〈序說〉이 있다. 어렵지만 매우 잘 썼다. 나는 유학을 갈 적에 그 책을 갖고 갔다. 제대로 다 읽지 못하고, 귀국할 적에 다시 가져왔다. 《莊子》가 나와 같이 유학을 갔다 온 것이다.

세월이 흘렀다. 그러다 20여 년 전에 안동림 역주의 《莊子》(개정판; 현암사, 1998)를 샀다. 두 사람의 번역본이 생긴 것이다. 어쩌다 생각이 나면 두 책을 비교하여 읽는다. 후자도 공을 많이 들인 책이라 장점이 많다. 그러나 천리구의 책은 처음으로 장자를 알게 된 것이어서 그런지 애착이 간다. 천리구의 이야기가 본의 아니게 《莊子》란 책으로 번졌다. 다시 천리구로 돌아간다.

내가 천리구를 다시 알게 된 것은 몇 해 전에 그의 《米洲의 印象》(현실문화, 2015)이란 책을 통해서였다. 이 책은 천리구가 1916년에 미국서 출판한 《Oriental Impressions in America(동양인의 미국 인상기)》(Cincinnati: The Abingdon Press)의 번역이다. 김희진이 1차로 전문을 번역하고, 그것을 성균관대학교 국문학과 교수인 황호덕이 검토한 것이다. 책 표지에는 둘의 공역으로 나왔다. 여기에 소개된 천리구의 이력을 간단히 살핀다. 간단히 살핀다고 했으나 그의 이력은 복잡하고 화려하다.

천리구는 문필가이고 만화가이고 번역가이고 정치가이기도 했으나 본인에게 물으면 "나는 언론인이다"라고 대답했을지 모른다. 1906년 16세 소년의 나이로 윤치호(尹致昊)를 초빙하여 개성 한영서원을 설립하는 데 참여했다. 일본 유학이 유행이던 시절에 일본을 마다하고 중국과 미국을 택하여 10여 년간 유학했다. 귀국 후 《동아일보》 창간에 참여하였다. 우리나라 최초의 해외특파원기자였고, 또 우리나라 최초로 세계기자대회에 참가하기도 했다.

《동아일보》 조사부장, 《조선일보》 발행인 겸 편집인, 《조선중앙일보》 편집국장을 역임했다. 그 임시 이상협(李相協)과 안재홍(安在鴻)과 더불어 조선의 3대기자로 꼽혔다.

기자활동만 한 것도 아니다. 우리나라 최초의 언론학 개론서인 《新聞學》(1924)을 저술했고, 뉴미디어 해설서 《라디오》(1927), 《最新鮮英辭典》(1928) 등을 출간했다. 또 《實際菜蔬園藝》(실제채소원예, 1930)를 저술한 것으로 보아 원예에도 일가견이 있었다. 광복 후 합동통신사를 설립하여 언론계에 복귀했다. 또 대한민국 정부 수립 후 초대공보처장, 민의원, 국회부의장 등의 정치활동도 했다. 유엔총회 한국대표로 외교 무대에서도 활약했다.

한학 지식을 바탕으로 《漢文學常識》《中國文化史》《三國志演義》《西遊記》《金瓶梅》《列國志》등을 번역하였고, 칭기즈칸을 다룬 영문소설 《The Great Khan》을 신문에 연재하기도 했다. 또 위에서 언급한 《米洲의 印象》외에 《美國印象記》(1948), 《中南美紀行》(1954) 등의 여행기도 있다. 1969년에 작고했다.

숙명여자대학교 총장을 지낸 김옥렬(金玉烈)은 천리구의 여식(女息)이다. 1930년생이다. 국제정치가 전공이다. 한국국제정치학회 회장을 지내기도 했다. 학회에서 더러 만났다. 안다면 아는 사이다. 우리 집에서 가까운 방배동에서 살았다. 어쩌다 동네에서 마주치기도 했다. 한동안 보이지를 않아 이상하다 생각했는데, 2021년 5월 7일자 신문에 부고가 났다. "지금 산 사람 말고는 다 갔다"는 것이 내가 가끔 하는 말이다. 천리구도 그의 딸도 내 말을 뒷받침하고 있다.

제2화

천리구의 책들

내가 천리구 김동성 선생을 알게 된 것은 그가 번역한 《莊子》와 그의 책 《米洲의 印象》을 통해서였다고 했다. 앞 책의 〈序說〉이 뛰어나다는 이야기도 했다. 나는 《莊子》와 그 저자의 사람됨을 좋아하나 그 이야기는 뒤로 미루고 《米洲의 印象》 이야기를 먼저 하려고 한다. 나는 앞에서 천리구에게 "당신의 이력을 한마디로 말하라고 한다면 '나는 언론인이다'라고 대답했을 것"이라고 했다. 그러나 황호덕은 "김동성의 인생을 들여다보면, 그의 진정한 모습은 '여행가' 혹은 '편력가(遍歷家)'로서의 삶에 있지 않았나 싶다."라고 했다. 하기야 그는 누구보다도 여행을 많이 했다. 황호덕의 해설을 인용한다.

"1909년 미국 유학길에 나서며 시작된 그의 세계일주는 장소를 늘려가며 생애 내내 간헐적으로 이어졌다. 여행이란 그의 삶에서 활력 그 자체를 의미했다. 그도 그럴 것이 김동성은 곧잘 최초의 해외편력들을 스스로의 견장으로 기꺼워하곤 했다. 예컨대 《동아일보》 창간 때 중국 명사들의 휘호와 축하

메시지를 받아오던 일이나, 1921년 10월 하와이에서 열린 만국기자대회에 참석하여 부의장에 선출된 일, 1922년 《동아일보》의 초대 미국 특파원이 된 일, 광복 후 미군정의 여권으로 해외를 여행한 최초의 한국인이 된 일은 김동성이 즐겨 떠올린 생의 황금 시절이었다." (《米洲의 印象》, 7쪽.)

그러면 천리구는 '언론인'이 아니라 '여행가'인가? 내가 이야기하고 있는 《米洲의 印象》은 천리구의 유학체험을 위주로 쓴 것이다. 교양물로도 볼 수 있으나, 민주주의와 대중문화에 대한 교육적인 내용을 담고 있다. 언론인이 쓴 여행기다. 다시 이 책으로 돌아가 특징을 살핀다.

첫째, 이 책은 한국인이 미국서 출간한 거의 최초의 영문단행본이다. 그에 앞서 출판된 책은 이승만의 《Neutrality as Influenced by the United States》(미국의 영향을 받은 영세중립론, 1912)이 있을 뿐이다. 또 강용흘의 《The Grass Roof》(草堂)가 비교적 일찍 출판된 영문소설이기는 하나, 1931년이었다.

둘째, '인상'이라는 제목이 말하듯이 책은 관찰을 통한 동서비교문화론이다. 다시 인용이다.

"의식주를 비롯한 미국의 생활문화, 미국인의 사랑과 결혼에 대한 생각과 현실, 여성과 가정에 대한 관찰, 대학생활의 편린들, 정치와 언론 등의 공공 영역에 대한 평가, 스포츠 등의 대중문화에 대한 관심, 미국인의 종교 생활 등이 한 개방적 동양인의 관점에서 에피소드의 형식으로 묘파되어 있다. 조선이라는 세계의 변방, 식민지에서 온 한 동양인 청년이 미국이라는 거대한 땅에서 경험한 일들과 문화적 섭취들이 담담하고도 재치 있게 표현되어 있어, 1910년대 한국인의 미국관, 서양관의 일단을 확인할 수 있다. 양성평등이나 미주적 가치, 자유로운 개인과 언론의 중요성, 도서관 문화로 대표

되는 교양에의 강조 등, 그의 신념은 이미 이때 확립된 것이 아닌가 여겨진다."(《米洲의 印象》, 9쪽.)

책은 3부로 구성된다. 제1부는 1916년에 출간된 《Oriental Impressions In America》의 번역이다. 제2부는 천리구가 앞의 책의 일부를 국한문으로 번역하여 1918년 《매일신보》에 연재한 것을 현대 우리말로 옮긴 것이다. 제3부는 이 책이 미국서 출간되었을 적에 미국 언론에 보도된 것을 번역한 것이다. 잘 알려지지 않은 동양의 한 이방인의 미국관찰은 미국인의 호기심을 자극했을 것이다.

뉴욕에 처음 입항한 약관의 김동성은 남부 아칸소 주의 주도 리틀록(Little Rock)에서 멀지 않은 콘웨이(Conway)시 교외에 위치한 헨드릭스 칼리지(Hendrix College)란 사립대학으로 갔다. 여기서 그는 다시 오하이오 주립대(Ohio State University)를 거쳐 역시 오하이오 주의 신시내티 미술학교(Art Academy of Cincinnati)를 다녔다. 10년이 넘는 기간이었다. 미국서 귀국하자 1920년 4월에 《동아일보》에 취직을 하여 언론계에 첫발을 내딛었다. 그러면서 '그림이야기'란 제목으로 4칸 만화도 그려 싣기 시작했다. 미술에 관심과 소질이 있어서 미술학교에 다녔겠지만, 천리구는 한국의 신문만화의 효시(嚆矢)를 연 언론인이기도 하다.

오래 전에 들은 이야기다. 광복 직후 어떤 친구가 미국유학을 갔다. 여권이 잘못되었는지 뉴욕에서 상륙을 하지 못하고, 멀리 배에서 '자유의 여신상(The Statue of Liberty)'만 보고 왔다. 그런데 귀국하여 '한국미주유학생협회'인가 하는 단체의 회장이 되었다고 한다. 그런 친구도 있고 천리구와 같은 유학생도 있다. '이 생각 저 생각'이 있듯이 '이런 사람 저런 사람'이 있는 세상이다.

제3화

사진으로 보는 천리구

《米洲의 印象》을 펴면 〈사진으로 보는 천리구 김동성〉이 먼저 나온다. 49개의 요즘 보기 어려우나 재미있고 유익한 사진들이다. 제일 처음 사진은 1900년대 초의 개성(開城)시가지다. 천리구는 개성상인의 아들이다. 그래 평생 '개성인'이라는 긍지를 갖고 송방(松房)의 후예답게 실용적이고 합리적인 문화의식을 지녔다. 그 아래 두 번째 사진은 비슷한 시기의 개성 남대문이다. 페이지를 넘기면 석 장의 사진이 있다. 위편의 사진은 '한영서원 최초의 학생들'이다. 보통 갓보다는 차양(遮陽)이 좁은 패랭이 비슷한 모자에 한복을 입은 학생 13인이 서 있고, 가운데에 서양인으로 보이는 남녀 두 사람이 앉아있다.

김동성은 1906년 윤치호(尹致昊)를 초빙하여 '한영서원'을 설립한 숨은 주역이다. 그가 한영서원을 다니고 졸업하였으니, 사진의 13인 가운데 한 명인지도 모른다. 그 아래에 윤치호와 김동성의 미국 유학을 주선한 한영서원의 3대 교장 왕영덕(王永德: Rev. Alfred Washington Wasson)의 작은 사진이 있다. 서 있는 13인의 학생사진에 앉아 있는 서양인으로 보인다고 한 남녀가 왕영덕과 그 부인이란 생각이 든다.

왕영덕은 미국 남 감리교회 선교사, 목사, 신학자였다. 아칸소대학과 밴더빌트대학교를 졸업하고, 1905년에 조선에 왔다. 《위키백과》에는 그가 1917년에 한영서원 후신인 송도보통학교 교장으로 취임하였다고 나온다. 교장이 된 것은 나중 일이나, 조선에 처음 와서부터 한영서원과 관계가 있었던 것이 아닌가 한다. 김동성이 1908년 조선을 떠나 중국 소주(蘇洲)의 동명대학(東鳴大學)에 입학하였고 그 다음해에 미국으로 갈 때 왕영덕의 도움을 받았다. 그가 아칸소의 헨드릭스 칼리지로 간 것도 왕영덕이 아칸소에서 대학을 다녔기 때문이다.

다음 페이지부터는 미국 유학길과 관련된 사진들이다. 첫 사진은 우편엽서만 한데 왼편에는 미국기가 날리는 큰 증기선으로 보이는 배가 있고 오른편에는 '자유의 여신상'이 보인다. 덴마크 출생의 해상미술가인 안토니오 야콥슨(Antonio Jacobson, 1849~1921)이 그린 'Liberty'라는 이름의 뉴욕 항 경치다. 양념으로 들어간 사진이다. 해상미술가는 바다를 주로 그리는 화가다. 1916년경에 그린 〈The US Ship of Line〉이 그의 대표작이다. 그 다음 페이지는 천리구의 미국 입국기록이다. 1892년에 문을 연 엘리스 섬의 출입국관리소에 보관된 것이라고 했다. 이 문서는 1909년 2월 20일에 작성된 것이고, 그 날이 천리구의 미국 입국일이다. 잘 보이지가 않는데, 뒤의 해설에 의하면 목적지가 아칸소 주의 콘웨이라고 적혀 있다고 한다. 콘웨이는 헨드릭스 칼리지가 있는 곳이다. 입학허가를 받고 간 것이다. 왕영덕의 도움이 있었음을 뒷받침하는 자료이다. 그 입국기록문서가 지금도 보관되어 있는지 알 수 없다. 그러나 미국인은 기록도 잘하고 기록을 보관하기도 잘하는 것으로 유명하다. 이런 일화를 기억한다. FBI에서도 일정 기간이 지난 문서는 폐기하여도 된다는 규정이 있다고 한다. 그래 어느 직원이 그 규정에 해당하는 문서를 폐기하겠다고 상관에게 보고했다. 그랬더니 그 상관은 "오케이, 그러나 복사를 해놓고 폐기하시오!"했다는 것이다.

다음 페이지에는 큰 배의 사진이 두 장이다. 천리구가 미국에 갈 때 영국 사우샘프턴에서 뉴욕 항까지 타고 간 〈SS 필라델피아 호〉이다. 그는 중국 상하이에서 요코하마를 거쳐 태평양을 건너 미국 서부로 가는 빠른 길을 마다하고, 홍콩과 싱가포르를 지나 인도양을 항해했다. 그리고 이집트, 이탈리아, 알제리, 지브롤터를 경유하여 영국 사우샘프턴에 도착하였다. 런던에서 4일간 머물고, 다시 사우샘프턴을 출발하여 1주일 만에 뉴욕에 도착한 긴 여행이다. 또 영국까지는 3등석이나, 영국서 뉴욕으로 갈 때에는 2등석이었다고 한다. 유학생신분으로 2등석은 하류이민자들과 섞이지 않기 위해서라지만 호사스러운 여행이었다.

엘리스 섬에서 하선할 때의 일이다. 천리구는 중국서 갖고 온 한문으로 된 여권을 제시했다. 이민관이 받아 보더니, "읽을 수 없다"고 하였다. 그러자 천리구는 얼른 "당신이 읽을 수 없는 것은 나의 잘못이 아니오."라는 위트 섞인 대답을 했다. 그 말을 듣고 웃던 이민관은 천리구에게 통역관을 데리고 오라고 하였다. 그래 천리구는 "당신이 보듯이 나는 외국 학생으로 지금 뉴욕에 처음 도착했으니 통역을 쓰려면 당신이 부르셔야겠소."라고 응수했다고 한다. 실랑이가 있었다. 그러나 위기는 넘어갔다. 한문 여권은 있었지만 "여행권 없이" 상륙이 허락되었다고 천리구는 회고했다. 요즘은 상상하기 힘든 일이다. 뉴욕 시에는 유명한 브롱크스 동물원(Bronx Zoo)이 있다. 거기의 호랑이들이 그때 담배를 피우고 있었는지도 모른다. 호랑이가 담배를 피우는 사이에 사진 이야기가 곁으로 샜다.

제4화

마천루

천리구가 타고 간 배의 다음 페이지에는 그가 1909년 미국에 입성할 당시의 뉴욕 맨해튼의 사진이 있다. 한 페이지 반의 크기다. 마천루(摩天樓)라고 불러도 좋을 고층 건물들이 보인다. 그 옆에 《동양인의 미국 인상기》(1916)에 실린 명함만한 천리구의 삽화가 있고, 그 아래엔 위의 삽화의 대상으로 보이는 뉴욕 매디슨 거리의 사진이 있다. 높다. 그래 마천루에 관하여 이런 저런 이야기를 할까 한다. 이것저것 인터넷을 뒤졌다. 컴퓨터가 나오기 전에는 여러 가지 사전(辭典)이 있는 것을 고맙게 생각했는데, 요즘은 컴퓨터가 고맙다. 필요한 정보와 자료를 찾는 것은 물론이거니와 원고지에 쓰던 글을 쉽게 타자하고 저장한다. 또 인쇄하고 전송한다. 새로운 문명이다. 하기야 컴퓨터가 없던 시절에도 뛰어난 과학자가 있었고 사상가가 있었다.

요즘의 아이들은 어떤지 모르나 나는 어렸을 적에는 쥘 베른(Jules Verne, 1828~1905)의 《해저 2만리》(1870), 《80일간의 세계일주》(1873) 등을 읽었다. 당시는 공상소설이라고 했는지 모르나 얼마안가 바로 현실이 되었다. 영화로도 나왔다. 그런데 베른의 책에는 또 《20세기의 파리》(1863)가 있다. 여기서 그는 20세기의 파리에는 휘발유 자동차, 대량살상무기, 전자음악, 팩스(fax) 등이 보편화될 것이라고 전망했다. 아니 그 가운데 마천루도 많이 들어설 것이라고 했다. 미국의 큰 도시나 다른 곳에 마천루가 많이 생긴 것은 맞지만, 파리에는 높이 제한규제 때문인지 마천루는 없다. 파리는 그렇다고 치고 아무튼 오늘날 마천루는 세계 곳곳에 지천(至賤)이라고 해도 과언이 아니다. 지천은 "하도 많아서 별로 귀할 것이 없다"는 뜻이나, 마천루는 많아도 귀하다고 해야 할 것이다.

"마천루는 하늘을 찌를 듯이 솟아있는 아주 높은 고층건물을 뜻한다." 어느 정도 높아야 마천루에 해당하는지에 대한 공식적이거나 세계 공통의 기준은 없다. 대강 200m가 넘으면 마천루로 친다. 우리나라의 경우 '건축법 시행령'에 높이 200m 이상 또는 50층 이상의 건축물을 마천루로 규정하고 있다. 땅이 좁으니 건축물이 높아지는 것은 자연스러운 현상일 수도 있다. 그러나 우리나라는 안보 때문에 여러 가지 규제가 있다. 서울 잠실 '롯데월드타워'의 건축 때도 그런 문제가 있었다. 높은 건물이 처음으로 많이 들어선 도시는 미국 시카고와 뉴욕 시이다. 19세기 말부터 10층 이상의 건물들이 생기기 시작했다. 세계 최초의 근대적인 마천루는 1885년에 건축된 시카고의 10층짜리 The Home Insurance Building이다. 1871년에 큰 화재가 시카고에 발생했다. 그 후 일어난 건축 붐이 결과다. 이 빌딩은 1931년에 헐렸다. 1935년 그 자리에 The Field Building이란 다른 마천루가 들어섰다. 세계에서 가장 높은 마천루의 역사를 잠시 살핀다.

1931년 세계 최초로 100층이 넘는 빌딩이 완공되었다. 102층의 The

Empire State Building이다. 높이는 381m다. 2004년 타이완에 '타이베이 101'이 완공되었다. 이름이 말하듯이 101층이다. 당시로는 아시아에서 제일 높았다. 지붕까지 높이가 449.2m라고 한다.

2010년 아랍 에미리트 두바이의 'Burj Khalifa(부르즈 할리파)' 완공되어 아시아에서 제일 높은 빌딩이 되었다. 착공 6년 만이다. 건설에는 삼성도 참여했다. 163층이다. 높이는 828m이다. 상업, 주거, 오락 등의 대규모 복합시설이다. 서울 근교에서 가장 높은 백운대(836m)보다 8m가 낮다. 백운대보다 낮으니 낮다고 해야 하나? 부근에 백운대가 없으니 높다고 해야 하나?

그 외에 유명한 마천루로는 뉴욕 시의 World Trade Center이다. 쌍둥이 빌딩으로 북쪽 건물이 110층으로 높이가 417m였다. 2001년 소위 '9 · 11 테러'로 허무하게 무너졌다. 그 후 그 자리에 7개의 World Trade Center와 '9 · 11 Memorial Park'가 들어서게 되었다. 지금까지 '제1트레이드 센터'를 위시하여 4개의 센터와 메모리얼 파크가 개장되었다. 2014년에 개장한 제1센터는 104층이고, 높이가 541m라고 한다. Freedom Tower라고 부르기도 한다.

우리나라의 제일 높은 빌딩은 서울의 '롯데월드타워'이다. 지상 123층이고, 높이 555m이다. 2010년에 착공하여 2017년에 첨탑공사가 완료되고, 그해 4월에 개장된 서울의 명물이다. 나는 엠파이어 스테이트 빌딩, 시카고의 The Sears Tower(108층, 높이는 527m. 지금 이름은 Willis Tower), '타이베이 101' 등엔 올라갔으나, 롯데월드타워엔 올라가는 것은 고사하고 건물 1층에도 들어가 보질 못했다.

끝으로 뉴욕 시에 있는 '록펠러센터' 이야기를 할까 한다. 맨해튼 5번가와 6번가 사이에 여러 건물로 구성된 복합시설이다. 19개의 상업용 건물이 사방에 세워져 각 건물의 저층은 하나의 건물로 연결되어 있다. 억만장자인 존 D. 록펠러가 지었다. 1931년에 착공하여 1939년에 완공하였다. 보통 건물을 지을 때는 주위에 담장을 쌓는다. 안전을 위한 조치이다. 그런데 지나가는 사람들은 어떤 건물이 어떻게 올라가는지 궁금하다. 그래 혹시 담장에 틈이 있으면 들여다 본다. 한번은 록펠러가 담장 사이의 틈을 통해 안을 들여다 보려고 하였다. 그러자 경비가 "저리 물러가시오!"하였다.

그래, 그는 "내가 록펠러요"하고 이름을 말하자, 경비가 다시 "그래요. 그럼 난 루스벨트 대통령인데요"라고 응수했다는 것이다.

화가 난 록펠러는 사무실에 돌아와 부하에게 당장 건축 상태를 들여다 볼 수 있게 큰 구멍을 담장 곳곳에 뚫어 놓으라고 지시했다. 그 후부터 미국에서 큰 건물을 지을 때 담장에 구멍을 뚫어놓는 것이 보편화되었다고 한다.

내가 어려서 영어 공부하던 Dixon English Series에서 읽은 기억이다. 몇째 권인지는 모른다.

제5화

안창호에게 보낸 엽서

마천루에서 내려와서 《米洲의 印象》의 다음 페이지를 연다. '김동성이 안창호에게 보낸 서신'이란 엽서 사진이다. 출처는 독립기념관의 '독립운동가 자료 안창호 서신류'이다. 엽서는 1911년 9월 15일에 쓴 것이다. 김동성은 그때 헨드릭스 칼리지의 재학 중이었다. 엽서에는 '아칸소 콘웨이의 Oct 16'이란 우체국 소인(消印)이 보인다. 엽서 왼편에는 '安昌浩 先生'이란 수신인의 이름이 세로로 적혀있다. 그 오른편에는 '123 Golden Avenue, Long Beach, Calif.'가 보이고, 그 아래 'C/O Miss Goode'라고 적혀있다. 안창호가 Miss Goode 집에 기숙하고 있었다고 짐작된다.

황호덕에 의하면, 천리구는 "《황성신문》을 통해 처음으로 한국의 현실과 근대 문화에 눈을 떴다 하며, 제2차 한일협약(을사조약, 1905)를 전후로 민간 사학에서 열린 여러 연설회에 참여하여 신교육과 계몽사상을 접했다." 또 "이때 이준, 안창호, 이동휘의 연설을 듣고 감발(感發)하였다"고 한다. 그것이 나중 개성 한영서원 설립의 계기가 된 것이다. 이준과 이동휘 등과의 관계는 알 수 없으나, 천리구는 1911년 북만주에서 독립운동을 하다가 미국으로 망명한 안창호의 소식을 듣고 편지를 쓴 것이다. 편지 내용을 옮긴다. 편지 중간에 날자가 있다.

선생이 미주 오신 소식은 《신한민보》로 말미암아 듣사왔사오나 공과에 추신치를 못하여 이때껏 두어 줄 글월도 올리오지 못하였소이다.

소생은 송도 한영서원 생도로 2년간을 윤치호 씨 아래 있다가 청국 소주로 가서 경대대(京昊大) 학당에서 1년을 공부하고 하기 방학에 귀국하였다가, 어떤 선교사와 작반하여 다시 상해로 건너가 인도양으로 돌아 뉴욕에 상륙하였사오니, 이미 두 해가 가까웁니다.

선생을 마지막 뵈옵기는 송도 운계 이건혁 씨 집에서 뵈었사오니 선생이 능히 기억하시올른지는, 소생의 성명은 김동성이요, 나이는 스물한 살이외다.

9월 15일

국가와 민족이 이와 같이 흡업한 때를 당하여 어떻게 사람 노릇을 좀 할까 하고, 몸이 독자요 또 늙은 과거하시는 어머니를 집에 놓고 온 것을 생각지 말고 급급히 하는 공부나 하는 중이오이다. 대한 떠나실 때 평양대성학교는 어떠한 형지 있는 것을 보시고 오셨소이까? 선생이 모스크바에서 그 3년간 체류하시는 줄로 알았더니 어찌 그리 속히 오셨소이까?

이곳에 소생 외에 본국 학생 하나 있사오니 그는 캘리포니아 소학교를 지난여름에 졸업하였소이다.

여가가 계시거든 한 장 권면의 글을 받잡기 엎드려 바라고 이에 행은 중

강건하시기 기도하옵니다.

소생 김동성 이배(二拜)

천리구는 도산이 미국에 온 소식을 듣고 안부를 물은 것이다. 자신의 이름과 나이를 밝히고, 한영서원의 학생으로서 미국에 오게 된 경위와 도산을 만난 곳을 말하면서, 자신을 기억하고 있는지를 묻고 있다. 이어 도산이 설립한 평양대성학교의 형편과 도산이 생각보다 빨리 모스크바에서 미국에 온 이유를 묻고 있다. 또 국가와 민족에 보탬이 되는 공부를 하고자 늙은 어머니를 홀로 두고 왔다는 유학 이유를 말하고 있다. 그러면서 답신을 바란다고 하였다.

도산이 천리구의 희망대로 답신을 했는지는 알 수 없다. 나는 위의 편지를 보면서 모르는 어휘가 몇 있어서 찾아보았다.

(1) 공과에 추신치를 못하다: 공과(工課)는 '공부하는 과정'이다. 추신(抽身)은 '바쁜 중에서 몸을 뺌'을 뜻한다. 공부에 바빠 편지 쓸 틈을 내지 못했다는 말이다.

(2) 국가와 민족이 이와 같이 흡업한 때를 당하여: '흡업'이란 단어는 내가 갖고 있는 사전에는 없다. '흡업한 때'가 처음엔 '어려운 때' 혹은 '힘든 때'가 아닌가 하는 생각이 들었다. 그러면 한자가 있을 법한데 도무지 알 수 없어서 옥편에 있는 '흡'자를 전부 뒤졌다. 한자의 '흡'은 여럿이나 그 가운데 '翕'이 있다. '합할 흡'이다. 우리에게 제일 가까운 글자란 생각을 했다. 또 '업'은 '業'일 것이라 생각했다. 그러면 '흡업'은 '힘을 합해서 일을 함' 혹은 '일을 함께 함'이란 뜻이 된다. 문제는 '흡업한 때'다. '흡업할 때'여야 하지 않나? '국가와 민족이 무슨 일을 같이 할 때'가 아닌가 하는 생각을 하였다.

(3) 늙은 과거하시는 어머니를 집에 놓고: 과거(寡居)는 '과부(寡婦)로 지낸다'는 뜻이다. 寡居란 말은 요즘은 쓰이지 않는다.

(4) 행은 중 항상 강건하시기: '행은'이란 단어도 사전에 없다. 굳이 한자로 쓴다면 '幸恩'이 아닐까 한다. 행복한 은혜 가운데 건강하시기를 바란다는 뜻일 것이다. 기독교 냄새가 풍기는 어휘다.

언어도 시대의 흐름에 따라 자꾸 변한다. 김동성은 나보다 50년 먼저 태어났다. 반세기의 차가 이렇게 크다. 아니면 내 공부가 부족한 것이다. 이 생각 저 생각이 복잡하다.

[위의 글을 쓴 지 한참 지나서다. 언어가 시대의 흐름에 따라 변한다는 말과 연관된 이야기다. 나는 근자의 유종호 교수의《사라지는 말들-말과 사회사》(현대문학; 2022)를 읽었다. 제목이 말하듯, 여러 이유로 요즘 잘 안 쓰는 어휘들은 찾아 풀이한 책이다. 책을 읽으면서 "쫀쫀하다"는 말이 떠올랐다. "쫀쫀하다"는 말이 "좁쌀영감"의 좁쌀의 뉘앙스가 있는 것 같은 생각이었다. 사전을 찾아보니, "쫀쫀하다"는 "톡톡한 피륙의 짜임새가 곱고도 고르다"란 설명이다. "존존하다"는 말과 같다고 했다. (이희승,《民衆 엣센스 國語辭典》) 내가 생각하는 "쫀쫀하다"는 좋게 말하면 "섬세하다" 혹은 "세심하다"는 뜻이고, 나쁘게 말하면 "째째하다"는 뜻이다. 그런데 내게 있는 사전에는 "째째하다"는 어휘가 없다. 지갑을 잘 열지 않는 구두쇠란 뜻도 있고, "지나치게 소심하다"는 말로 알고 있는데, 유종호 교수의 책에도 없다. (2022년 크리스마스 아침)]

제6화

유학시절의 사진

도산에게 쓴 엽서 다음 페이지부터는 천리구의 미국 유학생활에 관한 사진들이 있다. 사진을 순서대로 설명한다.

(1) 김동성이 미국서 가장 오래 머문 오하이오 주립대학의 'The Armory and Gymnasium'의 1910년 엽서 사진이다. 유럽의 고성(古城)과 같이 보이는 고색창연한 건물이다. 관련 자료를 찾아보니 1898년에 지었는데 1935년, 1958년 두 차례 화재로 철거되었다고 한다. 이후 1989년 그 자리에 웩스너 예술센터(Wexner Center for the Arts)가 세워졌다. 옛 건물에 영감을 받아 지었다고 한다.

(2) 오하이오 주립대학의 학년 무도회 사진이다.

(3) 오하이오 주립대학이 있는 콜럼버스 시의 North High Street의 그림을 담은 1908년 엽서 사진이다. 중앙에 전차가 보인다. 밤경치를 그린 것으

로 건물과 배경이 어둡다.

(4) 강의실 사진이다. 큰 강의실에 수십 명의 학생들이 교단을 향해 앉았고, 오른편에 강사의 모습이 작게 보인다. 뒷모습의 학생들도 모두 정장한 모습이다. 출처는 이 대학의 아카이브이다.

(5) 'Franklin Open Session'이란 제목 아래 김동성이 콘웨이 헨드릭스 칼리지 재학 시절의 토론회에 참석한 학생들의 사진이다. 토론회의 이슈는 미국과 캐나다의 관계였다. 7명의 학생이 사진에 보이는데, 그 가운데 김동성의 독사진이 있다. 그가 학내 각종 현안에 적극적으로 참가한 흔적이다.

(6) 두 장의 편지 사본 사진이다. 처음 것은 1946년 김동성이 뉴욕에 와서 콘웨이의 룸메이트였던 로이(Roy)란 친구에게 쓴 것이다. 감리교본부(Methodist Headquarter)를 통해서 주소를 알았다. 날짜는 11월 8일이고, 자기를 기억하느냐면서 가족의 안부를 묻는 간단한 편지다. 답장이 금방 온 모양이다. 답장에 대한 회신이 처음 편지의 아래에 있다. 날짜가 11월 16일이다. 안부를 받고 모친이 건강하시다니 반갑다는 이야기와 본인(김동성)도 모친과 같이 지내는데 연세가 83세라고 하면서 본인은 56세라고 했다. 또 헨드릭스 칼리지를 방문하고 싶으나 여의치 못하다는 것과 38선으로 분단된 한국의 이야기를 잠시 비치고 있다.

(7) 헨드릭스 칼리지의 학생회 잡지의 한 면 사진이다. 1909년 졸업 때 각종 상을 받은 졸업생(?)과 'Who's Who in 1910'의 명단이 있다. 맨 아래에 요즘 우리나라의 여권사진만 한 김동성의 사진이 있다. 미남이다. 사진 아래 D. S. Kim이란 이름이 있고, Korean Missionary to Benighted Hendrix Students란 설명이 있다. 생각건대 김동성은 유학생이었으나, 송도 한영서원의 왕영덕의 가르침으로 선교사의 자격을 갖고 있었는지 모른다.

Benighted란 말은 "갈 길이 저문, 날이 저문"이란 뜻이다. 해는 져서 어두운데 갈 길이 먼 헨드릭스 칼리지 학생들을 위하여 한국에서 온 선교사란 의미가 아닌가 한다. 그만큼 그는 대접을 받았던 것이다.

(8) 다음 페이지에는 명함만 한 크기의 오하이오 주립대학 미식축구 프로그램 사진 석장과 김동성이 그린 삽화가 있다. 1917년과 1918년 프로그램 사진이다. 상대는 오하이오 웨슬리안, 위스콘신, 오벌린 대학 등이다. 삽화는 김동성이 그러한 프로그램 사진을 참조하여 비슷하게 그린 것이다. 두 팔을 넓게 벌리고 오른발을 높이 들어 볼을 차는 형상이다. 그렇게 찬 볼을 잡고 뛰면 터치다운(touchdown)은 식은 죽 먹기가 아닌가 한다.

(9) 다음은 김동성이 미국 유학 당시 한국어 신문인 《신한민보》 1917년 4월 5일자에 발표한 만평이다. 태극기를 두르고 쓰러진 애국자의 영혼을 천사가 붙잡아 일으키어 구름을 타고 천상에 올라가게 하는 그림이다. 삽화 중앙 위편에 세로로 '高節亮風'이란 넉자가 보인다. "높은 절개와 밝은 가르침은 만고에 남는다(高節亮風萬古存)이란 화의(畵意)를 전하고 있다"는 설명이 있다.

(10) 다음은 《Oriental Impressions in America》(1916)의 표지 사진이다. 페이지를 넘기면 메리 맥밀런(Mary MacMillan)이 쓴 〈Foreword〉과 책의 10~11쪽 사진이 있다. 그 옆 페이지는 《매일신보》 1918년 2월 26일자 3면에 실린 김동성의 연재물 〈米洲의 印象〉이다. 김동성은 1916년 미국에서 발간한 《Oriental Impressions in America》가운데 다섯 꼭지를 국한문체로 번역하여 4회로 나누어 《매일신보》에 실었다.

(11) 《동아일보》 창간호 1920년 4월 1일자 3면에 실린 만평사진이다. 김동성은 미국 유학에서 귀국하자 1920년 4월에 《동아일보》에 입사하여 언론

계에 첫발을 내딛었다. 만평은 《동아일보》란 글자가 박힌 수건을 허리에 두른 어린이가 까치발로 곧추 서서 손을 위로 뻗어 '檀君遺趾'(단군유지)라는 휘호가 쓰인 액자를 잡으려는 모습의 사진이다. 잡았는지는 의문이다.

(12) 다음은 《동아일보》 1920년 4월 11자 3면에 실린 4칸 만화다. 밥상을 앞에 두고 먹을 생각은 안 하고 《동아일보》만 열심히 들여다보는 그림. 신문을 보며 길 가다가 발에 다른 사람이 걸려 엎드려져도 그걸 아는지 모르는지 그냥 걷는 모습. 이발소에서 머리를 깎으면서도 참지 못하고 신문을 보는 그림. 아기가 포대기에서 떨어져도 그걸 모르고 신문만 들여다보는 모습의 네 컷이다. 〈이야기그림〉이란 제목이 옆에 있다. 4칸 만화가 최초로 한국 신문에 등장한 것이라고 하고, '만화(漫畵)'라는 말도 김동성이 처음으로 썼다고 한다. 또 그는 만화에 대한 이론도 깊어 "만화 창작 이론의 효시(嚆矢)"로 불린다고 한다. 《동아일보》엔 내가 고등학교에 들어가던 1955년 2월 1일부터 김성환(金星煥, 1932~2019) 화백의 〈고바우영감〉이란 4칸 만화가 실리기 시작했다.

인터넷에 보니 〈고바우영감〉은 1980년 9월 11일부터 《조선일보》로 자리를 옮겼고, 그것이 다시 1992년 《문화일보》로 옮겼다. 2000년 9월 29일에 마지막 회가 나갔다고 한다. 50년 만에 연재가 종료된 것이다. 다른 신문에도 4칸 만화가 있었겠으나, 〈고바우영감〉이 최장수였다. 기네스북 기록을 보유하고 있다고 한다. 김성환과 같은 신문만화가들은 김동성을 대선배로 모셨을 것이다.

(13) 1921년 만국기자대회 참석 당시의 사진이 두 페이지에 걸쳐 있다. 앞줄에 외투를 입은 네 사람이 있다. 천리구가 맨 오른 쪽이고, 영국의 대문호 웰스(Herbert G. Wells, 1866~1946)가 오른쪽에서 세 번째에 있다. 웰스의

오른손엔 단장, 왼손엔 권련(卷煙)이 보인다. 아무도 장갑을 끼고 있지 않은 것으로 보아 그리 추운 날씨는 아닌 것 같은데, 모두 모자를 쓰고 외투를 입고 있다. 더구나 대회가 열린 곳이 하와이의 호놀룰루인데 외투를 입고 있는 것이 이상하다. 셋은 중절모이고, 한 사람은 캡(cap)이다. 천리구는 동그란 테의 안경에 검정색 중절모를 쓰고 있다. 콧수염도 보인다. 그때 천리구는 《동아일보》 조사부장이었다. 그가 만국기자대회에 한국대표로 간 것은 그리 놀랄 사건이 아닌지 모르나, 그가 탄생한지 1년밖에 되지 않은 일본 식민지의 한 언론사의 기자로서 세계기자대회의 대회 부회장으로 피선된 것은 놀랄 만한 사건이었다. 하나 이상한 것은 위의 사진을 설명한 글에 영국인 허버트 조지 웰스를 '미국의 대문호'라고 표현한 점이다.

(14) 두 개의 사진이 한 페이지에 있다. 하나는 '萬國記者大會 我社代表參加' 기사이다. 기사 위엔 김동성의 사진이 있고 기사 아래엔 김동성이 타고 간 배로 보이는 기선 사진이 있다. 다른 하나는 김동성 씨가 대회 부회장에 선출되었다는 소식이다. 물론 《동아일보》 기사다. '大會長의 通知書'라는 제목 아래 이런 내용의 기사가 나온다.

> 본회에서 중망에 의하여 귀사의 대표자
> 김동성(金東成) 씨로 본회의 부회장에
> 선거하였기로 이에 통지함
> 만국기자대회장
> 월터 윌리엄
> 동아일보 사장 귀하 [맞춤법과 표현 등 다소 고침]

그리고 이 기사 위에 김동성, 월터 윌리엄, 워런 G. 하딩(Warren G. Harding: 제29대 미국 대통령)의 사진이 나란히 있다. 《동아일보》는 김동성의 만국기자대회 참석에 대해 "이 대회의 의욕적인 움직임을 보이게 된 것은 첫째로 만국기자대회라는 국제회의가 본보를 초청했다는 것이 다만 본보의 영예일 뿐만 아니라 우리 언론계의 광영이 아닐 수 없었고, 둘째로 나라를 잃은 민족에게 국가대표로 초청되었다는 감격, 이런 것이 본보를 흥분시키고도 남음이 있는 일이었던 것이다"고 보도했다고 한다. "김동성은 조선 최초 국제기자대회 참석자로서 이때부터 그의 이름에 '최초'의 수식이 붙기 시작해, 그 후로도 최초의 한국인 한영사전 편찬자, 최초의 군정청 여권 소지자 등 최초의 수식이 이어졌다."

(15) 두 장의 뉴욕 타임스 사진이다. 왼편의 것은 "A KOREAN IS PROUD TO SHOW HIS PASSPORT"란 제목 아래 김동성이 최초의 군정청 여권을 소지하고 미국에 도착하여 샌프란시스코에서 여권을 제시하는 장면이다. 1946년 10월 16일자 기사다. 오른편의 사진은 "KOREA NEWS AGENCY FORMED BY 9 PAPERS"란 제목 밑에 같은 해 12월 24일 서울 발(發) 기사이다. "김동성은 한국의 9개 신문사와 1개 라디오 뉴스를 원천으로 설립한 합동통신을 AP통신과 연계하는 데 성공한다. 김동성은 이때부터 1964년까지 합동통신의 실질적인 경영자로서 광복 후 한국의 정치 · 경제 · 문화적 상황을 세계에 타전하는 통로 역할을 수행하였다"는 것이다.

(16) 다음은 〈정치인의 삶과 그 후〉라는 제목 아래 넉 장의 사진이 보인다. 하나, '신익희 국회의장과 함께'이다. 가운데 여자가 핸드백을 안고 섰는데 신익희 씨의 부인이 아닌가 한다. 둘, '큰딸 김옥렬(전 숙명여대 총장)의 미국유학 직전에 함께'이다. 셋, 여러 명(17명?)이 나오는 사진이다. "1950년

대 중반 한국의 영어학교 출신자 및 관계자들이 모인 자리로 보인다. 둘째 줄 왼쪽에서 두 번째가 김동성, 네 번째가 신익희, 그 오른편으로 국어학자 이희승이 있다. 신익희와 이희승이 관립한성외국어학교 동창생이며, 김동성은 한영서원 1회 입학생이다. 신익희와 김동성은 1953년 5월 대한민국 대표로 영국 여왕 엘리자베스 2세의 대관식에 함께 참석하기도 했다"는 설명이 있다. 넷, 곽상훈 제 5대 민의원 의장과 찍은 것이다. 세 사람인데 한 사람은 누군지 알 수 없다.

(17) 다음은 김동성이 짓거나 번역한 책 사진 넷이다. 하나, 번역서 코난 도일의《붉은 실》(1924) 표지이다. 둘, 저서《新聞學》(1924) 표지이다. 셋, 다섯 권으로 된 번역서《三國誌》를 세워놓고 찍은 사진이다. 넷, 徐京修 原著, 金東成 譯編,《漢文學常識》(1949) 표지이다.

(18) 칭기즈칸을 소재로 한 영문소설《The Great Kahn》(1969)의 출판기념회의 사진이다.

金東成先生出版記念會

THE GREAT KAHN

이란 현수막 아래 축하케이크를 자르는 사진이다.

"왼쪽부터 영애 김옥렬 여사,《코리아 헤럴드》김봉기 사장, 김동성, 외무부 임병직 대사,《한국일보》유광렬 사장이다."

김봉기와 중앙의 김동성은 케이크를 자르는데, 다른 세 사람은 그냥 지켜보고 있다. 현수막에는 아래편에 작은 글씨로〈大韓公論社 · THE KOREA HERALD · 1969 · 4 · 23〉이라고 쓰여 있다. 53년 전의 일이다.

아널드 베넷(Arnold Bennett)에게서 힌트를 얻어 50년 전의 인물을 생각하다가 김동성의 이야기를 하게 되었다. 나와는 전혀 인연이 없는 인물인데, 어찌하여 그렇게 되었는지는 나도 알 수 없다. 아마 《장자》란 그의 책 때문일 것이다. 그것은 시작이고, 어쩌다 구입한 그의 《米洲의 印象》이 그야말로 "인상적"이었기 때문인지도 모른다. 그가 오래 전에 본 미국 이야기도 해야 하고, 《莊子》이야기도 해야 하지 않나 하는 생각도 든다. 일모도원(日暮途遠)이란 말이 있다. "날은 저문데 갈 길은 멀다."

제7화

이런저런《米洲의 印象》

《米洲의 印象》은 3부로 구성되었다고 위에서 말했다. 제1부는 1916년에 미국서 출간된《Oriental Impressions In America》의 번역이다. 제2부는 저자 김동성이 앞의 책의 일부를 번역하여 1918년《매일신보》에 5회에 걸쳐 연재한 것을 현대 우리말로 옮긴 것이고, 제3부는 이 책이 미국서 출간되었을 적에 미국 언론에 보도된 것을 번역한 것이라고 소개했었다. 제1부의 번역은 김희진이 "1차로 하고 황호덕이 검토하였다"고 한다. 그런데 책의 표지에는 '김희진 · 황호덕 옮김'으로 되어 있다. 번역을 검토하고 공역자(共譯者)가 된 것이다. 책에 소개된 김희진은 "성균관대학교 프랑스어문학과 박사과정을 수료하고 동 대학 프랑스어권연구소 연구원으로 재직 중이다. 출판 · 기획 · 번역 네트워크 '사이에'에서 활동하고 있다." 책의 출판이 2015년이다. 7년 전이다. 공역자인 황호덕은 성균관대학교 국어국문학과 부교수이다. 7년 전이니 지금은 벌써 정교수가 되었을 것이다. 한국비교문학상 등의 수상경력도 있고 저술도 많다.

책을 내려면 여러 가지 어려운 일이 많다. 제일 힘든 작업은 물론 원고를 쓰는 일이다. 원고가 되었다고 해도 어느 출판사에서 어떻게 내느냐는 문제가 있다. 더구나 천리구처럼 외국출판사에서 내기는 어려움이 더 많을 것이다. 그래 출판에 힘이 된 사람들에게 고마움을 표시할 수도 있다. 또 저자와 가까운 사람들이 축하 혹은 소개의 글을 쓸 수도 있다. 추천사(推薦辭)가 있을 수도 있다. 또 제3부에서와 같이 책에 대한 언론의 보도도 있을 수 있다. 《米洲의 印象》에도 이런 글들이 있다.

(1) 저자의 '감사의 말'이다.

포니 허친슨에게,
미국에서 머무른 첫 몇 년 동안
우리가 교육을 받을 수 있었던 것은
그 분의 헌신적인 노력 덕분이었다.

위의 어디선가 이야기한 것처럼, 천리구가 처음 아칸소 주의 헨드릭스 칼리지로 유학을 갈 수 있었던 것은 송도 한영서원의 교장이던 왓슨(왕영덕)의 주선이 있었기 때문이었다. 그러나 독지가 포니 허친슨(Forney Huchinson, 1875~1957)이 그의 학비를 지원했다. 그래 그에게 감사의 말을 헌정한 것이다.

(2) 머리말이다. 책의 머리말은 보통 저자가 쓰지만, 여기서는 메리 맥밀런이 썼다.

그가 떠나온 곳은 벼가 자라나는 평화로운 땅,
평화로운 사람들, 평화로운 하늘,
푸른 들판 언저리 위로
한국의 사랑스러운 푸른 하늘이 펼쳐진 곳.
배움의 웅대한 뜻을 품고 온
기개가 가득하며, 두 눈은 차분하고,
황금의 가슴을 지닌 지극히 현명한 청년,
우리의 김동성 씨!
엉클 샘의 민족이여, 친절히 대하라,
그대들의 친절함을 다해, 설사 거짓이 될지라도,
그를 소중히 대하라!

메리 맥밀런

시 같은 글이다. 메리 맥밀런은 비슷한 시기에 시인 겸 극작가로 신시내티에서 활동했던 메리 루이스 맥밀런(Mary Louise MacMillan, 1870~1936)이라고 황호덕은 추정하고 있다.

(3) 서문이다. 서문도 제3자가 썼다.

《동양인의 미국 인상기》는 서구 문명의 사유와 활동과 약점을 포착하고, 이해하고, 그에 적응하는 동양 정신의 다재다능함과 민첩함을 드러내는 작품이다. 저자의 천재성은 본문과 삽화 모두에서 보이는 기발하고 건전한 유머를 통해 한층 더 강조된다. 김동성은 서양 문명의 철학을 기술하려는 것이 아니라 — 사실, 누가 그런 일을 하려 들겠는가? — 정확한 판단과 안목으로 서양 문명을 실제 있는 그대로 그려낸다. 동양은 동양이고, 서양은 서양일 것이나, 《동양인의 미국 인상기》는 우리 모두가 동족임을 입증한다.

《신시내티 인콰이어러》 편집장

W. F. 윌리

어떤 연유로 신시내티 신문의 편집장이 서문을 썼는지 모르나, 책의 출판 과정을 참고하면, “애초에는 감리교단이나 신시내티 등의 남부 지역사회 정도를 독자층으로 생각했던 것이기 때문일 것”이라고 황호덕은 추측한다. 그러나 책에 대한 언론보도는 보스턴, 아이다호, 캔자스시티의 지역지 등에 걸쳐 있는 것으로 보아 《米洲의 印象》은 미국 사회의 폭 넓은 호응을 받았던 것이 아닌가 한다.

제8화

김동성의 첫 미국 여행

'변죽'이란 말이 있다. 변은 변두리란 뜻의 '가 변(邊)'이고, 죽은 한자가 없으니 우리말인 듯싶다. 사전에는 변죽이 "그릇이나 여러 물건의 가장자리"라고 나와 있다. 그러면 죽은 어떻게 생겨났나? 아무래도 무슨 출처가 있을 것이다. 이건 순전히 나의 생각인데, 죽에는 "죽 늘어서다"에서 같이 "한 줄로 늘어선 모양"의 뜻이 있다. 그렇다면 '변죽'은 '사물의 가장자리를 따라 간다'는 의미가 있지 않나? 변죽이 들어가는 말로는 아래와 같은 것이 있다.

〈변죽을 치면 복판이 운다〉: 넌지시 알리기만 해도 이내 눈치를 채서 알아듣는다는 말. [기둥을 치면 대들보가 운다.]

〈변죽(을) 울리다〉: 바로 집어 말을 하지 않고, 에둘러서 말을 하여 눈치를 채서 깨닫게 하다.

〈변죽(을) 치다〉: 변죽(을) 울리다. [신기철 · 신용철 편저, 《새우리말 큰

사전》]

변죽 이야기가 나온 이유는 천리구의 《米洲의 印象》을 이야기한다면서 책의 내용은 말하지 않고 앞부분에 실린 사진 이야기를 이제껏 했기 때문이다. 변죽만 울린 것이다. 그래 변죽은 그만 치고, 책의 내용을 이야기해야 할 것 같다. 사진 이야기에서 말한 것처럼 천리구가 오랜 항해 끝에 도착한 곳은 뉴욕이다.

첫째의 이야기는 〈우리의 미국 여행(Our Trip to America)〉이다. "11월의 어느 아침 우리의 기나긴 여행도 드디어 끝이 가까워졌다. 오전 늦게 멀리서 육지의 모습이 보였고, 해안 언덕의 윤곽이 눈에 들어왔다."

첫 문장이다. 이상한 것이 둘이다.

(1) 천리구가 자신을 말할 때 일인칭 단수인 '나'라고 하지 않고 늘 복수의 '우리'라고 쓴다. 'I' 대신에 'We'를 쓴다. "어쩌면 종교인이었던 저자가 관례적인 겸양의 표현으로 '나'가 아닌 '우리'를 썼던 게 아닌가 싶다"는 각주(脚註)가 보이나, '나' 아닌 '우리'가 겸양이 되는 것인지는 알 수 없다.

여행기는 많다. 언뜻 생각나는 것이 조너선 스위프트(Jonathan Swift)의 《걸리버 여행기(Gulliver's Travels)》(1726)다. 여기서도 1인칭은 단수다. 또 내가 좋아하는 워싱턴 어빙(Washington Irving)이 《스케치북(The Sketch Book)》(1819~1820)에서 '저자 자신에 관한 이야기(The Author's Account of Himself)'를 할 적에도 1인칭 단수로 말한다. 예컨대, 그 시작은 이렇다.

"I was always fond of visiting new scenes, and observing strange characters and manners."(나는 항상 새로운 경치를 찾아다니거나 처음 보는 사람들의 인품이나 태도를 관찰하는 것을 좋아했습니다.) 저자의 습성

이 그렇다는 것이니, 저자가 1인칭 복수일 수는 없다. 또 있다. 도쿄외국어 대학 교수였던 메들리(A. W. Medley)가 지은 《My Adventure in England》(Tokyo, 1926)란 영어회화 책도 그렇다. 메들리(Medley)는 《三位一體》라는 영어학습서 저자로 유명하지만, 나는 어려서부터 앞의 회화 책을 많이 읽었다. 영국 이야기이지만, 미국 도착부터 이야기를 시작한다. 첫 문장이다. "I landed in San Francisco about eight days ago and have come in a leisurely manner across the continent, stopping at the Grand Canyon and Niagara." (약 8일 전에 나는 샌프란시스코에 착륙하여 그랜드캐니언과 나이아가라를 들르면서 느긋하게 대륙을 횡단했다.)

(2) 사진 이야기에서처럼 천리구의 미국 입국 기록은 1909년 2월 20일에 작성되었다. 그런데 11월 어느 아침에 멀리서 육지의 모습이 보였다고 했다. 그러면 1908년 11월에 뉴욕 연안에 도착하여 3개월 만에 상륙한 것이다. 거기에 대한 설명은 없지만 너무 여러 날을 배에서 기다린 것이다. 이상한 일이다. 이상한 일은 내가 생각하는 것이고, 천리구는 "부지불식간에 우리는 고국에서 우리 신들 앞에서 그랬던 것처럼 자유의 여신상을 향해 모자를 벗어 경의를 표했다."고 했다. 또 "우리를 맞이해 줄 안주인에 대한 인사와 존경을 담아 우리는 공손히 머리를 숙였다."고 했다. 미국에는 안주인도 있고, 바깥주인도 있는 모양이다. 경의를 표하고 머리를 숙이고 상륙을 위하여 3개월을 기다렸나? 알 수 없는 일이다.

천리구는 신앙심이 돈독한 종교인이다. 미국에 도착하면서 두 가지 이유에서 하느님께 깊은 감사를 드렸다. "첫째는 대양을 건너고 지구를 반이나 돌아온 곳에 있는 먼 땅의 국가와 인종과 직접 접촉할 수 있다는 점이다. 둘째는 현대적인 편의시설을 갖추고 여행할 수 있다는 이점이다. 3등 선실처럼

단 하나의 선실만 있었다면, 우리는 지저분하고 보기 싫은 객실에서 이민자 무리들과 뒤섞이느니, 시시하고 평범한 사람으로 남더라도 고국에 머물러 있는 쪽을 택했을 것이다." 또 이렇게 말했다.

"우리의 목적은 대학 교육을 통해 축적된 현대의 지적 분위기를 흡수하는 것이다. 이 새롭고 자유로운 세계에 머무르는 동안 우리 미국 친구들이 보여준 환대에 대해서는 어떤 말로도 진정한 감사와 감탄을 표할 수 없다."

천리구는 범사에 감사하는 자세로 미국에 입국했고, 그 감사에 대한 보답으로 미국생활에 임했다. 그래 하느님도 그에게 복을 주셨는지 모른다.

제9화

뉴욕 여행에서 깨닫다

위에서 누차 이야기 한 것처럼 천리구가 미국서 제일 먼저 발 디딘 곳은 뉴욕이다. 다시 생각하니 천리구는 1백여 년 전, 한국인으로서는 누구보다도 여행을 많이 했다. 물론 왕년의 세계여행가 김찬삼(金燦三, 1926~2003)처럼 여행자체가 목적인 경우도 있겠으나, 천리구는 일을 좇다 세계를 누볐다. 아마 요새 같은 항공 마일리지제도가 있었다면 그는 단연 상용고객으로 이런저런 우대를 크게 많이 받았음이 틀림없다. 일 때문이라지만 그에게는 여행벽(旅行癖), 좀 나쁘게 말하면 방랑벽(放浪癖)이 있었는지 모른다. 앞에서 이야기한 워싱턴 어빙의 말대로라면 그에게도 'rambling propensity' 혹은 'roving passion'이 있었다는 말이다. 천리구는 뉴욕의 첫 인상을 이렇게 말한다.

"평범한 사람인지라 우리에게는 정부나 유명인들 보다 소음과 사람들과 건물이 더욱 흥미로웠다. 우리가 미국에 대해 품었던 꿈과 상상은 실제로 보는 것과는 달랐는데, 국내에 들어온 기사들을 통해 싱어 빌딩 같은 거대한 건물들을 익히 알고는 있었으나 그런 건물을 건축하는 게 가능하리라고는 생각지 못했던 점이 그랬다. 밝고 화창한 대낮이었음에도 우리가 보기에 그 높은 건물들은 다소간 엇비슷해 보였으며, 그래서 존슨-제프리스 시합의 노래의 작곡가가 '어떤 것들은 어둠 속에서 비슷비슷해 보인다'고 했던 것은 꼭 옳은 말은 아니라는 생각이 들었다."

두 가지 설명을 덧붙인다. (1) 싱어 빌딩의 이야기다. 우리가 보통 '싱거미싱'(Singer Machine)이라 부르는 재봉틀 제조회사의 본사이다. 싱어타워(Singer Tower)로 불리기도 하는 이 마천루가 맨해튼에 세워진 해는 1908년이었다. 높이 187m, 47층의 건물이다. 당시 세계 최고 높이의 건물이었다. 천리구가 보고 놀랐을 것이다. 1968년에 철거되었고, 그 자리에 U.S. Steel Building이 들어선 것은 나중 이야기다. 싱거미싱은 1851년 아이작 싱어(Isaac M. Singer)가 발명한 실용적인 재봉틀이다. 역사가 오래라면 오래다. 우리나라엔 1877년에 처음 도입되었다고 하니 그것도 오래전 일이다. 내가 알기로는 1951년 1 · 4후퇴 때, 싱거미싱을 지고 피란 간 주부도 많았다. 1960년대에 우리나라 미싱의 대중화는 브라더미싱이 앞장섰지만, 역사는 싱거미싱을 못 따른다. 요즘은 어떤지 모르나, 1970년대까지만 해도 웬만한 가정에서 딸을 시집보낼 적에는 싱거미싱이 필수 혼수품이었다.

(2) 존슨-제프리스 시합이다. 존슨은 잭 존슨(John Arthur Johnson, 1878~1946)이다. 흑인 권투선수다. 텍사스 주의 갤베스톤에서 태어나 '갤베스톤 자이언트(Galveston Giant)'란 별명의 주인공이다. 그가 활약하던 시절은 소위 짐크로(Jim Crow)법으로 흑인차별이 극심하였다. 그럼에

도 불구하고 그는 흑인으로서 미국 최초의 헤비웨이트 세계챔피언이 되어 8년(1908~1915)동안 그 자리를 지켰다. 한편 제프리스(James J. Jeffries, 1875~1953)는 불패의 헤비웨이트 세계챔피언으로서 '위대한 백인의 희망(Great White Hope)'이었다. 이미 여러 해 전에 은퇴한 그는 흑인 존슨이 챔피언이 되자 그에게 도전하였다. '세기의 싸움(Fight of the Century)'으로 알려진 둘의 대결은 1910년 7월 리노(Reno, Nevada)에서 이루어졌다. 흑백의 대결이다.

제프리스는 대결에 앞서 "백인이 니그로보다 우월하다는 것을 증명하기 위한 유일한 목표를 갖고 나는 이 싸움에 임한다. (I am going into this fight for the sole purpose of proving that a white man is better than a Negro.)"라고 말했다. 그러나 제프리스가 졌다. 백인의 우월을 증명하지 못한 것이다. 분노한 백인들은 도처에서 폭동을 일으켰다. 이것은 후일담이지만, 당시 흑인에 대한 백인의 멸시는 그렇게 심했다.

그런데 천리구의 이야기는 그게 아니다. 존슨-제프리스의 대결을 두고 노래를 지은 사람이 "어떤 것들은 어둠 속에서 비슷비슷해 보인다"고 한 말이 틀렸다고 한 것이다. 천리구가 본 뉴욕의 마천루는 "밝고 화창한 대낮"인데도 "모두 다소간 엇비슷해" 보였으니, 어둠만이 사람의 판단을 흐리게 하는 것은 아니라고 지적한 것이다. 천리구는 또 말한다.

"길 양쪽의 서두르는 군중들, 끈임 없이 팔다리를 움직이는 덩치 좋고 키 큰 교통경찰들, 자동차, 전차, 지면으로, 고가도로로, 심지어 지하로 다니는 차들, 온갖 종류의 탈것들, 경적소리, 덜컹대는 소리, 그 밖에 천 가지 다른 것들이 현대 미국 도시에는 동시에 존재했다."

그러나 천리구는 그러한 뉴욕의 모습에 감탄만을 한 것은 아니다. 배워야 한다는 것을 늘 마음에 넣고 있었다.

“배우면 배울수록 우리는 우리의 지식이 부족함을 깨닫는다. 고향동네에 있을 때에는 우리가 꽤 많이 안다고 생각했다. 곧 우리는 우리가 아는 것이 매우 적음을 알게 되었고, 거대한 대도시에서 우리는 도무지 어찌할 바를 몰랐다. 우리는 무엇을 하는지는 알아도 어디로 가는지 몰랐고, 그 반대이기도 했다. 결국 우리는 넓은 바다의 물 한 방울에 불과했다.”

천리구 자신이 우물 안 개구리였음을 깨달은 것이다. 그러한 마음과 자세가 천리구를 발전시켜 큰 인물이 되게 한 것이 아닌가 한다.

제10화

시골생활과 아웃하우스

누가 뭐라고 해도 뉴욕은 대도시다. 도시에 반대 혹은 대비되는 것은 무엇인가? 언뜻 농촌과 시골이란 말이 떠오른다. 농촌은 '주민의 대부분이 농업에 종사하는 지역이나 마을'이다. 시골은 '서울에서 떨어진 마을이나 지방'이다. 고향이란 뜻도 있다. "나의 살던 고향은 꽃피는 산골"로 시작하는 이원수(李元壽)의 동요도 고향을 그리워한다. 시골에는 바닷가에 있어서 고기잡이를 주로 하는 어촌(漁村)도 있다. 농사나 고기잡이를 하지 않고, 목축(牧畜)이 위주인 시골도 있다.

천리구의 도시의 이야기는 시골생활(country life)로 이어진다. 뉴욕에서 오래 머무를 틈도 없이 그는 아칸소 주로 향했다. 시골풍경이 바로 눈에 들어왔을 것이다. 기차나 자동차로 미국을 여행을 하다보면 한 없이 넓은 벌판 사방에 흩어져 있는 농가가 눈에 띈다. 천리구가 본 뉴욕의 마천루에는 물론 엘리베이터도 있고 화장실도 수세식이었을 것이다. 이건 나의 이야기인데,

미국의 농촌에 수세식 화장실은 1930년대에 와서 보급되기 시작했다고 한다. 수세식이 보급되기 전에는 화장실이 집에서 좀 떨어진 곳에 있었다. 절의 해우소(解憂所)가 본당에서 멀리 떨어진 곳에 있는 것과 같은 이치다. 그런 화장실을 미국서는 아웃하우스(outhouse)라고 한다. 아웃하우스는 '딴 채, 헛간' 등을 의미하나, 옥외변소의 의미도 있다.

시골의 어떤 아이가 장난삼아 자기 집의 아웃하우스를 흔들었다. 아버지가 가족을 모아놓고 누가 그랬느냐고 물었다. 아들인 아이가 자기가 했노라고 말했다. 그랬더니 아버지가 크게 야단을 쳤다. 아이는 울면서 아버지는 조지 워싱턴이 어렸을 적의 이야기도 모르느냐고 대들었다.

조지 워싱턴이 아주 어렸을 때 아버지가 그에게 도끼를 하나 주었다. 그것은 번쩍거리는 새것이었다. 조지는 그것을 갖고 다니며 물건 찍기를 좋아했다. 하루는 정원에서 "얼른 와서 나를 찍어 넘어 뜨려라"라고 말하는 것같이 보이는 나무 한 그루를 보았다. 그래 그는 도끼로 그 나무를 찍어 넘어뜨렸다. 얼마 되지 않아 아버지가 집에 돌아왔다.

"누가 내 어린 벚나무를 잘랐느냐? 이 나무는 이 나라에 단 하나밖에 없는 종류며 많은 돈을 주고 산 것이다."

그는 집에 들어서면서 매우 화를 냈다.

"만일 저 벚나무를 죽인 자를 알기만 하면 나는 그 녀석을 그냥 두지 않겠다"고 소리쳤다.

"아버지!" 어린 조지가 말했다.

"바른대로 말씀드립니다. 제가 이 도끼로 그 나무를 잘랐습니다." 아버지의 화는 바로 웃음으로 변했다.

"조지!" 아들의 이름을 부르면서 그는 두 팔로 어린 아들을 안았다. "나는 네가 정직하게 말해 주어 매우 기쁘다. 네가 거짓말하는 것보다는 차라리 열두 그루의 벚나무를 잃어버리겠다."

아웃하우스를 흔들어대어 야단맞은 아이는 자기도 정직하게 사실을 말했는데 왜 아버지는 조지 워싱턴의 아버지와 달리 화를 내느냐고 대든 것이다. 그러자 아버지는 이렇게 말했다고 한다.

"조지 워싱턴의 아버지는 나무위에 있지 않았다(George Washington's father was not on the tree.)"고 한 것이다. 그러면? 필경 그는 아웃하우스 속에서 해우(解憂) 중이었는데, 누가 흔들어 댔으니 화가 났던 것이다. 해우는 "근심이 풀림. 또 근심을 풂"이라고 사전에 나온다. 그러나 대소변을 해결하는 것을 말하기도 한다. [조지 워싱턴의 이야기는 제임스 볼드윈(James Baldwin)의 《Fifty Famous Stories》에 있다. 아웃하우스를 흔들어 야단맞은 아이의 이야기는 언제 어디서 읽었는지 혹은 들었는지 기억에 없다.]

이왕 천리구의 시골 이야기가 이상한 곳으로 흘렀기에 다른 이상한 이야기를 하나 더 하려고 한다. 이것도 어쩌면 해우와 관계된 이야기다. 대 여섯 살의 아이 셋이 절에서 글공부를 하고 있었다. 《千字文》을 막 뗀 아이들이었다. 절에는 기도하려고 온 청상과부가 있었다. 한밤중이었다. 과부가 소변이 마려워 해우소를 가려다가 멀고 캄캄한 길이 겁이 났던지 아이들 방에서 가까운 마루 아래에서 쪼그리고 앉아 일을 보기 시작했다. 자지 않고 있던 아이 하나가 그 소리를 듣고, "空谷傳聲(공곡전성)이구나!"하였다. "빈 골짜기에 소리가 퍼진다"고 한 것이다. 다른 한 아이는 "川流不息(천류불식)이구먼!"하였다. "흐르는 물은 쉬지 않는다"는 것이다. 그러자 셋째 아이는 "如松

之盛(여송지성)이구나!"하였다. "소나무처럼 무성하다"고 한 것이다. 이 셋은 모두 천자문에 있다. 글을 읽을 때는 외우는 것도 중요하지만, 그것을 응용할 줄 아는 것이 더 중요하다. 세 아이는 천자문의 세 구를 적절히(?) 응용하였는지는 모르나, 어린 아이의 수준으로는 좀 지나쳤다. 세 아이가 모두 과거에 급제하여 벼슬을 잘 살았다고 한다. 그러나 백성을 사랑하는 어진 관리가 못되었다는 것은 나중 이야기다.

제11화

미국의 시골

도시 이야기가 시골생활로 이어진다고 했다. 천리구가 본 미국의 시골이다.

“미국의 시골 같은 곳은 그 어디에도 없다. 이따금 미국 시골의 언덕과 바위와 시냇물은 우리 고국에서 이식해 온 것처럼 여겨졌다. 아니면 기적처럼 우리가 고향 땅으로 훌쩍 옮겨 간 것처럼. 우리는 자연이 온대 지방의 세상을 거의 닮은꼴로 만들어 주었다는 사실에 감동했다.”

미국의 시골 같은 곳이 어디에도 없다는 것은 그것이 유별나서가 아니라 두고 온 고향 같은 느낌을 주기 때문이다. 그가 잠시 머무른 뉴욕은 믿기 어려운 풍경이었다. 고향에 있을 적에 광고 등을 통해 싱어빌딩과 같은 마천루 사진을 보기는 했으나, 막상 와서 보니 촌계관청(村鷄官廳)이다. 촌닭이 잡혀 관청에 끌려온 격이다. 그런데 이제 그 촌닭이 시골길을 가고 있다. 제고장으로 간 느낌이다. 더구나 고향을 떠나 타향살이를 한 지 2년 넘었다. 고향이 그립지 않을 수 없다. 그래 미국의 시골을 보고 천리구는 그게 고향과 같다고 한 것이 아닌가 한다. 그때 〈고향땅〉이란 노래는 없었지만, 있었으면 천리구는 불렀을 것이다. 나도 부른다. 윤석중 작사, 한용희 작곡의 서정동요(抒情童謠)다.

고향땅이 여기서 얼마나 되나
푸른 하늘 끝닿은 저기가 거긴가
아카시아 흰 꽃이 바람에 날리니
고향에도 지금쯤 뻐꾹새 울겠네

고개 넘어 또 고개 아득한 고향
저녁마다 노을 짓는 저기가 거긴가
날 저무는 논길로 휘파람 불면서
아이들은 지금쯤 소 몰고 오겠네

천리구는 계속해서 이렇게 썼다.

"여름날의 푸른 들판이나 겨울의 눈 덮인 빈터는 자연의 천재성이 빚은 완벽한 예술 작품이다. 먼 초목지에서 들려오는 소 방울 소리나 농가마당의 가금류 울음소리가 참 좋았다. 우리는 즐겁고 소박한 시골집들에서 버터밀크와 달콤한 사과주를 즐겼는데, 가족성서 낭독 시간을 정하고 신심 깊이 준수하는 집들이었다."

다시 읽어 보니 시골생활에 관한 글은 천리구가 아칸소로 가는 길에 느낀 소감이 아니라 시골생활 일반에 관한 이야기다. 어쩌다 시골집에서 버터밀크와 사과주를 대접받은 모양이다. 나는 사과주를 담근 적이 없다. 그러나 여러 종류의 과실주는 많이 담갔다. 매년 6월 말이면 으레 매실주를 담갔고, 구기자와 오미자도 내 담금주의 단골 대상이었다. 오가피와 솔잎으로도 담갔다. 7~8 리터짜리 유리병에 적당한 양의 과실을 넣고 30 혹은 35도짜리 소주를 붓는다. 경우에 따라서는 설탕도 조금 넣는다. 여러 해를 묵혀 숙성시킬수록 맛이 좋아진다. 그러나 나는 술을 옆에 두고는 참지를 못했기 때문에 담근 술이 오래 남아나지 않았다. 천리구가 마신 사과주는 어떻게 담갔는지 모르나 그리 독하지는 않았을 것이다.

그런데 시골생활의 문제는 젊은이들이 시골에 묻혀 농사를 짓지 않으려는 데 있다. "전기조명, 자동차, 사람들, 극장에 이끌려 젊은 세대는 거의 모두 대도시로 나갔다. 야심이 덜하거나 덜 세속적인 이들만이 고향에 남겨졌다"는 것이다. 도시에 비해 시골에서 두 배에 달하는 물질적 부를 축적할 수도 있다. 그러나 젊은이들은 그것을 마다하고 시내에서 전차를 타는 것을 좋아한 모양이라고 천리구는 적었다. 그러나 "자동차가 적시에 등장하여 시골에서 도시로 가는 이주의 물결을 어느 정도 가라앉혔다"는 것이다. 도시에서 아주 먼 시골이 아니면, 시골에서 도시에 접근하기가 쉬워졌기 때문이다. 하긴 원래 미국은 아일랜드와 영국을 위시하여 주로 유럽에서 이주한 사람들이 세운 나라다. 이제는 이주가 이동이 되었다고나 할까?

우리도 전에는 시골 혹은 지방에서 공부깨나 하면 서울로 유학을 가곤 했다. 내가 대학 다닐 무렵에 있던 일화다. 전라도에서 서울에 온 어떤 학생이 하숙방을 얻었다. 옆 하숙방에도 학생들이 있었다. 전라도에서 온 친구는 서울말을 배우고 싶어서 옆 하숙방 학생들의 말을 열심히 익혔다. 그러다가 알고 보니 옆 하숙방 학생들은 경상도 출신이었다는 것이다. 경상도 말을 열심히 배운 것이다. 경상도와 전라도만이 아니라 전국에서 모두 서울로 유학 온 이유는 같다. "사람의 새끼는 서울로 보내고 마소 새끼는 시골로 보내라"는 말이 있다. 서울로 가야 출세의 길이 트이기 때문일까? 도대체 출세가 무엇인가? 벼슬하는 것인가? 서울도 벼슬도 싫다는 노래가 있다. 1953년에 박재홍(1924~1989)이 불러 히트한 〈물방아 도는 내력〉이다.

벼슬이 싫다마는 명예도 싫어
정든 땅 언덕길에 초가집 짓고
낮이면 밭에 나가 기심을 매고
밤이면 사랑방에 새끼 꼬면서
새들이 우는 속을 알아보련다

서울이 좋다지만 나는야 싫어
흐르는 시냇가에 다리를 놓고
고향을 잃은 길손 건너게 하며
봄이면 버들피리 꺾어 불면서
물방아 도는 역사 알아보련다

사랑도 싫다마는 황금도 싫어
새파란 산기슭에 달이 뜨면은
바위 밑 토끼들과 이야기하고
마을의 등잔불을 바라보면서
뻐꾹새 우는 곡절 알아보련다

손로원 작사, 이재호 작곡이다. [박찬호 지음, 이준희 편집, 《한국가요사 2》(2009, 175~176쪽).] 박재홍은 〈마음의 사랑〉(1949), 〈울고 넘는 박달재〉(1950), 〈경상도 아가씨〉(1955), 〈휘파람 불며〉(1957) 등의 여러 노래를 불렀다.

제12화

미국 교회 인상기

《米洲의 印象》은 제목 그대로 천리구가 본 미국의 이모저모이다. 도시와 시골생활에 이어 〈교회 다니기〉의 이야기가 나온다.

"경이롭고 놀라운 일들과 더불어, 우리는 상당한 실망을 안겨준 장소와도 만나게 되었다. 고국에서 우리가 나가곤 했던 기도회에는 일요일만큼이나 많은 이들이 참석했었다. 그러나 이곳 미국에서는 주중예배에 충실한 신도들만 손꼽을 정도로 출석했다. 첫 번째 기도회에서 우리 목사는 자신이 주(州)에서 최고 규모의 기도회를 집도했다고 했으나, 참석한 군중은 상당히 적었다. 하지만 목사는 대단히 힘 있고 착실하며 호감 가는 사람이었다. 자신의 주에서 아주 특별한 지위에 있는 지도적 인물이었음에도, 목사는 주중 기도회에 사람들을 나오게 하지는 못했다."

천리구가 본 미국 교회의 인상이다. 앞에서 누차 이야기한 것처럼, 천리구는 일찍이 개성에서 한영서원 설립에 일익을 담당했다. 서원은 미국 남 감리교의 학교였다. 천리구는 이 학교를 졸업했다. 또 남 감리교 선교사 왕영덕의 도움으로 미국에 갔다. 착실한 신자였을 것이다. 그리하여 그가 고국에서 알던 교회와 미국 교회를 비교한 것은 자연스러운 일이다. 비교라기보다는 다른 점을 지적한 것이다. 고국의 교회에는 일요일은 물론이고 주중 기도회에도 참석률이 높았으나, 미국은 그렇지 않았다는 것이다. 이유는 설명하지 않았다. 생각건대, 미국인의 신앙은 대부분 습관적이 아닌가 한다. 일요일에 교회에 가는 것은 그렇다고 하더라도 보통 가정에서도 예컨대 식사를 하기 전에 간단한 기도를 한다. 기도가 생활화되었기 때문에 주중 기도회의 참석이 저조한 것은 아닌지?

그는 "목사가 주중 기도회에 사람들을 나오게 하지는 못했다"고 했다. 목사는 교회에 사람이 많이 나오는 것을 원한다. 신앙심이 돈독한 사람이 많은 것을 원하기 때문일 것이다. 신앙심은 개인 각자가 갖는 것이다. 교회에 나간다고 반드시 신앙심이 두터워지는 것은 아닐 것이다. 어려서 이런 이야기를 들은 기억이 있다.

교회에 성실하게 잘 나오던 가족이 있었다. 어느 때부터 교회에 나오지 않았다. 이상하게 생각한 목사가 어느 날 그 집을 방문했다. 추운 겨울이었던 모양이다. 가족이 활활 타는 석탄 난로 주변에 둘러앉아 예배를 보고 있었다. 목사가 주인에게 교회에 나오지 않는 이유를 물었다. 집에서 이와 같이 예배를 보고 기도를 하면 되지 않느냐고 주인이 대답했다. 그러자 목사는 난로에서 활활 타는 석탄 한 덩어리를 집게로 꺼내 밖에 내놓았다. 그러자 그 석탄은 금방 식어지기 시작했다.

"보십시오. 교회는 이 난로와 같습니다. 교회에 나오는 신도는 난로 안의 석탄처럼 신앙심이 활활 타오릅니다. 그러나 아무리 열심히 예배를 드리고 기도를 한다고 해도 교회 밖에서는 내가 꺼낸 이 석탄 덩어리와 마찬가지로 신앙심이 식어갑니다."

목사다운 말이다. 이 말을 듣고 그 가족이 다시 교회에 나갔는지 어쩐지는 모른다. 천리구가 〈교회 다니기〉의 마지막에서 또 이런 이야기를 했다.

"한 번은 여행 중 찾았던 어느 교회에서 빨리 나가기 위해 맨 뒷좌석을 골라 앉았었다. 하지만 우리 뜻대로 되지는 않았다. 누군가가 우리를 따라 나와 악수를 하면서 다시 들어오라고 청했기 때문이다."

마음대로 되는 세상일은 없는가 보다. 뒷좌석에 앉았어도 빨리 나가지 못했으니 말이다. 그러면서 천리구는 또 이렇게 말했다.

"교회에 나가는 것은 우리 양심의 지시를 따르는 일이 되어야 한다."

각자의 양심에 따라 교회에 나갈 수도 있고, 집에서 예배를 볼 수도 있다. 기독교뿐만 아니라 다른 종교도 같다고 생각한다. 헌법은 종교와 신앙의 자유를 보장하고 있다.

다른 이야기를 하나 하려고 한다. 지난해에 나는 《정치분석입문》이란 책을 냈다. 내 나름의 정치학 개론서다. 그 첫머리에서 나는 "정치는 섹스와 같다고 한다. 필요한 것이기는 하나 떠들고 이야기할 성질의 것은 아니라는 것이다. 정치와 섹스에 관하여 잘못 떠들면 자칫 골치 아픈 일들이 뒤따른다"고 했다. 지금 다시 쓴다면 종교를 포함하여 이 셋에 관하여는 떠들고 이야기하지 말라고 하고 싶다. 이 셋 모두 떠들고 이야기할 것이 못 된다. 또 무엇이든 강요하는 것은 옳지 않겠으나, 위의 셋은 특히 강요해서는 안 되는 일들이다.

나도 미국 교회에 나간 적이 있다. 처음 미국에 갔을 적이다. 기숙사에서 길 건너 빤히 보이는 곳에 교회가 있었다. 건물이 아주 멋있어 보였다. 그래서만은 아니나 일요일 오전 예배에 두세 번 정장을 하고 참석했다. 그런데 설교를 하나도 알아들을 수 없었다. 내 영어 실력이 형편없었기 때문이다. 그래 그만 둔 기억이다. 그 설교를 지금 들어도 이해하지 못하는 것은 마찬가지일 것이다. 교회이름도 생각나지 않는다.

제13화

미국의 가정

천리구의 미국의 가정 이야기다. 그가 본 미국은 모두 신기하고 아름답다. 그는 미국의 가정에 대하여 이렇게 말한다.

"미국의 가정은 이 시대의 가장 훌륭한 제도다. 미국인은 자립, 다시 말해 아버지나 삼촌의 도움을 받지 않고 스스로의 장점을 살려 독립하는 것을 중요히 여긴다. 장남이건 차남이건 삼남이건 마찬가지다. 물론 이상적인 가정의 자녀는 둘 이하지만."

두 가지 생각이다. 첫째, 천리구가 미국 가정의 훌륭한 점을 자립 혹은 독립에서 찾은 것이다. 어려서는 부모의 도움으로 자라지만, 어느 정도로 크면 제 밥벌이를 찾아 일한다는 것이다. 부모로부터 독립하여 자립한다는 것은 미국이 영국의 지배에서 독립한 역사와 무관하지 않다는 생각이 든다. 국가의 독립과 마찬가지로 자식은 부모로부터 독립을 중요시하였다. 개척정신도 여기서 연유되지 않았나 한다.

둘째, 가정의 자녀가 둘 이하라는 대목이다. 그러나 당시 미국에 산아제한이 필요했는지 의문이다. 오히려 다산이 필요한 시대가 아닌가 한다. 하기야 출산율을 억제해야 한다는 사상은 맬서스(Thomas R. Malthus, 1766~1834)에서 시작되었다. 그는 1798년에 익명으로 출판한 《An Essay on the Principle of Population》(인구론)에서 "인구의 자연적 증가는 기하급수적이지만 식량은 산술급수적으로 밖에 증가하지 않기 때문에 과잉인구로 인한 식량부족은 필연적이며, 그로 인해 빈곤과 죄악이 많이 발생하는 것은 불가피하다"고 주장하였다. 많은 논쟁을 불러일으킨 저술이었다. 맬서스의 이론과 관계없이 그 후 여러 사회에서 인구팽창을 우려하여 산아제한을 권장하기도 했다.

우리나라도 그렇다. 30년 전쯤이라고 생각된다. "아들 딸 구별 말고 둘만 낳아 잘 기르자!"란 구호가 있었다. 또 "덮어놓고 낳다보면 거지꼴을 못 면한다."는 구호를 보건사회부가 내걸었다. 지금은 반대다. 얼마나 되는지는 모르나 요즘은 아이를 낳으면 출산장려지원금 또는 출산축하금을 준다고 한다. 중국은 한 술 더 떠서 하나만 낳으라고 하던 때가 있었다. 지금은 오히려 출산을 장려한다. 정책도 중요하고 규제가 필요한 경우도 있겠으나 정부가 간섭을 아니 하고 그냥 시민의 자유와 자율에 맡기는 것이 옳은 분야가 많다고 생각한다. 출산도 그중 하나일 것이다. 다시 천리구로 돌아간다.

부모로부터 독립하여 제 밥벌이를 하게 된 청년이 결혼을 하여 가정을 꾸린다. 그러면 물론 가정에 충실한 남편이 되고, 자식을 사랑하는 아버지가 된다.

"우리는 그가 일찍 일어나 난로에 불을 때는 것을, 아내와 두 아이와 함께 아침식사로 뜨거운 커피와 비스킷을 드는 것을, 일터를 향해 집을 나서면서 가족에게 키스하는 것을 보았다.

가정이란 그저 네 벽이 둘러싸고 지붕이 얹힌 곳을, 혹은 뉴포트의 별장이나 허드슨의 성을 뜻하는 것은 아니다. 진정한 가정은 신을 경외할 줄 아는 평화로운 가족으로 이루어져 있다."

이상적인 가정의 모습이다. 그러면서 천리구는 잉거솔(Robert G. Ingersoll, 1833~1899) 대령의 〈After Visiting the Tomb of Napoleon(나폴레옹의 무덤을 방문한 뒤)〉란 글의 첫 문장을 다소 바꾸면서 바람직한 미국의 가정상(家庭像)을 서술한다.

"나는 차라리 미국의 농부이길 바라리라, 문가에 포도 넝쿨 자라는 방갈로에 살고, 가을 햇살의 요염한 입맞춤에 포도는 보랏빛으로 익어 가리라. 나는 차라리 그 사내가 되리라. 사랑하는 아내가 내 곁에 있어, 하늘이 저물어갈 때 놀고 노래하며, 무릎 위에선 아이들이 내 목을 껴안고 있는. 그리고 나 평안히 잠자는 흙의 말 없는 침묵으로 사라지리라, 이 골치 아픈 세상의 군주며 지배자가 되기보다는."

잉거솔은 북군의 연대장으로서 남북전쟁에 참여했다. 변호사, 정치운동가, 자유사상가, 불가지론자였다. 1882년 그는 프랑스 파리 앵발리드(Les Invalides)의 나폴레옹의 무덤을 방문하고 소감을 썼다. 천리구는 그 글을 읽은 것이다. 그 글은 A4용지로 한 장쯤 된다. 첫 문장은 이렇다.

"그리하여 나는 차라리 프랑스의 농부가 되어 나막신을 신고 살겠다고 말하리라. (And I said I would rather have been a French peasant and worn wooden shoes.)"

나는 천리구를 읽다가 잉거솔을 알게 되었고, 그래 후자의 글도 찾아 읽은 것이다. 글도 글이지만 그저 천리구의 다독(多讀)에 경의를 표하고 싶다.

제14화

춤 이야기

가정 이야기는 춤으로 이어진다. 천리구가 서양식 춤을 처음 본 것은 프리드리히 호에서였다. 푸른 인도양 위에서였다. 영국을 거쳐 미국으로 가는 길이었다. "명랑한 춤의 빙글빙글 도는 동작은 독일 밴드의 연주와 어울려 즐겁고 유쾌한 저녁을 선사했다. 바다는 평온하고 날씨는 더할 나위 없이 좋아, 한없이 드넓은 바다에서 누릴 수 있는 최고의 여흥이었다."고 했다.

그렇게 느낄 수도 있다. 미지의 세계로 간다. 미래가 불확실하다. 근심과 걱정이 앞선다. 그 속에서 선상의 춤은 일시적이나마 천리구에게는 위로의 여흥이었을 것이다. 춤이 무엇이기에 그랬을까? 사전을 찾아본다.

〈춤〉: 팔다리와 온몸을 율동적으로 놀리어 미를 나타내는 동작. [신기철 · 신용철 편저, 《새 우리말 큰사전》] 춤이 들어가는 말로는 아래와 같은 것이 있다.

〈춤이 나다〉: 춤추고 싶은 생각이 들어 저절로 몸이 움직여지다.

〈춤(을) 추다〉: (1) 춤의 동작을 하다. 몹시 기뻐 날뛰다. (2) 남의 말을 좇아 줏대 없이 남의 앞에 나서서 날뛰다.

마지못해 억지로 춤을 추는 경우도 있을 것인데 그때도 아름다움이 나타나는지는 알 수 없다. 천리구는 또 이렇게 말한다.

"고국에서는 점잖은 이는 아무도 춤추지 않았다. 이따금 무희를 고용하는 일은 있었다. 물론 춤이 대단한 신체 운동인 것은 사실이다. 하지만 남녀가 한데 어울려 몸을 흔들어대지 않고, 혼자 혹은 남자는 남자끼리, 여자는 여자끼리 춤추면 안 되는 것인가?"

남녀칠세부동석(男女七歲不同席)이어서 그런가? 천리구만 해도, 아니 100여 년 전만해도 완고한 사람들의 생각은 그랬을 것이다. 단군자손인 우리 민족이 옛날부터 음주가무(飮酒歌舞)에 능했다는 것은 널리 알려진 이야기이다. 진수(陳壽)의 《三國志》의 '魏書東夷傳(위서동이전)'에는 "밤낮없이 길을 다니며 늙은이나 아이들이나 모두 노래한다. 온종일 소리가 그치지를 않는다 (行道晝夜無老幼皆歌 通日聲不絕)" 혹은 "그 백성들은 가무를 좋아해서 … 깊은 밤이면 남녀가 무리지어 모여 서로 나아가 노래를 부르며 희롱했다 (其民喜歌舞 … 暮夜男女群聚 相就歌戲)"란 구절도 보인다. [陳壽 撰, 《三國志》(台北: 宏業書局], 841~843쪽).]

요즘은 코로나로 어떤지 모르나 노래방이 우리나라처럼 극성스럽게 많은 나라도 드물 것이다. 명색이 노래방이니 노래는 물론이지만 술 마시며 춤추는 것이 보통이었다. 또 한동안 서양식 댄스홀이 유행이어서 경찰이 단속을 나서기도 했다는 뉴스가 신문에 나기도 했다. 춤바람이 나서 가정을 파탄 낸 주부도 있었다. 엉덩이에 뿔이 난 서양 흉내였다. 우리나라는 그런 나라다. 천리구는 일찍 개화한 사람이라 춤에 대해서도 관대하다. 그는 유명한 야구 선수였다가 복음주의 전도자가 된 빌리 선데이(William Ashley Sunday, 1862~1935)를 인용하면서 아래와 같이 말한다.

"빌리 선데이는 '남자가 제 아내와 춤을 춰야 한다면, 차라리 달빛 아래 옥수수 껍질을 벗기는 일을 할 것이다'라고 말했다. 한편, 남성이 춤을 비난하는 것은 잔혹하다고 하는 이도 있다. 여성처럼 집안에 갇혀 있지 않아 무엇이든 마음대로 할 수 있는 남성과 달리, 여성에게는 춤이 유일한 즐거움이기 때문이다."

그는 계속해서 또 이렇게 말했다.

"춤을 비난하는 것은 잔혹한 일인가? 언젠가 우리 아내가 무도회장의 아무나와 혹은 모두와 춤을 추겠다고 고집을 부린다면, 이 평등한 권리의 시대에 우리가 뭘 어쩔 수 있겠는가? 그녀의 취향은 어떨까, 투스텝, 왈츠, 폭스트롯, 그리즐리 베어, 버니 허그, 와들, 토들, 아니면 그냥 평범한 탱고일까?"

천리구는 생각이 많다. 자기 아내가 무도회장에서 다른 남자와 춤을 춘다면 어떤 춤을 출까 생각하면서 여러 종류의 춤을 늘어놓고 있다. 아내의 춤 취향은 모르는 모양이다. 하기야 나는 "천리구가 일찍 개화하여 춤에 대해서도 관대하다"고 말했지만, 내 생각엔 그는 아내는 물론 다른 여자와도 춤춘 적이 거의 없지 않았나 싶다. 그리고 그것은 우리의 전통과 무관하지 않다고 생각한다.

춤에 대한 우리 전통은 무엇인가? 삼국시대에는 그렇다고 치고, 고려를 거쳐 조선시대에 들어오면서 춤은 대중과는 거리가 먼 놀기(?)가 되었다는 생각이 든다. 사회 전반이 흥이 나서 춤 출 분위기가 아니었을 것이다. 주로 기생이나 광대의 몫이 아니었나 한다. 그나마 기생은 강요를 당했기 쉽고, 광대는 마지못해 추었을 것이다. 천리구가 말한 것처럼 "무희를 고용한 일은 있었다"지만, 그것도 드문 일이었다. 하기야 연산군이나 소설의 변학도 같은 수령들은 어떻게 해서든지 춤추는 것을 보고 즐겼을지 모른다. "남성과 달리, 여성에게는 춤이 유일한 즐거움"이라고 천리구는 말했지만, 그건 서양 이야기고 조선시대에는 전혀 "아닌" 이야기이다. 궁중무도회도 남의 나라 이야기이고, 〈僧舞〉도 조지훈(趙芝薰, 1920~1968)의 시로 유명세를 탔을 뿐이란 생각이다.

제15화

자동차 이야기

천리구의 춤 이야기는 자동차(automobiles)로 이어진다. 시작은 이렇다.

"아끼던 말(馬)이 없었다면, 고대의 장군들이 역사 속에서 그토록 많은 페이지를 차지할 수는 없었을 것이다. 하지만 20세기 초인 지금, 말이라는 동물은 새로운 땅에서 자동차라는 경쟁자를 만나게 되었다."

당시는 그랬는지 모르나 말이 교통수단에서 사라진 지 오래다. 지금은 자동차의 홍수시대다. 고대의 장군이라고 하니 언뜻 카르타고의 한니발(Hannibal, 247~183 BC)이 떠오른다. 말도 탔는지 모르나 제2 포에니전쟁 때 눈 덮인 알프스를 코끼리를 타고 넘어 이탈리아로 쳐들어갔다. 그러나 말은 필수였다. 마케도니아의 왕 알렉산더 대왕(Alexander the Great, 336~323 BC)도 부세팔루스(Bucephalus)란 말을 타고 전선을 누볐다. 나폴레옹도 그랬다. 말 탄 나폴레옹의 그림도 많고, 말 탄 자세의 동상도 여럿이다.

말이 없었다면 칭기즈칸(Genghis Kahn, 1162~1227)의 세계 정복도 불가능했다. 다른 나라에도 그렇겠으나 중국에는 고래로 유명한 말이 많았다. 항우(項羽)가 타던 말은 오추마(烏騅馬)였다. 《삼국연의》의 관우(關羽)는 본래 여포(呂布)가 타던 적토마(赤兎馬)를 조조(曹操)에게서 선물로 받아 탔다. 미국의 서부개척도 마찬가지다. 아메리칸 인디언들도 말을 탔지만 말이 없었으면 서부개척도 늦었을 것이다. 물론 서부영화도 나오지 않았을 것이다. [서부영화는 아니지만 〈War Horse〉란 스티븐 스필버그 감독의 감동영화가 있다. 2012년 골든 글로브 최우수 작품상을 받았다.]

말은 그런 동물인데도 우리나라에서는 그 존재가 미미했다. 기마민족(騎馬民族)이란 말이 있으니 고구려 때는 말을 많이 탔는지 모른다. 그러나 고려는 그렇다고 치고 조선조에 들어오면서 주자학이나 읊는 문약한 나라가 돼서 그렇겠지만 말에 대한 일화는 기억나는 것이 거의 없다. 태조 이성계가 무신으로 여진족을 토벌하고 요동을 정벌하러 위화도에 갔을 때 말을 탔을 것이다. 또 이순신도 과거를 볼 적에 말을 타다 다쳐서 버드나무가지로 다친 다리를 묶고 다시 말에 올랐다고 하니 말이 없지는 않았다. 파발마도 있었을 것이다. 그러나 말은 소만큼 대접을 받지 못했다. 말은 전장에서 활, 창, 총에 비견되는 유용한 동물이다. 말을 등한시한 것은 요새로 치면 무기개발에 신경을 쓰지 않은 것과 같다.

다시 천리구로 돌아간다. 아니 "말이 자동차라는 경쟁자를 만났다"는 대목에서 나는 오래 전에 읽은 단편소설이 생각난다. 소설의 제목은 잊었는데 저자는 영국의 골스워디(John Galsworthy, 1867~1933)가 아닌가 한다. 주인공은 어느 겨울 밤 피카델리 서커스에 있는 극장에서 나와 마차를 탄다. 요즘의 택시다. 밤길을 가면서 마부의 이야기를 듣는다. 자동차가 보급되면서 예전처럼 마차의 경기(景氣)가 말이 아니라면서 과거를 회상한다. 그런 이야기다. 근대화의 부작용(?)이다. 천리구는 말한다.

"미국인의 두뇌가 개발한 다른 많은 편리한 것들처럼, 이 새로운 형태의 탈 것은 유람자동차에서 다목적 트럭에 이르기까지 교통의 모든 분야에서 아주 유용해졌다. 자동차는 버섯처럼 빠르게 성장했지만, 전 인류가 지상에서 사라지지 않는 한 계속 남아 있게 되었다."

자동차는 계속 남아 있게 된 것이 아니라 계속 발전했다. 자동차는 교통수단으로 발전했으나, 다른 효과를 수반했다.

"자동차는 소유주에게 광고 대행사나 마찬가지다, 사람이 제 차에 탄 모습을 보면 우리는 그의 지갑이 얼마나 두툼한지 파악할 수 있다. 택시를 타고 있는 게 아니라면 말이다. 다시 말해, 차는 그 소유자의 재산 수준을 따라간다. 재산이 많을수록 차도 값비싸진다."

부자일수록 비싼 차를 탄다는 말이다. 예를 들어, 돈 많은 사람들은 캐딜락을 탄다. 그래 블랙캐딜락이란 말이 생겼다. 부의 상징이다. 하기야 대부분의 장의차(葬儀車)도 블랙캐딜락이다. 평생 캐딜락을 못타본 사람도 죽어서 화장장이나 묘지로 갈 적에는 한 번 타라는 것이다. 요즘은 렌트카가 유행이니 큰 부자가 아니라도 캐딜락을 렌트할 수 있다. 내가 열 살 남짓해서 뷰익(Buick)이란 차를 탄 적이 있다. 그래 뷰익이 제일 좋은 차로 알았다. 뷰익을 삑구라고도 했다. 그러다가 미국에는 GMC, 포드(Ford), 머큐리(Mercury)란 큰 자동차회사가 있는 줄 알았다. 또 뷰익이 GMC의 한 회사인 줄도 나중에 알았다. 차종(車種)이다. 좋은지 비싼지 어떤지는 모르나 GMC의 차 회사를 고급순서로 꼽자면, 캐딜락, 뷰익, 올스모빌(Oldsmobile), 폰티악(Pontiac), 쉐보레(Chevrolet)이다. 쉐보레는 쉐비(Chevy)로 불리기도 한다. 요즘은 미국에도 외국차들이 많고, 외국차 공장도 많다.

나라마다 고유 브랜드의 차를 생산한다. 나라를 대표하는 차도 있다. 예를 들어 폭스바겐(Volkswagen)하면 독일이 연상된다. 대표는 아닌지 모르나 일본은 도요타가 그런 급일 것이다. 영국은 세계적인 고급차인 롤스로이스(Rolls-Royce)를 생산한다. 〈The Yellow Rolls-Royce〉라는 왕년의 유명한 영화(1964)도 있다. 자동차가 많이 보급되고 유행하면서 부작용도 생겼다. 차 사고를 걱정한 천리구가 아래와 같이 지적했다.

"고성능 자동차로 한껏 속도를 내는 것은 무엇과도 비교할 수 없는 즐거운 기분이었다. 하지만 우리는 다른 이들보다는 더 주의를 기울였다. 자동차는 자칫하면 갑작스러운 죽음과 심한 부상을 일으키는 수단이 되기 때문이다."

우리나라의 차 역사는 비교적 짧다. 1950년대에 미군 지프차를 개조한 '신진'과 '새나라' 등이 있었던 기억이다. 승용차로 처음 대량(?) 생산된 것이 '포니'가 아닌가 한다. 1960년대 말일 것이다. 1990년대에 들어서서 현대, 대우, 기아의 3사가 격렬하게 경쟁을 하였고, 삼성이 뒤늦게 뛰어들었으나 성공하지 못했다. 그 후 기아와 대우가 파산하고, 현대가 기아를 인수하면서 우뚝 섰다. 지금은 현대의 제너시스(Genesis)가 미국에서도 최고의 승용차로 호평을 받는다. 현대는 현재 세계 3위의 자동차 메이저다. 정치가 4위라고 말한 왕년의 기업가도 있지만, 정치 말고는 다 일류로 발전하였고, 발전하는 나라가 한국이다. "우리의 소원은 통일, 꿈에도 소원은 통일"로 시작하는 노래를 부른 적이 있다. 지금 나의 소원은 정치가 좀 제대로 되었으면 하는 것이다. 나만이 아닐 것이다.

제16화

옷 이야기

자동차는 옷(dress)으로 이어진다. 영어의 드레스(dress)는 옷, 의복, 복장, 의상, 정장, 예복 등의 여러 의미로 쓰이나, 일차적인 뜻은 부인복이다. 천리구는 'Dress'라는 제목아래 주로 여성의 의상에 대하여 말하고 있다. 자기와 같은 남자들의 옷에는 관심이 없고, 여자들의 옷에 관심을 둔 것이다. 이렇게 말한다.

"미국인들은 분명 세계에서 가장 옷 잘 입는 이들이라 보면 맞을 것이다. 우리가 보기에 그들은 아주 못나게 생긴 것은 아닌데도 옷이 날개라고 믿는다. 50달러의 자본금을 가진 젊은이에게 주어지는 충고는 그 돈의 반을 옷에 투자하라는 것이다. 미국 아가씨가 다른 일에서는 옷에서만큼 변덕을 부리지 않는 것은 참 다행스러운 일이다. 옷이 아무리 비싸든, 아무리 마음에 들든 간에, 같은 옷을 두 번 입는 일은 거의 없었다."

이건 좀 과장이다. 옷이 날개라고 믿는 것은 벌거벗고 지내는 아프리카의 일부 부족을 제외하고는 어느 사회에서나 마찬가지다. 그러나 "같은 옷을 두 번 입는 일은 거의 없었다"는 것은 과장일 것이다. 새는 털갈이는 하겠으나 같은 날개로 일생을 지낸다. 사람은 비행기 같은 기구를 이용하지 않으면 날지 못한다. 사람이 옷이 날개라고 하는 것은 그만큼 치장을 중시한다는 뜻이다. 그렇다고 정말 같은 옷을 두 번 입지를 않을까?

드라마나 영화를 보면 옛날 사람들도 신분에 따라 차이는 있더라도 옷이 화려했다. 얼굴 화장도 그렇지만, 남에게 잘 혹은 예쁘게 보이려는 본능 때문일 것이다. 그래 새 옷을 입고, 또 더 예쁜 옷을 찾는다.

또 "스타일이 너무 자주 바뀌는 턱에 재단사가 새로운 스타일에 대한 수요를 따라갈 수 없을 정도다. 무슨 수를 써서라도 자매들과 뭔가 달라 보이기 위해 독특함과 개성을 추구했다. 모자와 드레스를 비롯해 모든 것에서 최첨단의 패션을 찾았다. 그녀의 가장 큰 목적과 야망은 남성들의 눈에 매력적으로 보이는 것이다."라고 했다.

어떻게 옷을 입으면 남자들의 눈에 더 매력적일까? 여러 방법이 있을지 모르나, 그중 하나는 옷을 입는 것이 아니라 오히려 옷을 벗고 다니는 것이라고 했다. 위에서 아프리카의 일부 부족은 벌거벗고 지낸다고 했다. 그 부족이 줄루족(Zulu people)이다. 남아프리카의 가장 큰 종족이다. 그들이 옷을 입지 않고 나체생활을 한 것은 옷이 없었기 때문이라지만, 몸 장식은 대단했다. 특히 구슬장식(beadwork)에 뛰어났다. 권위를 세우기 위한 것이기도 하고, 남에게 잘 보이려는 장식이었다. 그런데 미국의 여성들은 옷을 벗고 다니는 것이 아니라 목이 깊게 파인 드레스를 입고 또 등이 거의 훤히 보이는 차림의 옷을 입는다는 것이다. 그런 경우에 등 가운데 커다란 사마귀를 드러내는 사교계의 여인도 있다는 것이다. 그럴 수도 있다. 자기 등을 못 보기 때문일까?

목이 깊게 파인 것을 오래전에 영어로 'deep scalloped'라고 표현한 것을 어느 소설에서 읽은 기억이 있다. 스캘럽(scallop)은 가리비 조개다. 옷깃(collar)의 모양이 가리비 같은 모양이어서 그런 표현이 나왔는지 모른다. 내가 천리구의 영문으로 쓴 글을 보지 못하고 그 번역 책을 읽고 하는 얘기라 실은 천리구가 "목이 깊게 파인 드레스"를 영어로 무어라고 표현했는지? Deep scalloped라고 했을지도 모른다.

그런데 요즘은 가슴이 문제가 아니라 다리가 문제다. 전에는 짧은 스커트가 문제가 되곤 했다. 다리를 많이 내놓는 것이 미풍양속에 어긋난다하여 그랬는지 모르나, 외국서 와서 비행기에서 내리는 유명 가수의 스커트 길이를 경찰이 자로 재던 사건(?)도 있었다. 무릎에서 위로 몇 센티까지가 허용되었는지는 알 수 없다. 미니스커트라고 반드시 나쁜 것만은 아니다. 논문 쓰는 사람들이 우스갯소리로 하는 말이지만, 미니스커트 이론(miniskirt theory)이란 것이 있다. 짧지만 중요한 것은 커버한다는 이론이다. 논문이 길어서 좋을 게 없다는 이야기다.

다시 말하거니와 요즘은 스커트의 길이가 자꾸 짧아진다. 바지도 그렇다. 지나친 노출이다. 옷감도 절약되고 무더운 여름에 시원한지는 모르나 과유불급(過猶不及)이다. "지나치면 미치지 못한 것과 같다"는 뜻인데, 실은 같은 게 아니라 못한 경우가 더 많은 것을 우리는 자주 경험한다.

제17화

개구리 다리

언젠가 앞에서도 이야기한 것 같다. 나는 "사는 것은 먹는 것이다"라는 말을 신봉한다. 먹지 않으면 죽기 때문이다. 왜 그런지 모르나 사람은 죽는 것을 싫어한다. 죽지 않기 위해서 먹는 거라면 그래도 이해가 되나 사람은 배가 불러도 먹는다. 그런 부류의 사람은 그만 두더라도, 보통은 때가 되면 습관으로 먹는다. 습관이 아니라도 배가 고프면 먹는다. 배가 고플 때 그래도 배를 채울 수 있는 것이 있으면 다행이다. 먹을 것이 없어서 못 먹는 경우도 허다하다. 보릿고개도 있었다. 그래 "사흘 굶어 도둑질 아니 할 놈 없다" 혹은 "사흘 굶어 담 아니 넘을 놈 없다"는 속담이 생겼다. 목구멍이 포도청이기 때문이다.

전쟁이 나면 더 했다. 류성룡(柳成龍, 1542~1607)의 《懲毖錄》(징비록)에는 굶어죽은 시체가 서울에도 즐비했다고 했다. 서울만이 아니었을 것이다. 오늘날도 그런 나라가, 그런 사회가 있다. 아프리카나 아프가니스탄은 그만

두고, 멀쩡하던 우크라이나에서도 최근 러시아가 침공하면서 굶어 죽는 사태가 발생했다. 못된 인간들 때문에 발생한 일이다.

먹는 이야기의 도입부가 길어졌다. 이에 비하면 천리구의 먹는 이야기는 애교가 있다. 개구리 다리(frog legs)를 먹는다.

"'칭크, 칭크, 중국인, 중국인은 쥐를 먹는다네.' 어느 도시의 가난한 동네를 지나가다가 무지한 아이들의 입에서 이런 소리를 들었다. 늘 있는 일이지만, 우리는 '칭크' 혹은 '잽' 취급을 받는다. 불운하게도 천조(天朝)의 땅[중국]에서 태어나지 못한 탓에, 우리는 쥐 고기를 맛보는 기쁨을 누려보지 못했을 뿐더러 2년간 중국에서 수학하는 동안 그런 호화로운 만찬을 드는 이를 본 적도 없다."

칭크(Chink)는 중국인, 잽(Jap)은 일본인을 지칭하는 속어다. 업신여기고 비하하는 모욕적인 표현이라고 각주에 나와 있다. 우리가 중국인을 '짱꼴라'라고 부르고, 일본인을 '쪽발이'라고 부르던 것을 생각하면 된다. 하기야 중국인은 네 발 달린 것은 책상만 빼놓고 다 먹는다는 말이 있다. 양고기 간판을 걸고 옆에서 크게 개고기를 파는 곳도 보았다. 문자 그대로 양두구육(羊頭狗肉)이다. 음식점만이 아니다. 그런 중국과 가까이서 여러 관계를 유지해야하니 한국도 어려운 점이 많다. 예를 들면, 최근에 미국 하원의장인 낸시 펠로시(Nancy Pelosi)가 아시아방문 길에 타이완을 들렀다가 한국에 왔다. 타이완에 가는 것이 그녀의 이번 아시아방문의 주목적이었는지 모르나, 중국은 그의 타이완 방문에 강한 유감을 내뱉었다. 그래 그런지 그녀는 한국에서 환영을 못 받았다. 외교의전도 없었다. 우리는 미국과 우방이고 굳건한 동맹국이다. 대통령 다음다음 서열의 하원의장을 홀대한 것이다. 중국 눈치를 본 것이 아닌가 한다. 윤석열 대통령이 휴가 중이었다고는 하나, 나는 휴가 중이라도 그녀가 판문점에 갈 적에 동행을 했으면 했다. "너는 너고 나는 나다"는 외교가 아니다. 그 직후 지난 주 중국 산동성 청도에서 우리나라의 외무장관 박진이 중국의 외교부장 왕이와 만났다. 왕이는 타이완 문제를 염두에 두고 한 말인지는 모르나 내정간섭을 해서는 안 된다고 했다. 회담의 핵심은 한중 양국이 사드(THAAD) 관련 '3불(不)입장'을 비롯한 갈등을 어떻게 풀어내느냐는 것이었는데, 왕이는 모두발언에서 중국 입장만의 5가지 원칙을 꺼냈고 협의 여지를 차단했다. 또 미국 주도의 반도체 관련의 '칩4 동맹'에 한국 참여를 반대하고 나섰다고 한다. 박진이 무어라 대꾸했는지는 알 수 없으나, 예컨대 우리 문제는 우리가 알아서 처리할 것이니, 너희가 왈가왈부할 일이 아니라고 했어야 했다. 중국은 북한을 지원하는 대한민국의 적국임을 우리는 명심해야 한다. 중국인을 다시 칭크 아니 짱꼴라라고 불러야 옳을지 모른다. 다시 천리구의 개구리 이야기다.

"고국에서는 식용이 아니던 개구리 다리가 이곳에서는 미국 메뉴의 최고 유행 요리 자리에 올라 있다는 점이다. 솔직히 털어 놓자면 우리도 한번 그런 연회에 참석해 무척 맛있게 먹은 적이 있다. 하지만 이내 개구리 다리에 대한 선입견이 되살아났고, 우리는 인적 없는 곳으로 달려가 어떻게든 뱃속에서 그것을 꺼내려 했으나, 너무 늦었다. 개구리 다리는 무사히 복부에 깊이 안착했던 것이다."

실은 먹을 때도 맛있게 먹었을 것이고, 복부에 안착을 했으니 소화도 잘 됐을 것이고, 단백질이 풍부한 고기니 영양도 좋았을 것이다. 천리구가 엄살을 떤 것이다. 그러다가 더 맛있게 먹는 방법을 알아냈다.

"나중에 우리는 잘 만든 타타르 소스를 곁들여 개구리 다리를 제대로 즐길 줄 알게 되었고, 타고난 시인이나 된 것처럼 거만하게 시 한 수를 인용하고픈 기분이 들었다."

그리고는《The Jungle Book》을 저술한 인도 태생의 영국 작가 러디어드 키플링(Rudyard Kipling, 1865~1936)의 〈동양과 서양의 발라드〉란 시의 첫 두 행을 패러디하여 싣고 있다.

오, 동양과 서양, 서양과 동양,
이 둘은 언제고 만나리라
신의 위대한 심판 자리에
하늘과 땅이 놓이기 전에.
—키플링에게 사죄하며

각주에 있는 원문은 아래와 같다.

"Oh, East is East, and West is West, and never the twain shall meet,
Till Earth and Sky stand presently at God's great Judgement Seat;
오, 동양은 동양이고, 서양은 서양이니, 이 둘은 결코 만나지 못하리라
신의 위대한 심판의 자리에 하늘과 땅이 놓일 그날까지는"

위의 시의 끝에 "키플링에게 사죄하며"란 말이 보인다. 천리구는 키플링의 시를 멋대로 패러디하여 번역한 것에 대하여 사죄한 것이다. 나는 천리구의 책을 놓고 이리저리 인용하면서 되지도 않는 이야기를 주절대고 있으니, 백배는 더 사죄하여야 마땅할 것이다. 그런데 어디다 대고 혹은 누구에게 사죄를 해야 하는지 도시 갈피를 잡을 수 없다.

제18화

충돌사고

사는 것은 먹는 것이라고 했다. 그러나 먹기만 해서는 곤란하다. 꾸역꾸역 자꾸 먹는 모습을 비하하여 "돼지같이 먹는다"고 흉보기도 한다. 그러나 돼지는 먹고 살쪄서 고기를 제공한다. 먹는 값을 한다. 먹기만 하고 일을 아니하면 실은 돼지만도 못한 인간이다. 사람에 따라 다르지만 사람은 먹고 일을 해야 한다. 그래 "밥값을 한다"는 말도 있다. 일을 하려면 움직여야 한다. 움직이다보면 생각지 못한 사고(事故)가 발생하기도 한다. 천리구의 '개구리 다리' 다음 이야기는 〈사고〉다. 영어로 accident다. 《Si-sa Elite English-Korean Dictionary》에서 accident를 찾아본다.

1. 우연한 사건, 우연, 우발적인 일(chance). [a mere accident 단순한 우발사건]

2. [불의의] 사고(casualty), 화(禍), 재난(mishap), 천재(天災). [a traffic

accident 교통사고/ a shocking (or a terrible) accident 일대 참사.

3. [본질적이 아닌] 우연적 성질(사정, 사실).

4. 부속물(accessory).

5. [지질] 지표(地表)의 고저, 기복.

6. [철학] 우유성(偶有性). by accident 우연히. 반대는 on purpose.

Accident에는 여러 가지 뜻이 있다. 그 가운데 천리구가 말하는 것은 2번의 것이다. 여기에 관하여 이렇게 말한다.

"누군가 우리에게 그가 본 우리나라 사람들은 어째서 모두 그렇게 육체적으로 건강하냐고 물은 적이 있다. 그의 말인즉슨 왜 우리에겐 다리 부러진 데가 없으며 팔도 멀쩡하냐는 뜻이었다.…… 우리에겐 미국에서 본 것과 같은 온갖 기계며 이동수단이 없기 때문이다. 이곳에서 급히, 저곳에서도 급히, 모두가 서두른다. 15분 만에 기차를 잡고, 5분 만에 일어나고, 5분 만에 식사하고, 나머지 5분 만에 뛰어간다. 그러면서도 이 불멸자들은 므두셀라가 어떻게 969년을 살았으며, 노아가 595세라는 존경받을 만한 나이에 이르렀는지를 놀라워한다."

므두셀라(Methuselah)는 《구약성경》 '창세기' 제5장에 나오는 인물로 노아(Noah)의 할아버지다. 므두셀라도 오래 살았지만, 그 손자인 노아(Noah)는 "홍수 후에 350년을 살았고 그의 나이가 950세가 되어 죽었다"고 '창세기' 제9장은 말한다. 옛날에 오래 산 사람들의 이야기다. 오늘날과 같은 교통사고가 없어서 오랜 산 것은 아닐 것이다. 교통사고가 잦아 다친 사람이 미국에 많다는 이야기를 장황하게 꾸미느라고 《구약성경》까지 들먹였다.

아주 옛날은 모르겠으나 사람들은 언제부터인지 말을 많이 탔다. 말을 타고 다닐 적에는 낙마사고는 있었겠으나 자동차사고는 없었을 것이니 불구가 된 사람은 적었을지 모른다. 기차나 자동차는 문명의 이기(利器)다. 편리한 점도 많으나, 부작용도 많다. 사회가 발전하기 때문에 생긴 현상이니 어쩔 수 없다. 그렇게 치부하면 된다. 그러나 되도록 사고가 발생하지 않도록 노력하는 것이 문명인의 일이다. 천리구는 이어서 또 이런 이야기를 한다.

"어느 여름, 우리는 레이크쇼어(철도)선을 이용해 뉴욕 주로 가고 있었다. 갑자기 열차가 끼익 소리를 내더니, 불쾌한 가스냄새가 객실 안에 퍼졌고, 무시무시한 폭발이 일어나 열차가 멈췄다. 크게 놀란 와중에 우리는 자동차 한 대가 기차가 달리던 선로에 멈춰 서 있다는 사실을 알게 되었다. 차는 기차와 정면으로 충돌하여 좀 떨어진 곳으로 나가떨어졌다.

물론 선로를 달릴 권리는 기차에게 있지만, 우리 기차가 엔진이 멎은 채 서 있는 불쌍하고 무력한 차를 들이받은 것은 무자비하고 잔혹한 일이었다. 다섯 명의 탑승객 중 두 명은 무사히 뛰어내렸고, 나머지 이들은 우리 기관차의 운전사와 함께 저세상으로 갔다. 우리는 므두셀라와 노아도 자동차를 운전하다가 특급열차와 정면을 마주친 적이 있을까 궁금해 했다."

기차와 자동차의 충돌사고가 발생한 것이다. 내가 미국서 대학원 다닐 적에 들은 이야기가 있다.

"미국 사람들은 집이 필요하지 않다. 병원에서 낳고, 교회에서 결혼하고, 자동차에서 죽기 때문이다."

좀 저질의 유머인지 조크란 생각을 한 기억이다. 차사고가 많아 생긴 말일 것이다. 천리구의 유학시절에 비하면, 고속도로도 많이 생기고, 자동차도 엄청나게 늘었다. 교통사고도 자동차의 증가에 따라 늘었을 것이다. 발전의 부작용이다. 우리나라도 마찬가지다.

나는 요즘도 차를 몰고 다닌다. 사람을 다치게 한 적은 없으나, 사고를 낸 적은 몇 번 있다. 처음 사고를 낸 것은 1969년 미국에서였다. 그해 여름 나는 일리노이 주 서쪽에 있는 먼머스 칼리지(Monmouth College)에 전임강사로 취직했다. 집을 구하고 짐을 옮기기 위해 내 대학이 있던 어바나-샴페인에서 몇 차례 왔다 갔다 했다. 한 번은 지방 국도의 네거리를 지나는데 한눈을 팔았는지 앞차가 서있는 것은 늦게 발견했다. 브레이크를 급히 밟았다. 그러나 내 차가 서지 못하고 미끄러졌다. 앞차의 꽁무니를 받았다. 올즈모빌의 큰 스테이션왜건이었다. 유홀(U-haul)을 끌기 위한 장치가 뒤에 나와 있었다. 내 차는 포드 머스탕(Ford Mustang)이었다. 부닥치는 순간 앞차의 그 장치가 내 차로 들어온 모양이다. 충격으로 앞덮개가 반쯤 열리면서 라디에이터의 수증기가 치솟았다. 앞차는 요지부동 멀쩡한데 내 차만 망가진 것이다. 앞차에는 부인을 옆에 태우고 남편이 운전하고 있었다. 뒷좌석에는 작은 아이들이 올망졸망 타고 있었다. 나는 얼떨결에 차에서 내렸다. 앞차에서도 모두 내렸다. 나는 앞차의 운전하던 남자에게 "I am sorry."라고 했다. 그랬더니 다섯 살쯤 되어 보이는 조그만 여자아이가 나를 보고, "You don't have to be sorry unless you really want to be."라고 말하는 것이었다. 진짜로 그렇게 생각지 않으면 미안해할 필요가 없다는 뜻이다. 그 말이 하도 신통해서 아직도 기억하고 있다. 앞차는 그냥 갔다. 내 차도 라디에이터가 뚫렸어도 그런대로 목적지엔 다녀올 수 있었다. 다녀온 후 수리를 맡겼다. 조심하여 운전을 하려고 해도 사고가 난다. 불의의 사고다. 말 그대로 'accident'다.

제19화

우편배달부

〈사고〉 다음의 천리구 이야기는 〈우편배달부(the postman)〉다. 사고는 되도록 없어야 좋지만, 우편배달부는 없으면 안 된다. 우편배달부가 무슨 일을 하는지는 우리 모두 잘 안다. 그들은 우편물을 배달한다. 우선 천리구는 이렇게 말한다.

"미국인들은 생활의 모든 분야에서 근면한 노동자지만, 개중에는 남들보다 특히 더 부지런한 이들이 있다. 이들 대부분은 기계나 그 비슷한 것을 이용해 일하지만, 우편배달부만은 인공적인 수단을 전혀 이용하지 않고 매일같이 이 집 저 집을 돌아다녔다."

인공적인 수단이 무엇을 말하는지는 알 수 없어도 짐작컨대, 자동차나 오토바이 혹은 자전거를 의미할 것이다. 천리구가 처음 미국을 보았을 때는 우편배달부가 걸어 다녔던 것이다. 그러나 그 후 작은 시골마을에선 반 트럭 같은 차를 타고 가면서 길가에 어른 어깨 높이만큼 세워진 우편함에 우편물을 넣는다. 물론 차에서 내리기도 한다. 도시에서는 더욱 그렇다. 우리나라도 마찬가지다. 요즘은 우편물 자동차도 흔히 보고 오토바이를 타고 배달하는 경우도 많다. 그만큼 사회가 변한 것이다.

사전을 보면 우편에는 두 가지 뜻이 있다. (1) 정부의 관할 아래 서신이나 기타 물품을 국내나 전 세계에 보내는 업무. (2) 우편으로 전달되는 서신이나 물품을 통틀어 이르는 말. (1)의 뜻이라면 개인이 사적으로 편지를 전달하는 것은 우편이 아니다. 하기야 인편(人便)이란 말도 있다. 편지만이 아니라 정보를 전달하는 방법으로 처음부터 이용되던 것은 인편이었다. 춘향은 방자를 시켜 이몽룡에게 편지를 전했다. 인편이다.

그런데 소식은 되도록 빨리 전하는 것이 좋은 경우가 많다. 마라톤 경기의 기원으로 알려진 고대 그리스와 페르시아의 마라톤 전투가 그 예다. 승전보를 전하기 위해 아테네로 달려간 그리스 군의 전령이 소식을 전하고 숨졌다는 일화다. 숨진 전령을 기린다는 명목으로 올림픽 마라톤경기가 시작되었다고 알려졌다. 그러나 사실은 좀 다르다. 그리스 군의 전령은 페이디피데스(Pheidippides)이며, 스파르타에 군원을 요청하기 위하여 파견되었다고 한다. 전설과는 달리 죽지도 않고 아테네로 무사히 돌아갔다는 것이다.

마라톤경기는 세계적으로 무수히 많다. 우리나라도 마라톤 강국이다. 올림픽을 위시하여 우승이 많다. 맨발로 뛰는 선수도 있었으나, 신발만 있으면 되는 운동이다. 돈이 안 든다. 반면에 연습에 힘이 많이 든다. 노력에 비해 보상도 적다. 그래 그런지 근년에 와서 우리나라의 마라톤 선수가 점점 줄어들어가는 추세가 아닌가 한다. 우리나라에서 개최되는 국제마라톤경기에서 한국 선수가 우승한 예가 있는지 모르나, 상위는 늘 아프리카 출신의 선수들 몫이다.

인편 이야기가 마라톤으로 번졌다. 서신 기타 소식을 전하기 위하여 예전에는 말을 타고 다니기도 했다. 역참(驛站)에 있는 역마(驛馬)를 갈아타고 다녔다. 새 말은 쉬고 있던 참이라 더 잘 달렸다. 조선 후기에는 공문을 급히 보내기 위해 설치한 역참을 파발(擺撥)이라 했고, 거기에 있는 말을 타고 공문을 전하던 사람도 파발, 말은 파발마라고 불렀다. 말이 없으면 사람이 걸어서 서신이나 소식을 전하는 방법 외에 다른 도리가 없다. 그래 걸음 잘 걷는 이가 필요하다. 《水滸傳》에는 신행태보 대종(神行太保 戴宗)이란 자가 걸음을 잘 걸었다. 축지법(縮地法)을 썼다고 한다. 그의 축지법은 갑마(甲馬) 두 개를 양편 넓적다리에 붙이고 신행법(神行法)을 일으키는 것이다. 하루에 능히 500리를 간다고 했다. 또 갑마 네 개를 붙이면 하루에 800리를 간다고 했다. 갑마의 사전의미는 "갑옷을 입힌 말"이나, 여기서는 말과 관계없이 빨리 달리는 무슨 장치를 의미한다. 다소 허황된 이야기다.

우리나라 소설에도 걸음 잘 걷는 인물이 나온다. 벽초 홍명희의 《林巨正傳》에 나오는 황천왕동이다. 그는 백두산 아래 허항령이란 곳에서 자라면서 호랑이를 쫓아다녀서 그런지 걸음이 잿다. 신행태보 대종의 한국판이다. 임꺽정을 비롯한 소설의 주요 인물들은 모두 《수호전》 영웅들의 아류다. 다시 천리구의 우편배달부로 돌아간다.

"이름은 알지 못했지만 우리는 우편배달부가 우리의 가장 절친한 벗이라고 여겼다. 우리 어머니와 전 세계 친구들의 소식을 전해주니 말이다. 우리는 길을 걸어오는 그의 모습을 간절히 기다렸고, 아무리 자주 와도 모자랐다. 한때 우리는, 낯선 환경에 온 외국인이니만큼 우편배달부의 방문을 반가워하는 것은 우리뿐일 거라 생각했다. 그러나 이내 잘못된 생각이었음을 알게 되었다. 요람을 벗어날 만큼 나이 먹은 이라면 누구나 우편배달부가 현관에 멈춰 서는 것을 무척 기뻐했다."

궂은 소식의 편지도 있겠으나, 반가운 편지도 있다. 문득 어려서 읽던 하디(Thomas Hardy)의 《The Alicia's Diary》(앨리샤의 일기)가 생각난다. 앞부분 어느 날 일기에 아래와 같은 구절이 있다.

"A cloud of letters. A letter from Caroline, another from mother; also one from each to my father."

한 묶음의 편지를 받고 기뻐하는 모습이다. 그 가운데는 프랑스 베르사유에 가 있는 어머니의 편지도 있다. 순서는 동생 캐롤라인 다음의 두 번째지만 제일 반가운 것이 어머니의 편지였을 것이다. 누구에게나 어머니는 그런 존재다. 다시 천리구다.

"이 우편배달부는 최근 편지 뭉치 말고도 우편엽서, 정기간행물, 그리고 아리따운 아가씨에게 보내는 초콜릿 상자나 도시 소비자를 위한 달걀 한 바구니처럼 제법 묵직한 우편물들도 갖고 다녔다. 그럼에도 이 충실한 친구는 불평 한마디 없이 무거운 짐을 짊어지고 맑은 날이든 비 오는 날이든 대로와 골목을 누비며 거리 한쪽의 집들을 차례로 방문하고, 이어서 다른 쪽의 집들을 방문한다. 그는 도시에서 제일 환영 받는 인물이며 미국에서 가장 즐거움을 안겨주는 이이다."

미국의 우정청(United States Postal Service 혹은 Post Office)은 연방행정부로부터 독립된 기관이다. 그 기원은 '제2차 대륙의회의' 기간 중인 1775년으로 소급된다. 초대 우편장관은 벤저민 프랭클린(Benjamin Franklin)이었다고 한다. 우리나라 근대 우편은 어떤가? 근대식 우정사업은 갑신정변의 주역의 한 사람인 홍영식(洪英植)에 의하여 연구되고 개설되었다. 그는 일본인들이 개항장의 우정사업을 관장하고 있는 것에 불만을 품고, 우편에 관심을 가졌다고 한다. 고종 19년 12월(1883년 1월) 정부 내에 통리교섭통상사무아문(統理交涉通商事務衙門)이 설치되고, 그 밑에 우정사(郵程司)가 생기면서, 홍영식은 그 책임자가 되었다. 그 다음해 그는 보빙사(報聘使)의 부사로 미국을 시찰할 때 뉴욕의 전신국과 우체국을 방문하였다고 한다. 귀국 후 고종에게 근대식 우정제도의 필요성을 피력했다. 그 결과로 고종 21년 3월(1884년 4월)에 우정총국이 설립되고, 그는 총판(總辦)이 되었다. 어렵게 출범한 우정사업은 그 해 12월 4일에 우정국개국축하연을 계기로 일어난 갑신정변으로 중단되었다. [李光麟, 《韓國史講座 V (근대편)》(1981, 172~173쪽).]

그로부터 10년이 지난 1895년(고종 32) 6월 우편업무를 관장하는 관청인 우체사(郵遞司)가 설치되고 우편사업이 재개되었다고 한다. 처음 서울과 인천에 설치된 우체사는 전국으로 증설되어 1900년에는 38개소나 되었다. 우체사는 1905년 일제에 의한 통신권 침탈로 폐지되었다. 그러면서 우편제도도 일제의 손으로 넘어갔다.

다른 이야기이나, 우편배달부가 주역인 영화도 있다. 〈The Postman Always Rings Twice〉(1941)가 그것이다. 라나 터너(Lana Turner)와 존 가필드(John Garfield)가 주연이다. 범죄, 스릴러, 멜로 · 로맨스 영화다. 잭 니콜슨(Jack Nicolson)과 제시카 랭(Jessica Lange)의 주연으로 1981년에 만들어진 것도 있다.

제20화

사랑 이야기

우편배달부의 다음 이야기는 〈사랑(love)〉이다. 이런 시로 시작한다.

사랑은 어떤 이의 눈에도 보인 적 없으며,
인간의 손가락에 직접 닿은 적도 없으니,
어리석음에 이끌린 많은 이들이
사랑이란 별 볼 일 없는 것이라 생각하게 되었다.
—시먼드의 번역에서

시먼드란 시인의 시를 번역한 것인지, 다른 사람의 시를 시먼드가 번역한 것인지 분명치 않다. 시먼드가 누구인지 찾아보려했으나 성공하지 못했다. 루이 언터마이어(Louis Untermeyer)가 편집한 《A Treasury of Great Poems, English and American》(Simon and Schuster, 1942)를 뒤졌으나 시먼드란 이름의 시인은 없었다. 사랑이 눈에 보이지 않는 것이 아니라 시먼드도 보이지 않았다. 천리구는 계속해서 이렇게 썼다.

“우리는 사랑이란 별 볼 일 없는 것에 지나지 않는다고 믿게 된다. 우리 고국에서는 부모가 젊은이들의 배우자감을 골라주므로 젊은이들은 사랑하는 법을 배워야 하는데, 미국은 정반대 상황이다. 젊은이들은 대단한 자유를 누리고 있어서, 그러고 싶다면 스스로가 선택한 이와 사랑의 도피를 할 정도다. 하지만 미국에서는 이런 적극적인 사랑 고백에 아가씨들도 예외가 아니다.”

사람마다 다르겠으나, 우리나라에서는 많은 경우에 부모가 정해 주는 배우자와 결혼을 하고, 사랑은 그때부터 두 사람 사이에 자연스럽게 생긴다는 것이다. 조혼의 풍습도 있었다. 사랑이 무언지 모르고 어린 나이에 시집장가를 갔다. 그런대로 사는 사람도 많았다. 그러나 좀 자라서 지각이 생기는 건지 망령이 나는 건지 조혼의 상대를 버리고 신여성을 찾는 사내도 많았다. 대개 20세기에 들와서의 이야기다. 신여성을 만나 일본으로 도망(?)간 예도 있고, 유학을 한답시고 외국으로 가서 신여성을 만나 연애를 하고 한국에 두고 온 처자를 버린 예도 없지 않았다. 이런 풍습은 없어졌다. 그러나 천리구는 미국의 풍습을 본 것이다. 사랑의 고백에는 남녀의 구별이 없다. 사랑을 하면 어느 쪽이든 고백도 하고 결혼을 조르기도 하는 미국인의 사랑을 본 것이다. 천리구의 말을 계속한다.

“‘독신 남자’가, 현대 가정에서 요구하는 수준을 충족시키지 못하는 대단찮은 수입을 가진 남자를 극히 온건히 표현한 말이 된 것도 이 때문이다. 이웃보다 조금 더 재산이 많은 이가 있다면, 동네에서 제일가는 미녀가 그를 먼저 선택한다. 그녀가 우생학을 배우는 학생이 아니라면 말이다.”

돈이 없으면 장가를 못 든다는 얘기다. 장가를 못 드는 것과 사랑은 별개의 문제인데도 현대 사회는 그렇다는 것이다. 우생학이라니 아인슈타인의 일화가 생각난다. 어느 미모의 여인이 아인슈타인에게 프러포즈를 하면서 이렇게 말했다고 한다.

"내가 당신과 결혼하여 애를 낳으면 분명 당신의 머리와 나의 미모를 닮을 것이니 얼마나 좋겠습니까?"

그랬더니 아인슈타인이 대답했다.

"머리는 당신을 닮고 모습은 나를 닮은 아이를 낳으면 어떻게 합니까?"

미모 여인의 청혼을 거절했다는 것이다. 누가 지어낸 이야길 것이다. 아인슈타인이 어떤 여자와 결혼했는지는 모르나, 그 아들이 아버지와 같은 머리를 가졌다는 이야기는 듣지 못했다. 천리구는 또 이런 이야기를 한다.

"좋은 남편이 되기 위한 젊은 남자의 자격 조건은 세 가지다. 첫 번째, 신붓감의 끝없이 변하는 의상 스타일을 감당할 수 있을 만큼 주머니가 두둑해야 한다. 두 번째, 외모가 출중해야 한다. 마지막으로, 그녀를 사랑해야 한다."

외모는 그렇다고 하고, 돈이 많아야 한다는 것이다. 사랑은 맨 꼴찌다. 그래 이런 이야기를 또 한다.

"우리의 학교 룸메이트인, 세상에서 제일 유쾌한 친구가 교회 모임에서 성직자가 되겠다는 결심을 발표했다. 그때 그와 친한 아가씨가 보인 얼굴만큼 실망한 표정은 한 번도 본 적이 없다. 그녀는 전도사가 아내를 위해 쿠페형 자동차를 둘 수 없다는 것을 잘 알았기 때문이다."

전도사가 되면 멋있는 승용차인 쿠페(coupé)를 살 형편이 못 된다는 것이다. 쿠페는 자동차 외형의 한 종류다. 지붕이 낮아 실내 공간이 좁으나 젊은이들이 선호하는 멋쟁이 차종이 아닌가 한다. 사랑엔 눈이 먼다지만, 자동차 보는 눈은 언제나 밝은 모양이다.

제21화

나의 사랑

지난번에는 천리구의 사랑이었다. 이번에는 '나의 사랑'이다. 나의 사랑을 줄이면 '내 사랑'이 된다. 사랑만큼 의미도 많고, 함축도 많고, 뜻도 깊고, 말썽도 많은 것은 없다. 그런 사랑이 무어냐고 나에게 물으면, 나는 즉각 아래 노래로 대답을 할 것이다.

사랑이 무어냐고 물으신다면
눈물의 씨앗이라고 말하겠어요
먼 훗날 당신이 나를 버리지 않겠지요
서로가 헤어지면 모두가 괴로워서
울 테니까요

말은 그렇지만 울지 않을지도 모른다. 《부모님 전상서》(2012년 9월 28일

발매)란 앨범에 수록된 가수 김연자의 노래다. 그 후 나훈아도 불렀고, 미스터 트롯의 정동원도 불렀다. 아니 부른 사람이 무수히 많다. 노래를 잘 부르지 못하는 나까지 아니 말이다. 나는 또 이런 것들도 안다. 얼핏 생각나는 것들이다.

(1) 〈Love Is a Many Splendored Thing〉. 우리말 제목은 '모정(慕情)'이다. 1955년의 영화다. 제니퍼 존스(Jennifer Jones, 1919~2009)와 윌리엄 홀든(William Holden, 1918~1981)이 주연이다. 노래는 아름다우나 결말은 비극이다.

(2) 〈Love Story〉. 세상에 널린 것이 사랑이야기일 터이다. 에릭 시걸(Erich Segal, 1937~2010)의 소설이다. 1970년에 영화로 만들어졌다. 라이언 오닐(Ryan O'Neal, 1941~)과 앨리 맥그로(Ali MacGraw, 1939~)가 주연이다. 하버드 스퀘어의 눈 위에서 뒹굴 적은 좋았겠으나 결론은 비극이다.

(3) 〈Romeo and Juliet〉. 셰익스피어의 비극이다. 4대 비극엔 끼지 못하나, 이것도 비극이다. 이것도 1968년과 1996년에 영화로 만들어졌다.

(4) 위의 셋은 모두 비극이다. 그러나 비극 아닌 내가 좋아하는 사랑 노래도 있다.

〈Love Me Tender〉도 그중 하나다. 1956년에 엘비스 프레슬리(Elvis Presley, 1935~1977)가 불렀다. 영화도 나왔다. 그 후 바브라 스트라이샌드(Barbra Streisand, 1942~), 프랭크 시나트라(Frank Sinatra, 1915~1998)도 불렀다. 가사를 적는다.

Love me tender 부드럽게 사랑해주오

Love me sweet 달콤하게 사랑해주오
Never let me go 내 곁을 떠나지마오
You have made my life complete 당신은 내 인생을 완전하게 했어요
And I love you so 그래서 이토록 당신을 사랑합니다

Love me tender 부드럽고 진실로 사랑해주오
Love me true 내 모든 꿈을 채워주오
All my dreams fulfilled 그대여 꿈을 채워주오
For my darling I love you 그대여 당신을 사랑하고
And I always will 그리고 영원히 사랑할 테니까요

Love me tender 부드럽게 진실로 사랑해주오
Love me long 오랫동안 사랑해주오
Take me to your heart 내 마음을 받아주오
For it's there that I belong 내 마음은 이미 당신 곁에 있고
And we'll never part 결코 멀어지지 않을 테니까요

Love me tender 부드럽게 사랑해주오
Love me dear 나를 귀여워해주오
Tell me you are mine 당신은 나의 여인이라고 말해주오
I'll be yours through all the years 이 세상이 끝날 때까지
Till the end of time 나는 당신의 사람이 되겠습니다
Love me tender 부드럽게 사랑해주오

Love me true 진실로 사랑해주오

All my dreams fulfilled 내 모든 꿈을 채워주오

For my darling I love you 그대여 당신을 사랑하고

And I always will 그리고 영원히 사랑할 테니까요

[https://music.bugs.co.kr/track/9021460?wl_ref=list_tr_08_ab]

제22화

부드럽고 온유한 사랑

앞에서 〈Love Me Tender〉란 노래를 적었었다. 그러면서 "부드럽게 사랑해주오"라고 번역한 것을 소개했다. Love란 동사를 수식했으니 'tender'가 여기서는 부사이겠으나, 사전에서 tender를 찾으면 형용사와 동사의 뜻만 나온다. 문제는 그게 아니다. 어떻게 사랑하는 것이 '부드럽게 사랑'하는 것이냐는 의문이 생겼다. 그러다가 "온유하다"는 어휘가 떠올랐다. 이어 《성경 신약》의 '고린도전서' 13장이 생각났다. 변덕스러운 〈이 생각 저 생각〉이다. 4절부터 7절까지를 적는다.

4. 사랑은 오래 참고 사랑은 온유하며 시기하지 아니하며
사랑은 자랑하지 아니하며 교만하지 아니하며
5. 무례를 행하지 아니하며 자기의 유익을 구하지 아니하며
성내지 아니하며 악한 것을 생각하지 아니하며

6. 불의를 기뻐하지 아니하며 진리와 함께 기뻐하고

7. 모든 것을 참으며 모든 것을 믿으며 모든 것을 바라며 모든 것을 견디느니라. [《성경전서》(대한성서공회; 개역개정판, 2001)]

영어성경은 어떻게 되어 있나 궁금하여 《King James Bible》을 폈다. 현대 영어는 아니나 옮긴다.

4. Charity suffereth long, and is kind; charity envieth not; charity vaunteth not itself, is not puffed up,

5. Doth not behave itself unseemly, seeketh not her own, is not easily provoked, thinketh no evil;

6. Rejoiceth not in iniquity, but rejoice in the truth;

7. Beareth all things, believeth all things, hopeth all things, endureth all things.

여기서는 사랑이 Charity로 되어 있다. 현대어로 된 대부분의 영어성경, 예컨대 유진 피터슨(Eugene H. Peterson)의 《The Message: The Bible in Contemporary Language》(NavPress, 1993)에서는 love이다. 그러면 《King James Bible》에서는 왜 그것이 Charity인가? 그래 Charity를 영한사전에서 찾았다.

〈Charity〉: 1. 자선[행위], 적선; 박애, 자비심, 인정, 관용; (형용사적 용법) 자선의, 자선적인. (예: a charity ball, 자선 무도회…….)

2. 자선 금품, 구호품.

3. 자선(구호) 기금(단체, 시설), 시료원(施療院), 양육원.

4. 기독교적 사랑.

Charity의 주요 의미는 자선과 관계되는 것이고, 마지막 하나가 "기독교적 사랑"의 뜻이 있다. 자선도 사랑에서 나오는 것이겠으나, 〈고린도 전서〉 13장의 '온유'와 관계된 '사랑'은 모두 love인데 왜 《King James Bible》에서는 charity라고 번역했는지 의문이다. 그래 다시 《아가페 성경사전》(2판 30쇄; 아가페출판사, 2014)에서 '사랑'이란 항목을 찾았다. 인간적인 사랑, 하나님의 사랑, 하나님에 대한 사랑, 세 종류의 설명이 나온다. 그 처음의 인간적인 사랑의 앞부분을 옮긴다.

"성경, 특히 구약은 인간과 인간 사이의 사랑에 관하여 언급하고 있다. 여기에는 때때로 성적인 사랑도 포함된다. 성적인 사랑은 신비요. 창조 질서의 한 부분이며, 죽음과 같이 부인할 수 없는 힘이다. 따라서 그것은 조심스럽게 다루어져야 한다. 성적인 사랑은 상호간의 쾌락으로 특징 지워지며, 육체의 감각을 통하여 경험된다. 물론 사랑에 대한 최고의 표현은 결혼이지만, '사랑'이라는 용어는 간음, 근친상간, 매춘과 같은 왜곡된 사랑에 대한 표현으로도 사용되었다. 이러한 표현은 배교에 대한 은유로도 사용되었다."(720쪽)

성경의 사랑 이야기다. 아가페(agape)라는 말도 있다. 그러나 사랑은 인간에게만 있는 것이 아니라 생명이 있는 곳에는 어디나 사랑이 있다고 생각한다. 만해가 "님만 님이 아니라 기룬 것이 다 님이다. 중생이 석가의 님이라면 철학은 칸트의 님이다. 님은 내가 사랑할 뿐 아니라 나를 사랑하느니라"라고 말했을 적에 "기룬 것"은 무한히 많고, 그 모두가 사랑의 대상이다. 아니 기루는 것이 바로 사랑이다. 불가에서 말하는 자비(慈悲)가 그것이다. 또 유가에서 말하는 인(仁)도 사랑이다.

천리구는 결혼을 염두에 두고 사랑 이야기를 하였다. 그것이 그만 나에게 와서 '부드러운 사랑'과 'charity' 등의 옆길로 나갔다. 옆길로 나간 것을 어쩌나? 바른 길로 들어서면 좋겠다. 어떻게 해야 하나? 또 이 생각 저 생각을 해야 할 것 같다. 아니 사랑에 대한 생각을 그만 두는 것도 한 방법이 아닌가 한다.

제23화

여성참정권

정치를 사랑하는 사람이 있어서 그런지 천리구의 사랑 다음 이야기는 참정권이다. 그것도 〈여성참정권〉이다. 여자들의 지위와 권리가 막강하여 남성의 우위에 있는 것은 분명하지만 여자들에게는 투표권이 없는 것을 천리구는 이상하게 생각한다.

"평균적인 미국 여성의 지성은 다른 어느 나라 여성들보다 훨씬 탁월한 것 같으며, 비유적으로 말하자면 여성들은 사실상 미국의 지배자다. 언제나 여성이 먼저다. 5센트를 내고 탄 전차에서 우리가 좌석을 차지할 수 있는 때는 거의 없다. 밥벌이를 하는 것은 남성인데도, 여성은 남성을 완전히 지배한다."

여자가 남자를 종 부리듯이 지배하는데도 참정권은 없다. 이상하지 않은가? 예컨대 여자는 남편에게 이렇게 말하기 일쑤다.

"알, 잠자리에 들기 전에 나가서 우유병 내놓았는지 좀 봐요, 프리치가 집에 들어왔는지도 꼭 확인하고요." 남편이 Albert인 모양이다.

우리나라에서도 새벽이면 우유가 배달되는 집이 많다. 근자에는 종이팩이 주로 쓰이지만, 유리병인 경우에 배달하면서 빈 병을 수거해 간다. 우유 먹는 풍습은 젖소 많이 기르는 미국에서 시작되었을 것이다. 먹고 난 빈 병을 내다 놓는 일이 남편 몫이 된 것도 미국에서 시작되었는지 모르나, '나는 먼저 잘 터이니 너는 빈 병을 내다놓는 것을 잊지 말라'는 명령이다. 아이가 들어왔는지도 살피라는 것이다. 늦게 들어오면 어쩌나? 찾으러 나가나?

여자는 대수롭지 않게 남편에게 무어라고 하지만, 듣는 남편은 즐겁지 않을 수도 있다. 그러나 어쩌나? 참는 게 제일이다. 공자는 "작은 일을 참지 못하면 큰 계획에 혼란을 가져 온다"(小不忍則亂大謀, 《論語》〈衛靈公〉)고 말했다. 미국 남자들은 《논어》는 안 읽어도 여자 말은 참고 잘 듣는다. 큰 계획을 도모하기 위하여 참는 것인지도 모른다.

가정에서만 막강한 힘을 갖는 것은 아니다. 사회 경제적으로도 큰 힘을 갖고 있는 여성이 많다. 그럼에도 불구하고 "왜 남성들이 투표권처럼 사소한 것을 여성들에게 내주기를 주저하는지, 도저히 모를 일이다." 정말 투표권이 사소한 것일까? 그러면서 천리구는 계속해서 이렇게 말한다.

다수의 주에서 머지않아 여성에게 참정권을 부여한다며 기사도 정신을 뽐내고 있기는 하지만 말이다. 몇몇 여성은 소위 '자격이 충분한' 정치가들보다 공직에 더 적합하다. 이런 점에서 몇몇 남성은 밥줄을 잃게 될까 두려워했다."

정말 밥줄 때문일까? 정치는 남자들의 일이란 관념 때문일 것이다. 그래도 여성의 참정권 혹은 투표권의 확대는 세계적인 추세였다. 그 시작은 뉴질랜드(1893)다. 이어 오스트레일리아(1902), 핀란드(1906), 노르웨이(1913)로 이어졌다. 또 프랑스와 이탈리아에서 여성의 보통선거권이 인정된 것은 제2차 세계대전 후다. 우리가 민주주의국가로 알고 있는 스위스에서도 여성선거권이 인정된 것은 1971년이다. 1948년 7월에 제정된 대한민국헌법 제8조는 '모든 국민은 법률 앞에 평등하며 성별에 의하여 정치적 경제적 사회적 생활의 모든 영역에 있어서 차별을 받지 아니한다'고 규정하여 여성참정권의 기반을 마련하였으니 스위스보다 선진이라고 할까? 그러나저러나 천리구는 미국의 여성참정권에 관하여 또 이렇게 능청을 떤다.

"여성에게 투표권을 준다면 여성들은 바느질 모임과 추수감사절 준비를 그만두고, 선거운동 여행이며 연설에 나서게 될 것이다. 물론 선거운동 자금은 추수감사절이나 브리지(트럼프 카드 게임)모임 경비보다 더 많이 나갈 것이다.

머지않아 이루어지게 될 일이다. 어째서 그저 논쟁거리로만 그칠 것이 아니라 대의 그 자체를 위해, 참정권을 지금 당장 줘버리지 않는가? 아내가 연단에 올라가 있는 동안 아이들을 돌봐야 한다 해도 말이다."

미국에서는 〈The National American Woman Suffrage Association〉가 1890년에 창립되었다. 그러나 이 협회는 기존의 여성참정권단체들이 합쳐진 것이다. 따라서 여성참정권운동의 역사는 훨씬 오래다. 이러한 단체들의 운동 때문만은 아니겠으나, 미국은 1920년 수정헌법 19조의 비준으로 여성의 보통선거권이 국법이 되었다. 천리구가 미국의 여성참정권을 걱정하기 훨씬 후다.

여성참정권의 기반은 평등사상이다. 평등은 자유와 더불어 근대 시민운동의 주축이다. 그러나 무엇의 평등이고, 어디까지 평등이어야 하는가 하는 문제는 있다. 남자와 여자가 권투를 할 수도 없을 것이며, 동일한 조건에서 마라톤경기를 할 수도 없을 것이다. 우리나라에서는 조선조시대부터 주자학(朱子學)인지 뭔지가 들어와 남존여비(男尊女卑) 여필종부(女必從夫) 따위의 해괴망측한 풍조가 불었다. 주자가 그러라고 한 것도 아닌데 여자는 비하되고 존중을 받지 못했다. 서양에는 "레이디 퍼스트(Lady First)!"라 하여 여성을 존중하는 미풍이 있다. 또 여러 사람 앞에서 연설을 할 적에 "Ladies and Gentlemen!"이라고 하면서 시작한다. 우리나라에서는 개떡 같은 신사를 앞세워 "신사 숙녀 여러분!"으로 시작한다. 왜 그럴까?

내가 오래 전 대학원학생 때 들은 이야기를 마지막으로 하나 한다. 어느 대학에서 처음 온 외국인 학생을 위한 오리엔테이션 미팅이 있었다. 그랬더니 거기에 참석한 한 중국 학생이 일어나, "We don't want to be oriented, we want to be occidented!"라고 했다는 것이다. 번역하자면, "우린 동양(東洋)이 되기를 원하는 것이 아니라 서양(西洋)이 되기 원합니다." [Occident는 동사로 쓰이지는 않는다. 한국식 엉터리 영어를 콩글리시라고 한다. 중국의 그것은 칭글리시(Chinglish: Chinese English)라고 할 수 있을지 모르나 들어본 적은 없다.]

서양 문물을 배워 서양 사람처럼 되었으면 좋겠다는 이야기였다. 그러다가 woman suffrage(여성 참정권) 이야기가 나왔다. 그러자 다른 중국학생이 그게 "woman suffers monthly"냐고 물었다고 한다. 여자가 다달이 귀찮게 겪는 것, 월경(月經)이냐고 물은 것이다.

제24화

대학 사교 모임

여성참정권의 다음 이야기는 〈대학 사교 모임(College Socials)〉이다. 천리구의 미국 대학생활 이야기는 사교 문화와 학문에 대한 호기심이 주 테마다. 그는 사교 모임에 관하여 이렇게 시작한다.

"이미 전해들은 것처럼, 오벌린 대학에서 여학생들을 위한 고등교육부를 시작했기에, 수줍음 많은 남학생이 대학에서 바로 앞자리에 앉은 아리따운 여학생의 모자 깃털 장식에 얼굴을 간질이는 일을 피할 길은 거의 없어졌다."

몇 번 읽고 옮기기도 했건만 위의 문장은 잘 이해가 되지 않는다. 대학의 '고등교육부'란 것이 무엇인지 모르겠다. 무슨 규정인 것 같다. 아무튼 그것이 생겨서 여학생이 모자 깃털로 남학생의 얼굴을 간질여도 문제가 되지 않게 된 모양이다. 그것은 여학생이 남학생을 꾀는 수단인 것이다. 다음 문장을 보면 그런 것 같다.

“이 여학생은 무슨 수를 써서라도 애인을 만들겠다는 생각이다. 남학생이 풋볼 경기를 하든, 남학생 클럽 회원이든, 싸구려 쇼의 단골손님이든, 그녀는 그의 미끼가 된다. 그 결과 집들이 모임이며 무도회가 열린다.”

여학생은 무슨 수를 써서든지, 예를 들면 위에서 말한 모자 깃털로라도 남학생의 주의를 끌어 자신에게 관심을 갖게 한다. 물론 공부를 열심히 하는 여학생도 있겠으나, 남학생을 사귀어 애인을 만드는 것이 목표인 여학생도 많다. 애인이 생기는 것만으로 족할 수도 있으나, 필경 그 애인을 결혼상대로 삼으려는 심리도 있을 것이다. 그리하여 집들이 모임이나 무도회가 자주 열렸던 모양인데, 그런 행사는 다른 대학과 공동으로 개최되기도 했다.

“우리가 남부의 한 대학에서 ‘준비반’ 과정에 있었을 때, 이웃 대학에서 초청장이 왔다. 그 모임은 졸업반 학생들의 연례행사로, 남부에서 가장 근사한 이들이 모이는 자리였다. 우리는 새로운 생활의 충격과 흥분에서 아직 깨어나지 못했고, 대학의 오락 행사라고는 거의 몰랐다. 아마 그래서 초청장을 보내준 것이리라.”

그렇다고 누구나 초청을 받는 것은 아니다. 천리구가 초청장을 받은 다음날이다. “황소발(Bullfoot)이라는 별명을 가진 한 선배가 몹시 부러워하며 자신은 5년간 대학에 다녔는데도 그 학교의 연회실은 한 번도 본 적이 없다고 말했다. 얼마나 우스꽝스럽던지? 그는 꼬마 소녀가 언니의 ‘여름용’ 모피를 부러워하는 것처럼 우리를 부러워했다."는 것이다. 모피는 겨울에 주로 착용한다. 여름용 모피는 기온과는 관계없이 멋을 내기 위하여 모양으로 어깨에 두르는 것 같다.

위의 인용문에서 "우리"는 1인칭 복수가 아니다. 언젠가 말했듯이 천리구는 1인칭 단수를 "우리"라고 썼다. 'I'를 'we'라고 쓴 것이다. 문제는 그것이 아니다. 천리구가 사교 모임인지 무도회인지에 가서 재미를 못 보아서인지 〈대학 사교 모임〉이란 글은 재미가 없다. 재미없는 글을 우려먹는 나의 글도 재미가 없을 것이다. 하기야 재미있는 글도 있고 재미없는 글도 있다. 글만이 아니다. 세상사가 그렇다. 재미라기보다는 비위가 좋아야 하는 것이 아닌가 한다. 비위(脾胃)에는 "아니꼽고 싫은 일을 잘 견디는 힘"이란 뜻이 있다. 비위라고 하니 갑자기 벽초의 《林巨正傳》의 한 대목이 생각난다. 활 잘 쏘는 이봉학이 동관대궐의 금호문을 수직하다가 잘못 아닌 잘못을 저질러 그나마 벼슬이 떨어졌다. 전주감영부터 뒷배를 봐주던 이윤경(李潤慶) 대감에게 억울함을 호소하자, "지각없는 소리 마라. 지금 세상에 벼슬을 다니자면 비위가 좋아야 하니 비위를 참고 지내보아라."라고 타이르는 것이었다.

그래 비위를 참고, 혹시 대학 사교 모임의 다른 재미있는 이야기가 있나 하여 구글(Google)에서 'College Socials'을 찾았다. 그랬더니 〈학생들이 실제로 참석하는 열네 가지 행사에 관한 아이디어(14 College Event Ideas Students Will Actually Attend)〉란 것이 나온다. 몇을 적어본다. 이것도 재미없을지 모른다. 더구나 우리나라 대학에는 좀 어울리지 않는 것들이다.

(1) 캠퍼스 주변의 식당, 오락시설, 공원, 유적지와 같은 곳을 안내하는 것이다. 특히 신입생들을 위한 프로그램이다.

⑵ 식물이나 원예 혹은 자연보호에 관심을 북돋우기 위하여 근방의 유명한 공원을 방문하거나 아주 멀지 않은 곳에 큰 산이 있으면 같이 등산한다.

⑶ 버스를 타고 시내의 이런 저런 술집을 돌아다니면서 노는 것이다. 술을 마시지 않더라도 타코(taco: 고기와 양상추를 넣고 튀긴 옥수수 빵. 멕시코 음식)나 햄버거 등을 먹으면서 다닐 수도 있다.

⑷ 지역 자선단체에 참여하고 자발적 봉사를 하도록 인도할 수도 있다.

⑸ 노인학교에서 강의를 하게 할 수도 있다.

14개의 아이디어라고 했으니 많이 더 남았으나 이 정도에서 그치려고 한다. 과유불급(過猶不及)이다. 아니 비위에도 정도가 있다고 생각한다.

에필로그 1:

산남 김동길 선생과 나

천리구의 이야기가 몇 꼭지 아직 남아서 쓰려던 참이었다. 산남 김동길 선생이 편찮으신 것은 알고 있었으나, 그렇게 빨리 허망한 일이 생길 줄은 몰랐다. 선생께서 타계하셨다는 소식이 온 것은 오늘(2022년 10월 4일) 오전 1시 25분이었다. 고요한 밤이었다. 선생님께서 고요히 눈을 감으셨을 것이다.

내가 산남 선생의 함자를 안 것은 오래 전이다. 글도 읽고 TV에서도 뵈었기 때문에 낯이 설지는 않으나 처음 만나 뵌 것은 가나화랑에서였다. 2016년 3월 25일 오후 5시가 좀 못 되어서다. 김병기 화백의 〈백세청풍(百世淸風): 바람이 일어나다〉란 전시회의 오프닝 직전이다. 선생께서 먼저 오셔서 휠체어에 앉아 계셨는데 서울대 김형국 교수가 나를 끌고 가서 인사를 시켰다. 이승만 대통령에 대하여 글을 쓰게 된 서울대의 아무개라고 소개했다. 반갑게 왼손으로 나의 손을 잡으셨다. 오른팔이 불편하신 줄도 몰랐다. 《이 나라에 이런 사람들이》이란 책이 나올 예정이고, 산남 선생이 대표필자였다. 나는 거기에 〈건국의 아버지 이승만〉이란 글을 썼다. 나중 이야기지만 선생은 그 글을 좋아하신 것 같고, 그게 계기가 되어 글을 쓴 나를 또 좋아하게 되신 모양이다.

일석대좌도 500년 전의 인연이라고 불가에서는 말한다지만 산남 선생과의 인연은 그렇게 시작하였다. 500년을 참았던 것이 터져서인지 산남 선생과 나의 관계는 급속하게 친밀해졌다. 산남 선생은 누구나 온유하게 사랑하셨지만, 나도 그 사랑을 받는 기쁨을 누리게 되었다.

처음 산남 선생을 뵈었을 무렵 대신동 김옥길 기념관이 수리 중이어서 선생은 서대문구 봉원동 로터리 바로 옆의 진솔빌딩 2층을 임시로 사무실로 쓰고 계셨다. 얼마 안 되어서다. 김병기 화백의 100회 생신축하연이 그 사무실에서 4월 10일에 열린다는 초청장이 왔다. 메뉴는 냉면과 빈대떡이라고 돼 있는데, 김형국 교수가 몰래(?) 사온 등산용 참이슬 소주가 10여병이 있고, 또 기대치도 않은 돼지고기 편육이 나와서 축하연은 둘째고 그만 취하고 말았다.

그러다가 그 다음해인 2017년 4월에 나는 술을 끊었다. 얼마 지나지 않은 8월 7일에 나의 금주를 축하한다 하시며, 이백의 시 두 구(句)를 금색으로 장식된 노란 마분지에 붓으로 써주셨다.

抽刀斷水水更流
擧杯鎖愁愁更愁

"칼을 뽑아 물을 베어도 물은 다시 흐르고, 술잔 들어 근심을 씻으려 하나 근심은 다시 솟는다"는 뜻이다.

금주를 축하한다고 써주신 것인데 나는 그 뜻을 이해하지 못했다. '술을 끊어도 다시 술을 마실지 모른다'는 심정을 내게 보내신 것이 아닌가 하는 생각도 들었다. 그 글을 받은 것은 수리가 완성된 김옥길 기념관에서였다. 2017년 8월 7일이었다. 그리고 그것으로 모자랐다고 생각하셨던지, 혹은 술을 끊고 나서 커피를 더 마신다는 이야기를 들으셨는지, 8월 말에 "원두를 갈아서 끓이는 매우 수수한 기구를 구하여 원두 몇 봉과 함께 보내오니 이 노인의 정성을 헤아려 웃으며 받으시기를!"이란 글의 엽서와 함께 한 뭉치의 선물 꾸러미를 보내셨다. 술 끊은 것을 대단히 신통하게 여기신 것이 분명하다.

산남 선생은 여행을 좋아하셨다. 나는 산남 선생을 모시고 세 번의 크루즈여행을 하였다. 2016년 5월 일본 고베(神戶)에서 출발하여 가고시마(鹿兒島)를 거쳐 타이완(臺灣)을 일주하고 다시 고베로 돌아온 것이 첫 번째, 또 같은 해 11월에 중국 창강(長江)을 배타고 내려온 것이 두 번째, 그 다음 2017년 5월 일본 오키나와(沖繩)라고 부르는 류큐(琉球)제도를 다녀온 것이 세 번째였다. 이들 여행은 나의 《술의 반란》(나남: 2018)에 자세히 나와 있다. 시와 인생을 산남 선생에게서 배운 이야기들이다.

내가 대신동 김옥길 기념관으로 산남 선생을 뵈러 간 것은 셀 수 없이 많다. 갈 때마다 선물을 주신다. 책도 주시고 먹는 것도 주신다. 받은 책 가운데 《The Gettysburg Address》가 있다. 자그마한 책이다. 한 장 넘기면 산남 선생이 이렇게 쓰신 것이 보인다.

최명 교수에게

"With malice toward none;

With Charity for all." A. Lincoln

May 11, 2018

with love and respect,

김 동 길

그러다가 또 한 2년이 지났다. 2020년 4월에 산남 선생이 나를 보자 하셨다. 그러면서 당신의 블로그인 〈석양에 홀로 서서〉에 글을 썼으면 하셨다. 재주도 없이 매주 쓰는 것이 부담스러웠으나 거절할 수가 없었다. 나를 사랑하고 믿고 하신 말씀이었기 때문이었다. 이 이야기는 이 책 〈프롤로그〉에 있다.

내가 산남 선생을 마지막으로 뵌 것은 2021년 12월 23일 오후였다. 크리스마스 인사 겸 묵은세배를 드리러 갔다. 아내와 같이 갔다. 온화한 모습으로 선생이 이끄시던 〈장수모임〉에 관하여 말씀하셨다. 그리고 지난 10월 6일 영면하신 다음다음날 오후 세시 김옥길 기념관 뒤뜰에 마련된 빈소에서 선생의 웃는 모습을 사진에서 뵈었다. 하나님 곁으로 가셨으리라 생각했다.

에필로그 2:

마지막 글

산남 김동길 교수는 세상을 떠나셨지만 천리구의 이야기는 아직 남았다. 남은 이야기의 첫째가 〈대학 생활(Campus Life)〉이다. 천리구가 처음 미국에 도착하여 바로 간 곳이 대학이고, 대학에 공부하러 간 것이니 대학 이야기는 당연하다. 이런 말로 시작한다.

“어느 독일 학자가 자신은 배움의 왕국의 양이라고 말한 바 있다. 그는 그렇게 하라는 명을 받았기에, 그리고 다른 이들도 앞서서 그렇게 해왔기 때문에 공부를 한다. 그리하여 이 천진한 표정의 어린 양들은 캠퍼스에 무리 지어 태평스러운 목소리로 떠들어대기 시작한다. ‘만세! 만세! 다들 여기 모였다!’ 이런 노래와 고함 소리는 우리 청춘의 가장 즐거운 날들의 달콤한 추억으로 평생 기억에 남으리다. 자신도 뒤통수에 작은 모자를 60도 각도로 비뚜름히 쓰고, 양쪽 다리에 서로 요란한 색의 스타킹을 신었던 경험이 있는 이만이 이런 사실을 제대로 이해할 것이다."

대학은 배움의 왕국이다. 대학생들은 그곳에서 공부하는 순한 양이다. 당시는 인종문제도 부각되지 않았고, 한국처럼 운동권도 없었을 것이니 학생들은 공부만 하면 되었다. 그래도 모여 노래도 부르고, 축제도 하였다. 그들이 부르던 노래가운데 "만세! 만세! 다들 여기 모였다"로 시작하는 것이 있었다. 구글(Google)에서 찾아보니 가사는 아래와 같다.

Hail, hail, the gang's all here
What the heck do we care
What the heck do we care
Hail, hail, the gang's all here
What the heck do we care now

만세! 만세! 다들 여기 모였다.
제기랄, 우리가 신경 쓸게 뭐람
제기랄, 우리가 신경 쓸게 뭐람
만세! 만세! 다들 여기 모였다
제기랄, 우리가 지금 신경 쓸게 뭐람

Come, friends, who plough the sea
Truce to navigation
Take another station

Let's vary privacy
With a little burglary

와라! 친구여! 파도를 가르다
항해를 멈춘다
무슨 일을 맡아도 거리낌 없다
네 것 내 것 따질 것 없이
밤도둑처럼 나누어쓰자 [나의 의역이다. 뜻이나 통하는 번역인지 모르겠다.]

아무튼 그런 노래를 불렀다는 것이다. 자유분방한 대학생들이다. 천리구는 미국 경험의 처음을 남부 딕시 대학교(Dixie College)에서 했다고 고백했다.

"첫 경험은 한참 남부의 딕시 대학교에서였다. 규모는 작지만 수준은 최고이며, 남부의 가장 자부심이 강한 가문들의 명랑한 자제들이 다니는 곳이었다. 그러나 그 친구들은 인간미가 넘쳤으며 한 지붕 아래서, 한 식탁 위에서 우리와 즐거움과 유머를 아낌없이 나누었다."

인터넷에 보면, 딕시 대학교는 유타 주에 있다. 언젠가 말한 바와 같이 천리구는 처음 아칸소 주의 콘웨이에 있는 헨드릭스 대학에 다녔고, 이어 오하이오 주립대학교에 재학했고, 신시내티 미술학교에 입학한 적이 있다. 딕시 대학교 이야기가 어떤 연유로 나왔는지 알 수 없다.

천리구의 《米洲의 印象》의 남은 이야기는 야구, 풋볼, 대통령, 남부, 자유, 유명한 미국인들, 작가들, 공공도서관, 신문 등이다. 그러나 천리구의 이야기는 여기서 그치려고 한다. 아니 산남 김동길 블로그에 있는 《새로운 이야기들》의 〈이 생각 저 생각〉을 이것으로 마치려고 한다. 지난 회에서 말한 것처럼, 나는 산남 김동길 선생의 호의로 2년 반 동안 매주 한 편씩 글을 썼다. 영광이었다. 큰 제목은 〈이 생각 저 생각〉이었으나, 주로 만만한 남의 책을 골라 자료도 얻고, 아이디어도 얻었다. 고맙게 생각한다. 그러나 정말 고마움은 되지도 않는 글을 읽으신 독자 여러분들께 드리고 싶다. 건강하시기 축수한다.

찾아보기 1: 인명

찾아보기 2: 책 · 신문 등

찾아보기 3: 영문 책이름, 수필, 영화, 노래 등

찾아보기 4: 시 · 수필 · 노래 · 영화 등

찾아보기 5: 기타 사항